普通高等学校学前教育专业系列教材

"2023年河南省教师教育课程改革研究项目——岗课赛证融通的高职学前教育
'幼儿园教育活动设计'课程改革的研究与实践
（重点项目，2023JSJYZD046）"的研究成果

新编幼儿园教育活动设计与指导

（第二版）

主　编　梅纳新
副主编　张　莹　魏艳红　戴　华
编　委　梅纳新　张　莹　魏艳红　戴　华
　　　　张启芬　姚素慧　李晓洁　汤慧丽

复旦大学出版社

内容提要

本书内容架构遵循总—分—总的思路，将传统的学前五大领域教法综合为一本，分为三个模块。模块一为幼儿园教育活动设计与指导的基本理论，模块二为幼儿园各领域教育活动设计与指导，模块三为幼儿园综合教育活动设计与指导。

本书编写贯彻了《3—6岁儿童学习与发展指南》《幼儿园工作规程》等的精神，也力求体现幼儿园教育活动学术研究及教育实践的最新成果。书中，在每一模块前面提供了学习导航，介绍了每一部分内容的学习目标、基本内容，便于教师和学生整体把握教材内容、明确教与学的思路。另外，书中提供了具有代表性的、优秀的幼儿园教育活动案例，同时介绍了校内外实训的内容及方法，通过实训活动，使学生初步具备设计、实施、评价幼儿园教育活动的能力。

本书配套资源丰富，包括PPT教学课件、教学大纲、活动案例视频、微课讲解视频、习题答案等，可扫描书中二维码或登录复旦社云平台(www.fudanyun.cn)查看、获取。本书既可作为学前教育、早期教育及婴幼儿托育服务与管理专业学生的教材，也可作为幼儿园教师的培训教材。此外，还可供广大幼教工作者阅读和参考。

复旦社云平台
数字化教学支持说明

　　为提高教学服务水平，促进课程立体化建设，复旦大学出版社建设了"复旦社云平台"，为师生提供丰富的课程配套资源，可通过"电脑端"和"手机端"查看、获取。

【电脑端】

　　电脑端资源包括PPT课件、电子教案、习题答案、课程大纲、音频、视频等内容。可登录"复旦社云平台"（www.fudanyun.cn）浏览、下载。

Step 1　登录网站"复旦社云平台"（www.fudanyun.cn），点击右上角"登录/注册"，使用手机号注册。

Step 2　在"搜索"栏输入相关书名，找到该书，点击进入。

Step 3　点击【配套资料】中的"下载"（首次使用需输入教师信息），即可下载。音频、视频内容可点击【数字资源】，搜索书名进行浏览。

📱【手机端】

PPT课件、音视频、阅读材料：用微信扫描书中二维码即可浏览。

  扫码浏览

📖【更多相关资源】

更多资源，如专家文章、活动设计案例、绘本阅读、环境创设、图书信息等，可关注"幼师宝"微信公众号，搜索、查阅。

平台技术支持热线：029-68518879。

"幼师宝"微信公众号

二版前言

领域教法课程是学前教育专业的核心课程,该课程直接影响着学生教育教学能力的形成。目前,多数学校开始积极探索领域教法的课程改革。本书编写组依据《幼儿园教师专业标准(试行)》中对教师的能力要求,根据高职高专学生的学习特点,考虑幼儿园课程从分科走向综合的发展趋势,编写了这本《新编幼儿园教育活动设计与指导》教材。

本书编写具有以下特点。其一,体系完整,内容翔实。内容分为三个模块。模块一为"幼儿园教育活动设计与指导的基本理论"部分,将五大领域重复的内容整合在一起。通过学习,学生可对幼儿园教育活动设计的基本理论形成整体认识。模块二为"幼儿园领域教育活动设计与指导"部分,这部分内容梳理了幼儿健康、语言、社会、科学、艺术领域学习与发展特点及教育规律,介绍了各领域典型教育活动类型的设计与指导。学生掌握了各领域的教育活动设计后,进入第三模块的学习,即"幼儿园综合教育活动设计与指导",这部分介绍了幼儿园主题活动的设计与指导、幼儿园项目活动的设计与指导。其二,理实结合,突出实践。幼儿园教育活动设计与指导课程是融合幼儿教育理论与实践,注重学生教育教学能力培养的应用型课程,兼有理论和实践双重性。本书凸显这一课程特点,本着基本理论够用,突出教育能力培养的编写思路,在阐述基本理论的同时,提供幼儿园典型教育活动案例供学生分析。在每一单元后设计相应的校内外实训活动,以逐步培养和提高学生设计与实施幼儿园教育活动的能力。本书自出版以来,使用效果良好。

本次修订,在保持原有教材体系及特点的基础上,着重体现了以下三个方面的教改理念。

第一,深入挖掘课程思政元素。将社会主义核心价值观、中华优秀传统文化、科学精神、职业理想与信念、为人师表的责任感等融入课程目标、内容、方法及实施中,在知识传授中进行价值引领,在价值传播中凝聚知识底蕴。

第二,深入贯彻职业教育"岗课赛证融通"的育人理念。将幼教职业岗位要求、幼儿园教师资格证考试内容与要求、全国职业院校学前教育技能比赛内容与要求融入教材。如教师资格证考试真题、教师资格证面试中的无生教学、技能大赛的主题网络图设计、教学活动设计与展示等项目。

第三,数字化技术融入教材。将教学资源以二维码形式呈现在教材中。如幼儿园优秀教学视频、音频,教师的微课、拓展资料等,实现扫码助学。

本书由郑州幼儿师范高等专科学校"幼儿园教育活动设计与指导"教学团队教师共同编写。具体分工是:模块一"幼儿园教育活动设计与指导的基本理论"的第一、第二、第三单元由李晓洁编写,第四单元由汤慧丽编写;模块二"幼儿园领域教育活动设计与指导"中的"健康"(第一单元至第五单元)由姚素慧编写,"语言"(第六单元至第十单元)由张启芬编写,"社会"(第十一单元至第十五单元)由魏艳红编写,"科学"的第十六单元至第十八单元由戴华编写,第十九单元由梅纳新编写,"艺术"(第二十单元至第二十四单元)由张莹编写;模块三"幼儿园综合教育活动设计与指导"的第一单元由梅纳新编写,第二单元由魏艳红编写。本书整体框架由编写组成员共同讨论确定,全书由主编、副主编统稿。

本书修订版为"2023年河南省教师教育课程改革研究项目——岗课赛证融通的高职学前教育'幼儿园教育活动设计'课程改革的研究与实践(重点项目,2023-JSJYZD-046)"的研究成果。在修订过程中,得到了郑州幼儿师范高等专科学校的大力支持,全体编写人员付出了很大努力,在此表示感谢,也感谢复旦大学出版社对本书修订提出的意见。本书的编写参考、借鉴、引用了很多学者的研究成果,所采用的案例、视频等资源在书中一一做了注明,如有遗漏之处,敬请指正。

编写组

目录

模块1 幼儿园教育活动设计与指导的基本理论

第一单元 幼儿园教育活动设计概述 — 3

第一课 幼儿园教育活动 — 3
第二课 幼儿园教育活动设计 — 5

▶ 微课：幼儿园教育活动设计的意义 / 5
📄 习题答案 / 8

第二单元 幼儿园教育活动设计中的目标与内容 — 9

第一课 幼儿园教育活动设计中的目标 — 9
第二课 幼儿园教育活动设计中的内容 — 12

▶ 微课：幼儿园教育活动资源选择的原则 / 13
📄 习题答案 / 14

第三单元 幼儿园教育活动设计中的方法与活动形式 — 15

第一课 幼儿园教育活动设计中的方法 — 15
第二课 幼儿园教育活动设计中的活动形式 — 17

📄 活动案例：科学活动"昆虫小世界"（中班）/ 17
📄 活动案例：体育活动"小鸡捉虫记"（中班）/ 19
📄 习题答案 / 20

第四单元 幼儿园教育活动评价 — 22

第一课 幼儿园教育活动评价概述 — 22
第二课 幼儿园教育活动评价的内容 — 24
第三课 幼儿园教育活动评价的方式 — 30

📄 拓展阅读：幼儿园保育教育质量评估指标 / 22
📄 习题答案 / 32

模块2　幼儿园领域教育活动设计与指导

健康　37

第一单元　幼儿健康教育概述　38

第一课　健康与幼儿健康教育　38
微课：亚健康 / 39

第二课　幼儿健康教育的目标和内容　41
习题答案 / 44

第二单元　幼儿心理健康活动设计与指导　46

第一课　幼儿心理健康教育概述　46
模拟教学：烦恼了怎么办 / 51

第二课　幼儿心理健康活动设计与指导　50
故事：小熊生病 / 51
习题答案 / 58

第三单元　幼儿体育锻炼活动设计与指导　59

第一课　幼儿体育锻炼概述　59
微课：幼儿体育锻炼的意义 / 60

第二课　幼儿园体育锻炼活动设计与指导　65
教学视频：大班体育活动“小兵力气大” / 68
习题答案 / 69

第四单元　幼儿身体保健和生活自理活动设计与指导　71

第一课　幼儿身体保健和生活自理教育概述　71
活动案例：我的小脚丫（小班） / 75

第二课　幼儿身体保健和生活自理活动设计与指导　74
习题答案 / 76

第五单元　幼儿安全活动设计与指导　77

第一课　安全教育概述　77
微课：幼儿安全教育的意义 / 78

第二课　安全活动设计与指导　80
习题答案 / 82

语言　84

第六单元　幼儿语言教育概述　85

第一课　幼儿语言发展与幼儿语言教育　85
习题答案 / 94

第二课　幼儿语言教育的基本观念　88
故事：蚂蚁飞上天 / 95

第三课　幼儿语言教育的目标和内容　90
诗歌：请进来 / 95

第七单元　幼儿谈话活动设计与指导　96

第一课　幼儿谈话活动概述　96
第二课　幼儿谈话活动的基本结构　99

习题答案 / 101

第八单元　幼儿讲述活动设计与指导　102

第一课　幼儿讲述活动概述　102
第二课　幼儿讲述活动的基本结构　105

活动案例：我摸到的是……（中班） / 107
习题答案 / 107

第九单元　幼儿文学活动设计与指导　108

第一课　幼儿文学活动概述　108
第二课　幼儿文学活动的基本结构　109
第三课　常见文学活动的设计与指导　111

微课：如何引导幼儿理解诗歌 / 112
竞赛视频：虎鹿猪兔鼠 / 117
习题答案 / 118

第十单元　幼儿早期阅读活动设计与指导　119

第一课　早期阅读活动概述　119
第二课　幼儿早期阅读活动的设计与指导　122

活动案例：宝贝，不可以（中班） / 123
习题答案 / 124

社会　125

第十一单元　幼儿社会教育概述　126

第一课　幼儿社会教育的研究对象与内涵特点　126
第二课　幼儿社会教育的意义　128
第三课　幼儿社会性发展特点　129
第四课　幼儿社会性发展的主要理论和影响因素　135
第五课　幼儿社会教育的目标和内容　138

习题答案 / 142

第十二单元　幼儿自我意识活动设计与指导　144

　　第一课　幼儿自我意识活动概述　144　　　活动案例：自我控制教育活动"我不任性"（中班）/ 147
　　第二课　幼儿自我意识活动的设计与指导　145　　　习题答案 / 147

第十三单元　幼儿社会环境与社会规范活动设计与指导　149

　　第一课　幼儿社会环境与社会规范活动概述　149　　　活动案例：遵守交通规则（大班）/ 152
　　第二课　社会环境与社会规范活动的设计与指导　151　　　习题答案 / 152

第十四单元　幼儿人际交往活动设计与指导　154

　　第一课　幼儿人际交往活动概述　154　　　教学视频："朋"心合力（大班）/ 157
　　第二课　人际交往活动的设计与指导　155　　　活动案例：我爱爷爷奶奶（大班）/ 157
　　　　　　　　　　　　　　　　　　　　　　　习题答案 / 157

第十五单元　幼儿多元文化活动设计与指导　159

　　第一课　幼儿多元文化活动概述　159　　　习题答案 / 162
　　第二课　多元文化活动的设计与指导　160　　　素材：中班"过春节" / 162

科学　163

第十六单元　幼儿科学教育概述　164

　　第一课　幼儿科学教育内涵　164　　　习题答案 / 168
　　第二课　幼儿学习科学的特点　166

第十七单元　幼儿科学教育的目标和内容　169

　　第一课　幼儿科学教育的目标　169　　　习题答案 / 175
　　第二课　幼儿科学教育的内容　172

第十八单元　幼儿科学活动设计与指导　177

- 第一课　观察类科学活动的设计与指导　177
- 第二课　实验类科学活动的设计与指导　184
- 第三课　技术制作类科学活动的设计与指导　190
- 第四课　交流讨论类科学活动的设计与指导　193

▶ 公开课：大班科学活动"落下来" / 189

习题答案 / 197

第十九单元　幼儿数学活动设计与指导　199

- 第一课　数学与幼儿数学学习　199
- 第二课　幼儿数学教育的目标、内容与原则　202
- 第三课　分类、对应和模式的教育　207
- 第四课　数概念的教育　212
- 第五课　10以内数的加减教育　220
- 第六课　量概念的教育　223
- 第七课　空间与几何形体概念的教育　228

习题答案 / 202

▶ 微课：幼儿数学教育的目标 / 202

▶ 活动视频：益智区数学材料 / 205

习题答案 / 206

PDF 活动案例：分类、对应和模式区角活动 / 211

习题答案 / 211

▶ 活动视频："数概念"材料玩法演示 / 218

PDF 活动案例：认识6（中班）/ 218

习题答案 / 219

▶ 活动视频："加减法"材料玩法演示 / 222

PDF 活动案例：5的加法（大班）/ 222

习题答案 / 222

PDF 活动案例：量概念区角活动 / 227

习题答案 / 227

PDF 活动案例：测量树的粗细 / 227

PDF 活动案例：几何形体区角材料设计 / 231

PPT 教学课件：二等分 / 231

习题答案 / 232

艺术　233

第二十单元　幼儿艺术教育概述　234

- 第一课　艺术与幼儿艺术教育　234
- 第二课　幼儿艺术教育的作用与特点　237

▶ 微课：音乐之美 / 234

▶ 微课：美术之美 / 236

▶ 微课：幼儿艺术教育的作用 / 237

▶ 微课：幼儿艺术教育的特点 / 238

习题答案 / 238

PDF 案例：多多学琴 / 238

第二十一单元　幼儿艺术能力的发展　239

- 第一课　幼儿音乐能力的发展　239
- 第二课　幼儿美术能力的发展　241

习题答案 / 242

第二十二单元　幼儿艺术教育的目标与内容　243

第一课　幼儿艺术教育的目标　243
　　习题答案 / 246
第二课　幼儿艺术教育的内容　245

第二十三单元　幼儿音乐活动设计与指导　247

第一课　幼儿音乐欣赏活动的设计与指导　247
　　乐谱：不同类型的合唱 / 254
　　竞赛视频：歌表演"好孩子要诚实" / 254
第二课　幼儿歌唱活动的设计与指导　253
　　乐谱：一园青菜成了精 / 257
第三课　幼儿韵律活动的设计与指导　259
　　活动案例：歌唱活动"动物猜谜语"（中班） / 258
第四课　幼儿演奏活动的设计与指导　263
　　活动案例：演奏活动"大象和小蚊子"（小班） / 267
　　习题答案 / 268
　　赛证真题：国赛幼儿教育技能赛题 1 / 268
　　赛证真题：国赛幼儿教育技能赛题 2 / 268

第二十四单元　幼儿美术活动设计与指导　270

第一课　幼儿美术欣赏活动的设计与指导　270
　　活动案例：美术欣赏活动"星月夜"（大班） / 271
第二课　幼儿美术创作活动的设计与指导　273
　　模拟教学：美术活动"下雨天真有趣"（大班） / 276
　　习题答案 / 278

模块3　幼儿园综合教育活动设计与指导

第一单元　幼儿园主题活动　283

第一课　幼儿园主题活动概述　283
　　活动案例：找个朋友一起玩 / 288
第二课　幼儿园主题活动的设计与指导　284
　　习题答案 / 290

第二单元　幼儿园项目活动　291

第一课　幼儿园项目活动概述　291
　　习题答案 / 296
第二课　幼儿园项目活动的设计与指导　293

主要参考文献　297

幼儿园教育活动设计与指导的基本理论

学习目标

① **素质目标：** 树立科学的儿童观及教育活动观，具有投身学前教育事业的认同感和职业情怀，具有良好的师德修养。

② **能力目标：** 熟练掌握幼儿园教育活动的方法和形式，并能运用理论指导教育教学活动；能够撰写幼儿园教育活动设计方案；能够对幼儿园教育活动进行评价，并能理论联系实际，分析、解决幼儿园教育教学实践中的问题。

③ **知识目标：** 理解并掌握幼儿园教育活动及活动设计的基本知识；理解幼儿园教育活动的目标体系和内容；掌握幼儿园教育活动方案设计的内容及要求。

内容框架

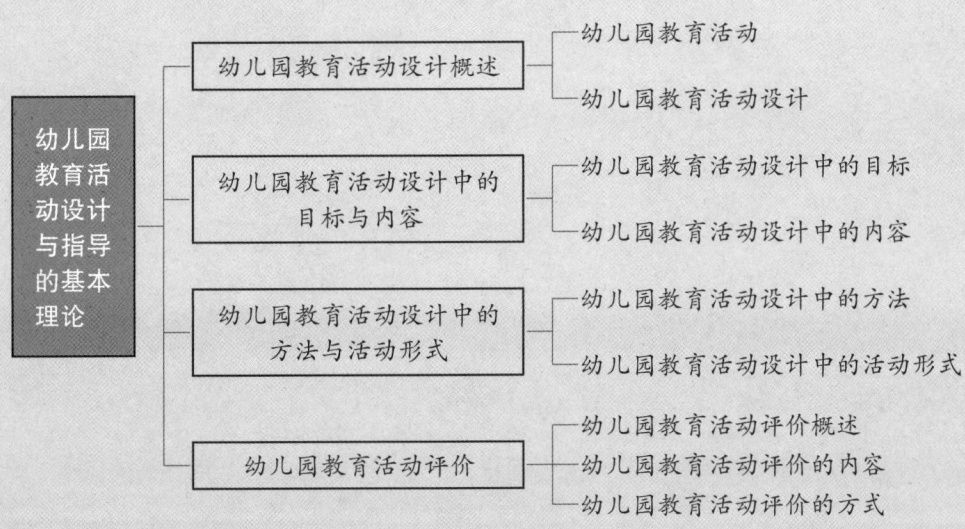

第一单元 幼儿园教育活动设计概述

第一课 幼儿园教育活动

活动是幼儿发展的基础和源泉。幼儿不可能像中小学生那样主要在课堂通过书本知识的学习来获得发展,而必须通过活动去接触各种事物和现象,与人交往,实际操作,才能逐步积累经验,获得真知。对幼儿来说,只有在活动中的学习才是有意义的学习,教师要"寓教育于各项活动之中"。

一、幼儿园教育活动的含义

在中小学,学校教育工作的基本教育形式是"上课"。而在幼儿园,"上课"则被"教育活动"取而代之。"教育活动"作为我国学前教育专用的一个术语,是随着我国幼儿教育事业的发展演变而来的。从20世纪80年代开始,各个幼儿园在教学中就逐渐取消了"课"的说法,取而代之以"活动"的称谓。1989年,教育部在《幼儿园工作规程(试行)》中第一次正式将幼儿园教育工作的组织形式称为"教育活动",这使教育活动名正言顺地成为我国学前教育领域的规范用语。1990年后,"活动"由此逐渐成为幼儿园教育工作中的常见用法。

有学者认为幼儿园教育活动是教师从幼儿的兴趣和实际水平出发,根据幼儿园教育目标,有目的、有计划地组织和指导幼儿主动学习,以增进其对周围环境的认识,培养其学习兴趣,帮助其获得有益于身心发展经验的活动[①]。也就是说,幼儿园教育活动是指幼儿教育工作者为实现幼儿园的教育目标,在一日生活中所安排的各种活动的总和。

二、幼儿园教育活动的基本特征

(一)目的性和计划性

幼儿园教育活动,是由专职幼教人员有目的、有计划、有组织进行的。教师在幼儿的活动中起主导作用,他们在活动中提供适宜的活动环境,调控活动的过程,引导活动的方向。幼儿园教育活动不仅与家庭教育不同,而且与社会上的幼儿教育活动也有明显的区别。在幼儿园教育活动中,活动的目的性和计划性是遵循幼儿发展规律,循序渐进地实施教育的基本保证。

(二)游戏性

游戏是幼儿的基本活动形式,也是其基本的学习途径。2001年颁布的《幼儿园教育指导纲要(试行)》(以下简称《纲要》)指出:幼儿园的教育要"以游戏为基本活动,寓教育于各项活动之中"。在幼儿园教育中,游戏不仅是活动的内容,而且也是活动的重要形式和手段,教师在组织活动时应充分考虑幼儿是在游戏中学习的这一特点,注意活动的趣味性、活动性,尽可能使幼儿获得游戏性体验,寓教育于游戏之中。

(三)整合性

幼儿身心发展的特点决定了幼儿园的活动应该是高度整合的。在幼儿园教育活动实施中,幼儿是以完整人的形象出现的,所以幼儿园教育活动的内容和形式应是整合的。其中各类或各个活动相互联系、相互渗透,综合构成一个整体,综合发挥作用,共同促进幼儿的全面发展。如幼儿园主题活动就是一个很好

---

① 高英杰.幼儿园教育活动设计与指导[M].保定:河北大学出版社,2012:1.

的领域间整合的活动形式。

（四）生活性

幼儿处在身心发展的特殊时期，一些基本的生活习惯、生活自理能力、与人相处的态度及基本的常识等都需要在这一阶段学习，而且幼儿思维的直观性、形象性特点决定了他们最感兴趣的就是他们可以感知的、具体形象的内容。因此，要加强幼儿园教育活动与生活的联系，同时在活动开展过程中要设法为幼儿创设生活化的情境，利用各种教育方法引导其投入本来就属于自己的生活中去，让幼儿在活动中生活，在真实生活中发展。

（五）多样性

幼儿在园的一日生活由各种类型的活动组成，这些活动可从不同维度分类。幼儿园活动不仅类型具有多样化的特点，而且活动方式、组织形式等具有多样化的特点。在下面教育活动的分类中会有所阐述。

三、幼儿园教育活动的基本类型

一般可以将幼儿园教育活动分为以下五种类型。

（一）按照幼儿学习领域分类

根据学习领域的不同，将幼儿园教育活动分为健康教育、语言教育、社会教育、科学教育、艺术教育五大活动领域，各领域的内容相互渗透，从不同的角度促进幼儿情感、态度、能力、知识、技能等方面的发展。按照学习领域划分幼儿园教育活动是比较成熟、科学的划分方法，有利于教师按知识的性质来选择相应的教法和理解幼儿的学习。

（二）按照幼儿在园一日活动的性质分类

生活活动，如来园、进餐、午睡、如厕、盥洗、离园等；游戏活动，如角色游戏、结构游戏、表演游戏等；学习活动，如健康、语言、社会、科学、艺术领域的学习等；劳动活动，如抹桌椅、分发餐具、照顾自然角、喂养小动物等。有些教材将幼儿在园一日活动的类型分得更加具体，如增加了入园、离园活动等。

（三）按照教育活动组织形式分类

根据幼儿园教育活动的不同组织形式，可以将幼儿园教育活动分成集体活动、小组活动和个别活动。

集体活动一般是在教师的直接指导、组织下进行的活动，它的特点是全班幼儿在同一时间内做同样的事情，活动过程以教师的引导和组织为主。小组活动是将全班幼儿分成几个小组进行指导的活动。这里的分组既可以是教师安排的分组活动，也可以是幼儿自发形成的分组活动。小组活动的特点是容易调动幼儿操作材料的主动积极性，促进幼儿和伙伴、教师的讨论或交流，并可以按自己的步调和方式做事。随着幼儿年龄的增长，此种方式越来越受到幼儿的欢迎。个别活动是教师按照个别幼儿的特殊需要而开展的教育活动，可以是由一个教师面对一两个幼儿进行指导，也可以是幼儿的自发、自由活动。

（四）按照幼儿参与活动的自主程度分类

根据幼儿参与活动的自主程度，可将幼儿园教育活动分为幼儿自选活动和教师指定活动。

幼儿自选活动，是指幼儿可根据自己的兴趣和需要，自由选择活动的内容、材料，并由自己决定活动的方式和合作伙伴等。教师的作用是创设环境，为幼儿提供活动的材料和空间，间接参与观察或指导。幼儿园开展的各种区角活动、自选游戏等，都属于这一类型的活动。教师指定活动，是指教师设定教育活动目标，提供活动材料，创设活动情境，有计划地对幼儿活动实施指导。

（五）其他形式的活动

1. 与家庭教育相结合的亲子活动

亲子活动是指对婴幼儿及其家长实施的亲子同乐、亲子互动的活动。幼儿园整合师资、设备、场地等教育资源，通过开办亲子园、亲子班，开设亲子活动课程，实现"家园共育"。

2. 综合主题活动（或称单元主题活动）

综合主题活动是以某一主题为中心组织课程，打破学科或领域的界限，把学习内容融会成一种新的体系。例如有的幼儿园开展"逛庙会"活动，各班只是"庙会"中的某一个"景点"（活动区），全园所有的幼儿及家长都可以自由地选择活动区活动，可以根据提示牌到大二班的"餐厅"去吃烤肉串，也可以到中一班"工艺坊"去学习剪纸，还可以到小三班观看吹糖人，到操场的"商业区"购买"年货"等。这一活动使幼儿不再受空间的限制，从而自然地学习接受中国民俗文化。

3. 有教育意义的社会实践活动

组织幼儿参加各种有教育意义的社会实践活动，如参观动物园、到敬老院看爷爷和奶奶等，都是促进幼儿全面发展的教育内容和形式。

幼儿园各种教育活动形式有各自的特点和优势，它们之间不是相互排斥的，而是交叉融合、形成整体的。教师应根据幼儿的年龄特点和教育目标加以灵活运用，将各方面的教育内容、手段建构成有机的整体。

第二课　幼儿园教育活动设计

一般来说，"设计"是指在创造某种具有实际效用的新事物或者解决新问题之前所进行的探究式的系统计划过程，是一项极具探索性、创造性、艺术性的工作。幼儿园教育活动设计也具有探索性和创造性。

一、幼儿园教育活动设计的含义与意义

（一）幼儿园教育活动设计的含义

幼儿园教育活动设计是为了达到预期的教育目标，遵循幼儿教育活动基本规律，运用系统的观点和方法对教育活动要素进行合理化安排的过程。它既是教师在活动前对活动目标及有关活动要素的分析与建构，也是教师在活动中将教育理念具体化的过程。

（二）幼儿园教育活动设计的意义

1. 幼儿园教育活动设计可以帮助幼儿学习，促进幼儿发展

在幼儿园教育活动设计中，必须准确把握幼儿原有的基础和水平，把促进幼儿发展作为教育活动设计的出发点和落脚点。在了解幼儿原有知识、经验、需要、兴趣的基础上，引导幼儿有所发展和提高。教育活动的目标、内容、方法、进度要适合幼儿身心发展水平，是幼儿经过一定努力可以达到的。

微课

幼儿园教育活动设计的意义

2. 幼儿园教育活动设计可以引发教师思考，优化行为策略

通过幼儿园教育活动设计，可以引发教师对幼儿学习的教育行为和策略的思考，更好地根据具体的、不同的教育活动内容和材料，根据幼儿的成熟水平和经验，根据学习的环境条件以及教师自身的条件和素质等综合因素，来考虑与选择"适合"的行为策略。

3. 幼儿园教育活动设计可以优化活动过程，提高活动效果

在教育过程中，教师要恰当地确定教育活动目标，选择适当的教育活动内容，设计适宜的教育活动环境，以使教育活动能够科学有序地进行，以达到预期的教育目的。教师要综合考虑可能影响幼儿活动过程的诸多因素，努力把教育活动设计得组织结构科学、系统、合理，为实现活动过程的优化和取得良好的活动效果提供保证[①]。

二、幼儿园教育活动设计的基本程序

一般情况下，幼儿园教育活动设计遵循以下基本程序。

（一）分析幼儿学情

分析学情就是对幼儿现有水平和发展需要进行的分析。幼儿的现有水平与经验是活动进行的基础，幼儿的发展需要是活动目标的重要依据。教育活动的设计应着眼于幼儿的发展，包括适应幼儿的已有发展水平和促进幼儿达到的发展水平。

（二）制定活动目标

活动目标的制定是幼儿园教育活动设计中重要的一环，是幼儿园教育活动能够达到预期的目的、产生良好效果的重要保证。目标的提出要根据幼儿的年龄特征和发展水平，从具体到抽象、从直接经验到间接经验、由浅到深，循序渐进。

（三）选择活动内容和方法

活动内容选择要有助于幼儿获得基础知识和关键经验，发展幼儿的智力和创造力，培养幼儿的社会性

---

① 黄瑾.幼儿园教育活动设计与指导[M].上海：华东师范大学出版社，2007：12.

等。同时还要注意活动内容的教育性,如是否基于幼儿的经验基础,活动内容的可行性以及教师的把握度等。活动方法要根据目标和内容灵活选择,任何方法都需要考虑幼儿的积极参与。

(四) 设计活动过程

活动过程是为实现教育目标而对教育内容的具体展开,以及教育方式、方法的具体运用。设计活动过程需要注意:在活动过程中综合体现教育目标、教育内容和教育方法;要能体现出各类教育活动的特点;要为活动的具体实施留有余地,为教师的再创造提供条件。

(五) 对活动设计进行反思

活动反思是活动设计不可或缺的一部分。任何一个活动,都可以有多种方式进行。通过活动反思可以对活动的整体性、多种可能性进行全面而深入的把握,从而保证活动实施过程中的灵活应对。

综上,幼儿园教育活动设计包含的内容有很多,既可以是对一个单元主题活动的设计,也可以是对幼儿一日活动的设计,还可以是对一个单位时间内完成的某一具体活动的设计;既可以是对集体活动的设计,也可以指对小组活动或个别活动的设计;既包括对专门的教育教学活动的设计,也包括对区域活动的设计。不同类型的教育活动设计应根据实际情况,在遵循基本程序的基础上做出不同的调整和变化。

三、幼儿园教育活动设计的内容与要求

幼儿园教育活动设计是对教与学的目标、内容、实施与评价方法等进行选择与规划,并在此基础上提出具体的实施方案。在幼儿园,经常以领域为单位组织和实施教育活动,如健康、语言、社会、科学、艺术五大领域。教育活动设计方案的内容一般包括活动名称、活动目标、活动准备、活动过程及活动延伸的设计。

(一) 活动名称的设计

活动名称的设计要突出活动内容的特点,反映活动目标,在取名称时尽量符合幼儿化、童趣性,直接切入主题,这样幼儿才感兴趣。同时,活动名称的前面或后面要附上班次。如"高高兴兴上幼儿园(小班)""学做小客人(中班)"等。

(二) 活动目标的设计

设计活动目标时应注意的具体内容在第二单元第一课详细讲述,这里不再赘述。

(三) 活动准备的设计

活动准备可以从教师准备和幼儿准备两方面来看,教师准备可以分为物质的准备(各种教具、玩具等)、环境创设的准备(座位的摆放、环境布置、情景表演、角色扮演等)。幼儿准备可以分为知识经验的准备(事先参观、事先学习等)、物质准备(要求幼儿从家中带的一些材料、自己动手制作的材料等)、心理准备(如教师想让幼儿形成勇敢的品质,首先要让他们分享一些害怕的体验,并事先让他们能坦然面对以往自己害怕的经验,让他们做好心理准备)。概括起来,活动准备的撰写一般要包含以下三个方面。

一是知识经验的准备。教师准确地找到新的"经验点"以及把握幼儿的"最近发展区"是活动成功的关键所在。而要找准新的经验点,要求教师在进行新的教育教学活动前必须了解幼儿先期已经掌握哪些与本活动相关的知识技能,具备了哪些能力。教师可以采用"任务分析"的方法来分析并了解幼儿经验准备情况,并做好相关的经验准备。如小班语言活动"猜猜我是谁",该活动的目标之一是"安静倾听,熟悉同伴的声音,学用普通话回答问题",活动之前教师要让幼儿在日常生活中互相了解、熟悉同伴的名字。

二是活动材料的投放。幼儿园的活动材料,更多的应该是日常生活中的各种物品、当地的自然资源和安全的废旧材料。这样不仅可以让幼儿学会珍惜和利用资源,节省了教师制作教具的时间,而且节约了幼儿园的物质资源。此外,材料数量要充足,能满足和支持幼儿的操作、探究活动。

三是学习情境的创设。在教学活动设计中,教师可以根据教学内容、幼儿的年龄和生活经验,并借鉴一些常见的生活事件,思考并创设一个个生动而真实的、可亲身体验的、科学而有效的模拟生活的教育情景,让幼儿与情景中的人和事物相互作用,从而建立起连接教学与生活的桥梁。如小班"区分上下方位"的教学活动,可以用橱柜、床、桌子等布置成"娃娃家",让幼儿结合"娃娃家"的物品摆放,区分并说出"娃娃躺在床铺的上面""电话放在橱柜的上面""鞋子放在床铺的下面""电视放在桌子的上面"等。

(四) 活动过程的设计

活动目标确定后,教师在活动设计中要思考可以通过哪些具体的活动内容和活动形式来达成目标。活动过程一般包括开始部分、基本部分、结束部分。

1. 开始部分

开始部分也叫导入,是引导幼儿活动的第一步,主要激发幼儿的学习兴趣与求知欲,集中幼儿的注意力,刺激他们积极思维,使其在轻松、自主、有趣、愉快的氛围中进入最佳学习状态。常用导入方式如下。

(1)设疑导入。疑问可以由教师直接提出,也可以谜语、儿歌的形式间接提出。大班常用这种形式,它有利于激发幼儿积极的思维和探究的欲望。如在科学活动"电动玩具"中,教师说:"这个玩具不会动了,到底怎么回事呢?"

(2)材料导入。教师出示图片、标本、实物等引起幼儿兴趣。如大班社会活动"中国丝绸"中,活动一开始,教师便让幼儿观察、感受丝绸的柔软和爽滑,从而进入主题活动。

(3)文学作品导入。指利用故事、谜语、儿歌等形式导入。如语言活动"森林医生"中,教师通过说"有种鸟儿本领高,尖嘴会给树开刀,爪子紧抓大树干,叼出害虫一条条",引导幼儿进入活动中。

(4)情景表演导入。教师创设一定的情境或利用情境来进行模拟表演,把幼儿带入教育活动中。如大班综合活动"心情预报",在活动开始时,教师为了引起幼儿兴趣,请愿意模仿的幼儿模仿电视里的天气预报,以此为切入点进入"心情预报"的讨论。

(5)游戏导入。指以游戏的形式引发幼儿的学习兴趣。如大班主题活动"小鬼当家",在活动开始时,教师组织幼儿玩"小鬼当家"的角色游戏,幼儿自愿结合,佩戴胸卡标志,进行一系列家庭活动的角色模拟活动,如领工资、交水电费、超市购物等。

(6)经验导入。利用幼儿已有的知识经验或幼儿熟悉的事例来进入活动,引发出新的教学内容。如教师在活动开始时说:"小朋友,我们上次唱过的《小树叶》歌曲中,都唱了什么?"这种方法易于被幼儿接受,经常被老师采用。

(7)直接导入。教师运用简洁明确的语言告知幼儿活动内容或目标,使幼儿立即明确活动的任务。如,教师带来一本图画书,对幼儿说:"小朋友,今天咱们要读一读《逃家兔》的故事。咱们一起来看看小兔子是怎么回到家的。"

教师应根据活动目标、内容和幼儿的年龄,恰当设计导入部分,要求简短、有效、有针对性。

2. 基本部分

基本部分主要是教师引导幼儿进行感知学习和练习的过程,是实现目标的主要部分,承载着主要的教育内容。基本部分需要教师考虑以下问题:活动大体分为几个步骤;每个步骤采用何种教育方法,完成哪些内容;哪个步骤是重点或难点,应如何突破;每个步骤的时间分配;每个步骤如何进行,提什么问题,有什么要求,怎么做小结等。教师与幼儿应始终围绕活动目标进行,并最终能实现目标;注意活动的生成性,尊重幼儿的愿望,适当调整教育目标及教学环节。

3. 结束部分

一个好的活动结束,不仅能对活动起到总结、提升的作用,还能给幼儿留下回味,激发幼儿继续学习、探索的欲望。下面,呈现三种活动结束的方式。

(1)自然结束。教师直接告知幼儿活动结束了,并带领幼儿收拾整理材料,引导幼儿自然过渡到下面的活动的方式。如在美术、体育等活动中,教师说"今天我们就玩到这里,请小朋友收拾好工具(玩具),洗手休息……",这是一种非常自然朴素的方式。

(2)总结评价式结束。教师用简洁、精练的语言,对活动的关键或核心问题进行总结或概述,也包括评价幼儿在活动中的表现。

(3)后续延伸式结束。教师根据活动的重点最后再次设置疑问,激发幼儿继续学习的欲望。如谈话活动"我要上小学了"的最后,教师说"小学到底是什么样呢?你们想了解小学吗……",为下次参观小学的活动做铺垫。

(五)活动延伸的设计

活动延伸指在教育活动后,教师继续设计一些与此相关的辅助活动,使教育内容渗透到幼儿一日生活中,使幼儿受教育的时间能够持续,教育目标能够更好地实现。活动延伸的形式可以是家园共育、领域渗透、环境创设、区角活动、游戏等。

总之,一个好的教育活动方案设计既是教师创造性劳动的成果、教师教育观念的体现,更是教师综合能力的再现。

思考与练习

1. 解释下列概念。
   幼儿园教育活动　幼儿园教育活动设计
2. 简述幼儿园教育活动的基本特征。
3. 简述幼儿园教育活动的基本类型。

赛证真题

一、单项选择题

1. 对幼儿园活动的正确理解是(　　)。
   A. 儿童尽情地随意玩耍　　B. 在安全的前提下按课程的要求活动
   C. 为儿童舒展筋骨而开展活动　　D. 教育过程就是活动过程,促进儿童身心健康发展
2. 活动区活动结束了,可是曼曼的"游乐园"还没搭完,他跟教师说:"老师,我还差一点儿就完成了,再给我5分钟,好吗?"老师说:"行,我等你。"一边说,一边指导其他幼儿收拾玩具……该教师的做法体现了幼儿园一日生活安排应该(　　)。
   A. 与幼儿积极互动　　B. 根据幼儿的活动需要灵活调整
   C. 按照作息时间按部就班地进行　　D. 随时关注幼儿的活动

二、论述题

为什么幼儿园教育要贴近幼儿的生活?

实训任务

阅读本教材领域教育活动设计中的一篇教育活动方案,对照幼儿园教育活动设计的内容与要求的理论知识,谈一谈该活动采用什么方式导入活动,基本部分分为哪几个步骤,采用什么方式结束活动等。

第二单元
幼儿园教育活动设计中的目标与内容

第一课　幼儿园教育活动设计中的目标

幼儿园教育活动的目标,是指通过教育活动所要达到的预期目的。作为整个活动的"指南针"和"方向盘",它揭示了幼儿园教育活动影响幼儿发展的预知变化。制定幼儿园教育活动目标是开展幼儿园各种教育活动的起点和归宿,也是整个教育活动设计的首要环节。教育活动目标越明确,教育活动过程就越科学,教育效果就越理想,也就越能有效地促进幼儿的身心发展。

一、幼儿园教育活动目标体系

了解幼儿园教育活动目标体系,有助于教师在教育活动设计中分解、落实教育目标。教师要明确教育活动目标的纵向结构和横向结构。

（一）幼儿园教育活动目标的纵向结构

从教育实践的角度来看,幼儿园课程即幼儿园教育活动。幼儿园课程目标从纵向结构来看,由上到下一般可分为五个层次:

幼儿园保教目标（德、智、体、美）
↓
幼儿园各领域目标（健康、语言、科学、社会、艺术）
↓
年龄段目标（小班、中班、大班）
↓
单元目标（学期、月目标等）
↓
幼儿园教育活动目标

第一层次：幼儿园保教目标

2016年颁布的《幼儿园工作规程》（以下简称《规程》）第一章"总则"第五条提出,幼儿园保育和教育的主要目标是:

● 促进幼儿身体正常发育和机能的协调发展,增强体质,促进心理健康,培养良好的生活习惯、卫生习惯和参加体育活动的兴趣。

● 发展幼儿智力,培养正确运用感官和运用语言交往的基本能力,增进对环境的认识,培养有益的兴趣和求知欲望,培养初步的动手探究能力。

● 萌发幼儿爱祖国、爱家乡、爱集体、爱劳动、爱科学的情感,培养诚实、自信、友爱、勇敢、勤学、好问、爱护公物、克服困难、讲礼貌、守纪律等良好的品德行为和习惯,以及活泼开朗的性格。

● 培养幼儿初步感受美和表现美的情趣和能力。

第二层次：幼儿园各领域目标

幼儿园保育和教育目标需要转化为与课程内容领域结合更紧密的课程领域目标。如在《纲要》这个幼儿园课程文件中，规定的幼儿园阶段的课程领域总目标为：

➤ 健康：
1. 身体健康，在集体生活中情绪安定、愉快；
2. 生活、卫生习惯良好，有基本的生活自理能力；
3. 知道必要的安全保健常识，学习保护自己；
4. 喜欢参加体育活动，动作协调、灵活。

➤ 语言：
1. 乐意与人交谈，讲话礼貌；
2. 注意倾听对方讲话，能理解日常用语；
3. 能清楚地说出自己想说的事；
4. 喜欢听故事、看图书；
5. 能听懂和会说普通话。

➤ 社会：
1. 能主动地参与各项活动，有自信心；
2. 乐意与人交往，学习互助、合作和分享，有同情心；
3. 理解并遵守日常生活中基本的社会行为规则；
4. 能努力做好力所能及的事，不怕困难，有初步的责任感；
5. 爱父母长辈、老师和同伴，爱集体、爱家乡、爱祖国。

➤ 科学：
1. 对周围的事物、现象感兴趣，有好奇心和求知欲；
2. 能运用各种感官，动手动脑，探究问题；
3. 能用适当的方式表达、交流探索的过程和结果；
4. 能从生活和游戏中感受事物的数量关系并体验到数学的重要和有趣；
5. 爱护动植物，关心周围环境，亲近大自然，珍惜自然资源，有初步的环保意识。

➤ 艺术：
1. 能初步感受并喜爱环境、生活和艺术中的美；
2. 喜欢参加艺术活动，并能大胆地表现自己的情感和体验；
3. 能用自己喜欢的方式进行艺术表现活动。

上述目标落实了保教目标，从不同的角度促进幼儿德、智、体、美的全面发展。

第三层次：年龄段目标

年龄段目标是小、中、大三个年龄班的学年性目标。这三个学年目标之间衔接性要强，分阶段地保证着目标的实现。2012年颁布的《3—6岁儿童学习与发展指南》（以下简称《指南》）中，学习与发展目标部分分别对3～4岁、4～5岁、5～6岁三个年龄段末期幼儿应该知道什么、能做什么、大致可以达到什么发展水平提出了合理期望。

第四层次：单元目标

单元目标主要从时间上进行分解，教师根据时间单元，结合本班实际，把学年目标落实到具体时段上进行分解，便有了学期目标、月目标或周目标。目的是使目标具体化，能更好地指导教育实践。

第五层次：幼儿园教育活动目标

教育活动目标是指某一教育活动所期望达到的效果，是单元目标的进一步细化。具有具体、可操作性强的特点。

（二）幼儿园教育活动目标的横向结构

对幼儿来讲，任何领域内容的学习，都应促进其情感、认知、动作技能的发展。因此，目标的每一个层次，都有一个横向结构。可用表1-2-1或表1-2-2表示。

表 1-2-1　二 维 结 构

领　域	知　识	能　力	情　感
健　康			
科　学			
社　会			
语　言			
艺　术			

表 1-2-2　三 维 结 构

| 范　畴 | 水　平 | 领　域 | | | | |
		健康教育	语言教育	科学教育	社会教育	艺术教育
知识学习	小　班					
	中　班					
	大　班					
能力发展	小　班					
	中　班					
	大　班					
情感培养	小　班					
	中　班					
	大　班					

无论是哪种层次的目标，都可以从不同角度来表述。最常用的目标表述方式有两种。

一是从教师的角度表述，指明教师应该做的工作或应该努力达到的教育效果。例如：

- 使幼儿初步学会关心别人，体验自己被关心后的快乐。
- 教给幼儿一些关心别人的简单方法和安慰人的日常用语。
- 使幼儿了解月亮的变化规律，增进幼儿对自然现象的探究兴趣。
- 帮助幼儿了解中秋节的来历及有关文化，进一步加深对传统节日的了解。

二是从幼儿的角度表述，指明幼儿通过学习应该达到的发展。例如：

- 欣赏"年"的故事，了解过年是中国特有的传统节日，有独特的风俗习惯。
- 主动探索生活中关于月亮的自然现象，并愿意和同伴分享。
- 能够围绕小学的话题用轮流的方式进行谈话，交流关于小学的认识。
- 根据图谱进行简单的讲述与动作表演，感受散文诗的语言美和意境美。

目前，倡导从幼儿的角度表述，以促使教师的注意力向幼儿转移，克服以往教育中教师较多注意自己"教"的行为，而忽略幼儿的"学"和"学的效果"的倾向。

二、设计教育活动目标的要求

在教育实践中，教师更多的是制定具体情境下的教育活动目标。一般来说，制定具体教育活动目标的要求如下。

（一）目标内容要全面

每一个教育活动的目标原则上都应包括情感态度目标、认知目标、动作技能目标三个方面的内容。但是，根据具体活动，目标会有所侧重，如有的教育活动具有强烈的情感态度倾向，就可以突出"情感态度与价值观"的教育。另外，三维结构目标就如同立方体的长、宽、高三个维度，是一个事物的三个方面，而不是独立的三个目标。有的是潜在的、隐性的，每一个目标也未必只含一个维度的内容。

（二）目标难度要适宜

目标的制定应根据幼儿的年龄特点，本班幼儿身心发展的特点及认识规律，要求不能太高，否则易流于形式；也不能太低，对幼儿发展没有促进作用。例如：大班活动目标是学习准确使用"谢谢""你好""再见"等礼貌用语，目标的要求过于简单；小班活动目标是学会 10 以内的加减运算，目标的要求难度过高。

（三）目标主体要统一

为了使教师对教育活动的关注点更多地放在幼儿的"学"上，放在幼儿的"发展"上，活动目标应尽量从幼儿学习的角度出发，如"初步了解自己是班里的一员"要比"让幼儿初步了解自己是班里的一员"更尊重"幼儿是学习的主人"这一理念。在同一活动，目标的行为主体要保持一致。

（四）目标要重点突出、表述明确、有可操作性

教育活动目标是以具体明确的表述方式说明幼儿完成学习任务以后要达到的"目的地"，有较强的针对性。活动中应对于幼儿基本的认知、基本的技能，培养幼儿的哪一种情感有较明确的说明，如果缺乏质和量的具体规定性，且可测性和可比性很差，教育活动目标就失去了它的指导作用。

> 例：某教师为大班社会教育活动"接打电话有礼貌"设计的活动目标
> 设计一：
> 1. 在活动中掌握一定的礼仪要求。
> 2. 学会使用礼貌用语，养成良好的行为习惯。
> 3. 在游戏中，体验活动带来的乐趣。
>
> 设计二：
> 1. 知道拨打、接听、转接电话的礼仪要求。
> 2. 学会使用电话的基本方法和礼貌用语，养成良好的接打电话习惯。
> 3. 在模拟游戏、讨论、操作等活动中巩固礼貌待人的行为习惯，体验文明使用电话的乐趣。

通过比较可以看出设计二的目标更为明确具体，操作性较强，透过目标就可以设想活动的过程，很容易检测活动目标的达成情况。对幼儿来说，可以获得比较具体清晰的认识，有效提升平时零散的经验。

第二课　幼儿园教育活动设计中的内容

一、幼儿园教育活动内容简介

幼儿园教育活动内容是指为实现教育目标，要求幼儿学习、获得学科知识和技能，还包括幼儿在学习过程中所形成的态度、价值观以及相应的行为方式。幼儿园教育活动的内容是全面的、启蒙性的，是通过教育活动希望幼儿学习而且希望幼儿学到的东西，包括基本知识、基本能力、基本态度、基本活动方式等。具体按照教育领域来划分，包括以下教育内容。

（一）健康领域活动内容

健康领域活动内容主要包括生活、体育、保健、安全等。生活方面包括饮食习惯、卫生习惯、生活自理方面等；体育方面包括大肌肉运动、小肌肉运动、跑跳等；保健方面包括身体状况的检查及了解、饮食的合理搭配、疾病的预防及控制治疗等。

(二) 语言领域活动内容

语言领域活动内容是与发展幼儿语言相关的教育活动内容。按教育内容的过程性来划分,分为讲述、表现、谈话、阅读等;按教育内容的对象来划分,分为故事、儿歌、诗歌、散文、语言游戏(或表演)等。

(三) 社会领域活动内容

社会领域活动内容是与发展幼儿社会性相关的教育活动内容。按教育内容的过程性来划分,主要包括社会认知、社会情感、社会行为等;按教育内容的对象来划分,包括自我意识、社会环境、人际关系、社会规范、社会文化等。

(四) 科学领域活动内容

科学领域活动内容主要包括科学探究和数学认知两大部分。科学探究内容包括自然环境和人们生活的关系,身边常见事物和现象的变化规律,科学技术等;数学认知包括数、量、形、时间和空间等内容。

(五) 艺术领域活动内容

艺术领域活动内容有感受、欣赏、表现、创作等过程性内容,和文学作品、音乐作品、舞蹈作品、美术作品、影视作品、自然事物、社会事物等对象性内容相互交织在一起构成。

二、幼儿园教育活动资源的选择与利用

教育资源是指具有教育意义或能够保证教育实践进行的各种条件,包括人力、物力、财力等物质因素,以及保证这些因素发挥作用的政策、制度、环境等条件。中央教科所程方平博士把幼儿园教师可利用的教育资源分为幼儿园资源、教育对象资源、教师自身资源、儿童家庭资源和社会资源五种[①]。

(一) 幼儿园教育活动资源选择的原则

1. 与幼儿生活经验密切联系

应当选择与幼儿生活密切相关的教育资源,这类教育资源往往与幼儿本身或幼儿身边的人发生着千丝万缕的联系。比如邮局、图书馆、超市、车站这一类教育资源包含着一定的社会知识和规则,与幼儿的生活有着密切的关系,需要幼儿了解。

2. 从幼儿的兴趣和需要出发

有些教育资源本身就有吸引幼儿的要素,能够激发幼儿强烈的兴趣。如超市、麦当劳餐厅、公园等,这些资源应充分利用。在这些场所中,色彩比较丰富,活动空间较大,孩子在其中可以比较充分自由地观察,与这些场所中的人员进行交往、互动。例如在农贸市场,幼儿可以观察、认识各种蔬菜、水产品,观察菜摊的摆设,与卖菜的叔叔阿姨交流,亲自实践买菜的活动,回到幼儿园也可以进行丰富的主题延伸活动。

3. 因地制宜,就地取材

资源的利用可以从本地、本园的实际出发,选择幼儿园周围环境中比较丰富的、在实际生活中容易接触到的现实资源,体现本社区的人文和自然特点及本园的教育文化,提高资源的利用率与使用价值,发挥优势,形成自己的风格和特色。

(二) 幼儿园教育活动资源的利用

《纲要》中指出,"幼儿园应与家庭、社区密切合作,综合利用各种教育资源,共同为幼儿的发展创造良好的条件"。幼儿园教育环境资源的开发与利用,能够大力推进幼儿园课程的建设,对提高幼儿园教师专业化水平,提高幼儿基本素质有极大的促进作用。

家庭是幼儿成长的第一大教育资源,它对幼儿良好品德行为及习惯的形成,起着决定性的影响。家庭资源的利用的主要目的是帮助家长树立正确的教育观念;发挥家庭、幼儿园的各自优势,构建家园互动平台;引导家长参与幼儿园的课程建设和管理等。

社区资源作为一种新型的教育资源已经逐步渗透到幼儿园教育中,社区中所蕴含的丰富而宝贵的教育资源为幼儿园教师开展主题活动提供了广阔的平台。幼儿园利用社区资源的策略一般包括对社区中自然资源、人力资源和生活设施资源的利用。同时,幼儿园还可以为社区提供家教指导、开放大型玩具等教育服务。幼儿教育不等于幼儿园教育,教师要树立大教育观,更新教育资源观,让教育跨越幼儿园围墙。整合幼儿园、社区、家庭资源,力求达到优势互补,协调发展。

幼儿园教育活动资源选择的原则

---

① 黄瑾.幼儿园教育活动设计与指导[M].上海:华东师范大学出版社,2007:76.

模块1 幼儿园教育活动设计与指导的基本理论

资源的开发和利用是永恒的,而最关键的是教师。作为教师要有开发和利用资源的意识,要不断创新教育活动、环境、活动教具,这样才能为幼儿的发展创造更加优质的资源,成为幼儿成长的不竭源泉。

思考与练习

1. 解释下列概念。
    幼儿园教育活动目标 幼儿园教育活动内容
2. 简述设计教育活动目标的要求。
3. 幼儿园教育活动资源选择的原则是什么?

赛证真题

一、单项选择题

1. 按照布鲁姆等人教育目标分类的观点,"了解青蛙的生长发育过程"属于(   )。
   A. 情感目标 B. 认知目标 C. 动作技能目标 D. 行为目标
2. 为了让幼儿在户外运动中一物多玩,最适合的做法是(   )。
   A. 教师集体示范 B. 幼儿自主探索 C. 教师分组讲解 D. 教师逐一训练
3. 幼儿获得直接经验的方式是(   )。
   A. 听老师讲课 B. 阅读图书 C. 实际操作 D. 看他人如何做
4. 在幼儿教育活动中,最能为幼儿提供交谈机会的组织形式是(   )。
   A. 小组活动 B. 集体活动 C. 全园活动 D. 个别活动

二、论述题

幼儿园集体教学活动和游戏的含义分别是什么?试述两者的区别与联系。

实训任务

请你比较大班科学活动"昆虫小世界"的两个活动目标设计,并进行分析评价。

设计一:

1. 认识昆虫的外形结构,了解不同种类的昆虫。
2. 了解蝴蝶、蚂蚁、蜜蜂和蟋蟀的外形特征,了解其生活习性。
3. 感受大自然中昆虫的奇妙,激发探索动物世界的乐趣。

设计二:

1. 观察小昆虫的外形,学会用图画记录昆虫的身体特征。
2. 喜欢探究昆虫的秘密,发展比较观察的能力。
3. 懂得人与自然和谐相处,在活动中获得快乐和喜悦。

第三单元
幼儿园教育活动设计中的方法与活动形式

第一课　幼儿园教育活动设计中的方法

一、幼儿园教育活动中的一般方法

幼儿园教育活动的组织方法,是幼儿园为完成对幼儿进行全面发展教育的任务所组织的教育活动中采取的方式和方法。进行幼儿园教育活动设计时,要综合考虑。

(一) 直观法

直观法是幼儿园教学的主要方法,是教师在教育过程中配合讲述、讲解,向幼儿展示实物、教具或示范性实验和表演,借以说明和印证所讲授知识的一种方法,包括观察法、演示法、示范法等。

1. 观察法

观察法是指教师有计划、有目的地引导幼儿感知客观事物的一种方法。如科学领域中让幼儿观察动植物,获取认识;艺术领域中观察审美对象的艺术表现形式和特点;语言领域中观察图画书中的形象与情节。这种方法的应用比较广泛。

2. 演示法

演示法是指教师在教学中向幼儿出示各种实物、教具、模型,并进行示范性操作的一种方法。这种方法常与讲述法、谈话法一起使用。运用演示法的要点包括:要选择恰当的时机,激发幼儿的新鲜感;使全体幼儿都能看清演示的对象,把注意力集中在对象的主要方面;辅以简明扼要的讲解和谈话,使演示的事物与所学的知识紧密结合;演示要技巧熟练、造型准确、程序正确、动作清楚、速度适宜;演示的时间要短,根据需要可向全班、小组或个人进行演示。

3. 示范法

示范法是指教师通过自己的语言、动作所做的教学表演,为幼儿提供具体模仿的范例。在语言活动教学中,教师经常运用语言示范,发展幼儿叙述、描写、创造性讲述及朗诵的能力;在体育教学中则通过动作示范帮助幼儿掌握学习内容和动作。示范法包括完整示范、部分示范、分解示范、不同方向示范等多种形式。在教学活动中发现幼儿有难点、错误时,教师可做分解示范,以帮助幼儿解决困难和纠正错误。示范可由教师示范,也可以请幼儿示范。

(二) 口授法

口授法是指通过教师的讲述和讲解,向幼儿描绘情境、叙述事实、解释概念、说明道理,使幼儿直接获得知识的教学方法,包括讲解法、谈话法、讨论法等具体方法。

1. 讲解法

讲解法是指教师通过口头语言向幼儿解释和说明知识、材料、规定、要求等的教学方法。教师讲解的语言要准确、清晰、简练、形象、生动、通俗易懂,符合幼儿的理解能力和接受水平,能引起幼儿的兴趣。讲解要条理清楚,便于幼儿记忆。

2. 谈话法

谈话法是指用提问、答问、讨论等方式进行教学的方法。运用谈话法的要点:要在幼儿已有的知识经验基础上进行;所提的问题须经过周密思考,要围绕主题紧扣教学目的,具体明确,富有启发性,既要面向全体幼儿,又要照顾个别幼儿的水平;问题要有逻辑性,以引起幼儿步步深入思考;教会幼儿注意听清问题,针对问题用响亮声音回答;教师要注意耐心倾听幼儿的回答,及时肯定、补充,做出明确的结论;鼓励幼儿向教师质疑。

3. 讨论法

讨论法是指幼儿在教师的指导下就某种问题、现象互相启发、交换看法以获取知识的一种教育方法。讨论的方式灵活多样,有分组讨论、全班讨论等。讨论法能使幼儿有更多的机会表达自己的意见,不必考虑自己意见的对错,在讨论中使自己的认识得以深化、情感能够自然流露出来;还可以从同伴讨论中听到各种不同的意见,能较好培养幼儿分析问题和解决问题的能力与口头表达能力。

(三) 实践法

实践法是指教师在活动中,训练幼儿的各种感官,并进一步理解知识、巩固技能、加深记忆的一种教学方法,包括练习法、操作法、游戏法等。

1. 练习法

练习法是指在教师的帮助、辅导下,通过多次重复的练习使幼儿熟练地掌握知识和技能的一种方法。它是巩固新知识,形成技能技巧和习惯的基本方法。运用练习法的要点:使幼儿明确练习的目的、任务和具体要求且在理解的情况下自觉练习;根据练习材料的性质和幼儿的年龄特点,适当分配练习的分量、次数和时间;练习的方式要多样化,以提高练习的兴趣,避免单调、乏味的重复;练习中要先求正确后求熟练,逐步提高要求,及时评价指导,让幼儿知道练习的结果;加强个别辅导,及时纠正错误,以免形成习惯后不易纠正,对能力差的幼儿要多给予练习的机会和具体的帮助。

2. 操作法

操作法是指幼儿通过亲自动手操作材料,在摆弄物体的过程中进行探索,从而获得知识、经验和技能的一种教学方法。运用操作法要注意明确操作的目的,为幼儿提供充足的操作材料,一般人手一份。给幼儿充分的操作时间去摆弄物体,去思考和探索,以达到操作的目的,充分发挥教具、材料的作用,切忌走过场;在幼儿动手操作之前,应向幼儿说明操作的目的、要求和具体的操作步骤、方法;在幼儿操作的过程中,教师要观察幼儿的操作情况,及时发现问题,引导幼儿积极思考和探索;最后要讨论操作的结果,帮助幼儿将他们在操作中获得的感性经验予以整理归纳、明确概念。

3. 游戏法

游戏法是指在教师指导下通过有规则的游戏进行教学的一种方法,是深受幼儿欢迎的一种教学方式。运用游戏法的要点:游戏的内容要有益于幼儿的身心发展;根据不同的教育目标和教育内容选择、创编不同形式的游戏;教师要重点指导幼儿遵守游戏规则,能够克服困难,独立或与同伴合作完成游戏;在游戏中要注意培养幼儿之间的合作、谦让、友爱、互助等优秀品质。

二、幼儿园领域教育活动中的特殊方法

在幼儿园教育教学活动中,采用什么样的方法,主要取决于教育教学活动的目标、内容、规律,幼儿的年龄特点及教师自身素质等。在各个领域中,对教育活动的组织分别有一些不同的方法。

(一) 比赛法

比赛法是指在比赛的条件下进行练习的方法。在健康领域,特别是在体育活动中经常运用。比赛法能激发幼儿愉快的情绪,调动幼儿参与体育锻炼的积极性。运用要求:教师应对比赛的结果进行评价,不只是简单地评判胜负,还要评价幼儿行为表现,如是否遵守规则,必要时以是否遵守规则作为评判胜负的标准。对违反规则的幼儿,要以正面教育和鼓励为主,请其按要求重做,逐步养成良好的比赛习惯。

(二) 故事表演法

故事表演法在语言领域较为常用,即幼儿扮演幼儿文学作品中的角色,用对话、动作等丰富表演,再现文学作品。故事表演游戏允许幼儿根据作品提供的想象线索,通过角色扮演开展游戏活动。在表演过程中,教师可用旁白或串联情节的方式,来帮助幼儿推动游戏过程,不再要求幼儿复述故事,重点集中在理解作品内容,体验角色心理,并用适当的语言、动作、表情,再现人物形象及情节发展。

(三) 移情训练法

移情训练法是社会领域中以情境教学为主的方法,是指教师或家长通过现实生活事件或通过讲故事、情境表演等方式,让幼儿设身处地地站在别人的位置去体验他人的情感,理解他人的需要及活动的教育方

法。移情能使幼儿更好地换位思考,在情感上产生感染与共鸣,逐渐形成亲社会行为,从而摆脱"自我中心",降低攻击性行为。移情还可以使幼儿体会助人为乐、合作分享等亲社会行为带来的友爱与欢乐的情绪。但在现实生活中,移情并不是自然而然产生的,需要在生活中、教育中通过培养才能出现。

(四) 实验法

实验法是幼儿科学教育的重要方法,指在人为控制条件下,教师或幼儿利用一些物质材料、仪器或设备,通过简单的演示或操作,对周围常见的科学现象加以验证的一种方法。在培养幼儿对科学的兴趣、动手操作能力方面具有较大作用。

(五) 整体感知法

整体感知法指在艺术领域中,利用音乐形成结构本身的整体统一性和整体协调性,从整体入手引导幼儿感知、体验并表现音乐的一种方法,其突出的优势在于能够使幼儿相对更容易地感受、体验到音乐的全部内容,从而进入有完整意义的音乐学习。

(六) 多感官参与法

多感官参与法,指在艺术领域中调动幼儿的多种感官器官的协同参与,以便更好地丰富和强化幼儿对艺术的感受和理解,体验并享受艺术美。学习心理学认为,个体在认识活动中,开放的感知通道越多,就越能全面、深入地把握好认识对象。因此,这种艺术学习的方法不仅能够有效地提高幼儿感知、理解和表现艺术的能力,同时更能调动和激发幼儿参与活动的主动性、积极性和创造性。

除此之外,各领域还有一些其他更为具体的教育方法。如音乐、语言教育中的图谱法,在后续单元中有详细的介绍。教育活动方法各有不同的特点和作用,它们之间是相互配合、互相补充的。教师在运用这些方法时不能随意照搬,要考虑到教育对象的不同特点,依据教育活动本身所具有的规律性,对教育方法进行再创造、再加工,达到灵活运用。如下述案例中,教师运用的主要教学方法有演示法、讲解法、观察法、游戏法和操作法。

三、选择幼儿园教育活动方法的要求

(一) 根据教育目标选择方法

教育活动方法是实现教育目标的手段,所选方法要有助于达成教育目标。如科学活动中"认识电话"这一内容,其教育目标是了解电话的发展、性能、功用及使用方法,并通过此活动培养幼儿动手能力、观察比较与分析的能力。根据这个教育目标,在选择方法时,自然就会用到观察法、操作法、游戏法。

科学活动"昆虫小世界"(中班)

(二) 根据教育内容选择方法

由于教育内容复杂多样,仅仅依靠一般性的教育方法不能起到很好的效果。所以,教师需要针对具体的活动内容进一步选择更合适的方法。如语言领域的教育活动侧重培养幼儿对语言的倾听、理解和表达能力,在选择方法时可以考虑口语类的方法和语言领域的特殊方法。科学领域的核心是探究,强调实证的方法,操作、实验是主要方法。

(三) 根据幼儿年龄特点选择方法

幼儿年龄特点不同,在认知等方面存在很大差异。教师要根据幼儿的年龄特点选择合适的教育方法,如比赛法、讨论法适合在中、大班使用。即使同一种方法,在不同年龄段使用也不尽相同,如游戏法,小班教育活动完全采取游戏的方式,到大班,可逐渐减少游戏的成分。

总之,幼儿是教育活动的主体,教师在以教育活动促进幼儿主体性发展的过程中,将各种方法融合为一个相互渗透、相互补充的有机而统一的整体,以便更好地促进教育活动效果的最优化。

第二课 幼儿园教育活动设计中的活动形式

幼儿园教育活动是有目的、有计划地引导幼儿生动、活泼、主动活动的多种形式的教育过程。本书把常见的教育活动形式分为专门的教育活动和渗透的教育活动两种形式。

一、专门的教育活动

专门的教育活动一般在幼儿园表现为集体教学活动和区角活动。

（一）集体教学活动

集体教学活动是指教师有目的、有计划地围绕某个教学内容，灵活采用教育方法对幼儿进行教育的活动。它是幼儿园实施教育教学的主要手段，也是幼儿获得知识、技能、情感态度的重要途径。集体教学活动有明确的目标来指导活动的开展，活动成功的标准在于目标是否实现。教师应有清晰的设计思路，根据幼儿的年龄特点及已有知识经验提前预设教育方案。教学活动中教师能控制活动现场，明确地传递教育意图。教师应精心选择和设计教育活动目标、内容，按预设的方案实施教育活动，以保证活动顺利进行。

（二）区角活动

区角活动又称活动区活动或区域活动，是教师根据教育目标和幼儿发展水平，划分一些区域，如科学区、建构区、角色区、美工区、图书区等，并有目的、有计划地投放各种材料，创设活动环境，让幼儿在宽松、和谐的环境中按照自己的意愿和能力，自主地选择学习内容和活动伙伴，主动地进行操作和交往的一种活动。幼儿园常设区角有以下六种。

语言区：主要功能是通过观察、操作、拼摆图书、头饰、手偶等，并进行讲述，发展幼儿的观察能力和语言表达能力。一般投放绘本、卡片、录音机等工具与材料。

美工区：主要功能是通过撕、贴、剪、画、捏、做等美术操作表现活动，发展幼儿的动手操作能力及欣赏美、表现美和创造美的能力。一般投放纸、笔、橡皮泥、胶水、剪刀、空纸盒等制作材料。

科学区：主要功能是通过各种科学小游戏、小实验、小制作及数学操作活动，从小培养幼儿对科学探索的兴趣，发展幼儿数学能力和动手操作能力等。一般投放放大镜、天平、尺子等工具和各种适宜幼儿探索的材料。

建构区：主要功能是利用建构游戏活动培养幼儿的空间知觉，发展幼儿的空间想象力、动手操作及交流合作能力。一般投放大中型积木、积塑、易拉罐、纸盒等材料。

角色游戏区：主要功能是借助服装、道具、家具等模仿各种社会活动，有助于幼儿学习各种社会性行为，发展交往能力，习得社会行为规范。

益智区：主要功能是发展幼儿的思维能力及动手操作能力。一般投放棋牌、串珠、拼图、七巧板等材料。

二、渗透的教育活动

幼儿的身心发展和教育是一个长期的过程，在这个过程中，除了教师有目的、有计划的专门教育活动外，幼儿的日常生活、游戏、环境以及其他领域的教育活动等也可能蕴含和渗透着很多教育机会。

（一）日常生活中的教育渗透

《纲要》指出，应密切结合幼儿的生活进行各领域的教育，以生活中的事物和问题作为幼儿的学习对象，让幼儿在生活中发现问题，解决问题。幼儿的生活是一个不可分割的整体，源于生活的内容可以开展社会、艺术、健康等各个领域的活动。教育活动内容应既贴近幼儿的生活来选择幼儿感兴趣的事物和问题，又有助于扩展幼儿的经验和视野。幼儿在日常生活中的认识、感受、体验是教师组织教育活动的基本依据[①]。下面，呈现一个日常生活中渗透教育的案例。

> **案例**   **散步中的数学教育——不同方法的站队**
>
> 一天午饭后，我像往常一样正准备组织幼儿排成一队去散步。这时安琪跑过来说："老师，我们也像大班的哥哥姐姐一样分成两队，男孩子站一队，女孩子站一队，好不好？"这不正是引导幼儿进行分类计数的好机会吗？于是我说："好呀，我们比赛，看哪队站得又快又好。"队伍站好后，我提议孩子们数一数男孩子和女孩子各有多少，谁多谁少。每一队小朋友开始派代表点数，最后他们数出男孩子11个，女孩子8个，男孩子比女孩子多。我问："有什么办法可以知道男孩子比女孩子多几个呢？"这下孩子们被难倒了。短暂的沉默后，洋洋大声说："我有办法了。"按照他的要求，两队小朋友一个一个拉起手来，多出来的男孩子没有人牵手，洋洋便走到他们中间数起来，很快就数出

---

① 樊小娟.幼儿园教育活动设计与指导[M].南京：江苏教育出版社，2014：30.

是3个。在无法直接运算的情况下,洋洋运用一一对应比较多少和点数相结合的方法解决了这一难题。以后的散步活动中,根据孩子们的提议,我们不断改变站队的标准,有时按小朋友所穿衣服的颜色站,穿红衣服的站一队,穿蓝衣服的站一队,穿黄衣服的站一队;有时按个头站,高的站一队,矮的站一队;更有趣的是有时按小朋友的兴趣爱好站,喜欢唱歌的站一队,喜欢讲故事的站一队……在站队的过程中,孩子们的分类、计数和统计能力有了很大提高。在散步活动中,我还引导孩子边上下楼梯边数台阶学习计数;在园中散步时观察花坛里的花开了多少,哪种颜色的最多;秋季时观察天空飞过的大雁排的队形是什么样子的,有多少只;塑胶操场上都有哪些图形;周围的房顶是什么形状的等,有效地利用散步活动丰富幼儿的各种数学经验。

上述案例充分体现了在生活中的数学教育渗透。又如,社会领域的教育具有潜移默化的特点,如教育孩子有礼貌不是通过一次教学活动就能达到目标的,在每天的来园、离园环节,教育幼儿运用礼貌用语更为重要。

日常生活也为幼儿提供了大量的言语交往机会,例如,教师接待幼儿来园后,可以进行晨间谈话,发展幼儿的语言。幼儿的日常生活中蕴含了许多教育的因素,教师应有意识地把握这些生活活动中蕴含的教育时机,与幼儿形成有效的师幼互动。

(二) 游戏中的教育渗透

《纲要》强调"寓教育于生活、游戏之中",通过游戏不仅可以使幼儿获得快乐,而且可以在语言、动作、个性等方面得到发展。如角色游戏这种形式,幼儿从中可以更好地习得社会交往的规则。某些主题如超市、银行等,又可以把数学的学习渗透在里面。又如建构游戏,幼儿在搭积木、玩插塑的过程中可以获得关于空间与形体、重心、对称、平衡等科学领域的经验。再如,表演游戏是幼儿对文学作品的创造与表达,在玩表演游戏的过程中,幼儿的语言表达能力、艺术表达能力将得到很好发展。教师应充分挖掘幼儿游戏中的教育因素实施教育,此外,还应充分利用游戏形式开展教育活动。

在中班体育活动"小鸡捉虫记"(扫描二维码查看)中,有的幼儿完全沉浸在自我的游戏体验中,有的则在教师的指导下进行活动,还有的是在模仿别的幼儿进行活动。在这个活动案例中,已经很难区分什么是教学活动,什么是游戏活动了,这两种性质不同的活动已经有机地融为一体。

体育活动"小鸡捉虫记"(中班)

(三) 五大领域教育的相互渗透

《纲要》指出:幼儿园的教育内容是全面的、启蒙性的,可以相对划分为健康、语言、社会、科学、艺术五个领域,也可作其他不同的划分,各领域的内容相互渗透,从不同的角度促进幼儿情感、态度、能力、知识、技能等方面的发展。赵寄石和唐淑认为:任何活动都可以实现领域间的渗透,没有不涉及其他领域,只能进行某个领域学习的活动,对活动中具体感性的经验经常无法也没有必要作领域区分。不同领域的经验有机联系在一起,幼儿获得的经验是整体性的。五大领域活动有机整合,相互渗透,可以充分调动幼儿的生活经验,激发幼儿参与活动的主动性和创造性。

五大领域的相互渗透,一是表现在内容上的渗透。例如,很多艺术作品都包含了社会教育的内容,故事《小羊过桥》教育幼儿互相谦让,歌曲《我的好妈妈》教育幼儿体贴关心辛苦工作的妈妈。又如,艺术活动中也包含很多科学教育的内容,像幼儿剪纸、折纸、泥工活动,包含了认识几何图形特征和关系的内容。二是表现在方法和手段的渗透。语言、绘画、肢体动作是幼儿表达表现的方式。例如,在科学领域中,经常运用绘画的形式让幼儿表达观察结果。在各个领域的学习中,都离不开语言这种表达方式。又如,在各个领域的学习中或多或少都要用到数学的方法来认识事物,如社会活动"各种各样的标志"中,让幼儿用分类的方法认识标志。

在主题活动中,五大领域联系更为密切。如大班主题活动"祖国各地的特产",可以开展多角度分类的数学教育,也可以开展旨在感受祖国物产丰富的社会活动,还可以开展让幼儿制作各地特产的美术活动,或讲讲各种不同食物味道的健康活动等[①]。

---

① 张岩莉.学前儿童社会教育[M].上海:复旦大学出版社,2012:60.

（四）环境中的教育渗透

《纲要》明确提出：环境是重要的教育资源，应通过环境的创设和利用，有效促进幼儿的发展。苏霍姆林斯基指出："孩子在他周围、在学校走廊的墙壁上、在教室里、在活动室里经常看到的一切，对他精神面貌的形成有重大意义。这里的任何东西，都不应是随便安排的，孩子周围的环境对他应有所诱导，有所启示。"由于环境是幼儿每天所接触的，幼儿的身心发展、社会化发展以及个性发展，无一不受到它的影响。

例如在大班主题活动"家乡真美"中，环境创设就像"骨架"一样把主题涉及的各个方面和一系列活动呈现出来，使墙面环境与主题活动互动起来。幼儿在墙面上布置了三个相关栏目：家乡的自然风光（以图片为主）、家乡的名胜古迹（以照片为主）、家乡的特产（用各种美工材料做成）。在这三个栏目中，幼儿都用图文并茂的形式记录他们各自在探究活动中获得的经验、发现或初步的共识。同时，他们还在美工区画"家乡"，在建构区搭"家乡的名胜古迹"，在角色游戏区卖"家乡的茶叶"……在"家乡的特产"主题活动部分，他们想出了用多种材料来制作果子：用笔画，用纸折，用橡皮泥捏；用布做，剪海绵做……在主题活动的最后阶段，教师还与幼儿一起布置"展台"，供幼儿展示自己的作品和所收集的实物、照片、图片，从墙饰的变化中，可以清楚地了解该主题活动的开展情况。环境布置中的作品不仅可以用来装饰活动室，还可以作为教育、教学所用。如环境主题"美丽的秋天"中各种果子大小、颜色不一，可放在区角中作为教学教具，用来理解"颜色、大小、数数"等概念；在"水果店"游戏中又可以作为商品出售。教师尽力创造一切机会，让环境与教学产生互动，让环境不再只作为一种摆设。

由此可见，作为一项重要的教育资源，幼儿园环境对幼儿园教育活动起着十分重要的作用。幼儿是有能力的、主动的学习者，他们能够在与环境的互动中获得各方面的发展。环境不再是一种背景、一种支持，而是一种活的课程。因此，我们在幼儿园环境布置上，应立足环境为幼儿服务的原则，充分发挥环境的教育作用，使环境布置与教育活动相结合，实现"教育的环境"与"环境的教育"相融合。

总之，幼儿园的教育活动需通过专门的教育活动和渗透的教育活动来实施。在教育实践中，要充分发挥集体教学、区角活动、渗透的教育活动形式各自的优势，使它们相互联系、相互补充。以科学领域中的数学活动为例，表1-3-1中的内容就充分体现了教师对各种教育活动形式的运用。

表1-3-1 中班"认识高和矮"的多种教育活动形式

专门的教育活动		渗透的教育活动			
集体教学	数学区角	生活活动	游戏活动	其他领域	环境创设
数学活动：高朋友和矮朋友	1. 搭积木比高矮 2. 搭纸杯比高矮	找一找班上的物品比较高矮	体育游戏：高人走，矮人走	美术活动：高高低低的动物城 音乐活动：高个子和矮个子 语言活动：谁最高	布置墙饰：利用生活中的废旧材料，布置不同高度的墙面装饰

思考与练习

1. 解释下列概念。
   直观法　区角活动
2. 简述幼儿园教育活动组织的一般方法以及领域教育活动组织的特殊方法。
3. 选择幼儿园教育活动方法的要求有什么？

赛证真题

一、单项选择题

1. 下列哪一种不属于《3—6岁儿童学习与发展指南》倡导的幼儿学习方式？（　　）
   A. 强化学习　　　B. 直接感知　　　C. 实际操作　　　D. 亲身体验

2. 教师在重阳节组织幼儿到敬老院探访老人,这反映幼儿园教育内容选择的什么原则?(　　)

A. 兴趣性　　　　B. 时代性　　　　C. 生活性　　　　D. 发展性

二、论述题

论述幼儿园教育应"渗透于幼儿园一日生活的各项活动之中"的理由,并举例说明。

  实训任务

1. 请以"秋天的落叶"为主题,举例说明可以在活动室布置哪些区角,可以投放哪些材料,在墙饰方面可以设计哪些内容。

2. 阅读本教材中的一篇领域教育活动方案,分析其中采用了哪些活动方法,在全班进行交流。

第四单元
幼儿园教育活动评价

幼儿园教育活动方案设计得怎么样？活动开展效果如何？幼儿发展水平怎么样？教师的专业发展如何？要获得上述问题的答案就需要对幼儿园教育活动进行评价。本单元将围绕"为什么进行幼儿园教育活动评价""怎样进行幼儿园教育活动评价"等内容展开。

第一课 幼儿园教育活动评价概述

一、幼儿园教育活动评价的内涵

（一）教育评价的内涵

拓展阅读
幼儿园保育教育质量评估指标

就评价的内涵来说，它与价值这一概念密切相关。在汉语词典里，评价是价值的判断。在英语中，评价（evaluate）一词由词干"valu"加上词头"e"和动词性词尾"ate"组成，其中"valu"意为价值，词头"e"的意义等同于"out"，即引出。可见，评价的最初含义就是引出和阐发价值或进行价值判断。

教育评价由美国教育家泰勒（CR. W. Tyler）于1929年首次提出。作为一门学科，其理论体系是在美国对教育测量运动的批判中形成的，并最终取代了教育测量。它的理论和基本思想就是注重教育效果的价值判断，强调必须分析教育应达到的目标，并根据这个教育目标来评价教育效果，认为教育评价可以为实现理想的教育目标起到促进和保证作用。但是由于人们看问题的角度、方法不同，更由于教育评价在理论和实践上都处于探索和研究阶段，对教育评价至今还未形成一个确切、严谨、被一致接受的科学定义。

关于什么是教育评价，我国学者刘志军认为主要有三种倾向，即评价是进行价值判断的过程；评价是提供信息的过程；评价是一种共同建构的过程①。教育评价不但是一个价值判断的过程，更是提供信息的一个过程，还是不同评价主体与评价客体的共同建构过程。

（二）幼儿园教育活动评价的内涵

幼儿园教育活动是一种有目的和指向性的活动，目标的达成与否、教育价值观的体现程度、社会培养和需要的满足与否以及幼儿发展的促进效果等都需要通过评价来体现。

幼儿园教育活动评价是幼儿园教育评价的一个重要组成部分，是一个收集教育活动相关信息，并依据一定的客观标准或评价者的立场、观点，对活动过程诸要素及活动效果作出衡量、判定或赋予其价值意义的过程。它涉及对教育活动的目标、活动内容、活动过程、形式与手段、环境与材料以及活动效果等的评定。同时，教育活动的过程是教师与幼儿共同参与和互动的过程，教育活动的评价也就涉及对教师和儿童的评价。

二、幼儿园教育活动评价的功能

（一）诊断功能

通过对幼儿园教育活动的评价，教师可以及时发现与预定活动目标之间的差距和问题，明确努力的方向，提升活动效果，为改善今后的教育活动提供参考依据。改革往往起源于问题的发现，而评价则是发现和诊断现存问题的重要而有效的手段。对于幼儿在活动中发展的德、智、体、美各方面的能力和实际发展

---

① 刘志军.教育评价的反思和建构[J].教育研究，2004(2)：59-64.

水平,以及教师的专业发展都具有诊断意义。

(二) 导向功能

幼儿园教育活动的评价所依据的目标或标准具有鲜明的导向性。幼儿园教育活动的目标或标准应是在《纲要》和《指南》的目标与精神引导下确立的。鉴于评价可能产生的激励作用,它会使教师追求肯定的评价结果,从而时常有意识地对照标准和指标,把幼儿园教育活动引向正确的方向。评价既是教育活动终点,也是新教育活动的起点,评价的过程和结果也会为新的教育活动指明方向。

(三) 激励功能

评价还可能引起一定的心理反应。通过严谨、认真、负责、有说服力的评价,尤其是适宜的评价与奖励制度相结合时,可使教师在认识到自身的成绩和缺点的同时,引起其改进工作的内在需要和动机,增强改善意识,调动积极性。教师专业发展以及教学水平提高,很大程度上依赖于这种内在积极性的调动。因此,幼儿园教育活动评价的激励功能从另一个角度反映了评价对教学改革的强大推动力。

(四) 教育功能

评价的过程,是教师在一定的教育观念指引下,运用自己的知识,采用一定的评价方法,对教育目标、教育活动设计及实施、幼儿的相应表现与发展进行全面分析的过程。因此,它要求教师能够灵活运用理论去分析实践,又能透过实践感知与反思理论,从而促进教师理论与实践的结合。同时,评价的过程也是一个师幼之间、教师之间交流信息的过程,可以更好地挖掘幼儿园的教育资源,有利于教师教育观念的转变和教育能力的提高,从而促进教师的专业成长。

三、幼儿园教育活动评价的原则

(一) 客观性原则

幼儿园教育活动评价的客观性原则要求在评价的实施中,评价者不能单凭主观经验或直观感觉来评定和判断教学质量或幼儿发展能力与水平,而必须采用科学合理的评价方法、手段和工具来展开评价。客观性原则首先体现在评价展开之前,教育者应对评价的对象、内容以及评价的依据作认真的考虑,应当明确为什么要评价、满足什么需要、解决什么问题、应当收集哪些方面的信息和数据、要采用哪些评价方法、在什么时间和场地进行评价等一系列问题。

(二) 全面性原则

评价是每位教师日常教学工作中不可缺少的一个部分,其核心是通过获取信息来作出判断,它以确定幼儿的能力水平、测定教学的效果、调整教育过程、通过反馈激励来促进幼儿的学习为主要目的。为了更好地发挥评价在促进学生发展、教师专业能力提高和改进教学质量上的功能,评价者在实施评价中应当遵循全面性原则。评价既应全面评价幼儿的发展,反映幼儿的整体发展水平,同时,评价的渠道应体现全面和多样,评价主体和评价方法也应该多元化。

(三) 发展性原则

幼儿园教育活动评价的根本目的是促进幼儿、教师、幼儿园的发展,特别是幼儿的全面发展。同时,评价的过程是一个动态的过程,通过信息的交流、反馈,对评价目标、方法、过程不断调整、改进、完善,评价自身也不断完善,发挥其最大功效。由于发展是不同主体、主体不同方面的发展,因此在这一原则的指导下,自然就要求在评价的实际操作过程中应做到评价主体的多元化、评价方式的多样化、评价内容的全面化及评价标准的个性化。

(四) 个别化原则

幼儿作为一个发展个体,全面性和个性是其发展的两个不同方面。作为教育者,既要全面关心幼儿群体的发展,也要关注幼儿作为独立个体的发展需要和潜力。因此,评价时既要关注幼儿的全面和谐发展,也要关注幼儿某一方面的突出表现和潜在能力;既要关注幼儿群体的发展,又要关注幼儿个体的发展,为其个性化、个别化的发展和生成留有空间。在教育活动评价实施中的个别化原则是指评价者或教师应当从幼儿的不同潜能和个性出发制定评价手段和方式,如"幼儿成长档案记录袋"的形式,既能记录、评价幼儿的现有能力水平,又能了解幼儿的成长过程和发展方向。此外,个别化原则还指教师应当遵从幼儿的个别差异,可以视评价的实际情况,在活动的特定情境范围内针对不同的幼儿有不同的观察和记录着眼点,体现评价的弹性化、个性化。

第二课 幼儿园教育活动评价的内容

幼儿园教育活动评价主要包括两大方面，即从教师角度出发的对教育活动设计与指导有效性的评价和从幼儿角度出发的对活动参与有效性的评价。

一、对教师的评价

教学是一种双边活动，评价教师的"教"，也就是评价幼儿的"学"。为了更好地评价幼儿园教育活动的有效性，就应从"教师"和"幼儿"两个角度来评价。从教师的角度来评价教育活动，主要内容包括教育活动的目标、内容、方法手段、组织形式、资源利用、环境创设等。

（一）对活动目标的评价

明确教育活动的目标，有利于精选教育活动内容、优化活动方式。对教育活动目标的评价主要包括目标设定的年龄适宜性、目标表述角度的统一性、目标的完整性和目标的可操作性等方面。

1. 目标设定的年龄适宜性

目标的年龄适宜性是指教育活动的目标要符合幼儿的年龄特点和班级幼儿的实际发展水平，根据幼儿整体、群体、个体的不同发展水平和需要，充分考虑到幼儿的普遍性和差异性，体现因材施教，并贴近幼儿的"最近发展区"。

例如，在小班活动中要求幼儿"自主体验与其他小朋友一起合作染纸的乐趣"不切实际，因为小班幼儿尚未达到可以自主与同伴合作活动的程度。又如，在中班认识左右方位空间的教育活动中，有"引导幼儿能够区分自己及他人的左和右"的目标设定。结果在活动过程中幼儿只能区分自己的左和右，无论教师如何引导和示范，总有相当一部分幼儿不能以他人为中心判断。4～5岁幼儿还不具有思维相对性，因此把目标调整为"能够认识自己的左右，并学习尝试分辨别人的左右"比较恰当。

2. 目标表述角度的统一性

活动目标的表述究竟是从教师的角度还是从幼儿的角度，并无严格限定。但一个活动目标中每个条目的表述应保持一致的角度。当前学术界趋向于从幼儿角度，体现出以幼儿发展为中心的活动设计意识，且从现实的可操作性上，也便于目标所确定的发展任务的具体化。

例如，"提高幼儿观察的能力，教给幼儿比较的方法""培养幼儿帮助别人的意识和习惯"等目标的表述，如果改为从幼儿的角度进行表述则更有针对性，如"能够仔细观察，区分出两幅图画中的不同""懂得帮助别人也是给自己带来快乐的道理，产生想去帮助别人的意愿"。

3. 目标的完整性

活动目标框架的架构，需要考虑幼儿全面发展的要求尤其是幼儿经验的完整性。借鉴美国教育家布鲁姆关于教育目标的分类方法，一个具体教育活动的目标应从认知、动作技能、情感体验这三个维度来架构，尽量确保目标指向于幼儿经验的完整获得，以服务于幼儿的全面发展。

例如，大班社会活动"快乐的中秋节"的目标是：

（1）了解中秋节是亲人团聚的传统节日（认知目标）；

（2）学习制作月饼的方法，体验做月饼的乐趣（动作技能与情感目标）；

（3）愿意和同伴分享自己的劳动成果（情感目标）。

具体教育活动的目标需要教师尽可能从幼儿发展的多个角度，进行全面、综合的考虑和确定，以促进幼儿学习经验的整体获得。然而，并不是所有活动目标在设计上都要一分为三地均衡呈现上述三个维度。在这三个维度中会有某些维度在特定领域的教育活动中较为重要。例如，认知目标之于科学活动，情感目标之于艺术活动，就是如此。因此，在不同领域的教育活动中，目标的设计就需要特别关注某些发展的维度。

4. 目标的可操作性

可操作性是指教育活动的目标应当是具体、明确的，可操作的，便于教师和评价者的观察、鉴定和评价。笼统而空泛的活动目标既无法与特定具体教育活动有效匹配，也不可能在一次教育活动中实现，同时还丧失了对于活动效果进行评价的价值。

例如，小班音乐活动"喂小鸟"的目标是"培养幼儿根据音乐的变化做不同动作的能力""能大胆演唱歌曲，体验歌曲中美好的情绪情感"。这样的目标可以作为任何表演和演唱环节的音乐教育活动目标。因此，上述目标需要突出具体的行为表现，可调整为"能够根据音乐节奏和旋律的变化，表演小鸟飞、吃食、和大风搏击等动作""有表情地学唱歌曲，感受歌曲中鸟妈妈和鸟宝宝之间爱的美好情感"。

（二）对活动内容的评价

《纲要》第三部分"组织与实施"中，明确指出教育活动内容的选择应体现以下原则：第一，既适合幼儿的现有水平，又有一定的挑战性；第二，既符合幼儿的现实需要，又有利于其长远发展；第三，既贴近幼儿的生活来选择幼儿感兴趣的事物和问题，又有助于拓展幼儿的经验和视野。以此为依据，对教育活动内容的评价可从以下四方面着手。

1. 年龄适宜性

年龄的适宜性指活动内容是否符合教育目标，是否符合幼儿的年龄特点，是否尊重幼儿的学习兴趣和需要，并能从幼儿的角度来选择其喜欢的、感兴趣的内容。此外，适宜性还体现在教育活动内容选择的难易程度以及重点确立等方面是否符合小、中、大班不同幼儿的认知水平，以有利于幼儿更好地获得新的知识经验以及适宜性的发展。

例如小班语言活动"拔萝卜"，先让幼儿看图片听教师口述故事，帮助其理解故事的主要情节和内容。在此基础上，为了进一步丰富幼儿的表象，帮助其正确理解重点词句，让幼儿看木偶剧《拔萝卜》，以从人物的动作、神态中理解词句，加深对故事的理解和印象。可见，教师考虑到小班幼儿以具体形象性思维为主要思维方式的特点，在教育活动中采用了直观教学法，一开始就让幼儿看图片，接着又让其观看木偶剧，以帮助幼儿理解故事的内容。这些内容的安排都适应了幼儿的学习心理特点，有利于促进幼儿积极主动地学习。

2. 趣味性

兴趣是幼儿学习的内驱力，只有当学习的要求内化为幼儿的兴趣和需要时，幼儿才会主动去学习。因此，教育活动的内容应该是幼儿的兴趣所在。幼儿的兴趣不是一成不变的，随着时间、地点的变化，其经验、水平的发展不断拓宽加深。因此，教育活动的内容应该随着幼儿兴趣的变化而不断调整、改进、拓展。

3. 针对性、挑战性

教育内容具有针对性和挑战性是指能够从不同的教育活动内容（或学科领域）特点出发，既突出内容的专门化、个别化，也体现内容的综合化。既评价教师能否把握住各领域中幼儿关键经验以及应该获得的基本经验，同时在关注幼儿的现实生活经验的基础上，对幼儿已有的经验进行整合，使教育活动内容更体现出挑战性、针对性，能促进幼儿在"最近发展区"的水平上实现经验的提升。

4. 个体差异性

幼儿园所处的环境，拥有的各种资源不一样，幼儿整体、群体、个体的实际情况各有差异。因此，教育内容的安排，要求兼顾群体需要和个体差异，使每个幼儿都能得到发展，都有成功感。

例如在组织户外体育游戏的时候，老师发现一些幼儿在走平衡木时出现了困难。于是老师在下一次活动中就准备了三种不同高矮、宽窄的平衡木，让幼儿在活动中自由选择。三种难易程度不同的平衡木，不仅适合了不同幼儿的需要，而且在活动中减少了排队、等候的现象，提高了体育活动密度。教师所提供的不同难易程度的平衡木，把因材施教落在了实处，关注到幼儿的个体差异，可以让不同发展水平的幼儿在活动中都获得成功和自信。

（三）对活动方法的评价

对教育活动方法的评价主要看教师在教育活动方法、手段及情境创设上是否体现了幼儿的年龄特点，活动方式能否满足幼儿学习方式上的差异性，能否促进幼儿在已有水平上的有效学习，教师的教学形式是否适宜于教学内容，活动中教师的提问是否有效等，即主要表现在教育活动方法的有效性、适宜性方面。

1. 有效性

评价教师的教育活动方法是否体现有效性，可以从以下方面着手。

（1）幼儿经验的提升

对幼儿来说，经验作为一种从其个体发出的感性认识活动，它不仅仅指认知经验，也包括在情感、技能、合作交往、学习方式等方面的经验。因此，在集体教育活动中，教师在选择和运用谈话、情景体验、发现、讨论等活动方法中就应当结合恰当的教育时机,帮助幼儿梳理、整合、提升与拓展经验。

一是,找准经验点。教师准确找到新的经验点是关键所在,"经验点"的把握一般可以依据幼儿的"最近发展区"。幼儿共同的经验或幼儿发展中必须具有的经验即基本经验,可以根据幼儿年龄特点、发展关键期及发展目标而确定。经验点是教师把握集体教育活动内容对幼儿的适度挑战性,使教育活动方法有效发挥作用的重要前提。

例如,"小蚂蚁搬豆"的教育活动,活动方法是感受体验、自主表达等,经验点是对蚂蚁的认知经验、改编歌词的经验、合作表演的经验等。

二是,运用多种方法与形式。评价教师如何提升幼儿时不仅表现在教师对教育活动关键经验点的把握上,还表现在教师能否根据相关经验点选择和运用相适宜的不同方法与形式来提升幼儿的经验,从而更体现出活动方法的有效性。

(2) 提问策略的把握

提问是教师在集体教育活动中通常采用的策略之一,是影响教师对教育活动指导有效性的重要指标。提问,要尊重幼儿的年龄特点和认知发展规律。教师的提问,一方面要能激起幼儿回答问题的兴趣和热情;另一方面,还要与特定的教学情景相结合,能引发幼儿进一步的思考,在推动幼儿多边活动的过程中促使教育活动内容层层深入。另外,提问的时机要恰当,根据情况采用不同形式的提问。评价教师的提问还包括评价教师是否将"疑"字引入教学过程。教师是否通过引疑、设疑、质疑、求疑、解疑、留疑等一系列过程,启发幼儿积极思维。

例如,孩子们在玩磁铁游戏时发现了个有趣的现象:两块磁铁有时吸在一起,有时相互排斥。当孩子们问老师时,老师没有告诉答案,而是提出:"是所有的磁铁都有这种怪现象,还是你手中的磁铁会这样?"这下激起了孩子们浓厚的兴趣,他们纷纷操作。该教师组织幼儿科学活动时,通过谈话法、启发法,把发现问题、解决问题的机会给予幼儿,在适当的时候对幼儿提出值得其思考的问题,引导幼儿把探索活动进行得更为深入。

2. 适宜性

适宜、有效的教学活动是通过教师的教学方式来体现的。评价教育活动中方法的适宜性:一要看教师在活动方法的选择与运用上能否充分了解每种方法的特点、功能、局限性以及与活动目标、活动内容、幼儿年龄特点的相宜程度,在此基础上进行合理、灵活而优化的使用;二要评价教师是否能够在采用适宜的教学方法的同时,将教学内容转化为幼儿感受、体验、探究的学习过程,促使幼儿已有经验和新经验的认知碰撞,进而推动幼儿自主建构知识的过程。

(四) 对活动组织形式和结构程序的评价

幼儿园教育活动的组织有其空间形态和时间流程。如果说空间形态的建构主要表现在教育活动形式上,那么,时间的控制则主要表现在对教育活动过程各个组成部分的安排序列上。因此,评价教育活动,组织形式和结构程序也应当在其列。

1. 针对性

在幼儿园教育活动设计中,针对幼儿的年龄、活动目的、内容、参与活动人数的不同,应采用不同的组织形式,可有集体教育活动、分组活动、先分组后集体或先集体再分组等不同形式;从活动空间来说,可在室内或室外。

2. 适宜性

从儿童活动的场地设置来看,可以是马蹄型、自由结伴型、秧田型、直条型等。这些安排的关键在于哪种形式最能符合幼儿本次学习的特点与要求,能够既有利于目标的达成,又保证信息渠道的多元、畅通和快捷,能够把信息在传递过程中的流失量控制在最小范围内。

因此,从优化教育活动的角度来说,以上对于活动组织形式、时空设置等方面都是主要从教师这一角度给出评价的,只有对教育活动系统中的每一个相关因素作出充分合理的思考与评价、调整,才能真正确保和促进教育活动的优质、高效。

(五) 对教育活动环境和材料的评价

教育活动是教师在一定的目标和内容预设前提下进行的活动,其中,环境和材料设备的创设是很重要的方面。因此,活动环境和材料设备的创设是不可或缺的一项评价内容。

1. 多样性、开放性

随着现代化教育手段和多媒体课件的广泛运用,教师可以尽可能地调动和布置多种资源和环境,多样而开放地设计和使用环境与材料。当然,在体现环境和材料的多样性、开放性过程中,教师必须从环境、材料在实际教学运用中的功能和价值出发,把握好度。

2. 相宜性、启发性

教师对活动环境和材料的创设与提供,一方面必须与活动的目标定位、内容主题相适宜,即环境和材料的设定是能够为目标的达成和内容的学习与体验所服务的,而不只是为了追求形式上的环境和材料;另一方面,相宜性还表现在环境与材料的呈现方式是与幼儿的年龄特点和主题内容相吻合、一致的,而不只是为了追求新奇与丰富。

对于环境和材料的设计与选定,在体现相宜性的同时,启发性也是随之而生的。只有适宜的环境和材料才能充分发挥在幼儿认知、情感、个性、社会性等方面的启发作用和价值,而在教育活动中,这种环境和材料的启发性尤以在促进幼儿概念建构、探索发现、积极思维等方面更显其价值。

基于本节的主要内容,从教师这一角度对教育活动进行评价,我们可以通过以上五个项目来评价幼儿园的教育活动方案,如表1-4-1。

表1-4-1 幼儿园教育活动评价表

项目	评价要点	评价等级		
		优	一般	差
活动目标	年龄适宜性			
	角度统一性			
	内容完整性			
	可操作性			
活动内容	年龄适宜性			
	趣味性			
	挑战性、针对性			
	个别差异性			
活动方法	有效性			
	适宜性			
组织形式	针对性			
	适宜性			
材料设备	多样性、开放性			
	相宜性、启发性			

二、对幼儿的评价

(一) 对幼儿学习的评价

幼儿作为教育活动中的主体是教育活动中最需要被关注的。"从幼儿出发""以幼儿为中心""以幼儿发展为本"是教育实践者在教育活动的设计、实施以及评价等方面,需要贯彻的理念。评价应关注幼儿如何"学",并关注幼儿在学习活动中多方面潜能的发展过程,体现"以学评教"。从幼儿出发对教育活动的评价,重点在于对幼儿学习有效性的评价,即突出对幼儿参与活动的有效性评价,包括以下内容。

(1)参与度。幼儿对教育活动的参与度主要评价在教育活动的进行过程中幼儿在活动中注意力是否集中,是否有活动的积极性和主动性。在学习、探索以及表达表现活动中思维是否活跃,是否表现出创造性。

(2)情感态度。主要评价幼儿在教育活动过程中的情绪状态,包括在活动中表现出来的学习态度、情感语言、动作等。

(3) 学习方式。主要评价幼儿在教育活动中所表现出来的学习风格以及采用的倾向性学习方式和策略,包括其学习方式的多样性、个别性、独特性程度和表现。

(4) 互动程度。幼儿在教育活动中的互动程度,主要涉及对幼儿在教育活动过程中与他人(幼儿和教师)互动交流状况的评价,包括活动中与他人互动的次数、形式以及有效性等方面。幼儿的互动也是一种重要的学习途径和方式。但互动也要从需要出发,无实际问题的所谓讨论、没有必要合作的所谓合作都不是适宜的互动。

(5) 经验挑战。幼儿面临的经验挑战是指活动过程中幼儿是否获得新的经验,是否面临问题并努力去解决问题,幼儿是否有效地运用了已有的经验。换言之,即幼儿有没有在活动中敢于提问、经验迁移、分析判断、思维发展、动手操作等能力上得到发展,活动有没有将幼儿带到"最近发展区"。

(6) 学习习惯。主要评价教育活动中幼儿对学习、探索活动的坚持性;克服困难的勇气和毅力;善于倾听他人,接纳他人意见,以及与他人友好合作、交流协商等方面。

以上六个方面的评价内容,与对教师活动目标设计、活动内容安排、活动环境创设、活动材料准备、活动组织引导等的评价一起,共同构成一份比较完整而全面的评价表(见表1-4-2)。用描述性的、实录式的语言,通过对活动过程中教师与幼儿等方面情况的原始记录,统计与分析参与活动的幼儿人数、时间、参与广度、师生互动的频率、环境材料的适宜性等问题,来找出影响幼儿参与程度的主要因素,寻找有效的教育教学方法,以促使幼儿真正有机会能够按"自己喜欢的方式"进行学习。

此外,在教育活动评价中,教师应当重视对幼儿学习方式的多样性、个别性与差异性的评价。幼儿的学习方式并没有优劣之分,唯有不同之别。只有这样,教师在评价中才能公正、合理地把握每个幼儿不同的学习方式,真正体现幼儿学习的有效性。

表1-4-2 幼儿园教育活动评价记录表

活动名称			班 级	
活动时间			任课教师	
项 目			记 录	
			原始记录	分析与评价
活动效果	教师角度	目标设计		
		内容安排		
		方法选择		
		组织引导		
		环境创设		
		材料准备		
	幼儿角度	参与度		
		情感态度		
		学习方式		
		互动程度		
		经验挑战		
		学习习惯		

(二) 对幼儿发展的评价

对幼儿的评价中,幼儿学习能力和发展水平是重要的评价内容和指标。对幼儿发展的评价对幼儿园实现培养目标有明显的导向作用。同时,评价方案中的指标体系有明确的指标项目和评价标准,涉及不同的智能领域,也对幼儿园教育活动有明显的导向作用。在对幼儿发展的评价中,按指标对幼儿进行评价,可获得众多反馈信息(事实、资料、数据等),掌握全面的情况,了解幼儿发展的现状,以根据不同的园所、班级等实际情况,确定下一步合适的发展目标、活动内容以及活动方法,真正做到"因材施教"。在实际操作中,可以将幼儿的发展性指标加以整理,与《指南》中的幼儿能力发展评估项目和内容相结合,形成一份较完整、可操作的"幼儿学习能力发展水平评估表"(见表1-4-3)。这样的评估表是给每名幼儿准备的,是可以对若干次教育活动和一日生活的其他活动来加以记录及作出总结性评价的。

表 1-4-3　幼儿学习能力发展水平评估表

项	目	发展评价内容	达成情况				记录时间	备 注
			优	良	中	差		
健康	身心状况	具有健康的体态						
		情绪安定愉快						
		具有一定的适应能力						
	动作发展	具有一定的平衡能力,动作协调、灵敏						
		具有一定的力量和耐力						
		手的动作灵活协调						
	生活习惯与生活能力	具有良好的生活与卫生习惯						
		具有基本的生活自理能力						
		具备基本的安全知识和自我保护能力						
语言	倾听与表达	认真听并能听懂常用语言						
		愿意讲话并能清楚地表达						
		具有文明的语言习惯						
	阅读与书写准备	喜欢听故事,看图书						
		具有初步的阅读理解能力						
		具有书面表达的愿望和初步技能						
社会	人际交往	愿意与人交往						
		能与同伴友好相处						
		具有自尊、自信、自主的表现						
		关心尊重他人						
	社会适应	喜欢并适应群体生活						
		遵守基本的行为规范						
		具有初步的归属感						
科学	科学探究	亲近自然,喜欢探究						
		具有初步的探究能力						
		在探究中认识周围事物和现象						
	数学认知	初步感知生活中数学的有用和有趣						
		感知和理解数、量及数量关系						
		感知形状与空间关系						
艺术	感受与欣赏	喜欢自然界与生活中美的事物						
		喜欢欣赏多种多样的艺术形式和作品						
	表现与创造	喜欢进行艺术活动并大胆表现						
		具有初步的艺术表现与创造能力						

第三课　幼儿园教育活动评价的方式

一、幼儿园教育活动评价的类型

根据不同的分类标准，幼儿园教育活动评价有不同的类型。在一次具体的评价中，有时包含着一种或多种评价类型。

（一）诊断性评价、形成性评价和总结性评价

1. 诊断性评价

诊断性评价是在教育活动之前进行的预测性评价或"事实评价"，目的在于了解幼儿的基础情况，包括对幼儿的智力、技能、行为、能力、个性、情感、态度等进行诊断，作出判断，为有效制订教育活动计划或解决某些实际问题提供依据。一般在教育活动开展前或在学期初进行这类评价。

2. 形成性评价

形成性评价是在教育过程中持续进行的，目的在于及时作出反馈性调节，从而调整、修改、补充活动计划、内容和方法，使教育活动更合理、完善地开展，促进幼儿的发展。这类评价在教育过程中进行。

一般说来，伴随着教育活动过程的形成性评价可以通过观察、谈话、作品分析等评价方法来进行。通过观察幼儿具有典型意义的行为表现或积累一定的幼儿作品，了解和获取幼儿在活动中的发展状况和信息，以促进教师及时地调整教育活动环境、策略，并为进一步满足幼儿的学习需要和支持其深入学习与探究提供依据。

3. 总结性评价

总结性评价是在完成某个阶段的教育活动之后进行的，目的在于全面了解该阶段教育的结果，对达成目标的程度作出总结性评价，为以后制订教育活动计划、设计方案提供依据。如在进行一学期的教育活动后，就可通过总结性评价来判断教育活动是否达到预期目标，是否促进了幼儿的发展等。然后分析原因，制订以后的活动计划。总结性评价注重教育活动的结果，基本不涉及过程，是事后的评估。

（二）定量评价、定性评价

1. 定量评价

定量评价是评价体系中包含的相应的计量体系，以数量来显示对象的性质或功能，或反映其中的数量关系。定量评价是定性评价的基础，定性评价是定量评价的出发点和结果。只有两者的有机结合，才能作出公正合理的评价。

2. 定性评价

定性评价是用尽可能切合实际的语言、文字来描述被评对象的性质。在教育活动过程和特定情境中，不自觉地进行着对学习者的行为语言以及教学活动现象或事件等的观察和评定，它是教师在与幼儿日常接触及互动过程中通过不断地了解幼儿，进而形成对幼儿的某种判断与反馈的一种评价方式。这种评价一般很难量化，具有较大的主观性和隐蔽性，目的也是更好地了解学习者的需要、学习风格、认知特点等，以帮助和促进幼儿的学习。

（三）个体评价、群体评价

1. 个体评价

个体评价是指对参与教育活动过程的幼儿个体所进行的评价，评价的内容可以包括活动兴趣、参与态度、学习方式、互动与社会化程度、学习能力与习惯等方面。个体评价的目的是更好地描述个体、了解个体、帮助个体，进而促进个体的探索和学习。

2. 群体评价

群体评价是指对教育活动中参与活动的幼儿整体的评价，这种评价倾向既可体现在一些比较正式或量化的评价中，也可运用在一些教师作为评价者实施的非正式评价中。前者的目的是判别和鉴定教育活动中幼儿整体在学习能力、认知水平、情感态度、交往合作等方面的目标达成程度；而后者的目的则是给教师提供群体倾向的相关信息，通过对呈现出的群体特点的分析，来促进教师对活动的反思、调整与改进。

在幼儿园教育活动评价的实施中，对幼儿的评价既包括幼儿个体，也包括幼儿群体。这两种评价模式

各有不同的功能和价值,实施过程中两者应当相互结合,交替使用。

此外,评价类型还包括相对评价、绝对评价,就不再一一阐述了。总之,评价的类型从不同的维度出发是各有特点和侧重的,但不管哪一种评价类型和模式都有其优势和长处。每一种评价也不是完全独立于另一种相对应的评价模式的,它们之间往往是交叉重叠的关系。例如形成性评价和总结性评价、过程性评价和结果性评价之间就有着非常密切的关系,在一定的情境和活动过程中它们只有相互结合,才能更好地发挥评价的功能和作用。

二、幼儿园教育活动评价的方法

(一) 观察法

观察法是指人们有目的、有计划地对自然状态下发生的现象和行为进行记录和考察,进而获得事实材料,掌握事实真相的一种方法。该方法既可以用于对儿童行为的观察,也可以用于对教育情境中教师和儿童互动行为的观察。常用的观察分析法有自然观察法、情境观察法、行为检核法。

1. 自然观察法

自然观察法又称事件详录法,是调查者对儿童在日常生活中、自然状态下的行为进行观察,详细记录特定行为或事件的完整过程并作出评价。自然观察法要求在观察前明确观察行为和事件的类型,观察时只需等候行为或事件的发生,并作记录。例如,下面一段是教师在数学活动中记录小班一名儿童在"给一个杯子配一个吸管"时的操作情况:

> 某幼儿(男,3岁整),拿起一根吸管放到一个杯子里,又抓起桌子上的几根吸管放到另一个杯子里,然后把几个杯子放在一起,拿起一根吸管放到嘴里咬着玩儿。
>
> 在听到教师"给每个杯子里放一根吸管"的指令后,该儿童出现了上述的操作行为,由此可以作出这样的评价:这个儿童还没有一一对应的概念。

自然观察法的优点是便于教师灵活地记载日常观察到的幼儿行为,不受时间间隔的限制,只要事件一出现,便可随事件或行为的发展持续记录,而且所获得的资料生动、具体,更能完整地反映幼儿的行为面貌。自然观察法的缺点是对观察者的要求较高,没有现成的记录表格,完全靠事件发生时的速记。

2. 情境观察法

情境观察法是由评价者创设一个特殊情境,通过观察幼儿在这个情境中的行为反应来获取评价资料的方法。由于情境观察法是在有控制的情境中进行的,因此其优点是能排除一些无关因素的干扰,观察的效率较高,而且能够测量幼儿发展水平的不同层次,所以越来越被广泛使用。情境观察法关键要创设一个能体现评价目标的情境,表1-4-4呈现的是在自由游戏情境中的观察。

表1-4-4 自由游戏中的幼儿行为观察

观察对象		
对象年龄		
观察地点		
观察时间		
活动内容		
时间分段	幼儿行为	解释与评价
9:20—9:25		
9:25—9:30		
9:30—9:35		

3. 行为检核法

行为检核法又称行为核对法,是在观察前依据评价的内容确定观察的目标,并制定观察检核表。调查者根据观察到的事件或行为,对观察检核表中的各项目逐条检核,并在符合的条目上做出记号。该方法实施起来比较方便,但在观察前需要制定行为观察检核表。检核表中的行为必须反映想要评价的内容,行为必须具有一定的代表性。

(二) 调查法

1. 问卷法

问卷法是由评价者根据评价的目的,向被调查对象发放问卷调查表,广泛搜集幼儿发展信息的一种方法。采用问卷法进行评价资料收集的优点在于能同时调查很多人,简单易行。不过,问卷法一般适用于教师和家长,调查内容不宜太多,答题时长一般控制在半个小时,问卷的题目要清楚、简明。

2. 谈话法

谈话法指评价者通过与教师、幼儿面对面的交谈收集信息的方法,它可以分为直接问答的谈话、选择答案的谈话、自由回答的谈话、自然的谈话等。在集体教育活动时,与教师的谈话可以采用直接问答的方式,重点是教师对活动的自我反思,主要谈目标确定、内容选择、方式运用、偶发事件处理等。在游戏和生活活动中,与幼儿的谈话一般采用自然的谈话方式,注重多提一些开放性的问题,诱导幼儿说出自己对活动的真实想法、感受、体验,以确定教师对活动的组织行为是否有效。

在运用谈话方法时,评价者应当注意自己的态度、语气、谈话的艺术,尽量做到不带任何倾向,才能搜集到客观的信息。

(三) 作品分析法

作品分析法是指教师和幼儿合作收集幼儿学年中不同时期具有代表性的阅读、描述、数学、美工和音乐作品,如绘画、泥塑、各种记录单、参观访谈的记录报告、幼儿自创的书写符号、叙述自编故事时的录音带、创编舞蹈时的录像带、反映幼儿正在合作探究某一实物时的摄影作品等。把作品和教师的文字记录放在一起,可以帮助教师看出幼儿的发展形势,确认幼儿进步的情形。例如,大班进行测量活动时,要求幼儿将自己的测量情况用图画、数字记录下来,教师发现一个幼儿的记录单上画了一把尺子,尺子上还标明了许多数字,但是数字的排列是无序的。于是,教师分析,记录单上出现的情况反映出两种可能:一是幼儿对尺子这种工具不够熟悉,尤其是对尺子的刻度不清楚;二是幼儿本身对自然数列掌握不清楚。

(四) 档案袋评价法

在教育活动评价中,无论是量化评价或质性评价、形成性评价或总结性评价、内部评价或外部评价,评价者都旨在通过适当的方式支持和促进幼儿的学习。因此,"适当的评价"就成为学前教育专业工作者共同关注和讨论的话题。而在这场讨论中,一种倡导以学习者实际表现为基础的"真实的评价"得到了广泛的重视和认可,它认为对幼儿的评价应该建立在他们实际任务的基础上,而将任务标本项目、表演、作品、实验、日记等和教师的观察与记录一起放进文件或档案袋中,成为该种评价的基本成分。在幼儿园教育实践中,这种突出"真实的评价"的一种典型代表就是"幼儿成长档案袋评价"。

思考与练习

1. 幼儿园教育活动的内涵是什么?
2. 幼儿园教育活动评价应遵循哪些原则?
3. 幼儿园教育活动评价的功能有哪些?
4. 对幼儿园教育活动可以从哪些方面进行评价?
5. 幼儿园教育活动的评价方法有哪些?

赛证真题

1. 教师根据幼儿的图画来评价幼儿发展的方法属于( )。
   A. 观察法　　　B. 作品分析法　　　C. 档案袋评价法　　　D. 实验法
2. 教育过程中,教师评价幼儿的适宜做法是( )。

A. 用统一的标准评价幼儿　　　　　　B. 根据一次测评的结果评价幼儿
C. 用标准化的测评工具评价幼儿　　　D. 根据日常观察所获得的信息评价幼儿

3. 在教学过程中,王老师随时观察和评价幼儿的行为表现,并以此为依据调整指导策略。该教师采用的评价方法是(　　)。

A. 诊断性评价　　B. 标准化评价　　C. 终结性评价　　D. 形成性评价

4.《幼儿园教育指导纲要(试行)》提出,幼儿园教育工作评价应当以(　　)。

A. 幼儿评价为主　　B. 家长评价为主　　C. 教师自评为主　　D. 专家评价为主

实训任务

1. 观摩幼儿园教育活动,填写本章幼儿园教育活动评价记录表(参见表1-4-2)。
2. 编制一份有关幼儿绘本阅读的家长调查问卷。
3. 收集一份幼儿的作品,运用作品分析法对幼儿的发展进行分析评价。

幼儿园领域教育活动设计与指导

学习目标

① 素质目标：树立科学的教育观、儿童观和教学观；具有良好的教师职业道德品质和团结协作精神；能在幼儿教育中运用教师智慧促进幼儿和谐发展。

② 能力目标：掌握不同领域教育活动的设计要求及组织指导策略；能根据幼儿年龄特点和需要独立设计与实施不同领域教育活动；能对不同领域教育活动进行有效评价，并能理论联系实际，分析、解决幼儿园教育教学活动中的问题。

③ 知识目标：了解幼儿在五大领域方面的发展特点；理解各领域教育的内涵和意义以及对幼儿发展的作用；掌握幼儿园各领域教育的目标及内容。

内容框架

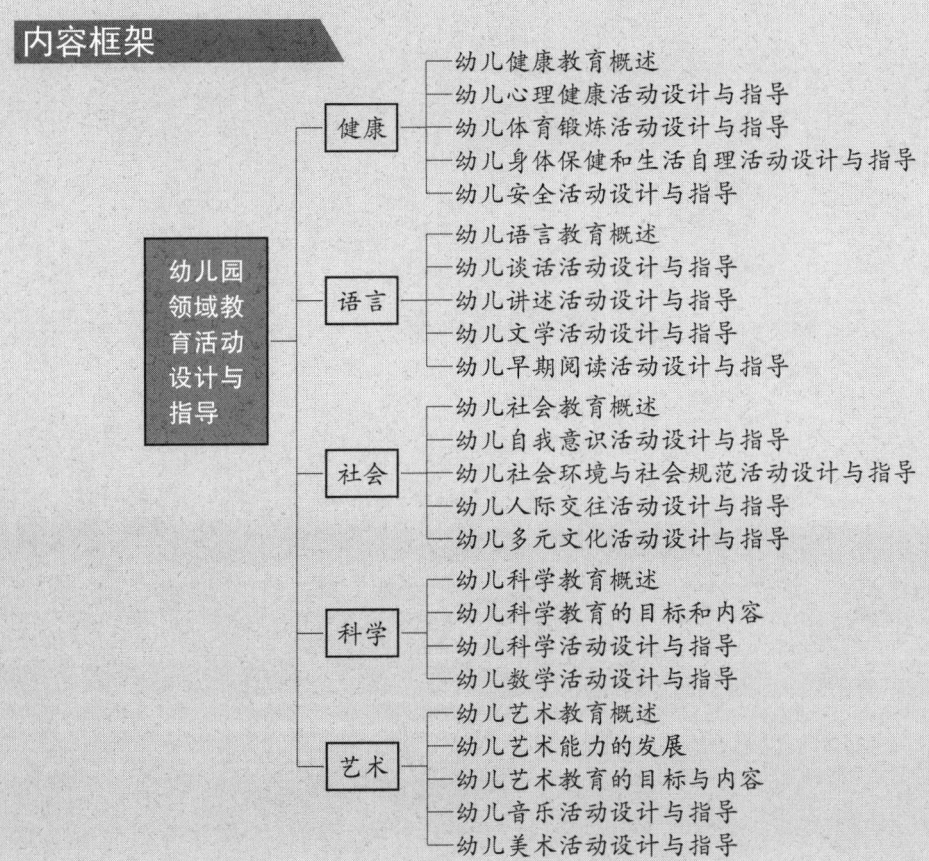

健　　康

核心理念

　　健康包括身体和心理两个方面,是一种在身体上和精神上的完满状态及良好的适应能力。幼儿阶段是儿童身体发育和机能发展极为迅速的时期,也是形成安全感和乐观态度的重要阶段。发育良好的身体、愉快的情绪、强健的体质、协调的动作、良好的生活习惯和基本生活能力是幼儿身心健康的重要标志,也是其他领域学习与发展的基础。

　　为有效促进幼儿身心健康发展,成人应为幼儿提供合理均衡的营养,保证其充足的睡眠和适宜的锻炼,满足幼儿生长发育的需要;创设温馨的人际环境,让幼儿充分感受到亲情和关爱,形成积极稳定的情绪情感;帮助幼儿养成良好的生活与卫生习惯,提高自我保护能力,形成使其终身受益的生活能力和文明生活方式。

　　幼儿身心发展尚未成熟,需要成人的精心呵护和照顾,但不宜过度保护和包办代替,以免剥夺幼儿自主学习的机会,养成过于依赖的不良习惯,影响其主动性、独立性的发展。

　　　　　　　　　　——《3—6岁儿童学习与发展指南》

第一单元
幼儿健康教育概述

健康,是一个随着社会发展而不断发展的概念,是人类生存和生活的基本前提。对人类个体而言,健康是实现生命价值的基本潜能,是一种基本的生命需求,是人最宝贵的财富。

第一课 健康与幼儿健康教育

一、健康与幼儿健康的概念

(一) 健康观念的演变

过去,人们普遍认为,身体没病就是健康。有人说,吃好、睡好、身体好,就是这个意思。这样的说法有一定的道理,身体健康是人类一切活动的前提条件,但也是不全面的。随着社会的发展,人们的健康观念也在不断完善、更新和发展。

在人类社会之初,生产水平低下、生产工具简陋,在恶劣的自然社会环境下,人们为了获得足够的食物,必须与大自然搏斗,甚至付出生命的代价。这个时候,健康的体魄就显得尤为重要,健康观念的全部就是身体健康。随着生产力水平的逐渐提高,物质生活的逐渐丰富,人类的医疗技术在飞速发展,人类的健康状况也在不断发生着变化。在很长的一段历史时期内,人类衡量一个人的健康状况的标准就是看其是否患病以及患病的严重程度,认为身体没病就是健康。例如,健康的英文是"Wellness",健康状况/状态的英文是"Health"。在一些词典中,健康被定义为"机体处于正常运作状态,没有疾病"。通常我们确实是把疾病看成是机体受到干扰,导致功能下降,生活质量受到损害(主要由肉体疼痛引起)或早亡。

进入20世纪,随着社会生产力的迅速发展,科学技术的突飞猛进,人们的物质生活水平得到了极大提高。伴随医疗水平的进步,人们的健康也得到了一定的保障。但随着物质生活的改善,新兴边缘学科也层出不穷,尤其是心理学科的迅猛发展,人们发现,健康不仅仅包括身体健康,还包括更丰富的内涵。20世纪30年代,美国健康教育专家鲍尔(W.W. Bauer)认为:"健康"是人们身体、心情和精神方面都感觉良好、精力充沛的一种状态。1948年世界卫生组织(WHO)在其宪章中把健康看作是身体的、心理的和社会的一种完全安宁幸福的状态,而不仅仅是没有疾病和身体虚弱。这一定义改变了以往"健康"仅指无生理异常、免于疾病的观念。在此基础上,世界卫生组织还进一步提出了健康的10条标准。

1. 充沛的精力,能从容不迫地担负日常生活和繁重的工作而不感到过分紧张和疲劳。
2. 处世乐观,态度积极,乐于承担责任,事无大小,不挑剔,不抱怨。
3. 善于休息,睡眠好。
4. 应变能力强,能适应外界环境中的各种变化。
5. 能抵御一般感冒和传染病。
6. 体重适当,身体匀称,站立时头肩位置协调。
7. 眼睛明亮,反应敏捷,眼睑不发炎。
8. 牙齿清洁,无龋齿,不疼痛,颜色正常,无出血现象。

9. 头发有光泽,无头屑。

10. 肌肉丰满,皮肤有弹性。

健康不仅有这样的 10 个指标,还有整体性、动态性、客观性、主观性和调适性 5 个特性①。

(二) 幼儿健康的概念

1. 幼儿健康的内涵

由于历史的原因,我国在健康观念中忽视人的心理健康,尤其是忽视幼儿的心理健康。《纲要》中指出:"树立正确的健康观念,在重视幼儿身体健康的同时,要高度重视幼儿的心理健康。"这是一种身心并重的幼儿健康观。在这种健康观的指导下,对幼儿健康进行的界定是幼儿各个器官、组织的正常生长发育,能较好地抵抗各种急、慢性疾病;性格开朗、情绪乐观,无心理障碍,对环境有较快的适应能力②。

亚健康

由此可知,现在的幼儿健康观强调身体、心理、社会适应的有机统一,不单单强调身体上没有疾病。

身体健康是指幼儿各个器官与组织发育正常,具有一定的抵御疾病的能力。身体健康是幼儿健康的物质基础。心理健康是指幼儿人格发展正常,具有强烈的求知欲、情绪稳定、无任何心理障碍,良好的心理健康是幼儿健康的必要条件。社会适应良好是幼儿自我意识发展正常,乐于交往,具有初步的规则意识和互助、合作、分享的品质,对环境有较好的适应能力。身体健康和心理健康是幼儿健康的关键,社会适应良好和心理健康有着千丝万缕的关系。

2. 幼儿健康的标志

幼儿健康是一个动态的过程,所以要及时了解、准确评价幼儿的健康状态,才能更积极地改进和促进幼儿的健康。前面讲到,幼儿健康由三部分组成,因此,幼儿健康的标志也从三个方面综合探讨。

(1) 身体健康

身体健康包括生长发育良好、适应能力增强和身体素质逐步提高三个方面。

(2) 心理健康

在我国的幼儿健康教育理论研究中,普遍认为幼儿的心理健康主要表现在动作、认识、情绪、意志、行为以及人际关系方面。一般来说,幼儿的心理健康指心理发展达到相应年龄组的正常水平,情绪积极,性格开朗,无心理障碍,对环境具有较好的适应能力。

(3) 社会适应良好

良好的社会适应是幼儿智力发展的基础,是幼儿终身发展的需要。主要表现为:社会适应能力较强,能尽快地融入集体生活;人际关系良好,乐于与他人交往,掌握一定的人际交往技能,具有较好的人际交往能力;自我意识发展良好,具有一定的自我调控能力,能主动地应对各种压力,调节自身与环境的平衡。

二、影响幼儿健康的因素

(一) 个体自身因素

1. 生物学因素

在影响幼儿健康的生物学因素中,遗传是首要且重要的因素之一。目前,已经发现由遗传因素直接引起的人类遗传性缺陷和遗传疾病近三千种,约占人类各种疾病的五分之一以上。虽然有些治疗方法可以矫治或缓解一些临床症状,或者预防疾病的发生,但是一般尚无根治的方法。

2. 心理学因素

研究表明,一个人的情绪反应、认知水平、个性特征等心理方面的因素,也会影响人的身心健康。例如,在相同的心理应激背景下,人的反应方式和反应程度是不同的,有的只是受到轻微的影响,有些则会患上心身疾病,而造成这种差异的原因,一般认为与个体的心理状态有关。

---

① 教育部基础教育司.《幼儿园教育指导纲要(试行)》解读[M].南京:江苏教育出版社,2002:76-78.
② 顾荣芳.学前儿童健康教育论[M].南京:江苏教育出版社,2009:13.

3. 生活方式

生活方式是指人们长期受一定社会的经济、文化、传统风俗、规范等影响,特别是受到家庭影响而形成的一系列生活习惯、生活模式和生活意识。它包括人们的衣、食、住、行、劳动工作、休息娱乐等很多方面。世界卫生组织对影响健康的因素进行过如下总结:健康 = 60%生活方式 + 15%遗传因素 + 10%社会因素 + 8%医疗因素 + 7%气候因素。

幼儿正处于生活方式的形成阶段,形成良好的生活方式将对其一生的健康有益。健康的生活方式主要包括积极乐观的心态、充足的睡眠、适当适量的运动和均衡的营养等。

(二) 外部环境因素

1. 自然环境

人类的健康需要良好的自然环境,自然环境中的空气、水、阳光、温度、湿度以及气候等都会对人体健康产生影响。如长期在有噪声的环境中工作,情绪会越来越差等。近几十年来,随着空气污染、食品卫生安全等问题的加剧,过敏性体质的幼儿比率呈上升趋势。

2. 社会环境

人的健康除了受自然因素的影响外,也受社会环境因素的制约。在社会意识层面,受到道德观念、风俗习惯、文化信仰等因素的影响;在社会组织层面,受到幼儿园、家庭、社会等因素的影响。对于幼儿而言,对他们影响较大的社会环境主要有家庭、托幼机构和社区。

3. 卫生保健服务因素

幼儿卫生保健设施为幼儿提供了卫生保健服务,卫生保健设施及其服务的易得性程度直接影响着幼儿的健康状态。在我国,随着社会的发展与经济水平的提高,社会逐步增加医疗卫生资源的投入,健全医疗机构,完善医疗卫生服务,使医疗卫生服务的覆盖面越来越广泛。这样,越来越多的幼儿能享受到水平较高的卫生保健服务,这一点最突出的表现就是幼儿的生长发育水平逐年上升,患病率和死亡率也在逐渐下降。

三、幼儿健康教育的含义和意义

(一) 幼儿健康教育的含义

1. 健康教育

过去,我国一直把健康教育称为"卫生宣传"或"卫生宣传教育"。20世纪80年代以来,改为"健康教育"。现在,人们已经认识到,健康教育是以健康为目的,以教育为主要手段的一门交叉学科,介于自然科学和社会科学之间。

(1) 健康教育是教育活动

健康教育和其他教育一样,是有目的、有计划、有组织的教育活动。健康教育的终极任务是促进人们的健康,提高人们的生活质量,其途径就是增加人民群众有关健康和健康生活的知识,改善他们的健康态度,最终获得健康的生活行为习惯。

(2) 健康教育需要社会行动和行政干预

健康教育是一种社会集体的行为,所以强调全社会的配合与支持,需要全体成员的集体参与,才能最终实现人人享有卫生保健服务。行政干预是指各有关行政、研究、教育机构或部门,各级法律、法规和政策,在加强健康教育,改变不健康的生活方式,创设有利于健康的环境,建立和完善保健体系等方面所进行的干预。

(3) 健康教育工作者应了解健康的决定因素

健康教育工作者必须首先对当前(也包括将来)影响人们健康和健康相关行为的决定因素,以及影响健康的环境条件有基本了解。只有这样,才能明确健康教育的具体内容,并有针对性地开展教育活动,这是健康教育能取得一定实效性的必要条件。

2. 幼儿健康教育的含义

幼儿健康教育是根据幼儿身心发展特点,以提高幼儿的健康认识、改善幼儿的健康态度、培养幼儿的健康行为、维护和促进幼儿的健康为核心目标而开展的有组织、有计划、有目的的一系列教育活动。其核心任务是幼儿养成健康行为。幼儿健康教育是健康教育的基础组成部分。

基于幼儿健康教育的含义,幼儿健康教育主要包括"生理—心理—社会适应"的内容系统。上述幼儿健康教育的含义也表明了其体现"知—信—行"的目标系统[①]。

(二) 幼儿健康教育的意义

《纲要》明确要求:"幼儿园必须把保护幼儿的生命和促进幼儿的健康放在工作的首位。"

1. 促进幼儿身心全面发展

生命的健康存在是保证幼儿全面发展的前提,个体若要生存并获得良好的社会化发展,必须首先具备健康的身体。有目的的健康教育活动可以让幼儿充分探究、真正地理解健康知识。身体美是健康的自然美的具体表现,健康之美不仅在于外表的优美、自然、年轻,而且在于内在的活力、自信、进取。幼儿健康教育帮助幼儿创造、感知、体验身体美,增强幼儿敏锐的审美感受力、大胆的审美想象力、丰富的审美情感。

2. 为幼儿一生的健康和生活奠定良好的基础

英国教育家洛克认为:"人生幸福有一个简短而充分的描述,即健全的心智寓于健全的身体。凡身体和心智健全的人就不必再有什么别的奢望了;身体或心智如果有一方面不健全,那么即使得到了种种别的东西也是枉然。"幼儿的健康是终身健康的基础阶段,幼儿时期的健康不仅能提高幼儿时期的生命质量,而且为其一生的健康赢得了可能性。不仅如此,幼儿时期的健康教育能帮助幼儿形成健康的生活信念和生活方式,对提高他们一生的生活和生命质量都至关重要。

3. 幼儿全面发展教育的重要组成部分

幼儿的身心健康是其全面和谐发展的基本条件,是认知、道德、审美发展的基础。健康既是幼儿身心和谐发展的结果,也是幼儿身心充分发展的前提。促进幼儿身心健康发展的健康教育是幼儿全面发展教育的重要组成部分。在个体的发展历程中,生命的健康存在是保证人的全面发展的物质基础,人的认知、情感、行为等方面的发展都必须建立在这个物质基础之上。

第二课 幼儿健康教育的目标和内容

一、幼儿健康教育目标

幼儿健康教育目标可以并应该从不同层面加以考虑,幼儿园健康教育目标包含三个层面,即总目标、年龄阶段目标和具体活动目标。

(一) 幼儿健康教育总目标

《纲要》健康领域总目标内容如下:
1. 身体健康,在集体生活中情绪安定、愉快。
2. 生活、卫生习惯良好,有基本的生活自理能力。
3. 知道必要的安全保健常识,学习保护自己。
4. 喜欢参加体育活动,动作协调、灵活。

这四条目标既顺应了当今国内外幼儿"身体—心理—社会适应"三方面的健康教育要求,又体现了健康教育目标实现的"知—信—行"实践要求。目标表述既比较集中地表明了健康领域的发展方向和要求,又突出体现了《纲要》的基本精神和价值取向。

上述目标表明了以下价值取向:

第一,身心和谐发展。幼儿健康包括身体、心理、社会适应三方面,其中身体健康和心理健康是两个主要的方面。幼儿的身体健康以发育健全、具备基本的生活自理能力为特征;幼儿的心理健康以情绪愉快、适应集体生活为主要特征。由于幼儿的身体健康与心理健康是密不可分的两个方面,因此有的目标如"生活、卫生习惯良好"既包含日常生活中的盥洗、排泄等生理意义的卫生习惯,也包含有吮吸手指等心理意义上的问题行为,只有身心和谐发展才能真正既保证身体的健康又保证心理的健康。

第二,保护与锻炼并重。目标既重视必要的保健知识及提高幼儿保护自身能力的培养,又强调通过体

---

① 欧新明.学前儿童健康教育[M].北京:教育科学出版社,2003:9-10.

育活动提高身体素质。其中了解必要的安全保健知识并提高相应技能是保健教育的主要目标,培养对体育活动的兴趣、增强动作的协调性和灵活性是体育锻炼的主要目标。

第三,注重健康行为的形成。提高幼儿的健康认识很重要,也很有必要,然而,改善幼儿的健康态度,进而养成健康行为应成为幼儿健康教育的核心目标。因此,对于健康心理学家以及健康教育工作者而言,最大的挑战莫过于如何鼓励、说服,甚至迫使人们养成对健康有益的行为习惯。

(二) 幼儿健康教育的年龄阶段目标

幼儿健康教育年龄段目标的制定是在总目标指导下,根据3～6岁幼儿的特点提出的。体现从简单到复杂,由易到难,呈螺旋式上升趋势。低年龄阶段目标的实现是高年龄阶段目标实现的基础,高年龄阶段目标是低年龄目标的延伸和发展。具体内容表述如下[①]。

1. 小班

(1) 了解盥洗的顺序,初步掌握洗手、刷牙的基本方法;学习穿脱衣服;会使用手帕或纸巾;坐、站、行、睡的姿势正确;能及时排便;有良好的作息习惯。

(2) 进餐时保持愉快的情绪,愿意独立进餐;认识最常见的食物,爱吃各种食物,主动饮水。

(3) 了解身体的外形结构,认识并学习保护五官;能积极配合疾病预防与治疗。

(4) 知道过马路、乘坐交通工具、玩大型运动器械时要注意安全,了解日常生活中的安全常识。

(5) 知道自己的性别。

(6) 喜欢并愿意参加体育活动;能自然地走、跑、跳、爬、投掷;学习听口令和信号做出相应动作;玩滑梯、攀登架、转椅等大型体育活动器械时能注意安全;能合作收拾小型体育器材。

2. 中班

(1) 初步学会穿脱衣服、整理衣服;学习整理活动用具,能保持玩具清洁;有初步的生活自理能力。

(2) 结合品尝经验,进一步认识各类常见食物,爱吃各类食物的同时,懂得要科学合理地进食,逐步形成良好的饮食习惯。

(3) 进一步认识身体的主要器官,逐步形成接受疾病预防与治疗的积极态度和行为;在成人帮助下学习处理常见外伤的最简单的方法,知道快乐有益于健康。

(4) 认识有关安全标志,能够在成人提醒下遵守交通规则;不接触危险物品;遇到危险时能告诉成人,有初步的自我保护意识。

(5) 愿与父母分床而眠。

(6) 喜欢并较积极地参加体育活动;能听信号按节奏协调地走和跑;按要求跳、投掷、抛接,能左右手拍球;能随音乐节奏做徒手操和轻器械操;能注意活动中的安全与合作,爱护公物,能及时收拾小型体育器材。

3. 大班

(1) 保持个人卫生,关心周围环境的卫生;进一步提高独立生活能力,初步形成良好的学习习惯。

(2) 初步理解不同的食物有不同的营养,身体需要各种营养;会使用筷子;进一步养成独立进餐的习惯。

(3) 进一步认识身体的主要器官及重要功能,并懂得简单的保护方法;了解有关预防龋齿及换牙的知识;注意用眼卫生。

(4) 获得应对意外事故(如火灾、雷击、地震、台风等)的常识,具有粗浅的求生技能。

(5) 知道男女厕所,初步理解性别角色期待。

(6) 喜欢锻炼身体并感到体育活动的有趣;能轻松自如地走、跑、跳、攀登、滚翻;会肩上挥臂投掷轻物并投准目标,能抛接高球;能熟练地听各种口令和信号并做出相应的动作;能随音乐节奏有精神地做徒手操和轻器械操,动作有力、到位;能注意安全,自觉遵守体育活动的规则,合作谦让;体验到克服困难取得胜利的愉悦;能独立收拾各种小型体育器材。

《指南》的学习与发展目标部分分别对3～4岁、4～5岁、5～6岁三个年龄段末期幼儿应该知道什么、能做什么、大致可以达到什么发展水平提出了合理期望。如身心状况方面的目标,见表2-1-1至表2-1-3。

---

① 顾荣芳.学前儿童健康教育论[M].南京:江苏教育出版社,2009:163-164.

表 2-1-1　目标 1　具有健康的体态

3~4 岁	4~5 岁	5~6 岁
1. 身高和体重适宜 参考标准： 男孩身高 94.9~111.7 厘米，体重 12.7~21.2 千克；女孩身高 94.1~111.3 厘米，体重 12.3~21.5 千克 2. 在提醒下，能自然坐直、站直	1. 身高和体重适宜 参考标准： 男孩身高 100.7~119.2 厘米，体重 14.1~24.2 千克；女孩身高 99.9~118.9 厘米，体重 13.7~24.9 千克 2. 在提醒下，能保持正确的站、坐和行走姿势	1. 身高和体重适宜 参考标准： 男孩身高 106.1~125.8 厘米，体重 15.9~27.1 千克；女孩身高 104.9~125.4 厘米，体重 15.3~27.8 千克 2. 经常保持正确的站、坐和行走姿势

表 2-1-2　目标 2　情绪安定愉快

3~4 岁	4~5 岁	5~6 岁
1. 情绪比较稳定，很少因一点小事哭闹不止 2. 不高兴时能听从成人的哄劝，较快地平静下来	1. 经常保持愉快的情绪，不高兴时能较快缓解 2. 需要不能满足时能够接受解释，不乱发脾气 3. 愿意把自己的情绪告诉亲近的人，一起分享快乐或求得安慰	1. 经常保持愉快的情绪。知道引起自己某种消极情绪的原因，能努力化解 2. 表达情绪的方式比较适度，不乱发脾气 3. 能随着活动的需要较快地转换情绪和注意

表 2-1-3　目标 3　具有一定的适应能力

3~4 岁	4~5 岁	5~6 岁
1. 能在较热或较冷的户外环境中活动 2. 换新环境时情绪能较快稳定，睡眠、饮食基本正常 3. 在帮助下能较快适应集体生活	1. 能在较热或较冷的户外环境中连续活动半小时左右 2. 换新环境时较少出现身体不适 3. 能较快适应人际环境中发生的变化。如换了新老师能较快适应	1. 能在较热或较冷的户外环境中连续活动不少于半小时 2. 天气变化时较少感冒，能适应车、船等交通工具造成的轻微颠簸 3. 能较快融入新的人际关系环境。如换了新的幼儿园或班能较快适应

（三）幼儿健康教育活动目标

幼教工作者是幼儿健康教育总目标的具体落实者，在理解健康教育总目标的前提下，进一步结合幼儿身心发展特点来解读年龄阶段目标，并将之转化为可操作的具体健康教育活动目标。

二、幼儿健康教育的内容

（一）健康教育的内容

幼儿健康教育的内容涉及健康认知、健康情感和健康行为三个领域，它们是不可分割的整体，具体内容包括以下五个方面。

1. 个人生活习惯

（1）生活自理能力

这包括幼儿养成自己进餐、着装、睡眠、盥洗等能力及其相关习惯，还包括激发幼儿自己事情自己做的兴趣和意愿。

（2）饮食与营养

幼儿情绪愉快、愿意独立进餐；认识常见食物，平衡和合理膳食，指导饮食丰富，不偏食、挑食、过食；少吃零食，主动饮水；养成良好的进餐习惯。

（3）清洁卫生和学习卫生

清洁卫生主要是要求幼儿勤洗手、勤洗澡、勤剪指甲等，学会清洁卫生的基本技能技巧，逐步养成良好的个人卫生习惯。学习卫生是要养成良好的绘画、唱歌、阅读、书写等习惯，保持正确的坐、立、行姿势，注意用眼卫生，并养成自己整理玩具和文具的习惯。

2. 身体保健

认识口腔、眼、耳、鼻、皮肤等身体器官的构造和功能,科学地掌握使用、养护和锻炼身体器官的粗浅知识和习惯;在疾病预防与治疗中积极配合;有探索生命现象的兴趣。

3. 体育锻炼活动

有参加体育锻炼活动的兴趣;走、跑、跳、爬、跳、投掷、钻爬和攀爬等基本动作训练;运动中注意安全、遵守规则、谦让和合作等。

4. 安全自护教育

了解日常生活中安全常识与规则并能遵守,过马路、乘坐交通工具、玩大型运动器械时能注意安全;认识有关的安全标志、主动遵守交通规则;丰富生活中的自我保护常识,具有基本的求生技能;了解应对意外事故和伤害(如火灾、雷击、地震、台风、异物入体、走失等)的常识,知道初步的自救和向成人求救的方法。

5. 心理健康教育

幼儿健康教育主要包括身体健康和心理健康,上面的四个方面的内容都是身体健康的。心理健康的主要内容包括:学会正确表达情绪情感的方法;学习初步的社会交往技能;培养良好的生活习惯;性教育;常见心理问题的预防与矫治。

(二) 选择健康教育内容的要求

1. 根据幼儿健康教育目标选内容

一方面,教育目标要以教育内容为依据才能实现;另一方面,教育内容的选择也要依据教育目标。《纲要》和《指南》中对幼儿健康教育领域目标的论述既表明了健康领域的目标要求,也包含了幼儿健康教育的内容要点。例如,目标中指出的"集体生活情绪安定愉快",选择内容时就要选择入园适应、建立良好的师幼关系和同伴关系等。

2. 与幼儿的身心发展水平相适应

幼儿身心发展特点和规律是确定教育目标的依据,在选择具体的教育内容时,也要全面考虑幼儿的身心发展特点和现状,详细全面地了解幼儿已达到的发展水平和已有知识经验。如幼儿中存在着肥胖、消瘦、任性、胆小、尿床等现象的,可以据此选择减肥、营养平衡等内容,有的放矢地进行。且要考虑幼儿大、中、小班的年龄特点和水平差异。如营养膳食的内容,小班只需要让幼儿列举几种主要食物的名称,大班则可以了解食物含有的不同的营养素。

3. 适当考虑时代、社会因素

人是社会中的人,社会因素也是影响着幼儿身心健康的重要因素之一。因此,要考虑当前社会、时代的特点。例如,当今社会食品卫生安全等问题很突出,人们缺乏运动、熬夜等不良生活方式也很常见,因此,应使幼儿从小养成健康的生活方式。又如,针对社会安全问题,应该教给幼儿一些最基本的自我保护的方法和策略,如教育幼儿不随便跟陌生人走,不随便吃陌生人给的东西等。

4. 教育内容具有科学性

教师选择的教育内容必须保证其正确性,而且所运用材料要符合幼儿的理解水平和能力。在向幼儿传授某些健康知识时,为了便于幼儿的理解和接受,教师常常对一些内容和材料进行加工、改造,但这样的加工、改造必须保证其科学性。

思考与练习

1. 解释下列概念。
   健康 幼儿健康 健康教育 幼儿健康教育
2. 幼儿健康的标志有哪些?
3. 影响幼儿健康的因素有哪些?
4. 幼儿健康教育的意义表现在哪些方面?
5. 幼儿健康教育的总目标以及价值取向的内容是什么?
6. 幼儿健康教育的年龄阶段目标的特点是什么? 举例说明。

7. 幼儿健康教育的内容有哪些?
8. 幼儿教师选择健康教育内容时需要注意哪些问题?

赛证真题

一、单项选择题

1. 根据《托儿所幼儿园卫生保健工作规范》规定,3~6岁儿童平均每年健康检查的次数是( )。
   A. 1次　　　　　　B. 2次　　　　　　C. 3次　　　　　　D. 4次
2. 《幼儿园工作规程》规定,新生入园时,幼儿园要进行( )。
   A. 幼儿知识与能力测评　　　　B. 幼儿智力测查
   C. 幼儿家长测评　　　　　　　D. 幼儿健康检查
3. 关于学前教育任务最准确的表述是( )。
   A. 促进幼儿智力发展　　　　　B. 促进幼儿身心快速发展
   C. 促进幼儿社会性发展　　　　D. 促进幼儿身心全面和谐发展
4. 下列对儿童的看法,正确的是( )。
   A. 儿童是无知无能的　　　　　B. 儿童不是微缩的成人
   C. 儿童可以按成人的意思随意塑造　D. 儿童是家庭的私有财产
5. 与幼儿园保育和教育目标表述不符的是( )。
   A. 培养正确运用感官和运用语言交往的基本能力
   B. 培养幼儿初步感受美和表现美的情趣与能力
   C. 训练幼儿的体育运动技能
   D. 促进幼儿身体正常发育和机能的协调发展

二、简答题

为什么幼儿园教育内容要贴近幼儿的生活?

实训任务

根据选择健康教育内容的要求,在健康教育内容的范围内为小、中、大班各选两个内容。

第二单元
幼儿心理健康活动设计与指导

随着时代的发展、社会的进步和人们认知的不断发展,心理健康已成为现代社会精神文明的一个重要标志。同样,心理健康在健康教育中的地位和作用,也越来越受到人们的关注。幼儿正处于性格雏形形成期,其心理健康与否,将会对他们的认知、情感乃至个性形成产生重要影响。

第一课　幼儿心理健康教育概述

一、心理健康的概念

广义的心理健康,是以促进人们心理调节、发展更大的心理效能为目标,即人们在环境中健康生活,保持并不断提高心理健康水平,从而更好地适应社会生活,有效地为人类作出贡献。狭义的心理健康主要目的在于预防心理障碍或行为问题。

本书中认为心理健康是指个人心理在社会适应过程中表现出来的良好状态。也就是说,除了没有心理与精神疾病的症状外,其个人的认知能力、情感表达、行为表现等各方面都应维持在一个正常且平衡的状态下,使得个人对自己以及对环境的调适能够达到最高且最好的效能,进而获得快乐、满足,以及产生合乎社会文化要求的行为。即心理健康包括两方面的含义:一是心理健康状态,个人处于这种状态时,表现出接纳自己、积极愉悦的最佳功能的状态;二是这种状态要和社会适应相关联。所以,心理健康不仅仅是没有心理问题或心理疾病,更多的是适应社会、接纳自己和他人的幸福状态。

幼儿的心理健康是指心理发展达到相应年龄组幼儿的正常水平,情绪积极,性格开朗、无心理障碍,对环境有较快的适应能力。

二、幼儿心理健康的标准

1. 动作发展正常

动作是反映幼儿生长发育的指标,也是制约幼儿心理发展的因素之一。皮亚杰认为,动作是幼儿智力的起源。个体动作的发展与脑的形态及功能的发育是密切相关的。因此,幼儿躯体大动作和手指精细动作的发展水平是否处于正常范围,是其心理健康的主要标志。

2. 认知活动积极(智力发展正常)

一定的认知能力是幼儿学习与生活的重要前提,这是因为正常的认知水平是幼儿取得与周围环境平衡和协调的基本心理条件。从客观上来看,幼儿的认知发展水平会表现出一定的个体差异,但如果某幼儿的认知水平明显低于同龄人,且不在正常范围内,那么该幼儿的认知能力是低下的,心理也是有问题的。

3. 情绪稳定乐观

情绪稳定乐观是心理健康的主要标志。心理健康的幼儿以积极的情绪表现为主,积极情绪多于消极情绪,经常保持心境良好,愉快、乐观、开朗,这样的情绪有助于提高活动的效率,多会受到家长和教师的表扬与称赞,而积极的情绪又得以强化,使情绪进入良性循环。健康的幼儿也有喜、怒、哀、乐,会出现短时的消极情绪,如在受到教师的批评或家长的惩罚时表现出哭闹、委屈等,但是他们能主动调控自己的不良情绪以适应外界环境,这就是情绪稳定性的表现,而一些消极的情绪表现有助于他们发泄不满情绪,维护心理健康。

4. 人际关系融洽

幼儿的人际关系主要是指幼儿与家长、教师以及同伴之间的关系,在这些人际交往中可以反映幼儿的心理健康状态。

5. 性格特征良好

幼儿的个性虽然没有稳固形成,但已表现出一定的性格特征。心理健康的幼儿性格相对稳定,一般具有热情、勇敢、自信、主动、谦虚、诚实、慷慨、合作、乐于助人等性格特征;在自我意识上,开始正确认识与评价自己,自尊感在发展,寻求独立性,对自己充满了信心。而心理不健康的幼儿性格发展不良,表现出胆怯、冷漠、吝啬、孤僻、敌意、自卑和缺乏自尊心。

6. 行为协调适度

行为协调是指人的思想与行为统一协调,人的行为是心理的镜子,通过它可以反映出人的心理是否正常。心理健康者行为有条不紊,做事按部就班,行为反应与刺激的程度和性质相配;心理不健康的幼儿在行为表现上前后矛盾,思维混乱,语言支离破碎,做事有头无尾。行为变化无常,为一点小事可以大发脾气,或是对强烈的刺激反应淡漠。

三、影响幼儿心理健康的因素

(一) 生理的影响

1. 遗传

人类的心理及其健康状况同生理发育一样,许多方面都要受遗传的影响。遗传对心理健康的影响首先表现在遗传的生理疾病会伴随相应的心理疾病。诸如三染色体(XXX)综合征的男孩常常具有女孩气质,这样会导致幼儿出现性别角色错位的心理障碍和行为问题。其次,某些心理疾病的发展也受一定遗传生理因素的影响。许多幼儿出现发育障碍、精神疾病和语言功能障碍等,都与遗传有关。最后,智力、气质等心理特征也会受到遗传因素的影响。

2. 脑损伤

导致幼儿大脑损伤的原因主要有胎儿时期大脑发育不完全或病变,早产或难产时造成的颅内出血,出生时大脑缺氧、窒息或出生后受到碰撞造成较严重的脑外伤。另外,幼儿的生理发展还不成熟,免疫系统还不完善,因而抵御病毒感染的能力也较弱。因此,由于病菌或病毒干扰中枢神经系统,致使大脑受到损伤的可能性也是很大的。如幼儿因为高烧致使大脑细胞受损而造成脑瘫的,这种意外伤害会造成智力迟滞或痴呆,导致心理障碍或精神失常。

(二) 环境的影响

1. 自然环境的影响

物理环境是指幼儿在日常生活中所接触的由空气、水、阳光等元素组成的环境。

(1) 空气污染

空气污染包括第一章所提到的外界雾霾对人体的影响,也包括室内污染源对心理的影响,如室内装修材料、电子产品等产生辐射、放射性元素,使得幼儿出现越来越多的问题。一般来说,室内的污染容易诱发幼儿的血液性疾病,如白血病;呼吸道疾病,如幼儿哮喘等。大量电子产品释放的辐射会对幼儿的大脑产生不良影响,甚至可能导致幼儿智力下降。

(2) 噪声的影响

幼儿能承受的声音强度为80~90分贝,高强度的噪声刺激会使幼儿大脑皮层及中枢神经系统出现功能紊乱,产生头晕、嗜睡或乏力等一系列症状。

(3) 劣质玩具、食品的危害

劣质玩具和食品对幼儿心理健康的危害主要体现在两个方面:一个方面是有形的污染,有些劣质玩具和食品可能是有毒、有害或变质的原料制成的,这些玩具和食品对幼儿的健康造成极大的伤害,可能在幼儿使用和食用的过程中造成甲醛和铅中毒。另一方面是玩具的造型和种类对幼儿造成的无形的伤害。有些玩具面目可憎,有些玩具还可能带有色情色彩,这些对幼儿的心理健康都会造成危害。①

---

① 李珊泽.学前儿童健康教育[M].北京:中央广播电视大学出版社,2008:232-233.

2. 社会环境的影响

（1）家庭及家庭教育对幼儿心理健康的影响

家庭对幼儿心理健康的影响主要体现在两个方面：一是家庭的氛围；二是家长对幼儿的期望水平和教养方式。家长对孩子适当的期望，会对幼儿的发展起到动力的作用，从而促进幼儿及其心理的发展。而过高的期望水平，会给幼儿造成巨大的心理压力，这对幼儿的心理健康是非常不利的。

（2）托幼机构及幼儿教师对幼儿心理健康的影响

托幼机构除了在物理环境的优化、心理环境的优化方面有助于幼儿心理健康的维护外，由园所领导——幼儿教师——幼儿之间的相互作用行为，以领导方式、同事关系、师幼关系等元素构成的文化环境、精神氛围，对幼儿的心理健康也会产生不可替代的影响。

（三）幼儿自身的心理特点

1. 自我强度

自我强度是个体应对内外压力的能力。

动机是为满足个体的需要并促使其活动的诱因。如果幼儿的吃、睡、空气、水、游戏、安全、被称赞等需要不能得到满足，就容易造成幼儿的需求受挫，从而产生消极情绪，如紧张、恐惧、焦虑、冷漠等心态。在幼儿的成长发展过程中，新的需要会随着旧的需要被满足而不断地产生，因此，幼儿不可避免地会有受挫的时候。这样，幼儿有一定的自我强度就显得非常必要和重要。

2. 自我意识

幼儿的自我意识是在成人对其行为、与同伴的对比、游戏等活动的成败评价和态度中不断形成的，这是一个自我认识、自我评价、调节行为与情绪的过程。幼儿往往自我评价过高，我们要引导幼儿形成正确的自我意识，避免因为自我意识不强而造成幼儿任性执拗、退缩等情绪和行为问题。

四、幼儿心理健康教育的目标和内容

（一）幼儿心理健康教育的目标

幼儿心理健康教育的根本目的是培养幼儿良好的心理素质，促进幼儿身心全面和谐发展与素质全面提高。具体来说，就是提高幼儿对心理卫生的粗浅认识和技能，纠正不良情绪和态度，形成有利于心理健康的行为习惯，预防和矫治心理障碍及行为异常，保证幼儿心理健康发展，提高心理健康水平。《指南》中也对3～6岁幼儿的心理发展从情绪安定愉快和适应能力两个方面提出了指导性意见（见表2-1-2、表2-1-3）。

（二）幼儿心理健康教育的内容

1. 学习正确表达、调节情绪情感的方法

心理健康教育要从以下三个方面学习表达和调节自己的情绪。

（1）丰富积极情绪体验

积极情绪是防御外界环境或机体内部不良刺激困扰的有力屏障，应该教育幼儿做到经常保持清醒、乐观、愉快的情绪状态，不乱发脾气；不总回忆不愉快的事，能主动寻找愉快的事情做；感到不愉快时，能自行调整，逐步消除不快心情。

（2）合理地表达和宣泄消极情绪

每个幼儿都会经历消极情绪，教师首先要肯定幼儿的消极情绪，并在此基础上帮助幼儿初步学会通过语言、表情和动作等方式向成人和同伴表达自己的情绪。如生气的时候，会主动告诉老师和同伴："你推倒了我的房子，我非常生气！"或者用绘画的方式表达自己的愤怒情绪。教师还可以在活动室内安放"情绪晴雨表"，每天早晨，幼儿入园后可以根据自己的情绪状态选择不同的卡片或图片。

（3）调整认识

幼儿情绪反应的强度和持久强度，在一定程度上取决于他们对于触发情绪反应的情境的理解、认识和评价[1]。对于同一情境或刺激，不同的幼儿可以产生差别很大的情绪反应。例如，两个幼儿为了争夺一个玩具而发生了殴打，他们都受到了老师的批评。但是，两个幼儿的反应是不同的，一个幼儿只产生了轻微的不快，而另一个则表现出极度的不安。这主要是由于幼儿对老师批评的认识和评价不同的缘故。

---

[1] 欧新明.学前儿童健康教育[M].北京：教育科学出版社，2003：234-235.

2. 学习社会交往技能

(1) 感知和理解他人的情感

皮亚杰认为,年幼的幼儿是以自我为中心的,而幼儿与他人相处的过程就是学习克服自我中心,学会考虑别人的思想和情感的过程。教师要采用各种方式让幼儿逐渐理解他人的愿望和情况,学会用语言和非语言的方式表达对同伴的同情、鼓励之情,并学会安慰同伴,对他人的情绪情感能做到和谐适度的反应等。

(2) 发展亲社会行为

研究表明,当幼儿的需要基本上得到满足以后,他们就会自愿地让其他幼儿与其共同分享。即成人首先要满足幼儿的基本需要,在此基础上引导幼儿分享。幼儿的合作行为会有助于幼儿与同伴亲密关系的形成。家长和教师要引导幼儿与他人一起活动或合作,并为幼儿提供一起工作、共同完成任务的机会,让幼儿感受通过合作而获得成功的快乐。同时,还应教给幼儿一定的交往策略。

(3) 促进自我意识的形成

学前期正是幼儿自我意识萌芽并初步得到发展的关键时期,而积极的自我意识是幼儿心理健康教育的重要内容,也是影响其人际关系的重要因素。

(4) 初步掌握人际交往的礼节

人际交往的礼节是人际交往的润滑剂,要帮助幼儿掌握基本的礼貌用语,并能在人际交往中正确使用这些礼貌用语。如见面、道别时用到的礼貌用语"你好""再见",知道礼貌地称呼、问候他人,学会尊重他人、看望病人、恭贺喜事、拜访与答谢亲友等基本礼节。

3. 养成良好的习惯

(1) 有规律的生活习惯

培养幼儿有规律的生活习惯,让他们按时睡眠、按时进食、按时活动和按时排便等,能使他们机体的活动按照一定的生物节律进行,可满足他们的各种需要,促进他们心理的健康发展。

(2) 良好的卫生习惯

良好的卫生习惯对于幼儿保持良好的精神状态和健康的身体具有积极的作用。家长和教师应让幼儿懂得,个人的清洁卫生不只是自己的事,还关系到是否尊重别人,是否能够得到他人的认同,教育幼儿自觉形成良好卫生习惯。

(3) 品德行为习惯

这是高一层次的习惯,包括讲礼貌、热爱集体、与同伴友好相处、爱护公共卫生和设施、爱护花草树木和小动物等习惯。这一习惯的养成需要幼儿的道德意识跟道德行为发展到一定程度之后,才有可能。

4. 性教育

研究表明,3～6岁的幼儿是性别意识发生、发展的关键期。性教育是一种知识教育,也是人格教育。

(1) 性别认同和性别角色

孩子出生后,其生物性别已经确定,社会性别的认同却还要在环境影响下逐渐形成。性别认同是指一个人对自己性别上的认同。所谓性别角色是指在社会生活中,由于性别不同而造成的角色差异。应让幼儿懂得,人类社会是由男性和女性两种性别构成的。从受精卵形成的那一刻,就决定了一个人的性别。3岁以前的幼儿已经开始对自我性别实现认同了,5岁的幼儿则能以自己的性别角色适应社会生活,之后幼儿的自我性别意识逐渐强烈。弗洛伊德强调:"一切倒错的倾向都起源于儿童期。"家长和教师应该认识到在幼儿时代,家长给孩子起名字、买玩具、衣服、教养方式,对幼儿的期望等都具有性别教育的意义。

(2) 科学简洁的性知识的传播

幼儿对性的问题表现为纯粹的求知兴趣,所关心的只是自然界和人的因果关系。幼儿提出问题,听取回答,仅仅是为了想知道某种事实。例如,几乎所有的孩子到了3～4岁这个年龄都会问自己的爸爸妈妈:"我是从哪里来的?"幼儿园中,幼儿常问老师:"为什么男孩可以站着小便,而女孩非蹲着不可?"面对幼儿的提问和疑惑,我们应该以实事求是的态度,简洁地回答孩子。如,家长和教师可以平静地告诉他:"你是妈妈生的""站着小便是男孩,蹲着小便是女孩"。不要神秘地压制或哄骗孩子。

(3) 正确处理与性有关的游戏活动

幼儿通常是以模仿和游戏的方式来体验性别角色。如男女幼儿互相拥抱、亲吻、玩结婚等游戏,都是对电影电视,甚至现实成人行为的模仿,这些都是游戏行为,所以教育者和家长要正确对待幼儿的这些性游戏活动,不能粗暴制止,更不能羞辱幼儿。

> **案例** 大班自由活动时间,一个小男孩和一个小女孩抱在一起亲吻,旁边几个小朋友边看边嘻嘻笑着。
> 你如何看待幼儿的这类游戏？教师应如何应对此情景？

5. 幼儿心理障碍和行为异常的预防

幼儿在成长的过程中,不可避免地会出现一些心理障碍或者行为问题。因此,心理健康教育在面向全体幼儿,提高所有幼儿的心理健康水平的同时,也要关注某些幼儿的问题行为,并进行预防和矫治。

第二课 幼儿心理健康活动设计与指导

一、幼儿心理健康教育的实施

(一) 组织心理健康教育活动应该注意的问题

1. 注重体验式教育

心理是一种由内而外、潜移默化的过程,引导幼儿在不同情境中体验各种不同情绪情感,是十分必要且必需的。因此,心理健康教育应该是体验式的教育,才能切实对幼儿的心理健康产生积极的影响。而且由于幼儿年龄小、生活阅历较浅、逻辑思维水平较低,在心理健康教育活动实施中,幼儿需通过亲身实践来感知和理解学习内容,即幼儿心理健康教育活动只有成为体验式教育,才能真正有实效性,而枯燥的说教并不具有实质性教育意义。

2. 提高教育者心理健康教育的水平

幼儿教师和家长的心理健康与否,以及心理健康水平,直接影响幼儿的心理健康。因此,要对幼儿进行心理健康教育,教育者首先要主动提高自身的心理健康水平,合理排解工作、生活压力,保持乐观、自信、积极向上的良好心态,合理地安排和处理教学以外的事务,保证在教学活动过程中以积极、平和的心理进行教学和指导幼儿的行为。另外,教师在和幼儿的日常相处中,要以自己的言行给幼儿正面、积极的影响,恰当地指导幼儿的行为,促使其心理朝着健康的方向发展。

3. 重视家庭教育及其环境对幼儿心理健康的影响

家庭是幼儿生长发育的温床,是幼儿接触到的第一个环境,且接触的时间最长,是塑造情感、性格、个性,形成健康心理的重要场所。因此,父母自身的修养、和谐的夫妻关系、亲子关系、正确的教养方式以及和睦的家庭氛围,这些构成良好的家庭教育环境的基本要素,也将会对孩子一生的发展产生不可替代的影响。所以,教师要重视家庭教育及其环境对幼儿心理健康的影响,帮助家长,并和家长一起为幼儿创造有利于其心理健康的家庭教育环境。

4. 渗透在日常生活中

心理的发展受到多种因素的影响,因此,幼儿心理健康教育应该渗透到教育的各个方面和各个环节之中。教师和家长要牢记,心理健康教育是一个全方位和长时期的熏陶、教育的过程,任何单独的因素都难以实现心理健康教育的总目标。因此,教师要在一日生活的各个环节关注幼儿的心理健康,并保持教育要求的一致性。这就需要幼儿教师、保育员共同协作,更需要家长的积极合作。例如,教师在幼儿园教育幼儿要懂得分享、要合作,家长在家里就不能任由孩子凡事以自我为中心。这样,才能真正巩固教师的教育成果,真正促进幼儿的社会性发展和心理健康。

5. 尊重幼儿,不能妄下结论

在现实生活中,幼儿是好动的、淘气的,但是幼儿的正常行为和异常行为很难截然分开。教育者要尊重幼儿,了解幼儿的年龄特点和心理特点,寻找幼儿行为背后的原因,而不是因为孩子某一个看似"淘气"的行为,就妄下结论,随便给幼儿扣帽子。如某教师看到幼儿拿着水彩笔去水龙头下冲水的时候,很生气,但是在发脾气之前,教师询问幼儿,为什么要这样做,孩子回答之后才明白,是因为水彩笔时间长了,颜料干涸在壁管上,而不是破坏水彩笔。因此,教师要尊重幼儿,在弄清楚幼儿行为的原因之前,不要妄下结论。

(二) 幼儿园心理健康教育活动设计案例

模拟教学

烦恼了怎么办

案例1　　　　　　　　　　情绪变变变(中班)

活动目标

1. 知道遇到困难或不开心的事情时,应该想办法解决问题。
2. 初步学会将难过、伤心等消极情绪转化为高兴、快乐等积极情绪。
3. 体会高兴、快乐等良好的情绪对身体的重要性。

活动准备

1. 音乐《赶花会》和《北风吹,扎红头绳》。
2. 情绪转盘、微笑卡,一些玩具、乐器、图书等。
3. 情景表演。

活动过程

一、听音乐,辨情绪

教师播放音乐《赶花会》和《北风吹,扎红头绳》。

听完后提问"听完音乐,你的情绪是什么样的?",并请幼儿学一学。

二、游戏:情绪转盘

1. 集体玩情绪转盘。

教师请个别幼儿上前玩转盘。转盘背对所有幼儿,转到什么情绪上前的幼儿就做出相应的表情,让其他幼儿猜他转到的是什么表情。

2. 小组玩情绪转盘。

请幼儿以小组为单位玩转盘。一个人转动指针,指针指到一处情绪时,其他幼儿就要试着做出这种表情,并说说在什么样的情况下会有这种情绪。

3. 将转盘上的情绪分类:积极的和消极的。

三、引导幼儿讨论如何改变消极情绪

师:刚才咱们玩了情绪转盘的游戏,上面有伤心、难过、着急这样的消极情绪,也有愉快、开心、兴奋这样的积极情绪,那这些情绪对我们的身体有没有影响呢?下面请小朋友来听一个《小熊生病》的故事。

故　事

小熊生病

1. 教师讲《小熊生病》的故事。
2. 通过提问,让幼儿了解不同的情绪会对身体产生不同的影响。

(1) 小熊因为什么躺在床上起不来了? 它真的得了很重的病吗?

(2) 后来它的病是怎样变好的呢?

3. 教师引导幼儿讨论如何使自己变得快乐起来。

问题:有什么方法可以让自己变得快乐起来呢?

4. 幼儿自由讨论,说一说使自己变得快乐的方法。

四、迁移巩固

情景表演:

1. 红红在幼儿园学了一个很好听的故事,想讲给妈妈听,可是妈妈忙得很,不耐烦地对她摆摆手:"去! 去! 我没空!"红红很难过,伤心地哭了起来。

表演完毕,请幼儿根据刚才想出的办法来帮助红红,让她高兴起来。

2. 皓皓怎么了?

经过一个星期的努力,皓皓终于完成了自己的绘画作品,他兴奋得又跳又笑,开心之余,不小心摔了一跤,把画给撕坏了,皓皓伤心极了。

表演完毕,请幼儿根据刚才想出的办法来帮助皓皓,让他高兴起来。

五、表达愿望,活动结束

师(出示微笑卡):小朋友知道老师给你们的微笑卡是做什么用的吗?就是希望小朋友每天都是快乐的。小朋友,把你们的快乐在微笑卡上记录下来,也就是在上面画一个小笑脸。我们看看谁的微笑卡笑脸多,老师就奖励他这个大的微笑卡。下面我们就去记录我们的快乐吧!(带幼儿离开,自然结束)

二、幼儿常见的心理障碍与行为问题的预防和教育

在幼儿的生长发育过程中,发生少数几种行为问题是很正常的。有些问题行为随着幼儿年龄的增长,会逐渐减弱,最后消失,但有些问题行为却会愈演愈烈。下面介绍幼儿常见的心理障碍和行为问题及其预防。

(一) 情绪障碍

情绪障碍表现为情绪不稳定、焦虑、抑郁、暴躁等倾向,据有关研究人员所做的调查,至少有3‰~5‰的幼儿有较严重的情绪障碍。但是随着年龄的增长,大多数幼儿的情绪障碍能自然消失,只有少数人会影响成年后的心理。

1. 焦虑

当幼儿烦躁不安、担心害怕、好哭、无故生气并伴有食欲不振、夜惊多梦、尿床、心悸、腹痛等躯体症状时,他可能正处于焦虑的情绪体验中。幼儿中以分离焦虑较为常见。有的幼儿,特别是婴儿,当与亲人特别是与母亲分离时,会出现明显的焦虑不安,他们不愿离家、害怕单独睡觉和独自留在家中。

案例2 妞妞要上幼儿园了,上幼儿园之前,妈妈非常担心,整天唠叨说:"幼儿园的老师不知道怎样,会不会喜欢我们妞妞啊?""妞妞去幼儿园会不会哭啊,不会有其他的小朋友欺负她吧?"这些话被妞妞听到了,她开始变得非常担心、不安。等到上幼儿园了,妞妞果然表现得非常不适应,每次妈妈离开时都会大声哭叫,扯着妈妈的衣服不让妈妈走。最后,她虽然勉强与妈妈分离,但在幼儿园一直哭闹,吃饭时还出现了呕吐现象,中午也不睡午觉,小便次数增多,说肚子痛。妈妈把她接回家后,她便形影不离地一直缠着妈妈,连妈妈上厕所、洗澡都要紧跟着。原本,妞妞已经可以一个人睡觉,可现在却闹着要妈妈陪,即便睡着了也较易惊醒。更令妈妈担心的是,这段时间妞妞对以前爱玩的玩具和爱吃的饭菜也没了兴趣,显得特别烦躁。而且脾气也变得越来越差,稍有不顺心,便哭个没完。

(案例来源:梅珍兰.幼儿心理健康指导[M].上海:上海交通大学出版社,2019:131.)

焦虑的原因包括遗传素质方面以及心理社会因素的影响,诸如亲子依恋关系未能形成、孩子遭受惊吓、父母突然分离等。预防和矫治幼儿的焦虑应主要运用教育矫治的方法,促进亲子间依恋的形成和健康发展,注意家庭教养方式,对孩子不溺爱、不体罚,培养其良好的个性,多为幼儿创设户外活动和游戏的机会;注重良好的家庭关系和家庭氛围的形成,努力为幼儿营造一个健康、和睦、稳定的家庭生活环境。对有焦虑倾向的孩子要及时进行家庭治疗。

2. 依恋替代

对于某个幼儿而言,依赖物可能是一块已磨得发白的毯子,是一个旧的玩具熊,或者是一个满身污垢的洋娃娃。它是孩子特别喜爱的东西,因为它给孩子以安全感、舒适感,缓解了孩子的紧张和焦虑情绪。

出现该行为的原因,可能是因为幼儿在生活早期未能建立起正常的依恋,致使他们在上幼儿园期间一直是羞怯、内向的,对周围环境有着一种本能的恐惧。每天入睡前必须抓着或者抱着自己所喜欢的物品,甚至有时受到惊吓、批评,只要抓着或者抱着这些替代物,他们都能很恬静地入睡。对这一问题的矫治,应

注意以下问题。

（1）不过分关注孩子的这一行为，也不要急于要求他们马上改掉不良习惯，要给孩子创设一个温暖和谐的家庭氛围。

（2）关心、爱护孩子。无论家长或是教师，都要尽可能地给他们情感上的温暖，以满足他们对父母依恋的适度要求。

（3）随着孩子年龄的增长，其心理发育水平越来越高，成人可以抓住孩子成长的重要时刻，晓之以理，耐心地劝导，纠正不良习惯。

3. 幼儿期恐惧

幼儿期恐惧是幼儿中较为常见的一种情绪障碍。恐惧的对象主要有两类：一类是某些具体的事物；另一类是某些抽象的概念。年龄小的幼儿，容易对具体事物产生恐惧，如有的孩子害怕毛茸茸的玩具，而更多的孩子则害怕水、火、陌生人。有些年龄稍大一些的孩子，对某些抽象的概念在似懂非懂时会产生恐惧，比如对"死亡"的恐惧等。

幼儿恐惧的产生原因主要有以下五种：

（1）父母对孩子的溺爱、过度保护、限制幼儿的许多行动；

（2）父母用吓唬、威胁的方法对待孩子的不听话、不乖顺；

（3）父母的言行对孩子的影响；

（4）大人过高、过严的要求；

（5）家庭成员关系不和睦或对孩子缺乏一致性、一贯性的教育。

幼儿恐惧症的常用治疗方法是示范疗法和行为脱敏法。对幼儿恐惧的预防，关键在于教育。要鼓励幼儿去观察和认识各种自然现象，学习科学知识，探索自然的奥秘。在任何情况下，成人都不要恐吓幼儿，不要让他们看恐怖的电影、电视、书刊和图片。要鼓励幼儿多参加集体活动，培养坚强的意志。

（二）语言障碍

语言障碍包括发育性语言障碍、发音性语言障碍和口吃。这里主要介绍口吃的预防及矫正。

口吃为幼儿常见的言语节律障碍，表现为正常的言语节律受阻，不自觉地重复某些字音或字句，发音延长或停顿，伴有跺脚、摇头、挤眼、歪嘴等动作才能费力地将字迸出。需要注意的是，2～5岁的幼儿，言语功能还不完善，说话时常有迟疑、不顺畅的现象，一般到上小学前就正常了，这不属于口吃。口吃会影响幼儿的正常交往，口吃患者常遭人嘲笑而变得自卑、孤独、易激动和焦虑。

口吃的原因较复杂，一般认为与下列因素有关：压力，如让胆怯的幼儿在众人面前表演节目，幼儿被严厉斥责或惩罚，家庭失和，环境突变等；幼儿善于模仿，出于好玩，对口吃者加以模仿，时间长了就形成口吃；因疾病而导致大脑皮质的功能减弱等。根据以上原因，矫正口吃最好的办法是消除心理紧张因素。

（三）排泄障碍

幼儿的排泄障碍主要有遗尿症和大便不能控制。这里主要介绍幼儿常见的遗尿症的预防与教育。

一般两三岁的孩子就能够自行控制排尿，仅在夜间偶尔遗尿属正常情况。幼儿在5岁以后仍经常不能从睡眠中醒来自主排尿，称为遗尿症。遗尿有原发性和继发性之分。原发性遗尿症指的是从未建立过对于排尿的控制的遗尿。继发性遗尿症则是指曾一度能自行控制排尿，以后由于某种原因再度发生遗尿，多数发生在6～7岁。

案例3 斌斌，男，小班。初来幼儿园，他不愿意睡觉，老师就把他抱在腿上，慢慢地拍着，想把他哄睡着，然而没两分钟，老师突然感觉到腿上热乎乎的，马上带他来到厕所，只听他说"尿完了"。连着几天，斌斌都是这样，不是把尿尿在裤子上，就是尿在床上。经与家长沟通，双方共同商定：准备让斌斌在家过渡一周，在幼儿园吃饭，回家睡觉。一周后，斌斌重返幼儿园，午睡已不成问题，只是需要陪伴。因此，老师每天下午2:00左右就喊他起床小便。有时，他似乎于梦中受到惊吓会突然喊起来，老师忙凑过去问他是否要小便，他摇摇头，一转身，又睡着了。待起床一看，他又尿床了。

有躯体疾病，如大脑发育不全、膀胱炎、蛲虫病等引起的遗尿为器质性遗尿症，大约占幼儿遗尿症的

10%。而90%则是由于大脑皮层功能失调所致,为功能性遗尿症,其产生的原因主要是心理因素,如突然受惊吓、过度疲劳、突然的环境改变等。睡眠过深,没有养成良好的排尿习惯,也是主要的原因。

防止遗尿症可采取以下措施:面对器质性的遗尿症,要及早治疗小儿的各种躯体疾病;适当的针灸或药物治疗。针对功能性遗尿症的幼儿,要及早进行排尿训练,养成良好的排尿习惯,形成条件反射;建立合理的生活制度,避免过度疲劳;晚饭适当控制水、汤类、牛奶等的摄入量,以减少幼儿入睡后的尿量;消除引起幼儿情绪不安的各种因素,不因其尿床而责骂、吓唬孩子。

(四) 睡眠问题

幼儿常常发生各种睡眠问题,诸如睡眠不安,入睡困难,在睡眠时说梦话、磨牙、哭喊等,甚至发生梦魇、夜惊、梦游等。这里主要介绍一下夜惊和梦游。

夜惊的主要表现为幼儿入睡后不久,在没受到任何刺激的情况下,突然大声哭喊,并从床上坐起,或两眼直视,或两眼紧闭,表情非常惊恐。此时很难唤醒,对他人的安抚、拥抱等不予理睬。一般持续10分钟后,幼儿又自行入睡,醒来后什么都记不起来。夜惊以5~7岁的幼儿较为常见,男童的发生率高于女童。

部分患儿发作时伴有梦游症,或在床上走动,或起床下地做一些机械的动作,清醒后完全不能回忆。

> **案例 4** 涓涓,女,6岁。睡觉时常常磨牙、说梦话,有时候突然坐起来,双眼直直地瞪着前方,一会儿又躺下来,惊慌而又急促地说:"哎呀!老师交给我的任务,我还没有完成呢!"或者说:"这句英语我不会说,我不会说!"一天晚上,她睡了3个多小时后突然起床,来到书桌前,拿出铅画纸和油画棒开始画画。此时妈妈还没有睡,就过去喊她,只见她"专心"地画着她的画,根本不理睬妈妈,一会儿便重新收好铅画纸和油画棒,回到床上继续睡觉……

心理因素及环境因素常常是夜惊及梦游的诱因。如父母吵架、亲人伤亡、生活中遇到的困难,都会使幼儿精神紧张;又如临睡前看了惊险片、听了恐怖故事,或被家长呵斥后入睡等,都会造成孩子精神紧张;另外,卧室温度过高、手压迫前胸、晚餐过饱、患肠道寄生虫病也可导致夜惊及梦游。对于这样的幼儿,主要是想办法消除心理诱因和改变不良的环境要素。对于躯体有疾病的要尽早治疗。

(五) 行为障碍

1. 攻击性行为

攻击性行为指有意伤害他人身体或心理的行为。表现为幼儿在遭受挫折时采取打人、咬人、踢、抓、扔东西等方式引起别人的对立或争斗。这类行为多见于男孩,在学前期和学龄初期幼儿中较为常见,到学龄后期日渐减少。

攻击性行为产生的原因主要有:

(1) 遗传因素。遗传因素中的气质会影响幼儿的行为。例如气质类型是胆汁质的幼儿由于神经过程的兴奋性高于抑制性,因此情绪易激怒、好冲动,控制情绪能力较差,容易发生攻击性行为。

(2) 心理因素。一般来说,有情绪问题或障碍的幼儿易产生攻击性行为。如多动症的患儿因冲动、任性、自控力差,当情绪稍有激动时,便头脑发热,与人发生争吵或动手打人。

(3) 教育因素。有的家长怕自己的孩子在幼儿园吃亏,常"教育"孩子说:如果别人打了你,你就狠狠地打他,下次他就不敢打你了。

(4) 模仿学习。幼儿辨别是非的能力差,模仿性强,许多攻击性行为都是从父母、同伴等周围和电影电视中模仿学习而来的。有资料表明,电影电视中攻击性行为对幼儿影响较大。

(5) 饮食因素。有攻击倾向的幼儿,在摄入过多的糖后容易发生攻击性行为。

2. 幼儿多动症

幼儿多动症又叫脑损伤综合征,是幼儿常见的一种以注意力缺陷和活动过度为主要特征的行为障碍综合征。目前较为普遍接受的全称是注意缺陷或多动障碍。调查表明,多动症在学龄幼儿中的发生率比学龄前幼儿高。在幼儿中多动症的发生率为1.5%~2%,其中男孩多于女孩。

多动症在不同的年龄有不同的表现。在婴儿时期表现为易激怒、多哭闹、睡眠差。在先学前期和学前期,表现为动作不协调,精细动作困难,行为无目的,喜欢干预每一件事,情绪易激动,有攻击行为和冲动行为,缺乏控制能力,好与人争吵。在学龄期表现为学习困难,注意力不集中或集中时间较短,不能安静听课等。部分患儿存在知觉障碍,如在临摹图画时往往分不清主体与背景的关系,不能分析图形的组合,也不能将图形中的各部分综合成一个整体。部分患儿将"6"读成"9",把"d"读成"b",甚至分不清左和右,存在空间定位障碍。多动和好动幼儿的差异见表2-2-1。

表 2-2-1　多动与好动的区别

多 动 幼 儿	好 动 幼 儿
活动杂乱、无目的	活动有时盲目、有时有序
在各种活动中都表现出多动,注意力不集中	只在某一活动或场合下有多动表现
多动不分场合,一些举动难以为人们所理解	即使特别淘气,其举动也不离奇,能为人们所理解
不能专注某一项活动,没有什么活动内容能使他们安静下来,投入进去	对感兴趣的活动如玩玩具、看动画片,则能安静地玩很久或看完电视

多动症形成的原因主要有:

(1) 遗传及素质因素。目前,较多的学者认为,遗传素质在多动症的发生中有相当大的作用。对家系的调查及双生子研究发现,多动症幼儿的血缘兄弟姐妹中,患多动症的明显高于非血缘者,达40%以上,同卵双生子的发病率在80%以上。

(2) 轻微脑损伤。美国一些学者的研究认为,多动症幼儿大脑中控制注意力和行为动作的区域,其代谢机能低于正常幼儿,因而认为幼儿多动症是一种与脑代谢有关的疾病。

(3) 铅中毒及食品添加剂。有人测定发现,多动症幼儿的血铅较正常对照组高。现已发现,轻微铅中毒病人可出现活动过多、注意力涣散的症状,而严重的铅中毒可导致中毒性脑病及痴呆。另外,食品添加剂,如食用色素,某些调味品及一些饮料、糖果、香肠中的成分等,也被怀疑可能导致多动症,但还未找到明确的因果关系凭证。

(4) 感觉统合功能失调。

这是指有机体在利用感官获取信息、大脑进行加工处理,并做出反应的过程中出现问题,导致身体各器官控制组合能力变弱。部分该类幼儿表现为好动不安、注意力不集中、运动不协调、平衡能力差等行为。

(5) 社会和家庭心理因素。不良的社会环境、家庭不和、经济过于贫困、住房过于拥挤、父母性格不良或有其他心理障碍、长期寄养在不良条件家庭中,均可构成多动症的诱因。

幼儿多动症以教育和心理治疗为主,对多动症幼儿的治疗可选用行为治疗的方法。治疗时,列出幼儿的主要症状,运用强化的方法,先纠正容易纠正的行为,再逐渐纠正较难纠正的行为,并以良好的行为逐渐取代不良行为。

(六) 不良习惯

幼儿不良习惯是指在幼儿发育过程中出现的异常行为,如吸吮手指、咬指甲、习惯性阴部摩擦等。这类行为多次重复,以致难以纠正,成为一种缺少控制的自动反应。

1. 吸吮手指

据幼儿心理学的研究,胎儿在母体子宫内就有了吸吮手指的行为。刚出生的婴儿,用任何物体触碰他的嘴唇,都会引起吸吮反射。婴儿早期由于吸吮反射的存在,可能有吸吮手指的行为,这属于正常的生理现象。而到了学龄前期的幼儿,仍然自主与不自主地反复吸吮手指,则视为异常。

吸吮手指的原因,一是自我安抚的需要。研究表明,由母乳喂养的孩子吸吮手指行为的发生率较低,因为母乳喂养婴儿有较长的时间吸吮,孩子即使吃饱了,也不会马上停止吸吮,这样,孩子与母亲的充分接触可以消除紧张焦虑而得到情感上的满足。而人工喂养的孩子吸吮时间相对短一些,未能满足口欲的需要。二是由于婴儿期不适当的教养方法所致。当婴儿饥饿时,都会吸吮手指,如果不能及时得到食物,他就会长时间地吸吮手指,寻求安慰。孩子在身体疼痛或不适时,也会用吸吮手指来转移注意。而寂寞、焦虑、紧张,如养育者对孩子缺乏关心,没有足够的玩具或经常使其独处,不能与周围的人和物交流,婴儿就会以吸吮手指自娱。

吸吮手指的预防矫正措施：要定时、定量、喂足、喂好婴儿，让其从小养成良好的生活和饮食习惯；要有丰富而合适的环境刺激，多提供与人交往的机会，转移其注意力。

2. 咬指甲

低年龄幼儿经常会不由自主地用牙齿将长出的手指甲咬去，有的会咬指甲周围的表皮或足趾，有的还伴有多动、睡眠不安、吸吮手指、挖鼻孔等多种行为问题。在3～6岁的幼儿中，发生率较高，随着年龄增大后，症状可自愈，但少数人会养成顽习，这种行为可持续终生。

研究表明，幼儿咬指甲往往是内心紧张的一种表现方式。家庭不和、心情矛盾、父母管教太严、精神高度紧张等都会使幼儿形成强烈的心理压力，与咬指甲的习惯形成直接相关。所以，在预防矫正幼儿咬指甲行为时，应注意改善环境，消除可引起幼儿心理紧张的某些因素。

3. 习惯性阴部摩擦

习惯性阴部摩擦主要是指孩子发生的摩擦阴部（外生殖区域）的习惯动作。6个月左右的婴儿即会出现，但多数发生在2岁以后，女孩多于男孩。

习惯性阴部摩擦的形成一是会阴部的刺激，如外阴湿疹、炎症、蛲虫病、包茎引起的包头炎等，因局部发痒而摩擦，以后在此基础上发展为习惯性动作。二是长辈不懂得卫生知识，有时为逗孩子玩，经常触摸男孩子的生殖器，对孩子玩生殖器也不阻止，使孩子认为玩生殖器无关紧要，偶尔产生快感后就会反复去做，从而形成不良习惯。

习惯性阴部摩擦一般随着孩子年龄的增长会逐渐减少，6～7岁后可消失，极少数幼儿持续到成年。这种行为的矫正并不容易，要有足够的耐心，不厌其烦地进行干预。同时，家长应给予孩子更多的爱抚和关心，不要大惊小怪或过分紧张恐惧，更不要严格控制和强行禁止，因为这样只能强化这一不良行为。

对于这类幼儿，一是帮助他们去除诱因，对孩子的局部症状及时治疗，并保持外阴部的清洁、干燥，不要穿开裆裤、紧身裤，不要随意触摸孩子的外生殖器；二是转移他们的注意力，当发现孩子有这种行为时，用更有吸引力的玩具、游戏或图书等来转移孩子的注意力；三是建立正常的生活制度，如晚上可安排些消耗体力的活动，让孩子感到疲倦后再睡觉，清晨醒后立即起床，鼓励孩子多参加集体活动，尤其是室外活动。

（七）性别角色错位

性别角色错位，是指个体对自身性别的认识、行为与自己本身的性解剖特点相反，也就是说男性具有女性气质及行为，女性具有男性气质及行为。

一般幼儿3～4岁就可以确认自己的性别，然而有的幼儿不能正确识别自己的性别。这样的问题大多出现于3～7岁的幼儿，而且男孩多于女孩。我们的父母则常常忽视这一类问题。

发生性别角色错位的男孩，在2～3岁以后仍然爱穿女孩的衣服，喜欢妈妈的物品，喜欢布娃娃而不喜欢玩具枪；常喜欢与小女孩玩或喜欢整日守着妈妈，还时常模仿妈妈或女孩的言行；玩游戏也喜欢玩平和一些的游戏。而有这类问题的女孩则表现为过分粗野，喜欢参加一些打闹、玩枪、玩棒等男孩子的游戏，喜欢穿男装，不讲究穿着打扮。

> **案例5** 亮亮今年6岁，自幼长得俊秀、玲珑，性格文静，又因亮亮的妈妈偏爱女孩，时常把亮亮打扮成小女孩，留小辫子、戴个蝴蝶结，衣着常穿红着绿，还给他买了好多毛绒玩具。在幼儿园里，亮亮也喜欢和女孩子一起玩。进行角色扮演游戏时，他常常扮演护士、妈妈、阿姨等女性角色，而且现在越来越喜欢穿女孩的服装，穿上男装时却很不乐意。另外，亮亮的举止越发文雅、羞涩，特别爱干净，甚至喜欢收集玩具娃娃。
> （案例来源：张劲松.学前儿童心理健康指导[M].上海：复旦大学出版社，2013：119.）

导致性别角色错位的因素有两个：一是生理特性异常。此种情况较为少见。如三染色体（XXX）综合征的男孩子常常具有女孩气质；有肾上腺皮质增生的女孩，可以呈现假男性畸形，并伴有心理上的男性化倾向。此外，母亲妊娠期如注射大量雌性激素或雄性激素都可能使幼儿性格向异性偏移。二是环境、教养及心理因素。一些性格偏向文静内秀的男孩，如果其母亲过分关注、照顾他，并刻意对他的衣着、美观等有较高要求,容易导致男孩向女孩气质发展。还有一些男孩,其生活的环境主要是女性,缺少男性伙伴,长期与女孩玩,玩的大多是一些布娃娃之类的女孩游戏,也会促使男孩女性化。反之,女孩具有男性气质,家庭对她缺乏教育,过的是一种粗犷、随意的生活,也容易养成男性化的女孩。

对性别角色错位幼儿的矫治主要从以下三个方面入手:

(1) 从小培养幼儿正确地进行性别角色认同。作为父母,切不可借自己的喜好来随意打扮自己的孩子。

(2) 如果仅仅因为环境教育不良而致病,那么应尽可能地改善其环境和教育。有生理解剖异常的要积极治疗原发病。

(3) 如果问题较为严重,那可采用行为疗法矫治,如正强化法、消退法等矫治效果较好。若是父母中有心理不健全因素,则应同时予以矫治。

(八) 感觉统合失调

感觉统合就是机体在环境内有效利用自己的感官,从环境中获得不同感觉通路的信息(视觉、听觉、味觉、嗅觉、触觉、前庭觉和本体觉等),输入大脑,大脑对输入信息进行加工处理(包括解释、比较、抑制、增强、联系、统一),并作出适应性反应能力。这个过程是一个连续的过程,而在过程中的某一个阶段出现问题,则会出现感觉统合失调。

这些问题在孩子幼年时也许不会表现出来,到了学龄期,就会在学习能力和性格上表现出这样那样的障碍。与其他正常孩子相比,他们玩什么东西一学就会,也能注意力集中,可是,在学习能力、人际交往能力和心理素质方面,就显得十分吃力,让家长和老师非常操心。

据调查,普通人群中,有10%~30%的幼儿存在不同程度的感觉统合失调,家长和老师应及早发现孩子的这些行为问题并及时进行心理治疗训练,否则,会影响孩子的智力发育和学习能力发展,造成孩子学习基础差、心理发育迟缓和人际关系问题,进而出现厌学、逃学、撒谎等行为问题。

感觉统合失调的主要表现有:

第一,前庭平衡功能失常。前庭平衡功能失常表现为好动不安,注意力不集中,上课不专心,爱做小动作。他们比一般的孩子更容易给家长添麻烦,惹是非,很难与其他人同乐,也很难与别人分享玩具和食物,不能考虑别人的需要。这些孩子还可能出现语言发展迟缓,说话晚,语言表达困难等问题。

第二,视觉感不良。视觉感不良的表现是:尽可能长时间地看动画片、玩电动玩具,却无法流利地阅读,写字时偏旁部首常颠倒,甚至不愿认字,学了就忘,不会做计算,常抄错题等。

第三,听觉感不良。表现为对别人的话听而不闻,丢三落四,经常忘记老师说的话和留的作业等。

第四,动作协调不良。表现为平衡能力差,容易摔倒,不能像其他孩子那样会翻滚、游泳、走平衡木、骑车、跳绳和拍球等。

第五,本体感失调。表现为缺乏自信,坐立懒散,方向、距离感欠缺,手脚笨拙,精细动作困难等。

第六,触觉过分敏感。表现为紧张、孤僻、胆小内向、不合群、偏食、固执、脾气暴躁、害怕陌生的环境、吃手、咬指甲、爱哭、爱玩弄生殖器等。这些问题无疑会造成幼儿学习和交往困难,因为这样的幼儿尽管有正常或超常的智商,但由于大脑无法正常有效地工作,因而直接影响了学习和运动的完成。

造成幼儿感觉统合失调的原因很复杂,主要与孕育过程中的问题和出生后的抚育方式有关。例如,先兆流产、怀孕时用药或情绪处于应激状态、早产、剖宫产、出生后家长拥抱少,尤其是没让孩子经过爬就会走路,孩子静坐多、活动少、过分限制孩子的活动范围等。

面对感觉统合失调的幼儿,可以采用感觉统合训练予以矫正。首先由心理专家测查和诊断孩子的感觉统合失调程度及智力发展水平,然后制定训练课程,通过一些特殊研制的器具,以游戏的形式让孩子参与,一般经过1~3个月的训练,就可以取得明显的效果,孩子的学习成绩、逻辑推理能力、理解能力、记忆能力、动作协调能力、人际关系、饮食和睡眠、情绪等方面均有令人满意的提高与改善。其中,幼儿的智力水平也可以得到不同程度的提高。美国、日本等地从20世纪70年代开始兴起幼儿感觉统合训练,现已发展成每个学校都设有感觉统合训练室,取得了良好的效果。目前,国内已研究开发了这一训练理论的技术,在中国幼儿中也取得了明显的疗效。临床实践表明,参加训练的幼儿都有不同程度的改善,其中85%的受训幼儿获得了显著的效果。

思考与练习

1. 解释下列概念。
   心理健康　幼儿心理健康
2. 幼儿心理健康的标准有哪些?
3. 影响幼儿心理健康的因素有哪些?
4. 幼儿心理健康的目标是什么?
5. 幼儿心理健康的内容具体有哪些?
6. 组织幼儿心理健康教育应该注意的问题有哪些?
7. 请将幼儿常见的心理障碍与行为问题按照"名称—含义及行为表现—形成原因—矫治及预防"的格式整理,并绘制成表格。

赛证真题

一、单项选择题

1. 生活在不同环境中的同卵双胞胎的智商测试分数很接近,这说明(　　)。
   A. 遗传和后天环境对儿童的影响是平行的　B. 后天环境对智商的影响较大
   C. 遗传对智商的影响较大　　　　　　　　D. 遗传和后天环境对智商的影响相当
2. "我跑得快""我是个能干的孩子""我会讲故事""我是个男孩",这样的语言描述主要反映了幼儿哪方面的发展?(　　)
   A. 自我概念　　　B. 形象思维　　　C. 性别认同　　　D. 道德判断
3. 阳阳一边用积木搭火车,一边小声地说:"我要快点搭,小动物们马上就要来坐火车了。"这说明幼儿自言自语具有的作用是(　　)。
   A. 情感表达　　　B. 自我反思　　　C. 自我调节　　　D. 交流信息

二、简答题

1. 父母陪伴对幼儿健康成长有何意义?
2. 作为幼儿教师,如何在保教活动中营造良好的心理氛围?
3. 婴幼儿调节负面情绪的主要策略有哪些?
4. 简述幼儿工具性攻击和敌意性攻击的异同。

三、材料分析题

材料:开学不久,小班王老师就发现,李虎小朋友经常说脏话。虽然王老师多次批评,但他还是经常说,甚至影响其他幼儿也说脏话。

问题:(1)请分析李虎及其他幼儿说脏话的可能原因。
　　　(2)王老师可以采取哪些有效的干预措施?

实训任务

1. 请设计一篇幼儿心理健康的活动方案,年龄班不限。
2. 见习、实习时,观察一个幼儿的行为问题,分析其形成原因,并提出教育对策。

第三单元
幼儿体育锻炼活动设计与指导

体育锻炼活动是幼儿全面发展教育中一个重要的组成部分,也是幼儿健康教育的重要内容之一。科学、合理、适合幼儿的体育锻炼活动,对幼儿的身体素质的提升、体质的增强、健康水平的增进,有着重要的促进作用和价值。

第一课 幼儿体育锻炼概述

一、幼儿体育锻炼的含义和意义

(一) 幼儿体育锻炼的含义

广义的体育,指现代体育,它是社会文化的组成部分,是一种社会活动,旨在增强人的体质,提高运动技术水平,丰富社会文化生活。根据人们所从事体育活动的不同目的,现代体育通常包括大众体育、竞技体育和学校体育;而狭义的体育仅指学校体育,它是指在学校系统里进行的体育,它是人全面发展教育的重要组成部分。学校体育是指按照幼儿的生长发育特点与基本规律,以促进其正常生长发育、增强体质、提高健康水平为目的所进行的一系列的教育活动。

幼儿体育是学前教育的重要组成部分。2016 年修订后的《规程》中明确指出"幼儿园的任务是贯彻国家的教育方针,按照保育与教育相结合的原则,遵循幼儿身心发展特点和规律,实施德、智、体、美等方面全面发展的教育,促进幼儿身心和谐发展。"《纲要》明确指出:"幼儿园必须把保护幼儿的生命和促进幼儿的健康放在工作的首位。"因此,通过体育锻炼幼儿的身体,发展幼儿良好的身体素质是幼儿园教育的首要目标。

幼儿体育锻炼是遵循幼儿生长发育规律和体育活动的规律,以身体练习为基本手段,以促进幼儿的体质,发展幼儿的身体素质和初步运动能力,提高幼儿的健康水平和健康意识为主要目的而进行的一系列锻炼身体的教育活动。

(二) 幼儿体育锻炼的特点①

1. 以身体练习为主要特征

幼儿体育锻炼,不仅需要认知活动的参与,更重要的是需要他们身体的直接参与,以动作的练习为主要特征。幼儿参与体育锻炼的过程实质上就是完成各种身体练习的过程。因此,身体练习是体育锻炼最基本、也是最重要的手段。身体练习包括走、跑、跳、投掷、钻爬、平衡、攀登等。

2. 需要安排运动负荷

运动负荷也称运动量,是指进行身体运动时,人体所承受的生理负荷量和心理负荷量,它反映了运动过程中身体生理机能的变化状况(见表 2-3-1)。与成人锻炼中的负荷相比,幼儿体育锻炼的时间较短,强调节奏(急缓结合、动静交替)。因此要求教学活动必须考虑幼儿的生长发育规律和身体活动的规律、身体健康素质状况、动作发展的实际水平及基本的运动素质、身体对刺激的反应等,来安排适宜的锻炼内容和运动负荷。

---

① 王娟.学前儿童健康教育[M].上海:复旦大学出版社,2012:63—66.

表 2-3-1　活动中幼儿生理反应一览表

时间	外显指标	生理反应		
		轻度疲劳	中度疲劳	重度疲劳
活动进行中	面部色泽	略红	很红	十分红或苍白
	排汗情况	正常	较多	虚汗
	呼吸情况	中速、略快、有规律	加快、加深	急促、节奏紊乱
	运动情绪	正常	有倦意	疲乏
活动后	饮食情况	正常	一般	略有减少
	睡眠质量	正常	一般	略有下降
	精神状况	正常	一般	略有恍惚

注：幼儿的生理反应不应达到重度疲劳的程度。

3. 教学组织难度大

由于体育活动在室外进行，幼儿的学习活动在不断运动中进行，要与各种运动的器械接触和相互作用，受季节气候、场地器材以及室外各种干扰因素的影响较大；也因为幼儿活泼好动、注意力易分散，教学组织的难度较大。

4. 体育活动的游戏化

游戏是对幼儿进行全面发展教育的重要形式。作为幼儿健康教育的重要方面，幼儿体育活动以体育游戏为基本活动形式，体育游戏也是主要的教学内容。

5. 活动内容简单、灵活性强

幼儿时期的体育活动内容简单，要么是促进身体均衡发展的简单体操，要么是发展身体某一动作（如走、跑、跳、投等基本动作）的体育游戏。这些活动都是容易做到的，是幼儿未来学习和发展的基础，各个年龄班活动的内容也有很大差别，活动形式灵活多样。

6. 强调直观性和兴趣性

体育活动本身对幼儿就有很强的吸引力，同时幼儿体育活动中讲究多种变化、富有童趣的模仿、配乐练习、幼儿的表演和创新动作等。生动形象、具体直观、注重活动过程的趣味性是幼儿体育活动的又一特点。

幼儿体育锻炼的意义

（三）体育锻炼的意义

1. 体育锻炼对幼儿生理发展的作用

（1）体育锻炼对幼儿神经系统具有促进作用；
（2）体育锻炼对幼儿运动系统具有促进作用；
（3）体育锻炼对幼儿循环系统具有促进作用；
（4）体育锻炼对幼儿呼吸系统具有促进作用；
（5）体育锻炼对幼儿免疫系统具有促进作用。

2. 体育锻炼对幼儿心理发展的作用

（1）体育锻炼有助于幼儿认知发展；
（2）体育锻炼释放和调节幼儿的情绪；
（3）体育锻炼有助于幼儿社会性的发展；
（4）体育锻炼有助于幼儿个性的完善。

二、幼儿体育锻炼的目标和内容

（一）幼儿体育锻炼的目标

1. 幼儿体育锻炼的目标

（1）激发参加体育锻炼活动的兴趣，养成经常进行体育锻炼的习惯；
（2）促进身心正常、协调的发展，增强体质；

(3) 掌握各类体育活动的基本锻炼方法、规则和知识,发展身体的协调性、灵活性、柔韧性和促进基本动作发展;

(4) 促进机体生长发育,增强机体对疾病的抵抗力和面对环境的适应力;

(5) 认识自己身体结构的功能,学习在体育活动中的自我保护和安全技能。

其中,第(1)第(2)条目标是基本目标,后面的三条目标是在基本目标的基础上衍生的。

2. 《指南》中对幼儿动作发展目标的指导意见

《指南》中对幼儿的动作发展提出了三个目标,见表2-3-2、表2-3-3、表2-3-4。可以说在国家层面提出了对我国幼儿动作发展的期望,为幼儿园或者家庭进行相关教育活动提出了指导性意见。

表2-3-2 目标1 具有一定的平衡能力,动作协调、灵敏

3~4岁	4~5岁	5~6岁
1. 能沿地面直线或在较窄的低矮物体上走一段距离 2. 能双脚灵活交替上下楼梯 3. 能身体平稳地双脚连续向前跳 4. 四散跑时能躲避他人的碰撞 5. 能双手向上抛球	1. 能在较窄的低矮物体上平稳地走一段距离 2. 能以匍匐、膝盖悬空等多种方式钻爬 3. 能助跑跨跳过一定距离,或助跑跨跳过一定高度的物体 4. 能与他人玩追逐、躲闪跑的游戏 5. 能连续自抛自接球	1. 能在斜坡、荡桥和有一定间隔的物体上较平稳地行走 2. 能以手脚并用的方式安全地爬攀登架、网等 3. 能连续跳绳 4. 能躲避他人滚过来的球或扔过来的沙包 5. 能连续拍球

表2-3-3 目标2 具有一定的力量和耐力

3~4岁	4~5岁	5~6岁
1. 能双手抓杠悬空吊起10秒左右 2. 能单手将沙包向前投掷2米左右 3. 能单脚连续向前跳2米左右 4. 能快跑15米左右 5. 能行走1千米左右(途中可适当歇歇、停停)	1. 能双手抓杠悬空吊起15秒左右 2. 能单手将沙包向前投掷4米左右 3. 能单脚连续向前跳5米左右 4. 能快跑20米左右 5. 能连续行走1.5千米左右(途中可适当停歇)	1. 能双手抓杠悬空吊起20秒左右 2. 能单手将沙包向前投掷5米左右 3. 能单脚连续向前跳8米左右 4. 能快跑25米左右 5. 能连续行走1.5千米以上(途中可适当停歇)

表2-3-4 目标3 手的动作灵活协调

3~4岁	4~5岁	5~6岁
1. 能用笔涂涂画画 2. 能熟练地用勺子吃饭 3. 能用剪刀沿直线剪,边线基本吻合	1. 能边线较直地画出简单图形,或能边线基本对齐地折纸 2. 能用筷子吃饭 3. 能沿轮廓线剪出由直线构成的简单图形,边线吻合	1. 能根据需要画出图形,线条基本平滑 2. 能熟练使用筷子 3. 能沿轮廓线剪出由曲线构成的简单图形,边线吻合且平滑 4. 能使用简单的劳动工具或用具

3. 幼儿体育锻炼的年龄阶段目标[①]

(1) 小班幼儿体育锻炼的目标

① 能上体正直、自然地走和跑;能向指定方向走和跑;能在指定范围内四散跑、追踪跑;能步行一千米,连续跑约半分钟;能一个跟着一个走,走成一个圈;能较轻松地双脚交替跳着走。

② 能较轻松自然地双脚同时向前跳、向上跳,能从25厘米高处往下跳。

③ 能双手用力将球向前、上、后方抛;能单手自然将沙包等轻物投向前方。

④ 能在平行线(活窄道)中间走;能在宽25厘米、高(或斜高)20厘米的平衡木上或斜坡上走。

⑤ 能在65~70厘米高的障碍物(如绳子、皮筋、拱形门等)下钻来钻去;能手膝着地(垫)自然协调地向前

---

① 麦少美,孙树珍.学前儿童健康教育活动指导[M].上海:复旦大学出版社,2005:52-54.

爬;能倒退爬;能钻过低矮障碍物;能在攀登架上爬上爬下,或从网的一侧爬越至另一侧(必要时教师可帮助)。

⑥ 初步学会听各种口令和信号并做出相应动作;能边念儿歌或边听音乐做模仿操或简单的徒手操。

⑦ 会玩滑梯、攀登架、转椅等大型体育活动器械并注意安全;会骑小三轮自行车;会推拉独轮车;会滚球、抛球、抛接球和原地拍皮球;会利用球、绳、棒、圈等小型多样的体育器材进行身体锻炼。

⑧ 喜欢并愿意参加体育活动;初步掌握体育活动的有关知识和规则,团结合作,爱护公物;能合作收拾某些体育器材。

(2) 中班幼儿体育锻炼的目标

① 能听信号按节奏上下肢体协调地走和跑;能听信号变速走、变速跑;能听信号变化方向走;能前脚掌着地走、倒退走;能跨过低障碍物走;能绕过障碍物跑;能快跑20米,走跑交替(或慢跑)200米左右;能在一定范围内四散追逐跑;能步行1.5千米连续跑约1分钟;能听信号切断分队、一路纵队走。

② 能自然摆臂连续纵跳触物(物体离幼儿举手指尖20厘米左右);能双脚熟练地向前或双脚在直线两侧行进跳;能立定跳远,跳距不少于30厘米;能双脚站立由高30厘米处往下跳,落地轻;能助跑跨跳平行线,距离不少于40厘米;能双脚交替跳,单足连续向前跳。

③ 能肩上挥臂投掷轻物;能自抛自接低(高)球,能两人近距离互抛互接打球;能滚球击物;能左右手拍球。

④ 能在宽20厘米、高30厘米的平衡木或斜坡上走;能原地自转至少3圈不跌倒;能闭目行走至少10米。

⑤ 能熟练协调地在60厘米高的障碍物(如圈、拱形门等)下较灵活地侧钻;能手、脚着地(垫)协调地向前爬;能手脚熟练协调地在攀登架、攀登网上爬上爬下,能团身滚。

⑥ 能较熟练地听信号集合、分散、配成4路纵队(包括切断分队);能随音乐节奏较准确地做徒手操或轻器械操。

⑦ 会玩跷跷板、秋千等各类大型体育活动器械;会骑小三轮车、带辅轮的小自行车;会用球、绳、棒、圈或其他废旧材料(如易拉罐、可乐瓶、报纸等)开展小型多样的体育活动。

⑧ 具有一定的抵御寒、暑、饥、渴的能力和抵抗疾病的能力。

⑨ 喜欢并能较积极地参加体育活动,初步养成参加体育活动的习惯;能较自觉地遵守体育活动的规则;互助合作,爱护公物,能及时收拾小型体育器材。

(3) 大班幼儿体育锻炼的目标

① 能轻松自如地绕过障碍进行曲线走和跑,能快跑30米或接力跑;能走、跳交替(或慢跑)300米左右;能连续跑约1分钟,能听信号左右分队走。

② 能原地蹬地起跳连续纵跳触物(物体离幼儿举手指尖25厘米左右);能双脚熟练地改变方向立定跳(前、后、左、右);助跑跨跳;能从35~40厘米高处自然地跳下,落地轻稳;能立定跳远,距离不少于40厘米;能助跑跨跳平行线,距离不少于50厘米;能助跑跳远,跳距不少于40厘米;能助跑屈膝跳过高度约40厘米的垂直障碍,能连续向前跳跃多个高40厘米、宽15厘米的障碍。

③ 能半侧面单手投掷小沙包等轻物约4米远;会肩上挥臂投掷轻物并投准目标(如直径不少于60厘米的标靶,投掷距离约3米);能抛接高球,或两人相距2~4米互抛互接大球。

④ 能在宽15厘米、高40厘米的平衡木上做交换手臂动作(叉腰、平举、上举等)或持物走;能两臂侧平举闭目自转至少5圈,不跌倒;能两臂侧平举单足站立不少于5秒钟。

⑤ 能熟练协调地侧身、缩身钻过50厘米高的障碍物(如拱形门);能手脚交替协调熟练地在攀登架或肋木上爬上爬下,能在单杠或其他器械上做短暂的垂悬动作;能在攀登绳(棒)上爬高约1.5米;能熟练地在垫上前滚翻、侧滚翻。

⑥ 能熟练地听各种口令和信号做出相应动作;能听信号迅速地集合、分散、整齐列队、变化队形;能随音乐节奏有精神地做徒手操或轻器械操,操作有力、到位。

⑦ 会玩低单杠、秋千、脚踏车或其他大型体育活动器械;会踩高跷、跳绳(50次以上)、跳皮筋;会运球、手脚踢(带)球;会用球、绳、棒、圈、积木、报纸、轮胎或其他废旧材料开展各种身体锻炼活动。

⑧ 具有较强的抵御寒、暑、饥、渴的能力和抵抗疾病的能力。

⑨ 热爱体育活动,有积极参加体育锻炼的习惯;能自觉地遵守体育活动的规则和要求,合作、负责、宽容、谦让、爱护公物;有较强的集体观念。敢于克服困难,能体验克服困难取得胜利后的喜悦;能独立或合

作收拾小型体育器材。

（二）幼儿体育锻炼的内容

1. 基本动作

基本动作即人的基本活动能力，是指人们在日常生活和社会实践活动中所必需的、最基本的身体运动技能，是幼儿体育活动的主要内容之一，包括走、跑、跳、投掷、钻、爬、攀登和平衡等。

（1）走

走是幼儿从爬到直立后在发展上最重要的一次飞跃，是人体移动位置最自然、最省力的活动，是锻炼身体的手段之一，是幼儿园体育活动的重要内容之一。走时，下肢的肌肉、骨骼、关节和韧带都得到了锻炼，全身运动的肌肉占60%。

走的基本要求是动作放松、自然，上体要保持正直，肩部肌肉要放松；两臂前后适度地自然摆动，向前摆动时肘部稍弯曲；步幅合理而稳定，步幅大小适宜均匀；落地要轻，脚跟着地走，自然滚动至前脚掌；走路时保持中心，避免身体左右摇摆。

（2）跑步

跑步是人体移动位置最快的一种运动方式，既是幼儿日常生活中最基本的活动技能，又是锻炼幼儿身体的重要手段。跑步时几乎全身各部位、各系统都参与活动，还可以让幼儿获得有关时间和空间的经验。

跑步时上体保持正直并稍微前倾；双手轻轻握拳，两臂置于体侧，前后自然地摆动；要有蹬地、腾空阶段；脚落地时要轻等。

（3）跳

跳是腿部力量的重要表现，发展得也较晚。跳跃动作的形式丰富多样，有双脚跳、单脚跳、纵跳、行间向前跳、从高处往低处跳、侧跳、立定跳远、助跑跨跳等。幼儿通过参加各种跳跃活动，可以增强腿部的肌肉力量，发展弹跳力、爆发力以及灵敏性、协调性等多种身体素质。

跳跃蹬地动作要有力、快速，落地动作要轻；落地时为保持身体平衡可以弯曲下肢关节，还可以顺势向前方跨一步或几步等。

（4）投掷

投掷是发展幼儿上肢肌肉力量、身体协调能力及结合器械对投掷进行有效控制的重要途径。投掷动作通常可以分为两类：一类是掷远，是将投掷物尽可能投掷得远一些；另一类是掷准，即尽可能将投掷物击中指定的目标。投掷要求腕部、臂部、腰、腹、背及下肢等全身肌肉的协调一致，而且投掷物体时要有一定的力度。另外，投掷对幼儿的目测也有一定的要求。

投掷时要有力，并且动作要快，以获得较大的爆发力；掌握合适的出手角度和出手时机。

（5）钻

钻可以锻炼腿部、四肢和腹部的肌肉力量，发展幼儿身体动作的灵敏性、柔韧性和平衡性。钻有正面钻和侧面钻两种方法。

正面钻时，要求身体面向障碍物，屈膝下蹲，紧缩身体；侧面钻时，动作上除了有正面钻的动作要求之外，要求身体侧对障碍物，同时需要注意两腿屈与伸的交替以及身体重心的移动。

（6）爬

爬的活动可以增强幼儿四肢肌肉力量以及背部和腹部肌肉力量，促进幼儿脊椎的发育和形成，并能提高幼儿动作的灵敏性和协调性。爬的动作种类很多，有手膝着地的爬，有手脚着地、膝盖悬空的爬，有肘膝着地的爬，还有匍匐爬等。

爬时动作要灵活、协调；动作要有一定的节奏性。

（7）攀登

攀登的动作能增强幼儿四肢肌肉力量的发展，尤其是手的抓握力量发展，能促进幼儿的平衡能力、灵敏性及协调能力等，还可以培养幼儿勇敢、顽强、谨慎的心理品质以及自信和独立性，提高幼儿的空间知觉能力。攀登的动作种类有双手的攀登、双脚和双手双脚共用的攀登。

（8）平衡

人的平衡能力是随着平衡器官（前庭器官、肌肉感觉）的发展、生活经验的丰富和体育锻炼而逐渐发展的。因此，它不是单一的动作练习，而是通过多种动作练习形成的一种基本能力。

平衡练习时要求逐渐达到上肢保持正直,眼向前看,双脚自然交替前迈;两臂侧平举,不低头、不耸肩,全身放松、自然。

2. 基本体操

幼儿体操是锻炼幼儿身体,促进幼儿机体协调发展的一种形式简便、易于普及的动作练习。幼儿体操包括幼儿操和队列队形练习两部分。

(1) 幼儿操

幼儿操可分为模仿操、徒手操和轻器械操等不同类别。

模仿操是将日常生活中常见的各种动作、成人的劳动、自然界的各种现象、动物的动作与姿态,或是军事训练中的动作等挑选出来,编成形象生动的体操动作,让幼儿模仿练习。模仿操的特点是形象性强,常常与儿歌相配合,幼儿容易理解、记忆;形式内容丰富多样,自由活泼。比较常见的是动物模仿操,也较受低年龄幼儿的喜爱。

徒手操是幼儿通过身体各部位互相配合做出的有节奏、有规律的举、震、屈伸、跳跃等动作所组成的单个动作或成套动作。徒手操不受器械和场地限制,简便易行。徒手操可以分为拍手操、健美操、韵律操、武术操等。它的特点是:身体姿势端正,队列排得较整齐;做操动作的方向和角度要基本保持机体的一致;动作要有节奏、要合拍,并要尽可能正确和准确等。

轻器械操是在徒手操的动作基础上,手持轻器械如棍棒、花束、红旗、哑铃等进行练习。它既有身体各部位的动作,又有变化器械的动作,还可以利用轻器械的特点来练习(突出器械特点),如哑铃操需做出各种击铃动作,铃鼓操须做拍鼓、摇铃的动作。幼儿常做的轻器械操有:哑铃操、小旗操、手铃操、球操、铃鼓操、圈操、花操、彩带操等。

(2) 队列队形变化练习

队列队形变化是指全体幼儿按照统一的口令,站成一定的队形,做相对协同一致的队列动作。队列队形的变化练习,要求幼儿听命令、看指挥,根据队形调整自己的位置,能够发展幼儿的空间知觉能力,同时也能培养幼儿的集体观念。

幼儿体育锻炼中常用的队列队形练习动作包括:立正、稍息、看齐、向左(右)转、原地踏步、手放下、齐步走、跑步走、立定;基本队形变换包括走成一路纵队、走成圆圈、分队走、并队走等。教师在进行队列队形的变化练习时,要考虑幼儿空间知觉发展水平有限的特点,避免过分强调动作的规范和正确。另外,避免枯燥、单调、重复的练习,这样会使幼儿产生厌烦情绪,影响幼儿参与活动的积极性。

3. 体育游戏

幼儿体育游戏是幼儿园体育锻炼活动中最重要的内容。它是以基本动作为主要内容,以游戏活动为形式,以增强幼儿体质为主要目的的活动。体育游戏以寓教于乐的方式发展和锻炼幼儿的基本动作,避免枯燥乏味。

小班幼儿体育游戏的特点是动作、内容、情节简单,角色少,主要角色一般由老师担任,主要是集体同时做相同的动作。游戏规则简单且一般不带限制性,幼儿对游戏的结果不太关注,没有较强的输赢观念、竞争意识。

中班幼儿体育游戏的特点是游戏的动作、内容、情节比小班复杂,角色增多,主要角色可以由幼儿来担任;游戏的规则比小班复杂,带有一定的限制性、惩罚性;幼儿对游戏结果已经开始注意,喜欢自己获胜。

大班幼儿体育游戏的特点是游戏动作增多,难度加大,角色更复杂,要求幼儿动作灵敏、协调;游戏规则更加复杂,限制性也更强;合作性游戏增多,喜欢竞争性游戏以及需要体力与智力相结合的游戏;幼儿对游戏的结果很关注,喜欢有胜负结果的体育游戏。

4. 体育器械活动

体育器械活动是专指利用运动器械进行的身体练习活动,如自行车、三轮脚踏车、摇摇车、滑梯、跷跷板、蹦床、荡浪船、攀登架等相关体育活动。体育器械活动颇受幼儿的喜欢,对幼儿也有较大的锻炼价值。

5. "三浴"活动

"三浴"活动是指利用自然环境中的日光、空气和水对人体作用而进行锻炼的活动。"三浴"活动方便简单,不需要特殊器材,而且还可以满足幼儿对大自然的向往天性。利用"三浴"进行锻炼可以增强身体对自然环境的适应和抵抗力,磨炼意志。空气浴的场所要选择绿化条件好、空气新鲜的场所,例如公园、农村的田野等。夏天要避免阳光直射,可结合水浴一起进行。

三、幼儿体育锻炼的组织形式

(一) 体育教学活动

这是幼儿园体育锻炼活动的一种基本组织形式,是幼儿教师有目的、有计划、有组织地指导幼儿激发兴趣、发展动作、增强体质、发展能力和形成个性的活动过程。体育教学活动注重幼儿身体的全面锻炼与发展,可以利用一切积极因素和可能条件,使幼儿充分发挥其主观能动性,掌握粗浅的体育知识技能,使德、智、体、美诸方面的教育互相渗透、有机结合,促进幼儿身心的和谐发展。

(二) 早操活动

早操活动是幼儿园体育锻炼活动的一种基本组织形式,是幼儿在幼儿园一日活动的开始,也是幼儿在教师的组织、指导下进行的专门的体育锻炼活动。其目的是使幼儿增强体质、振奋精神、培养纪律、锻炼意志等。早操活动根据季节特点,安排不同的锻炼时间和内容。它是幼儿园作息制度中不可缺少的一部分,它在增强幼儿体质教育和一日生活的组织上都具有一定的意义。

(三) 户外体育活动

户外体育活动也是幼儿园体育锻炼活动的一种基本组织形式。它和体育教学活动及早操相比,活动内容非常丰富,活动时间也比较长和灵活,幼儿在活动中的自主性也很强,有利于教师发挥主导作用和因人施教的教育原则。因此,在幼儿体育锻炼中是不可缺少的组织形式。户外活动能使幼儿在一天生活中交替进行不同性质的活动,如自由游戏、集体游戏、综合性游戏、基本体操、散步、"三浴"活动等,对幼儿主动性、积极性、独立性和创造性的培养十分有利;它还可以是教学活动的延伸,复习和巩固教学活动学习的知识、技能,也是教师个别观察,进行个别辅导的良好时机。

(四) 幼儿运动会

幼儿运动会是托幼机构在全园或者全年级范围内,面向全体幼儿开展的以体育游戏、基本体操为主要内容的竞赛、表演、游戏活动。

(五) 室内体育活动

室内体育活动是指幼儿在活动室、阳台、楼道、门厅等室内场所进行的身体锻炼活动。其主要特点和功能是在于它的补充性。一方面,由于环境变化,当户外活动场地不能满足幼儿活动的需要时,如北风刺骨的严寒冬季、酷热难耐的炎炎夏日,以及刮风、下雨和下雪等特殊天气,可以充分利用室内场地来补充,以满足幼儿体育锻炼的需要。另一方面,由于特殊运动项目的要求或者出于特殊器械维护的考虑,如塑料彩球池、蹦床、大型公开教学活动等。室内体育活动中,幼儿受外界干扰少,注意力比较集中,适宜开展钻、爬等小肌肉活动,小型体育游戏等。但室内的空间有限,要特别注意开窗通风,保证空气流通,因此,室内体育活动是户外体育锻炼活动的补充。

(六) 远足

远足又称为短途游览,是幼儿体育锻炼活动的一种补充形式,是在适当的季节和天气组织幼儿到附近的公园、动、植物园或儿童乐园去参观游览的活动。远足让幼儿走出幼儿园,走向更广阔的社会环境,不仅能增强幼儿的体质,还有助于加强其与大自然和社会的接触、陶冶情操、开阔视野、丰富知识。远足活动可以结合春游、秋游、参观访问等活动进行,主要强调幼儿徒步行走一段路程,其形式多种多样,可以是全园的集体活动,也可年龄班为单位分别组织活动,还可以邀请家长一起开展亲子活动。

第二课 幼儿园体育锻炼活动设计与指导

一、幼儿体育锻炼的规律

(一) 人体生理机能活动能力变化的规律

人体在运动过程中,生理机能是不断变化的,这种变化呈现上升、平稳和下降三个阶段,即在运动之初,生理机能逐渐上升,达到一定水平后一定时间内保持稳定,之后逐渐下降(见图2-3-1)。

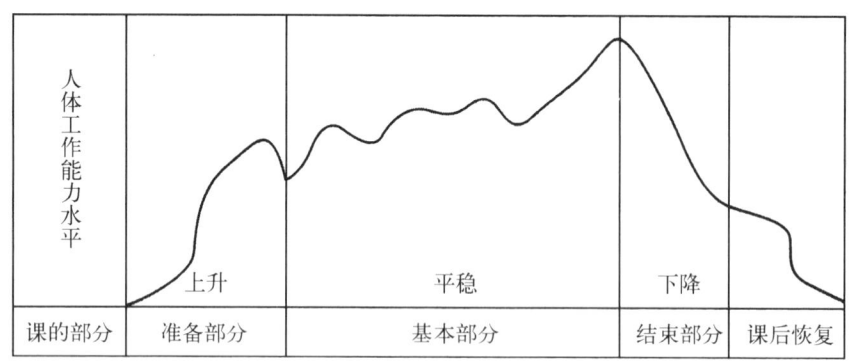

图 2-3-1

1. 上升阶段

上升阶段包括两个过程：第一，体育锻炼之前，幼儿知道或想到即将开始运动，其生理和心理就会产生相应的变化或反应。大部分幼儿表现出兴奋、情绪高涨、积极踊跃的状态，心率和呼吸频率加快，身体跃跃欲试。这些变化都是积极的适应性反应，它能加速身体器官克服惰性，使机体的活动能力较快地上升，以适应即将开始的身体运动。但也有小部分幼儿会焦虑、不安、过度紧张，表现出退缩和胆怯，甚至身体动作迟钝、不协调。这些都是消极的反应，会阻碍幼儿机体的活动能力的上升。第二，在运动开始时，虽然幼儿大脑开始兴奋了，但是身体各器官本身的惰性使身体各器官的运动机能水平较低。

教师充分认识到这两个过程后，就要做好两方面的准备。第一，教师要通过语言艺术和环境创设来激发幼儿活动的兴趣，调动幼儿活动的积极性，使幼儿在体育锻炼之前产生积极的适应性反应；第二，教师应充分认识到这个过程，注意幼儿的不同反应，做好准备工作，帮助幼儿克服身体器官的惰性，提高机体的活动能力，使之较快地上升到较高水平，以适应后面较大活动量的身体活动。

2. 平稳阶段

在这一阶段中，幼儿各器官的活动能力已经逐步达到了较高水平，人体工作能力处于最佳状态，大脑皮层具有最适应的兴奋性。这时，身体运动的效率高，能适应一些较剧烈的运动，而且，学习和练习动作的效果也很好，幼儿神经细胞和肌肉组织都较容易疲劳，所以保持相对较高水平的时间也短。但如果幼儿在此阶段中情绪愉快，活动量也不是很大，幼儿的疲劳现象出现可能会晚一些。这一阶段持续的时间长短因人而异，与幼儿个体的年龄、体质、心理状态以及运动的具体情况有关。

根据这一规律和幼儿的具体情况，教师可以将运动强度较大的或难度较大的内容安排在此阶段，同时应注意活动内容与方法的多样化，注意动与静的交替，急与缓的结合，运动负荷的安排要逐步加大，以激发和保持幼儿积极高昂的活动情绪。

3. 下降阶段

幼儿经过一段时间较大活动量的运动后，体内消耗的能量降低，身体开始出现疲劳的感觉，机体的活动能力逐渐下降。此时，教师应组织幼儿逐渐放缓活动量，进行一些小活动量的放松活动，使幼儿的身体由剧烈运动状态逐渐平静下来，以便较好地恢复体能和消除身体疲劳。

（二）动作技能形成的规律

动作技能，也称运动技能，它是人能掌握和有效地完成专门动作的能力，或理解为按一定的技术要求完成动作的能力[①]。动作技能的形成具有一定的规律性，要经历三个阶段。

1. 粗略掌握动作阶段

在此阶段中，大脑皮层中的兴奋和抑制过程都呈现扩散的状态，条件反射的暂时性神经联系不稳定、不精确，会出现"泛化"现象，故此阶段也称为"泛化阶段"。幼儿的动作通常表现为比较僵硬、紧张、不协调、不准确，缺乏灵活的控制能力，多余的动作较多，动作费力，不够自然，这一阶段在认识上处于感知和表象阶段，主要依靠视觉表象来控制和调节动作。因此，在学习动作技能的初期，教师要抓住动作的主要环节进行必要的示范与讲解，使幼儿对动作的整体性有一个初步、全面的知觉和印象。同时，增加较多的练习机会，让幼儿初步学会动作。

---

① 高庆春,梁周全.学前儿童健康教育[M].北京:高等教育出版社,2011:139.

2. 改进和提高动作阶段

在粗略掌握动作的基础上,经过反复不断的练习过程,大脑皮层运动中枢的兴奋性和抑制过程逐渐集中,尤其是抑制过程得到了发展而逐渐强化,使动作由"泛化"阶段进入"分化"阶段,故此阶段也称为"分化阶段"。在这一阶段,幼儿由于紧张而多余的动作明显减少,大部分的错误动作得到纠正,身体的控制能力有所增强,能较顺利、较正确地完成整个动作,逐步形成动作概念。但是幼儿的动作仍不够熟练和巩固,在一些复杂、变化的情况下(如遇到新异刺激或活动条件发生了较大的变化等)仍较容易出现动作变形的现象,原有的多余动作或错误动作有可能重新出现。因此,在此阶段应让幼儿多进行练习,注意对幼儿错误动作的纠正,帮助幼儿逐步掌握动作的细节,帮助幼儿日渐完善动作。

3. 动作的巩固和运用自如阶段

在反复练习的基础上,大脑皮层的兴奋和抑制在时间和空间上变得更加集中和精准。幼儿在这一阶段的表现:动作较准确、熟练、协调、省力,甚至出现动作的自动化现象。这一阶段教学活动的主要任务是巩固和发展已学会的动作,可以经常加以复习,也可以改变环境和条件,使幼儿在新的条件下自如地运用动作技能,提高动作的适应性。

动作技能形成的三个阶段是有机地联系在一起的,各个阶段的划分是相对的。各个阶段之间并没有明显的区分与界限,是逐步过渡、逐步发展的。每个阶段的出现和持续时间的长短,与幼儿的发展水平、特点以及动作本身,教师的教学方法等有很大的关系,不能一概而论。

二、幼儿园体育锻炼活动的设计与指导

(一) 幼儿体育教学活动的设计

1. 体育教学活动的内容和时间

幼儿教学活动的形式是课堂教学,基本手段是身体练习,练习的主要内容有基本动作、队列队形的变化、体操动作、体育游戏等。

由于幼儿的年龄限制和生理发育特点,要根据活动内容,幼儿的实际能力和掌握情况安排体育教学活动的时间。一般而言,小班活动时间为15~20分钟,中班为20~25分钟,大班为30分钟左右。

2. 幼儿体育教学活动过程的基本结构

(1) 开始部分(一般占总时间的10%~20%)

在开始部分,教师要依据幼儿身体机能变化的规律,用较短的时间提高幼儿大脑的兴奋性,组织幼儿列队,集中他们的注意力,让幼儿在认知、情绪上都为体育教学活动做好准备。

这一阶段中,教师可以通过复习以前的动作或教学内容,也可以通过做操的方式带领幼儿做准备动作,同时还可以采用故事或提问的方式来引出本次体育教学活动的主题,并进行热身活动。

(2) 基本部分(一般占总时间的70%~80%)

基本部分是体育教学活动的进行阶段,是体育教学活动的主体部分。在这个阶段教师要进行新动作、新内容的传授,并进行新动作的交替练习。在这个阶段,教师要采用讲解示范等方法让幼儿学会基本的动作要领、活动的基本规则,并通过游戏、分组竞赛等多种方式让幼儿乐于练习和巩固所学到的动作和知识。教师在这个过程中,要注意教学活动的调控,防止幼儿过度兴奋和疲劳。

(3) 结束部分(一般占总时间的10%~20%)

结束部分的主要任务是适应人体生理机能的下降阶段,安排一些轻松自然的放松活动,降低幼儿大脑和身体的兴奋性,使幼儿身体由运动的紧张状态逐渐恢复到相对安静状态。教师还要对幼儿的活动进行小结,提出新的要求,激发幼儿进一步活动的兴趣,有组织地结束活动,收拾和整理器材。

3. 幼儿体育教学活动的组织与指导

(1) 做好活动前的准备工作。包括幼儿的知识准备、活动前的场地、器材和玩具的准备与布置,熟悉活动设计。

(2) 教师要注意自身的言行,情绪饱满、兴趣浓厚。教师的兴趣、语调和姿态等将直接影响幼儿的情绪和兴趣,因此教师要以积极的态度和高昂的情绪投入到活动组织与指导中去,要有高度的责任心,并具有一定的灵活性。

(3) 因人施教,灵活运用多种指导方式,既面向全体,又要注意个别幼儿。

（4）要给幼儿创造自由练习的机会和条件。动作技能的形成依赖于幼儿不断的练习，在幼儿基本掌握动作要领的基础上，要让幼儿自由、自主练习才能使其适应自己的学习进度和具体情况，从而使每个幼儿都能形成自己独有的动作技能。

（5）注意不进行高强度、长时间的快速运动；不进行专业化、高难度的发展柔韧素质的练习，并尽量使幼儿在做动作时与呼吸相配合；不做或少做屏息憋气的动作；多做对称性动作，避免进行单一的动作练习。

（6）做好活动后的评价工作。教师也要重视活动后的总结工作，不断积累经验，提高自身经验和业务能力。

（二）早操活动的设计与指导

1. 早操活动及其意义

早操是幼儿园在早晨开展的、以基本体操为主要内容的一种体育活动基本组织形式。它是幼儿园作息制度中不可缺少的一部分，也是幼儿在早晨入园后，在教师的组织、指导下进行的专门性身体锻炼活动。早操活动一般都在室外进行，幼儿可以享受到新鲜的空气和阳光，早操活动可以达到增强体质、振奋精神的任务，还可以培养幼儿的纪律性，并锻炼幼儿的意志品质。

2. 早操活动的内容

早操活动的内容应该是丰富多样的，除了队列队形变化、基本体操练习外，还包括各种简单的模仿动作、配有音乐的律动和舞蹈；慢跑和走跑交替活动也可以是早操活动的内容，尤其是在冬季。

3. 早操活动的组织与指导

（1）早操活动的时间在15～30分钟，夏季早晨凉爽，早操时间可以长些，冬季寒冷时可以适当缩短。

（2）活动量的安排不宜过大。早操活动一般安排在早饭过后，饭后不宜剧烈运动。且早操过后就是幼儿园教学活动，如果幼儿过于疲倦，就会影响幼儿活动中的精力和状态。

（3）时间和地点相对固定。早操活动一般都分班进行，活动场地可分为大、中、小年龄组进行，可播放统一的音乐和歌曲，各年龄班根据幼儿的特点，做不同的体操和舞蹈动作、律动等。

（4）精心选择音乐。一般早操活动都会伴随音乐，要精选那些节奏感较强、活泼、欢快、适应幼儿年龄特点的早操音乐。而且，要根据社会和时代特点，不断更新音乐内容，以适应幼儿的兴趣和积极性。

（5）冬季可改为"间操"。在冬季气温较低时，幼儿早操活动过早，不利于幼儿的身体健康，可以将早操活动安排在上午较安静的教育活动之后进行，视为"间操"。

（三）户外体育活动的设计与指导

1. 户外体育活动及其意义

户外体育活动是幼儿园体育锻炼活动的基本组织形式之一。一般来说，它并不强调组织的严密性，是非正规的、低结构化的体育锻炼活动。在时间的安排上，比早操活动更为灵活，活动形式更加多样，活动内容也更加丰富。户外体育活动不仅能锻炼身体，而且能直接接收到阳光、空气和温度等自然因素的刺激，对幼儿的身体生理机能的发育有极大的促进作用，还能弥补早操和体育教育活动的不足，以分散的小组和个人活动为主，充分考虑和兼顾幼儿的不同兴趣、爱好和能力水平，幼儿能在轻松、愉快、自由的氛围中自由结伴游戏，有助于幼儿社会性的发展。

大班体育活动"小兵力气大"①

2. 户外体育活动的内容

户外体育活动的内容丰富多样。一是各种形式活泼的体育游戏。这些游戏可以是教师带领幼儿组织的，也可以是幼儿之间相互传授的，甚至可以是幼儿临时自发"创造"的游戏活动。二是利用大、中、小型体育器械展开的锻炼活动。如沙包、跳绳、平衡木等，这些体育器械还可以是一些自制的或者是替代性的器械，如一次性餐盘制作的飞盘，利用易拉罐制作的高跷，废旧轮胎和大纸箱等。三是利用环境进行的自然锻炼，如"三浴"活动，赤脚在草地上、鹅卵石上散步等活动。

3. 户外体育活动的组织与实施

（1）保证幼儿有足够的户外体育活动时间。户外体育活动一般有上午和下午两个时间段，具体时间可根据不同地区、不同季节和本园的具体情况灵活安排。但是要保证幼儿有足够的户外体育活动时间。《规程》规定，幼儿每天户外体育活动的时间不少于一个小时。

---

① 郑州市郑东新区永嘉第一幼儿园薛艳均提供。

(2) 对幼儿进行必要的引导和指导。活动前,要向幼儿提出活动的具体要求和注意事项,活动中要注意观察和了解每个幼儿的具体情况,进行有针对性的、灵活的指导,包括指导幼儿活动的方法,使用器械的方法,与同伴相处、交往的方法,还要指导幼儿学会控制和调节活动量。

(3) 保证安全。一方面要保证场地卫生,不能有小石子、小木棍等危险物;另一方面要保证幼儿在活动时的安全,如保证每个幼儿都在教师的视线范围内,在比较高的平衡木上,教师要在旁边保护,提醒幼儿不要跑得过快等。

(4) 提供丰富多样的活动器械和活动内容,以及充分自由活动的机会和条件。

保证幼儿活动时间并不是目的,最主要的是要保证幼儿一定的活动量,以满足身体发育的需要。因此,丰富多样的活动内容、锻炼机会就显得尤为重要。另外,在活动中要尊重幼儿的自由选择,如活动的内容和玩伴等。

思考与练习

1. 幼儿体育锻炼的概念是什么?
2. 幼儿体育锻炼的特点有哪些?
3. 幼儿体育锻炼的意义表现在哪些方面?
4. 简述幼儿体育锻炼的目标。
5. 幼儿体育锻炼活动的内容有哪些?
6. 幼儿体育锻炼活动的形式有哪些?
7. 简述幼儿体育锻炼活动的两个规律。
8. 组织与实施体育教学活动时应注意哪些问题?
9. 组织与实施早操活动时应注意哪些问题?
10. 组织与实施户外体育活动时应注意哪些问题?

赛证真题

一、单项选择题

1. 下列哪一种活动的重点不是发展幼儿的精细动作能力?(　　)
   A. 扣纽扣　　　B. 使用剪刀　　　C. 双手接球　　　D. 系鞋带
2. 下列最能体现幼儿平衡能力发展的活动是(　　)。
   A. 跳远　　　B. 跑步　　　C. 投掷　　　D. 踩高跷
3. 3~6 岁幼儿运动时,正常脉率高峰区间应是(　　)。
   A. 90~110 次/分钟　　　B. 110~130 次/分钟
   C. 130~150 次/分钟　　　D. 150~170 次/分钟
4. 与幼儿园保育和教育目标表述不符的是(　　)。
   A. 培养正确运用感官和运用语言交往的基本能力
   B. 培养幼儿初步感受美与表现美的情趣和能力
   C. 训练幼儿的体育运动技能
   D. 促进幼儿身体正常发育和机能的协调发展

二、简答题

1. 从儿童发展角度,简述幼儿户外运动的价值。
2. 体育活动中与活动后,教师可以分别从哪些方面判断幼儿的活动量是否适切?

小班张老师观察发现,小明和甘甘上楼时都没有借助扶手,而是双脚交替上楼梯。下楼时,小明扶着扶手双脚交替下楼梯,甘甘则没有借助扶手,每级台阶都是一只脚先下,另一只脚跟上慢慢挪下楼梯。

三、材料分析题

问题：（1）请从幼儿身心发展的角度，分析小班幼儿上下楼梯的动作发展特点。

（2）分析两名幼儿表现的差异及可能原因。

四、活动设计题

请根据下列素材，设计一个大班的、能涉及多个领域的系列活动，要求写出三个子活动的名称、目标、准备和主要的活动环节。

大班教室里收集了纸板箱、鞋盒、牙膏盒、药品盒等数量众多的盒子，这些大大小小的盒子吸引了幼儿。教师发现很多幼儿利用盒子自发产生了很多活动，涉及各个领域。于是，决定围绕纸箱、纸盒设计出系列活动来满足、推进幼儿的发展。

实训任务

1. 设计一个幼儿园体育教学活动方案，内容、年龄班不限。
2. 设计并组织一次幼儿园户外体育活动。

第四单元
幼儿身体保健和生活自理活动设计与指导

《纲要》指出:"幼儿的身体健康以具备基本的生活自理能力为主要的特征。"幼儿园进行身体保健和生活自理教育活动,就是为了使幼儿能主动关注自己的健康,保护自己的生命,珍爱自己的生命,从而健康地成长。

第一课　幼儿身体保健和生活自理教育概述

一、幼儿身体保健和生活自理教育的概念

幼儿身体保健和生活自理教育,主要是培养幼儿科学地认识、使用、养护和锻炼身体器官,以及生活卫生、进餐、着装、睡眠、盥洗等方面基本的生活能力[①]。幼儿身体保健和生活自理教育既是健康教育的领域,又是现代健康生活方式的重要组成部分。21世纪的幼儿身体保健和生活自理教育,必须打破以前的以培养生活技能和行为习惯为主要任务的幼儿健康教育模式,而应建立以幼儿自我保健为主要导向、幼儿教师全面育人的健康教育价值观,促进幼儿全面发展。幼儿身体保健和生活自理能力不仅仅是人类生存能力的重要内容,更是幼儿生存和健康发展的重要基础。

二、幼儿身体保健和生活自理教育的目标

幼儿身体保健和生活自理能力教育的目的在于提高幼儿的健康知识水平,改善幼儿对待个人健康和公共卫生的态度,培养其各种有益于个人、有益于社会的健康行为和习惯。由于幼儿各年龄阶段发展水平存在着较大的差距,因此应根据总目标,结合不同年龄阶段幼儿的特点,确定各年龄阶段的具体目标。

1. 小班
(1) 身体保健
粗知五官的功能和粗浅的使用养护及锻炼的知识,了解自己的视力和听力;学会洗手、漱口、刷牙,能独立如厕;能在成人提醒下早起洗脸、晚上睡前刷牙、洗脚、洗脸,能学会正确的阅读姿势和选择看电视的合理位置,饭后能漱口,不抠鼻、挖耳和向鼻、耳内塞异物;爱做发展视力、听力和皮肤的游戏。

(2) 自理能力
① 进餐:学会用勺进餐,能安静用餐,注意细嚼慢咽,初步养成饭前洗手,饭后漱口擦嘴的习惯,注意饭前饭后不做激烈活动;粗知一些常用食物对身体的好处,能不挑食,不剩饭,不贪食;知道和人共餐时要有礼貌。② 着装:学会穿衣鞋,自己能穿的衣鞋不求别人帮助穿;能注意服装的整洁,能把脱下的衣鞋放在固定的地方。③ 睡眠:能独立安静入睡,睡姿正确。

2. 中班
(1) 身体保健
粗知五官的外部结构和使用、养护与锻炼五官的知识,了解自己的视听力的发展,注意身体保健;能独立洗手、洗脸、洗脚、漱口、刷牙、如厕,在成人提醒下,认真做好盥洗活动,注意耳鼻卫生;初步养成正确阅读姿势;爱做发展视力、听力和皮肤的游戏。

---
① 庞建萍,柳倩.学前儿童健康教育[M].上海:华东师范大学出版社,2008:74.

(2) 自理能力

① 进餐：学会用筷，能安静专心用餐，初步养成细嚼慢咽和饭前饭后的卫生习惯；粗知一些营养知识，知道进餐是为了得到营养，养成不挑食、不贪食的习惯，养成自己收碗和存放水杯的习惯，能注意防噎、防呛、防自己咬伤；能在成人提醒下和人共餐时注意礼貌。② 着装：初步养成自己穿衣鞋、整齐存放衣鞋的好习惯。③ 睡眠：养成独立安静入睡的习惯；学会叠铺被子，并能注意保持床铺的整洁。

3. 大班

(1) 身体保健

进一步了解五官的结构功能和使用、养护与锻炼五官的知识；有初步的自我保健意识和发展视听能力的愿望，有独立盥洗能力和初步养成五官卫生的习惯；能在成人引导下主动参加发展视力、听力和皮肤的体操和游戏。

(2) 自理能力

① 进餐：能独立进餐，初步形成饮食卫生习惯，懂得进餐是为得到营养，能注意不浪费食品，能按成人要求不贪吃甜食和冷食；与人共餐时有礼貌。② 着装：养成自己穿脱衣鞋和整齐存放衣鞋的习惯。③ 睡眠：初步养成自己叠铺被子和保持床铺整洁的习惯。

三、幼儿身体保健和生活自理教育的内容

幼儿身体保健和生活自理教育涉及的内容很多，主要有生活卫生、清洁卫生、环境卫生、器官保护卫生等方面。①

（一）生活卫生方面

幼儿正处于迅速发展的时期，行为的可塑性很强，是形成各种良好行为习惯的关键期，而良好的生活卫生习惯是幼儿健康成长的前提和保证。教师要有意识地以适当的方式帮助幼儿形成良好的生活卫生习惯，逐步形成自觉遵守科学而有规律的生活秩序的意识，从小形成正确的健康观念，使其终身受益。幼儿身体保健和生活自理教育的内容主要包括以下三个方面。

1. 进餐

了解基本的食物和营养知识，初步了解蛋类、豆类、蔬菜、水果、肉类的主要营养成分。使幼儿明白日常的饮食是为了获取营养，形成关注营养、关注健康的意识；喜欢吃各类食物，不挑食，不偏食；有良好的饮食习惯，定时定量，不暴饮暴食，细嚼慢咽，不吃汤泡饭，少吃零食和辛辣食品，吃饭时不要说笑，以免食物进入气管；注意饮食卫生和进餐礼貌，如进食前洗手，进食后漱口，不喝生水，不捡掉在桌上或地下的东西吃，使用自己的水杯、餐具等。

2. 睡眠

足够的睡眠可以使幼儿身体机能的各系统各器官都得到充分的休息，有益于健康和身体的生长发育。睡眠持续的时间与大脑的发育程度有关，幼儿年龄越小，神经细胞就越脆弱，容易使疲劳程度加深，所需的睡眠时间越长。从表 2-4-1 中可以看到，3～5 岁的幼儿一般每天需要睡眠总数（黑夜和白天）为 11～13 小时，当然会存在个别差异。而且，睡眠时间的长短还应根据季节情况作适当调整。夏季昼长夜短，天气炎热，夜间睡得少，可用延长午睡时间的办法来弥补；冬季昼短夜长，夜间睡眠多，可适当减缩午睡时间。

表 2-4-1　幼儿的睡眠时间表②

12个月	18个月	2岁	2岁半	3岁	4岁	5岁
13.5～14 小时	13～14 小时	13～13.5 小时	13～13.5 小时	12～13 小时	11～12.5 小时	11～12 小时

3. 着装

注意衣着卫生，衣服脏了要及时换洗，能根据天气情况和气温变化及活动量的大小增减衣服；掌握基本的穿、脱、叠、放衣鞋的技能，培养独立着装的能力和习惯。

---

① 本部分主要参考庞建萍、柳倩主编的《学前儿童健康教育》，在这里表示感谢。
② ［美］伊丽莎白·藩特丽.0～6 岁幼儿睡眠百科[M].沈佳楠,译.北京：北京联合出版公司,2015：11-12.

（二）清洁卫生

主要的内容：每天早晚洗脸一次；饭前便后洗手；手、脸脏了随时清洗；饭后漱口、擦嘴；每周剪指甲一次；每周洗头发2～3次，及时理发，女孩尽量不留长发，不用金属发卡；每天换洗内衣、鞋袜；注意保护皮肤；定时大便等。

（三）环境卫生

环境卫生是指幼儿在对待周围环境方面应养成的习惯。主要内容：东西要放在固定的地点，摆放要整齐；不乱丢果皮、纸屑；不随意乱写乱画；不随地大小便；不随地吐痰等。

（四）器官保护卫生

这是指幼儿在保护自我身体器官方面应养成的习惯。主要内容有认识自己身体外部的主要器官，知道其名称、主要功能及初步的保护方法，促使幼儿逐步形成关注健康的意识和习惯，为保证幼儿生理健康的发展打下良好的基础。

1. 眼睛

（1）掌握关于眼睛的基本结构和功能的知识。

（2）学会正确地做眼保健操，并初步养成做眼保健操的习惯。

（3）阅读姿势正确；书写姿势正确；不在运动的车上看书，不躺着看书，不走着看书；看电视距离远近适宜，连续看电视不超过1小时，每天看电视不超过2小时；不用脏手揉眼睛；异物入眼后不揉搓。

（4）学习一些眼保健常识：不用别人的毛巾洗脸；吃胡萝卜、猪肝等食物对眼睛有好处。

（5）明白定期检查视力的意义和方法，并能配合检查。

2. 耳朵

（1）掌握关于耳朵的基本知识：耳朵有耳廓、耳道，耳道里的耳屎是要清除的污物，耳朵能够听音乐，欣赏音乐，帮助识物识人。

（2）常洗耳廓；遇到噪声时，用手捂住耳朵；自己不挖耳，不用硬物抠耳朵；游泳、洗澡时，要注意保护耳朵，不要让水灌进耳朵里。

3. 牙齿

乳牙牙釉较薄，牙本质较软脆，牙髓腔较大，在酸的作用下比成人更容易患龋齿。幼儿期正处于恒牙乳牙交换的时期，乳牙的好坏直接影响着恒牙的健康，因此应引导幼儿掌握保护牙齿、预防龋齿的方法，帮助幼儿初步形成关注牙齿健康的意识和保护牙齿的好习惯。

（1）清洁口腔。培养进食后漱口的好习惯，午饭后也应漱口，会正确的刷牙方法。

（2）懂得定期检查牙齿的重要性，发现龋齿及时处理。

（3）了解甜食类食物残渣容易在口腔中产生酸，腐蚀牙齿，应该少吃，尤其是不在睡前吃，吃过甜食后及时漱口。

（4）预防牙列不齐。懂得牙列不齐会使牙齿缝里残留更多的食物，更容易患龋齿；不吸吮手指，不托腮，不咬下嘴唇和手指甲；不咬其他硬物，如瓶盖、尺子、核桃等硬果壳类。

4. 鼻

鼻子是呼吸的重要器官，能温暖湿润和清洁空气；幼儿鼻和鼻腔相对短小、狭窄，黏膜柔嫩，血管丰富，且没有长鼻毛，故易受到感染。

（1）知道鼻结构和功能方面的知识。

（2）掌握正确的擤鼻技能；不抠鼻孔，不往鼻孔里塞异物；避开灰尘和噪声大的地方，不大声喊叫，打喷嚏时捂住口鼻。

（3）掌握相关的营养知识，如吃柿子椒、油菜对鼻子有好处。

5. 皮肤

（1）掌握基本的皮肤保健知识。

（2）养成经常进行皮肤清洁的好习惯。如勤剪指甲，手指甲每周剪一次，脚趾甲每两周剪一次；不化妆，不烫头发，不涂口红；勤换内衣；每天用肥皂清洗身体裸露部分，如手、脸、颈等；掌握正确的洗手洗脸的方法；勤洗澡、洗头。

第二课 幼儿身体保健和生活自理活动设计与指导

一、幼儿身体保健和生活自理教育活动的设计

(一) 目标定位——注重幼儿的主体性

目标定位注重幼儿的主体性是指在设计幼儿身体保健和生活自理能力活动目标时,要特别重视幼儿自主性、主动性的激发和培养。这也是现代的幼儿教育和传统的幼儿教育的主要区别之一。

在制定活动目标时,要以培养幼儿身体的自我保健和生活自理能力为宗旨。因此,教师要以幼儿发展为本,满足每个幼儿对健康成长过程中的各种基本需要,并为幼儿提供平等的学习与发展机会;教育活动应与幼儿阶段的学习特点与身心发展水平相适应,激发幼儿积极、主动地学习与发展。教师通过启发、引导、协助、参与、指导等形式发挥其主导作用,充分调动幼儿的积极主动性,利用其与周围同伴、教师、事物的相互作用,使幼儿成为活动的真正主体。最终促使每个孩子的身体保健意识的激发和生活自理技能的形成,以及生活卫生习惯养成的顺利实现。

(二) 方法选择——以幼儿的年龄特点为基础

在设计身体保健和生活自理教育活动中,教育方法的选择至关重要。我们的教育对象是3~6岁的幼儿,所以教育方法必须适合幼儿的年龄特点,从而达到良好的教育效果。具体可以参考表2-4-2。

表2-4-2 幼儿的年龄特点与教育方法的匹配表

年 龄	特 点	适 宜 方 法	举 例
3~4岁	行为具有强烈的情绪性 爱模仿 思维具有直觉行动性	游戏法 榜样法 练习法	模仿大老虎"嗷嗷"吃东西 边说儿歌边洗手 练习穿衣服
4~5岁	爱玩、会玩 活泼好动 思维具体形象	游戏法 观察法 感知体验法	用筷子夹豆比赛 观察自己尿液的颜色
5~6岁	好学、好问、好探究 抽象概括能力开始发展 个性初具雏形	讲解示范法 情景表演法 感知体验法 讨论评议法	讲解牛奶与人体健康的关系 观察、讨论细菌的危害 服装搭配表演 讨论如何保护新长出的牙齿

在运用表格中各年龄班的教育方法时要注意针对性、多样性和趣味性,年龄越大的幼儿,选择方法的余地也越大,但无论多大的孩子都喜欢寓学于乐。在幼儿生活自理能力培养中,动作技能的学习与来自生活的感知体验是最基本的方法。总之,要综合运用行之有效的方法,才能达到良好的教育效果。

(三) 活动过程——动手操作

注重幼儿主体性的目标定位决定了在活动过程中,教师要给幼儿提供动手操作的机会和条件。通过动手操作获得自我保健和自理能力也是由幼儿的年龄特点所决定的。

苏联教育家苏霍姆林斯基曾经指出:幼儿的智力发展应当同时体现在手指的操作、语言的表达和用脑的思考上,动手、动口与动脑三者之间有着息息相关的内在联系。从小给孩子一双灵巧的小手,是促进孩子思维发展、丰富其语汇、增强其自信心的基础和前提。而皮亚杰也强调智慧的产生与动作的关系,心理过程是动作的内化,所以应该给幼儿提供充分的活动,所有的保健能力和生活自理技能的培养,都必须建立在幼儿自身实践的基础上,在操作中感知和发展,如穿衣服、系鞋带、拿筷子、叠被子、整理玩具等。每一个技能的形成,都是孩子一系列操作动作的过程,而手的操作活动又可以促进思维的发展。因此,在活动中,幼儿通过感知讨论知道了为什么做、应怎样做,还要通过实际操作练习才能获得相应的行为方式。

（四）注重活动延伸的设计

幼儿身体保健和生活自理能力的培养不是仅仅依靠有组织的教育活动就能完成的，虽然我们要求，在设计活动过程时，要注重幼儿的动手操作性，给幼儿提供练习的机会和条件，但身体保健和生活自理能力形成中的操作，仅仅靠有组织的活动中的操作、练习时间和次数是远远不够的。幼儿健康教育的本质是生活教育，要把幼儿身体保健和生活自理教育渗透到一日生活的各项活动中去，使教育活动延伸到幼儿的生活中去。因此，幼儿身体保健和生活自理教育活动设计要特别注重活动延伸部分。

> **案例　　　　　　　　健康教育活动"我该换牙了"（大班）**
> **活动延伸**
> 　　教师给每一位幼儿发放"刷牙记录表"，请家长与幼儿一起完成"刷牙记录表"，并记录每天的刷牙情况。一周后按照刷牙记录表评比"护牙小明星"。

二、幼儿身体保健和生活自理教育的组织应该注意的问题

幼儿身体保健和生活自理教育是健康教育的组成部分，内容非常具体。因此，它可以通过有目的、有计划的正式教育活动进行，也可以借助灵活、分散的日常生活来进行。在组织身体保健和生活自理教育活动时要注意以下四个问题。

（一）做到"及时补强"

"补强"是美国的哲学博士詹姆斯·多伯森提出的。他认为，"当一个人的行为得到满意的结果时，这种行为就会重复出现"。多伯森认为，如果让补强发挥最大的效用，就应该在令人满意的结果出现后的时间内及时奖励或表扬，如果时间拖得太久，补强的作用就会淡化、减弱或消失。正确的做法应该是，在幼儿出现满意的行为时，成人应作出及时的鼓励或表扬，这种奖励或表扬可以是物质的小红花、小贴画，也可以是精神的微笑、亲抚，我们把它叫作"补强"。如当孩子第一次把衣服扣子扣对了，教师应马上给予肯定和赞许。但是要注意，教师要做到要客观公正，不能无中生有地肯定或赞许，或者幼儿的行为根本不值得教师去表扬，但教师表扬了会让幼儿感到教师的虚假，同时也对自己的行为产生迷惑。

（二）注重长期坚持

"冰冻三尺非一日之寒"，幼儿身体保健和生活自理能力的培养不是一两次教育就能奏效的，这是个漫长的过程，是螺旋式的反复实践认识的过程。幼儿已形成的健康行为可能反复出现，教师要理解这一现象源于幼儿的年龄特征和学习特点，从而在安排教育内容时，同一类内容重复安排多次，当然这种内容的组织不是简单重复，而是螺旋式的上升和提高。

因此，教师和家长要充分认识孩子身体保健、生活自理能力和习惯养成的特点及其在孩子一生发展中的作用；明确目标，为孩子提供多种多样的生活用品、玩具、图书等，让孩子学习使用。创设一个适宜幼儿习惯养成的物质环境，同时要为孩子创设一个轻松、愉悦的精神环境。

（三）注重随机教育

身体保健和生活自理教育是对幼儿健康意识和良好生活习惯的养成教育，这些内容本身的特点决定了其必须是生活教育。仅靠专门的集体教育活动是不够的，需要在日常生活中长期渗透和进行，在日常生活中加强行为练习。日常生活中的每个环节几乎都可用来对幼儿进行健康教育。其作用主要表现在两个方面：其一，日常生活中的健康教育常常比传统意义上的"上课"来得及时。例如，幼儿一入园，第一件事情或许就是"怎样在幼儿园上厕所"，教师就可以在幼儿参观熟悉新环境时适时地进行这方面的行为指导，而不必等到幼儿正式上课时才进行。其二，日常生活中的健康教育是集体教育活动的延伸，有利于巩固幼儿的健康行为。

（四）争取家长的支持和配合

《纲要》指出："家庭是幼儿园重要的合作伙伴，应本着尊重、平等、合作的原则，争取家长的理解、支持和主动参与，并积极支持、帮助家长提高教育能力。"依靠和利用家庭资源、家长的力量，可以巩固、练习幼儿正在养成的某种行为，也可以弥补、完善幼儿园的不足。所以，幼儿教育必须得到家庭的积极配合，家长理应成为幼儿教育的指导者。

我的小脚丫（小班）

思考与练习

1. 幼儿身体保健和生活自理教育的概念是什么?
2. 幼儿身体保健和生活自理教育的目标是什么?
3. 简述幼儿身体保健和生活自理教育的年龄阶段目标。
4. 幼儿身体保健和生活自理教育的内容有哪些?
5. 设计幼儿身体保健和生活自理教育活动应该注意些什么?

 赛证真题

一、单项选择题

1. 幼儿突然出现剧烈呛咳,伴有呼吸困难,面色青紫,这种情况最可能是(　　)。
   A. 急性胃肠炎　　　B. 异物落入气管　　　C. 急性喉炎　　　D. 支气管哮喘
2. 风疹病毒传播的途径是(　　)。
   A. 肢体接触　　　B. 空气传播　　　C. 虫媒传播　　　D. 食物传播
3. 教师引导幼儿擤鼻涕的正确方法是(　　)。
   A. 把鼻涕吸进鼻腔　　　　　　　　B. 先捂一侧鼻孔,再轻擤另一侧
   C. 同时捏住鼻翼两侧擤　　　　　　D. 用手背擦鼻涕
4. 皮疹呈向心型分布(即躯干多,面部、四肢较少,手掌、脚掌更少)的疾病是(　　)。
   A. 麻疹　　　B. 水痘　　　C. 手足口病　　　D. 猩红热
5. 保护幼儿听觉器官的正确做法是(　　)。
   A. 引导幼儿遇到噪声时捂耳、张嘴　　　B. 经常帮助幼儿掏耳、去耳屎
   C. 要求幼儿捏住鼻翼两侧擤鼻涕　　　　D. 经常让幼儿用耳机听音乐、故事
6. 在洗手时,幼儿东东突然叫了起来:"洗手液溅进我眼睛里了!"这时老师首先应该做的是(　　)。
   A. 用流动水冲洗眼睛　　　　　　　B. 用干净的纸或软布擦眼睛
   C. 找保健医生　　　　　　　　　　D. 拉开眼皮吹一吹
7. 为保护幼儿的脊柱,成人应该(　　)。
   A. 推荐幼儿使用单肩背包　　　　　B. 鼓励幼儿睡硬床
   C. 组织幼儿从高处往水泥地上跳　　D. 要求幼儿长时间抬头挺胸站立

二、论述题

1. 幼儿毛毛是个活泼的孩子。在这学期体检时,毛毛被检查出弱视,需要戴眼镜治疗。李老师发现毛毛戴眼镜之后变得沉默了,有时还把眼镜摘下来不戴。李老师关心地询问毛毛,毛毛说怕小朋友笑话,所以不想戴。李老师组织了一次"眼睛生病了怎么办?"的集体活动。活动后,幼儿都知道眼睛生病了要治疗,毛毛戴眼镜也是为了治疗。毛毛又戴上了眼镜,如同过去一样活泼好动了。
   问题:(1) 李老师组织这次活动主要解决的问题是什么?
   　　　(2) 李老师的做法有哪些方面值得我们学习?
2. 什么是幼儿园一日生活常规?试述培养幼儿一日生活常规的意义和方法。

 实训任务

1. 设计幼儿身体保健和幼儿生活自理教育活动方案各一篇,年龄班不限。
2. 见习、实习时调查所在班级幼儿的生活自理能力情况。

第五单元 幼儿安全活动设计与指导

《纲要》明确要求:"幼儿园必须把保护幼儿的生命和促进幼儿的健康放在工作的首位。"因此,重视对幼儿进行安全教育,采用有效措施消除安全隐患,是幼儿教育的重要组成部分。

第一课 安全教育概述

从20世纪70年代末期起,意外死亡已经成为幼儿死亡顺序位置中的第一位,而且意外死亡在总死亡人数之中,所占的比例呈上升趋势①。华中科技大学同济医院曾在全国11个城市4.3万多名幼儿中进行过意外伤害的调查,结果显示,非致命性意外伤害的发生率为24.10%,其中造成身体缺陷者占1.64%,造成永久性伤残者占1.01%。这些数字表明:如今,意外伤害已成为威胁幼儿健康和生命的主要问题,也是导致严重疾患和残疾的主要因素之一。2000年,世界卫生组织把意外伤害的预防列为人人健康全球策略的目标之一。

一般而言,幼儿日常活动的场所,如家庭、幼儿园等是意外伤害的易发之地。据我国11个城市抽样调查资料表明,幼儿青少年意外伤害发生的场所依次为:家庭内(26.1%)、学校内(23.2%)、上学放学途中(15.8%)、其他公共场所(15.1%)、体育运动场(9.0%)、幼儿园和游乐场(各4.0%)、其他场所(2.9%)②。是什么原因导致幼儿容易发生意外事故呢?

一、幼儿发生意外事故的原因

(一)幼儿神经系统和运动系统发育不完善,平衡功能差

幼儿正处于生长发育时期,他们的骨骼、肌肉、关节以及控制和协调运动的神经系统尚未发育完全,动作的协调性较差,反应灵敏性不够,平衡能力差,这些因素使得他们有时虽然已经察觉危险,但是不能及时反应和有效控制动作而导致意外的发生,比如烫伤和溺水。再加上幼儿贪玩、好动,因此很容易发生跌伤、扭伤、骨折等意外情况。

(二)幼儿缺乏生活经验,安全意识淡薄

幼儿年龄小,对周围的事物缺乏正确的认识,不懂什么是危险的,什么东西不能碰,这种生活经验的缺乏使幼儿不能预见生活中潜在的危险因素。而且他们好奇、好动、好探索,对自己不了解的任何事物都想亲自尝试,因此很容易发生意外事故。如有的幼儿吃饭时随意说笑,导致气管进入异物;有的幼儿用手指或铁丝去碰电源插座的小孔,而造成触电;还有的幼儿见到东西就送进嘴里,而造成误食药物、变质食品和异物等有毒物品,导致中毒;还有的幼儿将玻璃球、花生等小物体塞进鼻孔或耳朵内等。

(三)周围环境的客观因素

幼儿生活环境中的某些客观因素也是意外事故的潜在危险因子。例如,幼儿园班级容量严重超标,造成用房拥挤,活动场地紧张,某些幼儿园,场地、房屋建筑不达标,这些因素都容易诱发意外事故。另外,幼儿活动场地的不平整,电源插座在幼儿"伸手可及"的范围内,家具、墙角、玩具棱角锐利等也是造成幼儿意外事故发生的客观原因。

---

① 顾荣芳.幼儿健康教育论[M].南京:江苏教育出版社,2009:184-185.
② 欧新明.幼儿健康教育[M].北京:教育科学出版社,2003:316.

（四）成人安全意识不强，安全措施落实不力

幼儿意外事故的发生有很多是由于家长和幼儿园保教人员安全意识不强，安全措施落实不力造成的。例如，有的家长将开水瓶放在孩子经常活动的房间的地面上，又"忘记"提醒幼儿；有的家长随意乱扔、丢弃药品和锋利刀具等；有的幼儿园教师在幼儿活动时远离活动区域，疏于照顾，造成幼儿摔伤、骨折事故；有的幼儿园大型玩具不注意定时检修而造成事故等。

> **案例** 某幼儿园大型木制滑梯的一颗钉子冒出了一点。教师发现后及时向主管的副园长汇报。副园长因为忙，没有来得及找人修理，也没提醒家长。一天，一位妈妈接女儿走过滑梯时，女儿说："妈妈，我好长时间没有玩滑梯了，我想玩一会儿，好吗？"妈妈就从后面把女儿抱上滑梯。女儿高兴地对妈妈说："妈妈，接着我！"说着便张着双臂，往下滑。突然，一声痛苦的尖叫让妈妈脸上的笑容凝结不动。原来，那个没有修理的钉子在女孩的腿上划了一道20多厘米的伤口。
>
> 问题：是什么原因造成了幼儿的意外伤害？应如何避免呢？

二、幼儿安全教育的目标

幼儿安全教育的意义

（一）总目标

（1）萌发安全自护的意识。

（2）掌握必要的安全常识。

（3）养成良好的安全自护行为习惯。

（二）年龄阶段目标

由于幼儿各年龄阶段发展水平存在着较大的差异，因此在目标的实施中，应根据总目标，结合不同年龄阶段幼儿的特点，确定各年龄阶段的具体目标。

1. 小班

衣：能在成人提醒下随气温的变化增减衣服；穿衣鞋感到不适时能及时告诉成人。

食：不把不能食用的物品放进口中。

住：知道居住楼房的安全知识，并在成人提醒下按所知去做。

行：走路时在大人提醒下能注意地面的障碍物，注意来往车辆，注意安全；知道红绿灯的含义，能识别常见的交通安全标志。

伤病：摔伤流血、身体不适时能及时告诉大人；有病能配合诊治服药。

玩：能不玩火、不玩水及不开关门，不触电源插座，不开煤气开关。

自然灾害：能不怕雷声、闪电；遇到火灾、车祸、水灾、地震、冰雹等自然灾害，知道要紧随家人，寻求保护；能识别常见的防火、防电安全标志。

交往：受到他人欺负时敢于表现不满；知道有坏人拐骗幼儿；一人在家时能有礼貌地拒绝给陌生人开门，能有礼貌地拒绝陌生人的赠物和亲抱。

2. 中班

衣：能注意随气温变化增减服装。

食：不喝生水，不吃没清洗的水果。

住：初步养成居住楼房的安全行为习惯。

行：走路时能注意地面障碍物，注意来往车辆，不和同伴打闹；知道行人过马路要走人行横道，不钻爬马路上的护栏，能识别常见交通事故安全标志。

伤病：学会鼻出血和破皮出血的简单处理方法；身体不适时能主动告诉大人和配合医治。

玩：初步形成防止火、水、电、煤气伤害的意识；养成防止上述伤害的行为习惯；知道噪声、强光、汽车尾气等对身体有害，注意避开它们，能识别常见的防毒等安全标志。

自然灾害：知道遇到雷电、冰雹、水灾、火灾和其他灾害时的自护方法。

交往：受到不公正的对待时敢于表示不满；不跟陌生人走。

3. 大班

衣：初步养成随气温变化增加服装的习惯。

食：能识别腐烂变质的食物，不独自食用没吃过的食物。

住：巩固居住楼房的安全行为习惯，并能对违反安全的行为提出意见。

行：初步养成走路时注意安全的习惯；不独自过马路，不钻爬护栏，能遵守坐公共车辆的安全规定。

伤病：较熟练地掌握摔伤出血时简单的急救方法；有病时能主动配合治疗。

玩：养成防止火、水、电、煤气、噪声、强光、汽车尾气伤害的意识；养成防止上述伤害的意识和行为习惯；知道火灾时呼救、自救的方法。

自然灾害：熟悉家乡常遇到的自然灾害和其他灾害的自救、呼救方法。

交往：受到不公正的对待或欺负时敢于表示不满或反抗；知道被陌生人强行带走时的呼救和反抗方法。

三、幼儿安全教育的内容

（一）食品卫生安全教育

（1）不吃腐烂的、有异味的食物。

（2）养成良好的饮食习惯，如教育孩子在进食热汤或喝开水前必须先吹一吹，以免烫伤；吃鱼时，要把鱼刺挑干净，以免鱼刺卡在喉咙里；进食时不嬉笑打闹，以免食物进入气管等。

（3）不随便捡食和饮用不明物。勿将各种非食物的东西放入口中，以免发生食物中毒，如投放的各种花花绿绿的毒鼠药，因成人失误而误放在饮料瓶中的消毒药水等，都可能被幼儿误食。不食用以前没有吃过的东西，不要将体积较小的物品放入口中玩耍，以免吞咽入肚。

（4）不能随便吃药，一旦要服药，一定要按医生的吩咐、在成人的指导下服用。目前孩子服用的药大多外观漂亮、颜色鲜艳、口感好，深受孩子"喜欢"，有的孩子甚至把药品当零食吃。因此，要教育孩子不能随便吃药，一旦需要服药，一定要按医生的吩咐，在成人的指导下服用。

（二）交通安全教育

（1）了解基本的交通规则。如"红灯停、绿灯行"，行人走人行道，上街走路靠右边，不在马路上踢球、玩滑板车、奔跑、做游戏，不横穿马路等。

（2）认识常见的交通标记（如红绿灯、人行横道线、禁止行人通行等），并且知道这些交通标记的意义和作用。

（3）初步形成交通安全意识，养成遵守交通规则的良好习惯。在对幼儿进行交通安全教育时，可选用一些儿歌、故事和游戏以增加趣味性，也可请交警叔叔来园授课，进行模拟表演，还可利用网络资源（如"中国幼儿交通安全网"等）。

（三）消防安全教育

（1）懂得玩火的危险性。知道如果发生火灾，不仅会损坏财物，还会危及人的生命。

（2）掌握简单的自救技能。如教育幼儿一旦发生火灾要马上逃离火灾现场，并及时告诉附近的成人或拨打火警电话119。当发生火灾，自己被烟雾包围时，要用防烟口罩或干、湿毛巾捂住口鼻，并立即趴在地上，在烟雾下面匍匐前进。

（3）可以进行火灾疏散演练。幼儿园可事先确定各班安全疏散的路线，让幼儿熟悉幼儿园的各个通道，以便在发生火灾时，能在教师的指挥下统一行动，安全疏散，迅速离开火灾现场。教师可在幼儿了解火的用途和危害后，开展防火自救演练，让幼儿学习拨打119，尝试简单的应急措施——用床单塞门缝，用湿毛巾捂住嘴巴和鼻子尽快逃离现场等。

（4）还可通过多媒体让幼儿观看消防队员灭火情景。向幼儿介绍火灾的形成原因、消防车的作用、灭火器的使用方法及使用时应注意的事项等。

（四）防触电，防溺水教育

（1）懂得不能随便玩电器，不拉电线，不用剪刀剪电线，不用小刀刻划电线，不将铁丝等插到电源插座里等。

(2) 一旦发生触电事故,懂得不能用手去拉触电的同伴,而应及时切断电源,或者用干燥的竹竿等不导电的东西挑开电线。

(3) 不随意开启家中电器,特别是电熨斗、电取暖器等;不玩弄电线与插座;教育幼儿在遇到突然停电等情况时,不慌不乱、不到处跑。

(4) 溺水在少年儿童意外死亡中所占比例最大,有些孩子喜欢到河里洗澡,很容易发生溺水。幼儿园对幼儿进行防溺水教育应包括:① 不能私自到河边、井边玩耍;② 不能将脸闷入水中,玩憋气游戏;③ 不能私自到河里游泳;④ 当同伴失足落水时,要呼救,并及时就近找成人来抢救。

(五) 幼儿园玩具安全教育

(1) 玩大型玩具滑梯时,要教育幼儿不拥挤,前面的幼儿还没滑到底及离开时,千万不能往下滑;玩秋千架时,要注意坐稳,双手拉紧两边的秋千绳,其他幼儿要远离;玩转椅时,除了要坐稳,还要双手抓紧扶手。

(2) 玩中型玩具,如棍时,不可用棍子去打其他幼儿的身体,特别是头部。

(3) 玩小型玩具积木、串珠、玻璃球时,不能将它放入口、耳、鼻中,以免造成伤害,等等。

(六) 疾病自护

当感觉自己身体不舒服和有疾病症状时,如头痛、发热、咳嗽、肚疼、鼻出血、牙出血、眼睛不适等,要及时告诉教师或家长。有病诊治,并主动配合医生,打针吃药时不哭闹。没病时,不乱吃药,且不自己随便吃药。

(七) 防拐骗教育

要教育幼儿,当他独自在家,有陌生人叫门时,不随便开门;不吃陌生人的东西,不要陌生人的钱物,不听陌生人的话,不跟陌生人走。教给他们有区别地对待陌生人和熟人的方法。不擅自离园出走,不单独外出,人多拥挤处要与大人携手同行。学会遇到坏人和走失时呼救和求救的方法。

(八) 幼儿生活安全教育

(1) 要教育孩子不随身携带锐利的器具,如小剪刀等。

(2) 要教会幼儿认识一些安全标志,特别是一些禁止性、警示性的标志,知道看见这些标志该怎样做,如禁止攀登、禁止触摸、禁止通行、禁止烟火、注意安全、当心车辆、当心滑跌等。

(3) 要教育他们在运动和游戏时有秩序,不拥挤推撞;在没有成人看护时,不能从高处往下跳或从低处往上蹦。推门时要推门框,不推玻璃,手不能放在门缝里。告诉幼儿不要爬树、爬墙、爬窗台,不从楼梯扶手往下滑,以防摔伤。

(4) 不独自玩烟花爆竹。不逗弄蛇、蜈蚣、蝎子、黄蜂、毛毛虫、狗等动物。乘车时不在车上来回走动,手和头不伸出窗外。

(5) 要教育他们上下楼梯要靠右边走,不推挤;打雷、闪电时不站在大树底下等。

这一类的安全教育,必须家园配合同步进行。

第二课 安全活动设计与指导

一、设计幼儿安全教育活动应该注意的问题

(一) 注重教育的经常性

常常听到家长抱怨:"这孩子一点记性也没有,不让他爬高,不然会摔的,就是记不住,这不,摔了吧!"其实这不能完全怪孩子。幼儿的记忆力和理解力还处于发展阶段,他们对任何事情都是记得快,忘得也快,因此要经常、及时地提醒他们注意安全。这就意味着幼儿的安全教育要经常进行才可以。例如,幼儿的年龄特点决定了其自我保护意识差,每次活动前、放假前的安全教育都是必不可少的。因此,幼儿园安全教育是一个长期、连续的过程。教师应结合幼儿在活动中出现的问题,适时、及时地提醒幼儿,给予必要的、合理的安全教育。只有在幼儿原有的经验的基础上,巩固已有的安全知识,强化随时出现的安全行为,才能让安全意识逐步在幼儿心里扎根,让安全行为渐渐成为幼儿的习惯。幼儿安全教育的组织实施要经常进行,这是由幼儿的年龄特点决定的。

(二) 生活中随机渗透

幼儿生活中和周围环境中的安全隐患无处不在,所以对幼儿的安全教育应当随时、随地、随机地进行。在日常生活中,这种教育并不声势浩大,幼儿教师可以信手拈来,但它却很有必要且效果显著,对于幼儿是一种细雨润物的影响。在随机的安全教育中,让幼儿了解安全,懂得安全,从而在最大范围内保障幼儿的安全。例如打雷时,教师就可以一边让孩子听雷声、看闪电,一边向孩子介绍打雷时的安全知识;孩子玩沙时,一个幼儿迷了眼,教师可趁机有意识地进行教育,不仅仅让他们认识沙子的作用,还要教给他们正确的玩法和应注意的事项,以避免其他孩子再发生类似的状况。再如,喝开水时发现有一幼儿把杯子里的热开水拿去水龙头下冲冷水喝,及时地结合保健自助常识活动"喝生水会生病",告诉幼儿喝生水的危害性。

(三) 身心兼顾原则

身心兼顾原则是指安全教育在关注幼儿身体安全的同时,还要注意到幼儿心理上的安全,使幼儿达到身心安全和谐。在日常生活和教育中,教师和家长往往比较注重幼儿的身体安全,却较少地考虑他们的心理安全。在对幼儿安全教育时,较少地考虑甚至忽略教育内容和教育方法会对幼儿的心理带来的伤害,如教师为了防止幼儿去做危险的事,往往会列举一些幼儿在意外事故中伤亡的极端事例,像小伙伴摔伤流血、被火烫伤等,目的是教育幼儿,提高幼儿对危险的警觉性,但这样做,却容易造成幼儿的恐惧和不安全心理。当幼儿真的遇到类似的事件发生时,他们就会惊慌失措,不懂得如何应变。

(四) 让幼儿有实践操作的机会

活动是幼儿发展的主要途径,因此,可以通过活动让幼儿亲身经历整个过程,增强安全意识,提高自我保护能力。例如,开展"注意饮食卫生"主题活动,通过讨论"路边的小吃能吃吗?""三无食品能吃吗?"告诉幼儿不吃路边的小吃,不吃"三无食品",使幼儿懂得要吃清洁的食物,饭前便后要洗手等卫生习惯知识,让幼儿初步感知饮食卫生的重要性,增强自我保护意识。

安全教育活动的目的是要使幼儿以具体的行动把所学的知识运用到实践中去,没有实践,教学便会变得毫无意义。只有让幼儿动手做,在实践活动中才能真正地获得自我保护的能力。

(五) 注重幼儿自护能力的培养和提高

幼儿园重视安全教育不仅仅是采取各种措施保护幼儿的安全,还要传授给幼儿一些有关安全的知识和技能,以提高幼儿自护能力。因此,在所组织的安全教育活动中,既要高度重视和满足幼儿受保护、受教育的需要,又要尊重和满足他们不断增长的独立要求,避免过度保护和包办代替,鼓励并指导幼儿自理、自立的要求,使得幼儿在离开成人羽翼的情况下能自己照顾自己、自己保护自己。自护能力的培养和提高是幼儿安全教育活动的核心。游戏是幼儿最感兴趣的活动,也是最有效的教育方式,可以利用游戏活动培养幼儿的自我保护的意识和能力,让幼儿在轻松、愉快的气氛中,提高自我保护能力。

二、幼儿园安全教育活动案例

小鬼当家(中班)

活动目标

1. 树立初步的防范意识。
2. 学习应对意外情况的方法,提升自护能力。
3. 了解自我保护的常识,知道不能轻信陌生人的话,不跟陌生人走,自己在家不能随便给陌生人开门。

活动准备

兔妈妈、大灰狼、山羊头饰各一个,视频《不和陌生人走》,音频《小兔乖乖》配乐。

活动过程

一、教师用兔妈妈的口吻创设游戏情景,激发幼儿参与游戏的兴趣

师:你们都是我的兔宝宝,妈妈今天要出门,你们在家可要当心哟!

二、教师带领幼儿进行情景游戏

情景:"小兔子"在家玩,"山羊"(大灰狼头饰藏在山羊头饰下)敲门(背景音乐)。

山羊:我是你们的山羊老师,我来看看你们。快开门!

教师根据幼儿的情况进行表演。

1. 小兔开门。

2. 小兔不开门。

"兔妈妈"回家,和小兔们讨论刚才发生的事情:你们为什么开门(或不开门)?爸爸妈妈不在家时,你们应该怎么办?

三、观看视频,了解一些安全知识

提问:视频里的小朋友做得对吗?遇到这种情况应该怎么办?

四、开展"有奖竞猜"游戏

教师将幼儿分为男女两方进行提问,幼儿迅速且较完整地说出想法,答对的一方可奖一朵小红花。

1. 在商店里,不小心和家人走失,你该怎么办?

2. 在家门口玩,有不认识的人要带你去玩或去买东西吃,你该怎么办?如果有人强迫你走,你该怎么办?

3. 你一个人在家时,若有人敲门或门铃响了,你该怎么办?

4. 在幼儿园里玩,有不认识的人来接你,你跟他走吗?你该怎么办?

五、活动结束

教师发放"有奖竞猜"的奖品——小红花,活动自然结束。

活动延伸

组织幼儿制作危险警示卡。

 思考与练习

1. 幼儿发生意外事故的原因有哪些?
2. 幼儿安全教育活动的目标是什么?
3. 幼儿安全教育活动的内容有哪些?
4. 组织幼儿安全教育活动应该注意的问题有哪些?

 赛证真题

单项选择题

1. 幼儿鼻中隔为易出血区,该处出血后正确的处理方法是( )。
   A. 鼻根部涂紫药水然后安静休息   B. 让幼儿略低头冷敷前额、鼻部
   C. 止血后半小时内不剧烈运动   D. 让幼儿仰卧休息

2. 被黄蜂蜇伤后,正确的处理方法是( )。
   A. 涂肥皂水   B. 用温水冲洗   C. 涂食用醋   D. 冷敷

3. 教师对幼儿说:"不准乱跑,不准插嘴,不准争吵……"这样的话语,所违背的教育原则是( )。
   A. 正面教育   B. 保教结合   C. 因材施教   D. 动静交替

4. 周老师在活动课中趁孩子自主游戏的时候拿出手机看微信,并给有些孩子看手机上漂亮的图片和有趣的小视频。周老师的做法( )。

A. 不正确,不利于公平地对待幼儿　　B. 不正确,不利于保护幼儿的安全
C. 正确,有助于拓宽幼儿的知识面　　D. 正确,有助于建立和谐的师幼关系

5. 李老师与大班幼儿面对面,自由地坐在塑胶地上。李老师对幼儿说,请你们想一个办法到老师面前来,乐乐想到了前滚翻,动作不怎么标准,翻到了一边。对此,李老师恰当的说法是(　　)。

A. 动作不标准,重新做一遍　　B. 乐乐的想法真奇妙,要注意安全
C. 这样不好,会踢到旁边的小朋友　　D. 乐乐真勇敢,大家要向他学习

实训任务

1. 设计一篇幼儿安全教育活动方案,年龄班不限。
2. 调查关于一个幼儿的安全教育措施。

语　言

核心理念

语言是交流和思维的工具。幼儿期是语言发展，特别是口语发展的重要时期。幼儿语言发展贯穿于身心发展的各个领域，对其他领域的发展有至关重要的影响。幼儿在运用语言进行交流的同时，也在发展着人际交往能力、对交往情境的判断能力、组织自己思想的能力等，并通过语言获取信息，逐步使学习超越个体的直接感知。

幼儿的语言能力是在交流和运用的过程中发展起来的。应为幼儿创设自由、宽松的语言交往环境，鼓励和支持幼儿与成人、同伴交流，让他们想说、敢说、喜欢说，并能得到积极回应。提供丰富、适宜的低幼读物，经常和幼儿一起看图书、讲故事，有利于丰富其语言表达能力，培养良好的阅读兴趣和习惯，进一步拓展学习经验。

幼儿的语言学习需要相应的社会经验支持，应在生活情境和阅读活动中培养幼儿对文字的兴趣，通过机械记忆和强化训练过早识字不符合幼儿的学习特点和接受能力。

——《3—6岁儿童学习与发展指南》

第六单元
幼儿语言教育概述

幼儿语言教育是研究3~6岁幼儿语言发展的特点及其教育的一门学科。本单元在分析幼儿语言发展特点的基础上,从明确幼儿语言教育的意义、树立正确的幼儿语言教育观念入手,阐述幼儿语言教育的目标。

第一课 幼儿语言发展与幼儿语言教育

一、幼儿语言发展的特点

语言是人类社会中客观存在的现象。语言是以语音为物质外壳,由词汇和语法两部分构成的符号系统,是人类最重要的交际工具。传统语言学将语音、词汇和语法称作"语言三要素"。词汇是语言里词和词的等价物的总汇,它标示着一定的事物,是语言的建筑材料;语法是词的构成和变化规则及组词成句规则的总和,是语言的"间架",它的语法规则反映着人类思维的逻辑规律;语音是语言的物质外壳,是词汇和语法的存在和表现形式。下文将从语音、词汇、语法三个方面阐述幼儿语言发展的特点。

（一）幼儿语音发展的特点

语言的交际功能要借助语音才能实现。幼儿期是掌握语音的关键时期,同时也是幼儿语音可塑性最大的时期。在不同年龄段,幼儿语音发展的特点不同。

3~4岁幼儿的发音中,相比较而言,韵母发音的正确率较高,声母发音的正确率则稍低。该时期,幼儿言语器官尚未得到充分发展,他们还不能协调地使用发音器官,即不会运用发音器官的某些部位,或者不能掌握某些发音方法,以致发音不清楚、不准确。在发某些声母时,幼儿常常把握不好,并出现相互替换的情况。如翘舌音zh、ch、sh常被替换成舌尖前音z、c、s或舌面音j、q、x,如"汽车"说成"汽切","这个"说成"介个","老师"说成"老西""老司"等。4岁以后,幼儿发音的正确率有明显提高。

4~5岁幼儿的发音器官已发育完善,能正确发大多数的音。如果能够坚持练习并进行反复的语言实践,基本能够掌握全部的语音了。只是对某些相似的音发音仍有困难,需要反复练习加以区分,如n、l等。

5~6岁幼儿能做到发音正确、咬字清楚,并能区分四声音调。一般来讲,6岁左右的幼儿经过训练都能做到口齿清楚、正确发音,如果某些幼儿仍然存在发音不清的状况,应引起成人的注意。另外,6岁左右的幼儿对语音的意识开始形成了。他们开始能自觉辨别发音是否正确,自觉模仿正确的发音,纠正错误的发音。语音意识的形成使幼儿学习语言变得自觉主动,对于幼儿语言的发展具有重要的作用。

（二）幼儿词汇发展的特点

词是语言的基本构成要素。词汇是否丰富,使用是否恰当,都直接影响语言表达能力。幼儿词汇的发展主要是通过口语词汇的掌握而体现的。3~6岁幼儿词汇的发展主要表现在词汇数量的增加、词类范围的扩大、词义理解渐深、开始有一定的构词能力等方面。

1. 词汇数量迅速增加

幼儿期是掌握词汇最迅速的时期。随着年龄的增长,词汇数量几乎以每年增长一倍的速度扩充,具有直线上升的趋势。相关研究表明,3岁幼儿的词汇可达800~1 000个,4岁可达1 600~2 000个,5岁增至2 200~3 000个,6岁则达到3 000~4 000个。

2. 词类范围日益扩大

词可以分为实词和虚词两大类。实词是指意义比较具体的词,包括名词、动词、形容词、数量词、代词、副词等;虚词是指意义比较抽象,不能单独作为句子成分的词,包括连词、介词、助词、语气词等。幼儿一般先掌握实词,然后掌握虚词。

3~4岁左右的幼儿所掌握的词汇,以名词和动词为主。那些代表具体事物的名词和具体动作的动词是幼儿生活中常常经历和感知到的,因此较易掌握;对于形容词的运用也有了初步发展,但只能掌握例如大、小、冷、热、长、短、胖、瘦等的词语,运用上也往往不够准确,常常用大、小来代替其他表示比较的形容词;还很难把握数词和量词,直到5岁以后才能熟练掌握。6岁时,幼儿所掌握的词类已经相当丰富。

幼儿词类的扩大还表现在词汇内容的变化上。幼儿一般最初掌握的是与饮食起居等日常生活活动直接相关的词,之后会逐渐积累一些与日常生活距离稍远的词汇,甚至开始掌握与社会现象相关的词。

3. 词义理解渐深

在词汇量不断增加、词类不断扩大的同时,幼儿所掌握的每个词本身的含义也逐渐确切和加深了。

一方面能理解的是词的具体意义,以后才能比较深刻地理解词义,但仍难理解词的隐喻和转义。如听到成人说"那个人长得很困难",孩子会说"我去帮助他"。大班幼儿开始能理解一些不太隐晦的喻义。

另一方面,对于同一个词,幼儿对其含义的理解水平是不同的。最初掌握词时,对它的理解往往不准确,以后逐渐确切和加深。比如一个1岁左右的婴儿把圆形物称为"鸡蛋",之后可能也会把天上圆圆的月亮和爸爸手中的乒乓球,以及桌上的橘子统称为"鸡蛋"。这说明,最初幼儿对词的理解是笼统的、不确切的,常用一个词来代表多个对象。随着幼儿生活经验的丰富,他们会慢慢区分出事物的差别,从而加深对词的理解。

4. 开始有一定的构词能力

随着幼儿认识能力的发展,他们可以把已经掌握的词拆开,与其他已经熟悉的词重新组合成新词。如可以把"秋天"的"秋"组成秋叶、秋风、秋季、秋雨等词,又可以把"秋天"的"天"组成春天、夏天、冬天、晴天、天空等词。

3~6岁幼儿在词汇的学习上,虽然取得了多方面的发展,各类词都有一定的掌握量,对词语的理解上也渐渐深刻,但词汇量还是比较贫乏的,且词的概括性低,理解和使用上也常常发生错误,因此还须加强词汇教育。

(三) 幼儿语法发展的特点

掌握大量词汇以后,还必须将这些词汇按一定的语法规则合乎逻辑地组织起来,才能准确表达语言的含义,达到交际目的。幼儿语法系统的发展,由于所学语言的不同和幼儿学习语言的主客观条件的不同而表现出不同程度的差异,但是都有一个基本相同的发展过程和特点。幼儿语法发展大致呈现以下特点。

1. 句型从简单句向复合句发展

幼儿最初的句子结构是不完整的,大多发生在2岁之前,主要是单词句和双词句。婴儿一开始只能说一些连主谓语也不分的单词句,句子结构混沌不分,如"狗狗""猫猫"。之后,单词句逐渐分化为只有主谓结构和动宾结构的双词句,如"妈妈抱""坐车车"等。大约2岁以后,句子的结构越来越分明了,复合句逐渐出现。复合句的数量和比例随着年龄的增长而增长。幼儿使用复合句大致有三个特点:一是数量少,比例小。学前初期,复合句在10%以内,随着年龄的增长复合句的比例也在增长,但5~6岁时,仍然在50%以下。二是结构较为松散,大多是简单句意义上的组合,往往省略关联词。三是由于幼儿思维水平的限制,在句型中,联合复句出现较早,偏正复句出现较晚。

2. 句式从陈述句到非陈述句

从陈述句发展到多种形式的句子也是这个时期幼儿语法发展的特点之一。幼儿最初掌握的是陈述句,在学前阶段,陈述句占60%~70%,是幼儿的基本句型;非陈述句中,疑问句产生较早,疑问句的难易程度随着年龄的增长而变化,所占比例不高于15%;祈使句和感叹句一般都在10%以内。

3. 从无修饰句到修饰句

幼儿最初的简单句是没有修饰语的,之后会慢慢出现具有修饰语的句子。据朱曼殊等人的研究,2岁幼儿运用的修饰句仅占20%左右;3~3.5岁是复杂修饰语句的数量增长最快的时期;3.5岁幼儿已达50%以上;3~3.5岁时,幼儿会使用如"大灰狼""小白兔"等修饰语;4岁以后,有修饰的句子开始占优势,如"熊猫有两只黑色的眼睛";到 6 岁时上升至 91.3%。

4. 句子结构逐步严谨且灵活

严格来说,最早出现的单词句和双词句还不是真正的句子,只是一个简单的词语链。幼儿最初的句子不仅简单,而且不完整,漏缺句子成分或句子成分排列不当等现象经常出现。例如,有的 3 岁幼儿把"你用筷子吃饭,我用小勺吃"说成"你吃筷子,我吃勺子";把"老师,我要出去"说成"老师出去"。随着年龄的增长,句子日趋完整和严谨。

由于认识的局限性和词汇的贫乏,幼儿最初说出的语句中只有能表明事情的核心词汇,因此显得内容单调、形式呆板。渐渐地,能稍微加上一些修饰语,使句子的成分变得复杂起来,表现的内容也逐渐丰富、富有感染力了。幼儿句法结构的发展在 4~4.5 岁之间较为明显,5 岁时逐渐完善,6 岁时水平显著提高。

5. 从情境性语言到连贯性语言

幼儿在 3 岁左右时虽然能用词语组成简单的句子来表达自己的意思,但此时他们的讲话多是断断续续,往往需要结合具体的情境,并伴随很多手势和表情来完成。幼儿这种需要听话人边听边猜的情境才能懂得的语言,叫情境性语言。

幼儿在 4~5 岁时,连贯性语言得到发展。连贯性语言是指句子完整、前后连贯、表述明确,使听者不必考虑当时情境就能领会幼儿意思的语言。此时幼儿虽能正确运用简单的句子来表述自己的意思或者简单的见闻,也能独立地讲故事,但由于幼儿对关联词语或某些词义不太熟悉,在表述中仍然存在时断时续、用词不当或逻辑混乱的现象。

6 岁左右的幼儿语言表达能力有了较大提高,他们的知识经验较为丰富,也掌握了较复杂的语言形式,能用多种复句有感情地描述自己的见闻,不仅可以概括故事或图片的主要意思,还能就他人的发言进行评价或补充。

二、幼儿语言教育的研究对象

幼儿语言教育是研究幼儿语言发生发展的现象、规律及其教育的一门科学。

(一) 狭义的幼儿语言教育

幼儿语言教育有广义和狭义之分。狭义的幼儿语言教育仅仅把 3~6 岁幼儿早期掌握母语口语的过程,特别是把 3~6 岁幼儿早期掌握母语的训练和教育作为该学科主要研究的对象,对 3~6 岁幼儿加强口语听说训练。

(二) 广义的幼儿语言教育

广义的幼儿语言教育把 0~6 岁幼儿的所有语言获得和学习现象、规律及其教育作为主要研究的对象,其强调对 0~6 岁幼儿应加强听说读写的训练。广义的幼儿语言教育也着重于幼儿语言运用能力的培养,提高幼儿运用语言进行交际的能力,在使幼儿积极运用语言认识世界,形成自己的思想的同时,还要致力于使其接受文化的陶冶。这种语言教育在促进幼儿语言发展的同时,又提供思维的培养、情感的陶冶、文化的传递以及交际的机会。

三、幼儿语言教育的意义

(一) 促进幼儿认知能力的发展

幼儿语言发展与认知发展相互促进、共同发展。一方面,幼儿的认知发展水平决定语言发展水平。幼儿处于前运算阶段,只能掌握情境性很强的语言,而到具体运算阶段时,才有可能掌握连贯性语言。并且,抽象的词汇和语法的掌握有赖于认知的发展。另一方面,语言作为一种心理表征符号,一旦被个体所理解和掌握,就能够对认知的发展起推动和加速作用,主要表现为增加认知的速度、广度和强度,使认知过程具有极大的主动性和普遍性。没有语言这种工具,个体的认知始终会停留在个人心理层面。

一方面,通过语言能加深和巩固幼儿初步形成的概念。例如:在语言的作用下,幼儿晚期开始理解"动物""植物"等类概念,将"羊、狗、老虎、狮子、兔"等归为动物,开始对"孤单""喜欢""分享""讨厌"等抽象的概念有了一定的认识。另一方面,语言能指导并参与认知加工过程。语言的发展也为幼儿创造性思维的萌发和发展起到了推动作用。例如:幼儿园请方老师来指导幼儿园活动,小班幼儿自发地将这位年龄较大的老师称为"外婆老师"。"方老师"的称谓对这个班的幼儿来说是不熟悉的。相比而言,老师与外婆相近的形象却是幼儿熟悉的,于是"外婆老师"就应运而生了。这是幼儿期语言引发创造的比较普遍的现象。

(二) 促进幼儿社会性的发展

幼儿社会化是幼儿在一定的条件下逐渐独立地掌握社会规范,正确处理人际关系,妥善自治,从而客观地适应社会生活的心理发展过程。影响幼儿社会化的条件有社会环境系统、生物因素和心理工具。其中,心理工具指幼儿的符号系统,主要是语言。语言的发展帮助幼儿逐步发展对外部世界、他人和自己的认识,使幼儿社会性发展得以正常进行。语言发展对幼儿社会性发展的促进作用表现在以下两个方面。

1. 提高幼儿社会交往能力

随着幼儿语言能力的提高,其社会交往能力也得到了很大改善。有了语言之后,个人的内心活动就可以彼此交流了,思维的发展促使他能够把这种思维告诉别人了。一方面,幼儿可以使用语言讲出自己的感受和需要,让成人或同伴及时了解自己或引起他人的注意;能用语言清楚表达自己情感的幼儿通常能够受到他人的欢迎和喜爱,使其情感获得极大满足。另一方面,可以使用语言调节自身的行为,掌握自我评价的标准。例如,在与他人交际中,幼儿逐渐学会使用语言而不是身体动作的侵犯,学会通过语言协商而不是发脾气或其他粗暴行为来解决与他人之间的争端或冲突。

幼儿口语能力增强,敢在集体面前讲话,就容易获得交际中的成功体验,这又提高了幼儿学习语言和运用语言的积极性。交际中吸收的知识和词汇,又可提高他们的交际水平。如此良性循环,逐渐使幼儿喜欢交际,善于交际,为以后适应社会打下良好的基础。

2. 促进幼儿道德的发展

幼儿的道德行为和道德判断也是在幼儿掌握语言以后才逐步产生的,而且多少包含了一些意志行动的成分在内。语言获得初期,随着在日常生活中自己良好的行为获得成人"好""乖"的评价,能在成人的要求下做出一些合乎道德要求的行为。随着语言和认知的进一步发展,3岁后幼儿的道德感开始形成,他们逐渐通过交往和模仿学习,掌握了一些行为规范和道德标准,还开始关心别人的行为是否符合道德标准并由此产生相应的满意或不满的情感,各种道德习惯也逐渐养成。

(三) 促进幼儿个性的发展

个性通常指个人具有的比较稳定的、有一定倾向性的心理特征的总和,包括气质、性格、动机、兴趣、意志、理想等。个性心理特征调整着个体心理过程的进行,影响人的外显行为和内隐行为,因此个性是心理及行为的动力来源。

幼儿语言的发展使其得到巨大的个人乐趣和满足,从而导致其个人或社会的良好调节,对其性格形成和发展带来积极影响。语言的发展,使幼儿有可能与成人直接进行语言交往,通过自己观察周围其他人对事物的态度、行为方式和成人强化方式,直接或间接学习为人处世的方式,获得有关"什么是礼貌的行为、什么叫诚实"等经验。

(四) 为幼儿学习书面语言打好基础

听、说是读、写的基础,是入学后顺利过渡到正式学习的重要条件。学前阶段成人如果能有意识地培养孩子口头组词、造句和口语表达能力,让孩子现想现说、有条有理地说,可以促进孩子思维的敏捷性、灵活性和逻辑性的发展。幼儿口头组词、组句、表达能力的发展,进一步迁移到书面语言的练习中,就能促进文字表达能力的发展。因此,进行幼儿语言教育、发展口语表达能力,正是为幼儿入学后学习书面语言打下良好的基础。

第二课 幼儿语言教育的基本观念

对幼儿进行语言教育首先需要明确语言教育是什么、语言教育和其他领域的教育有何关系、以何种途径实施语言教育等问题,对这些基本问题的回答,构成了幼儿语言教育的三个基本观念,即完整语言教育观、整合教育观和活动教育观。在对幼儿进行语言教育时,应以当代幼儿语言教育的基本观念为指导,重新思考幼儿语言教育目标、内容和方法。

一、完整语言教育观

（一）语言教育目标是完整的

完整的语言教育目标应该包括培养幼儿听、说、读、写四个方面的情感态度、认知和能力。对幼儿来说，主要是培养他们的听、说能力和良好的听、说行为习惯，同时使他们获得早期的读、写技能，为其进入小学进行正规的读、写作前期准备。在所有目标中，培养幼儿的语言运用能力应成为幼儿语言教育的重点。

（二）语言教育内容是全面的、完整的

全面的语言教育内容是指在语言教育中，既要让幼儿学习口头语言，也要引导幼儿学习书面语言；既要让幼儿理解和运用日常交往语言，也要引导幼儿学习文学语言。

（三）语言教育活动的情境是真实的、形式多样的

完整的语言教育目标和内容要求语言教育活动的真实性和形式多样性。教育活动的真实性是指教师在组织活动时应着眼于创设真实的双向交流情境，使语言教育活动的过程成为教师与幼儿共同建设的、积极互动的过程。在专门的和日常语言教育活动中，应为幼儿提供一个完整的、真实的语言学习环境。

二、整合教育观

受幼儿语言学习系统理论的影响，当代幼儿语言教育出现了整合的趋向。整合教育的观念意味着把幼儿语言学习看成是一个整合的系统，充分意识到幼儿语言发展与其他方面的发展是整合一体的关系。

（一）教育目标的整合

教育目标的整合是指在制定语言教育目标时，既要考虑完整语言各组成成分的情感、能力和知识方面的目标，也要考虑在语言教育中可以实现哪些与语言相关的其他领域的目标。同时也需要考虑哪些语言教育的目标可以在其他领域的教育中得以实现，使语言教育的目标成为以促进幼儿的语言发展为主线，同时促进幼儿其他方面发展、整合的目标体系。

（二）教育内容的整合

幼儿在学习语言的过程中，他们对每一个新词、每一种句式的习得，都是社会知识、认知知识、语言知识整体作用的结果。

根据语言教育内容整合性的特点，在选择教育内容时，要充分考虑社会知识、认知知识和语言知识的有效结合。因而，要在整体上设计语言教育活动的内容，帮助幼儿在教育过程中完成整个语言学习系统的吸收与调适。如组织散文欣赏活动"落叶"时，可以先带幼儿去树林感受秋天到来落叶飘落的景象，倾听脚踩在落叶上发出的清脆声音，引导幼儿思考秋天树叶为什么要凋零，在组织活动中让幼儿感受散文独特的语言魅力等。

（三）教育方式的整合

目标与内容的整合，同时牵制着语言教育方式的整合走向。教育方式的整合是指组织语言活动时，以多种语言的组织形式来架构语言教育内容，在活动中糅合多种幼儿发展因素，允许多种与幼儿发展有关的符号系统的参与，从而促使幼儿在外界环境因素的刺激和强化作用下，产生积极地运用语言与人、事、物交往的愿望和需要，并主动地通过各种符号手段（包括音乐、美术、动作、语言等）作用于环境。在这种整合的语言教育环境中，幼儿不再单纯地学习说话，被动地接受教师传递的语言信息，而是获得了语言和其他方面共同发展的机会，成为主动探求并积极参与语言加工的创造者。如在组织儿歌学习活动"小老鼠的梦"时，教师配乐朗诵儿歌，幼儿加入动作表演儿歌或画一画儿歌内容。通过多种教育方式的参与，促进了幼儿各方面能力的发展。

三、活动教育观

语言教育的活动观以皮亚杰的幼儿发展理论作为主要理论来源。幼儿语言教育的活动观具体体现在教育过程之中，要求教师更多地为幼儿提供充分操作语言的机会、鼓励幼儿以多种方式操作语言、发挥幼儿在操作语言过程中的主动性等。

（一）为幼儿提供充分操作语言的机会

幼儿的语言发展是通过幼儿个体与外界环境中的各种语言和非语言材料交互作用逐步获得的。幼儿

发展需要外界环境中的人、事、物的各种信息,但这些信息不是由成人灌输和强迫幼儿接受的,而是在没有压力、非强迫的状态下,幼儿通过自身积极与之相互作用而主动获得的。

(二) 通过多种形式的操作,促进幼儿语言的发展

幼儿语言的发展有赖于认知的发展,而认知的发展主要依靠幼儿自身的动作。幼儿正处于动作思维向具体形象思维发展的阶段,对客观事物的认识主要依赖于自身的各种操作活动,通过动手、动脑和手脑并用的操作来与环境发生交互作用。在亲身体验中增强幼儿语言操作的积极性,获得愉快成功的体验。在对操作材料的探索中,激发学习的内在兴趣和动机,变被动学习为主动学习,真正实现以活动的形式促进幼儿语言的发展。

(三) 注意在活动中发挥幼儿的主体作用和教师的主导作用

1. 幼儿的主体地位

在设计组织幼儿语言教育活动时,应充分考虑内容和形式要适应幼儿的发展水平与需要;幼儿在活动过程中要始终有积极的动机、浓厚的兴趣和主动参与的精神,而不是被动、消极的受教育者;活动要为每个参与者(幼儿)提供适应他们发展特点和需要的环境条件。当某些幼儿因个体发展差异而出现不适应的情况时,可以通过适当调整使之愉快积极地投入学习。

2. 教师的主导作用

(1) 通过提供良好的语言教育环境——语言材料、操作材料、适当的语言环境和氛围,来体现教师的有关教学目标构想,安排和组织幼儿与一定的语言材料及相关的信息材料相互作用。

(2) 教师通过提示或暗示、提问、讲述、示范等方法,指导幼儿感知和探索,帮助幼儿获取相关的语言信息,找到获得知识的途径,从而完成学习任务。

在语言教育实践中,教师应以上述基本观念为指导去确定语言教育目标,选择幼儿的语言学习内容,并设计语言活动的过程,开展具体的活动,使语言教育能切实有效地促进幼儿语言发展。

第三课 幼儿语言教育的目标和内容

一、幼儿语言教育的目标

幼儿语言教育目标是幼儿教育总目标在语言领域的具体化,它指出了通过语言教育所要达到的预期效果。同时,它也是语言教育效果的评价标准。

(一) 幼儿语言教育目标的分类结构

从幼儿语言学习的角度来分,可以分为倾听、表述、欣赏和阅读四个方面的目标。

1. 倾听行为的培养

在幼儿阶段,培养幼儿倾听行为是十分重要的。倾听是幼儿感知和理解语言的行为表现。通过教育,培养他们具有三种倾听的技能:一是有意识倾听,集中注意力的倾听;二是辨析性倾听,分辨不同内容的倾听;三是理解性倾听,掌握倾听主要内容、连接上下文意思的倾听等。

2. 表述行为的培养

表述是幼儿语言学习和发展的主要表现之一。在幼儿语言活动中,表述的方式可以分为以下种类:个人独白、集体讲述、对话交谈等。幼儿表述能力发展的重点主要在于学习正确恰当的口语表达,从语音、语法、语义以及语用四个方面掌握母语的表达能力,由简到繁、由短到长地提高表述水平。

3. 欣赏文学作品行为的培养

幼儿文学作品是由语言艺术构成的,带有口语的特点,却又不同于口语。欣赏文学作品是感知理解文学作品并尝试操作艺术语言方式的行为。幼儿在学习文学作品的过程中综合语言能力的养成,可以使幼儿增强对语言和文字的敏感性,较好地学习理解文学作品,初步感知不同类型文学作品的特点和构成。

4. 早期阅读行为的培养

早期阅读行为是指幼儿从口头语言向书面语言过渡的前阅读、前识字和前书写准备。其中包括

幼儿知道图书和文字的重要性,愿意阅读图书和辨认汉字,掌握一定的阅读和书写的准备技能等。可见,早期阅读行为的培养主要在于激发幼儿阅读的兴趣,养成良好的阅读习惯,掌握早期阅读的有关技能。

(二)幼儿语言教育目标的层次结构

幼儿语言教育目标一般可以分解为语言教育的总目标、年龄阶段目标和具体活动目标三个层次。

1. 幼儿语言教育的总目标

《纲要》提出语言领域的总目标为:

> 乐意与人交谈,讲话礼貌;
> 注意倾听对方的讲话,能理解日常用语;
> 能清楚地说出自己想说的事;
> 喜欢听故事、看图书;
> 能听懂和会说普通话。

《指南》在语言领域的目标分为"倾听与表达""阅读与书写准备"两个方面,其发展目标分别如下:

倾听与表达
    目标1　认真听并能听懂常用语言
    目标2　愿意讲话并能清楚地表达
    目标3　具有文明的语言习惯

阅读与书写准备
    目标1　喜欢听故事,看图书
    目标2　具有初步的阅读理解能力
    目标3　具有书面表达的愿望和初步技能

2. 幼儿语言教育的年龄阶段目标

《指南》中语言领域从倾听与表达、阅读与书写准备两个方面,提出了6条目标,并提出了年龄阶段目标,详见表2-6-1至表2-6-6。

(1)倾听与表达

表2-6-1　目标1　认真听并能听懂常用语言

3～4岁	4～5岁	5～6岁
1. 别人对自己说话时能注意听并做出回应 2. 能听懂日常会话	1. 在群体中能有意识地听与自己有关的信息 2. 能结合情境感受到不同语气、语调所表达的不同意思 3. 少数民族幼儿能基本听懂普通话	1. 在集体中能注意听老师或其他人讲话 2. 听不懂或有疑问时能主动提问 3. 能结合情境理解一些表示因果、假设等相对复杂的句子

表2-6-2　目标2　愿意讲话并能清楚地表达

3～4岁	4～5岁	5～6岁
1. 愿意在熟悉的人面前说话,能大方地与人打招呼 2. 愿意表达自己的需要和想法,必要时能配以手势动作 3. 能口齿清楚地说儿歌、童谣或复述简短的故事	1. 愿意与他人交谈,喜欢谈论自己感兴趣的话题 2. 基本会说普通话的日常会话。少数民族聚居地区幼儿愿意学说普通话 3. 能基本完整地讲述自己的所见所闻和经历的事情 4. 讲述比较连贯	1. 愿意与他人讨论问题,敢在众人面前说话 2. 会说普通话,发音正确、清晰。少数民族聚居地区幼儿会用普通话进行日常简单会话 3. 能有序、连贯、清楚地讲述一件事情 4. 讲述时能使用常见的形容词、同义词等,语言比较生动

表 2-6-3　目标 3　具有文明的语言习惯

3~4 岁	4~5 岁	5~6 岁
1. 与别人讲话时知道眼睛要看着对方 2. 说话自然,声音大小适中 3. 能在成人的提醒下使用恰当的礼貌用语	1. 别人对自己讲话时能回应 2. 能根据场合调节自己说话声音的大小 3. 能主动使用礼貌用语,不说脏话、粗话	1. 别人讲话时能积极主动地回应 2. 能根据谈话对象和需要,调整说话的语气 3. 懂得按次序轮流讲话,不随意打断别人 4. 能依据所处情境使用恰当的语言。如在别人悲伤时会用恰当的语言表示安慰

（2）阅读与书写准备

表 2-6-4　目标 1　喜欢听故事,看图书

3~4 岁	4~5 岁	5~6 岁
1. 经常主动要求成人讲故事、读图书 2. 喜欢跟读韵律感强的儿歌、童谣 3. 爱护图书,不乱撕乱扔	1. 经常反复看自己喜欢的图书 2. 喜欢把听过的故事或看过的图书讲给别人听 3. 对生活中常见的标识、符号感兴趣,知道它们表示一定的意义	1. 经常专注地阅读图书 2. 喜欢与他人一起谈论图书和故事的有关内容 3. 在阅读图书和生活情境中对文字符号感兴趣,知道文字表示一定的意义

表 2-6-5　目标 2　具有初步的阅读理解能力

3~4 岁	4~5 岁	5~6 岁
1. 能听懂短小的儿歌或故事 2. 会看画面,能根据画面说出图中有什么,发生了什么事等 3. 能理解图书上的文字是和画面对应的,是用来表达画面意义的	1. 能大体讲出所听故事的主要内容 2. 能根据连续画面提供的信息,大致说出故事的情节 3. 能随着作品的展开产生喜悦、担忧等相应的情绪反应,体会作品所表达的情绪情感	1. 能说出所阅读的幼儿文学作品的主要内容 2. 能根据故事的部分情节或图书画面的线索猜想故事情节的发展,或续编、创编故事 3. 对看过的图书、听过的故事能说出自己的看法 4. 能初步感受文学语言的美

表 2-6-6　目标 3　具有书面表达的愿望和初步技能

3~4 岁	4~5 岁	5~6 岁
1. 喜欢用涂涂画画表达一定的意思 2. 尝试正确握笔	1. 愿意用图画和符号表达自己的愿望和想法 2. 在成人提醒下,写写画画时姿势正确	1. 愿意用图画和符号表现事物或故事 2. 会正确地写自己的名字 3. 写写画画时姿势正确

3. 幼儿语言教育活动目标

幼儿语言教育的活动目标是指在某一具体的教育活动中要达到的目的,一般由教师制定。活动目标大多是一次活动中要完成的任务。从目前幼儿课程改革的情况来看,也有许多是一组相近的活动或一个主题系列活动的目标,它们使具体的教育内容紧密地联系在一起。

就具体的语言教育活动来看,因为语言教育活动的整合性,所以活动目标不局限于语言领域。幼儿不仅学习和运用各种语音、语汇和句式,而且还要有品德、智力及健康方面的渗透目标。如中班诗歌《贺年片》:"小雪花,六个瓣儿。飘到哪儿,飘到这儿。飘到我们的画纸上,变成张张贺年片儿。送给谁？写得清：祝愿爸爸妈妈更年轻,爷爷奶奶就像老寿星。"其活动目标除包括学习诗歌、朗诵诗歌、欣赏诗歌的韵律外,还包括要结合理解诗歌内容体验到关心他人、孝敬长辈的情感,这是属于情感和社会性发展的目标。

案例　　　　　　　　　　**诗歌《摇篮》(中班)**

　　蓝天是摇篮,摇着星宝宝,白云轻轻飘,星宝宝睡着了。
　　大海是摇篮,摇着鱼宝宝,浪花轻轻翻,鱼宝宝睡着了。
　　花园是摇篮,摇着花宝宝,风儿轻轻吹,花宝宝睡着了。
　　妈妈的手是摇篮,摇着小宝宝,歌儿轻轻唱,宝宝睡着了。

活动目标
1. 理解诗歌内容,学习用轻柔、优美的声音朗诵诗歌。
2. 尝试根据诗歌的结构进行仿编,表现诗歌美好的意境。
3. 体验仿编诗歌带来的成就感。

　　具体活动目标与语言教育的总目标、年龄阶段目标应该是一致的。应当说,具体活动目标是总目标和年龄阶段目标最终的分解和具体化,是为年龄阶段目标和语言教育总目标服务的;从另一方面说,在每一个具体活动目标实施的过程中,每一次具体活动目标的实现,都是向完成年龄阶段目标和语言教育的目标迈进了一步。通过具体活动目标的积累,最终实现幼儿的语言教育目标。在教育实践过程中,教师应该把握好各个层次教育目标的内涵及相互关系。

二、幼儿语言教育的内容

　　幼儿语言教育的内容是学前教育机构为幼儿提供的语言形式、语言内容和语言运用的基本知识、基本态度及基本行为方式的总和,是幼儿学习语言、获得语言经验的载体,是实现语言教育目标的手段,是教师设计和实施语言教育活动的主要依据。在幼儿园中,语言教育内容既包括教师有目的、有计划地组织的专门活动内容,也包括渗透在幼儿入园、进餐、盥洗、游戏、散步、离园等各个环节之中以及其他领域活动中的语言教育内容。

(一) 专门的语言教育内容

　　专门的语言教育内容是根据既定的语言教育目标,为幼儿提供进行充分语言互动的环境,使他们有机会对日常生活中获得的零碎语言经验进行提炼和深化,达到对语言规则的理解和有意识地运用。

　　1. 谈话活动

　　谈话是人与人之间运用问答、对话的语言手段进行交往的一种基本能力。谈话在培养语言交际意识、情感、能力方面有特别重要的意义。

　　幼儿园专门的谈话活动是一种有目的、有计划地组织幼儿学习的语言教育活动。这种活动旨在创造一个宽松、愉快的语言环境,帮助幼儿学习倾听别人的谈话,围绕一定的话题进行谈话,习得与别人交流的方式、规则,培养与人交往的能力。它与日常谈话是有区别的,日常谈话是幼儿在日常生活中所进行的谈话,是无预期目标和计划的谈话,具有自发性和随意性。从话题上来说,日常谈话是没有目标的,是幼儿随意产生的;从时间上来说,也是在自由活动时产生的。

　　2. 讲述活动

　　讲述活动主要为幼儿创设较为正式的口语表达情景,使幼儿有机会在集体面前表达对某一图片、实物或情景的认识、看法等,学习表述的方法和技能。这类活动运用的是独白语言,是比谈话活动更为复杂、周密的一种口语表达形式,是我国幼儿园语言教育中颇具特色的一种教育内容。

　　3. 文学活动

　　幼儿文学活动是以幼儿文学作品为基本教育内容而设计组织的语言教育活动,它从一个具体的文学作品教学入手,围绕着这个作品展开的一系列相关的活动,帮助幼儿理解文学作品所展示的丰富、优美的艺术语言和生动、有趣的情节,是幼儿园语言教育的重要内容。具体内容有:聆听与理解、感受文学作品;朗诵与表现文学作品;仿编与创编文学作品。

　　4. 早期阅读活动

　　早期阅读是指幼儿对简单的文字、图画、标记等的阅读活动,其中包括知道图书和文字的重要性,愿意阅读图书和汉字,学习初步的阅读和书写的准备技能等。早期阅读是幼儿由口头语言向书面语言过渡的前期阅读准备和前期书写准备,有利于理解口语与文字之间的关系。具体的内容有:前图书阅读经验,前识字经验,前书写经验。

(二) 渗透的语言教育内容

1. 渗透的语言教育的价值

渗透的语言教育内容,主要是利用幼儿各种生活和学习经验,在真实的生活情景中为幼儿提供更加广泛的、多种多样的语言学习的机会,使幼儿更好地运用语言获得新的生活经验和其他方面的学习经验。渗透的语言教育内容既可以使幼儿更好地学习语言,也可以促进幼儿在日常生活、游戏活动和其他学习活动中的语言交流。

渗透的语言教育内容的核心是促进幼儿与教师之间、同伴之间有效的语言交流。在教育实践中,不少教师缺乏与幼儿沟通的必要技能,缺乏倾听的耐心,普遍存在着幼儿与教师之间的言语交流质量不高、幼儿之间相互交流机会很少等问题。因此,教师要充分认识渗透的语言教育内容和活动对幼儿全面发展的重要性,在组织好专门语言教育活动的同时,向幼儿提供多种学习语言的机会。

2. 渗透的语言教育内容的范围

渗透的语言教育内容主要出现于以下三种情景中。

(1) 日常生活的语言交往

利用日常生活中的各种机会,让幼儿在与同伴和教师的相互作用中主动获得语言的发展。例如:利用晨间谈话组织幼儿谈话是让幼儿学会听与说;与幼儿一起看图书,让幼儿根据同样的画面,大胆地发表自己的见解,从而让幼儿互相学习和促进。

具体而言,渗透在幼儿日常生活过程中的语言教育,应帮助幼儿获得以下的语言经验:注意倾听、理解和执行生活常规及成人的指令性语言;学会运用礼貌语言与他人交往;学习运用语言向他人表达自己的需求,对他人的要求作出恰当的应答;学习运用恰当的语言解决与同伴之间的冲突。

(2) 自由游戏活动中的语言交流

在自由游戏中,语言成为幼儿与同伴进行交往、合作、分享的工具,渗透在自由游戏活动中的语言教育可以帮助幼儿获得以下语言经验:学会运用玩具结合动作自言自语,进行娱乐或练习;学会自己选择游戏的内容、材料、伙伴或其他;在游戏中,学会用恰当的词句或语气与同伴展开讨论或解决与同伴的冲突。

(3) 其他领域活动中的语言教育渗透

在其他领域中的语言教育可以帮助幼儿获得语言经验:注意集中倾听教师布置活动任务;能积极主动地参与互动,提出问题或者解答问题;能连贯完整地讲述所观察到的事物;学习运用语言促进具体领域知识的掌握和表达能力的提高。

 思考与练习

1. 简述幼儿语言发展的特点。
2. 简述幼儿语言教育的整合观、活动观、完整观的基本内涵及相互之间的本质关系。
3. 简述幼儿语言教育目标的结构。

 赛证真题

单项选择题

1. 婴儿说"妈妈抱""要牛奶""外面玩"等句式,一般被称为( )。
   A. 单词句   B. 双词句   C. 简单句   D. 复合句
2. 2～6岁儿童掌握的词汇数量迅速增加,词类范围不断扩大,该时期儿童掌握词汇的先后顺序是( )。

A. 动词、名词、形容词　　　　　B. 动词、形容词、名词
C. 名词、动词、形容词　　　　　D. 形容词、动词、名词

3. 发展幼儿语言表达能力的关键是让他们(　　)。
A. 多交流多表达　　　　　　　B. 多模仿别人说话
C. 多认字多写字　　　　　　　D. 多背诵经典

4. 幼儿园语言教育培养幼儿最主要的能力是(　　)。
A. 交往、合作和交流　　　　　B. 表现、表达和创造
C. 阅读、想象和表演　　　　　D. 倾听、理解和表达

实训任务

1. 以身边的幼儿作为观察对象,挑选语言发展较好和较弱的幼儿各一个作为个案,通过调查访谈,从生理因素、心理因素、环境因素等方面来分析影响幼儿语言发展的因素。

2. 结合幼儿园见习、实习经历和已有的知识经验,以案例为载体,分析幼儿语言教育的意义。题目自拟,立意自定,不少于500字。

3. 请运用所学知识,对中班语言活动"蚂蚁飞上天"的活动目标进行深入评析,并修改。

4. 请为中班语言活动"请进来"设计活动目标。

蚂蚁飞上天

请进来

第七单元
幼儿谈话活动设计与指导

谈话活动是人们日常生活中非常普遍而又极为重要的活动。在幼儿谈话活动中,教师根据一定的语言教育目标,选择合适的谈话内容,将语言教育的任务付诸实践,对幼儿的语言发展产生影响。谈话活动能激发幼儿与他人交谈的兴趣,帮助幼儿习得谈话的基本规则,增强幼儿通过交流获取信息的意识,引导幼儿关注周围生活,促进幼儿建立良好的同伴关系。谈话活动具有独特的促进幼儿语言发展的功能。

第一课 幼儿谈话活动概述

一、幼儿谈话活动的概念

幼儿谈话活动是教师有目的、有计划地组织幼儿通过相互交谈来学习语言的教育活动。这种活动旨在创造一个良好的语言环境,帮助幼儿学习倾听别人谈话,围绕一定话题进行谈话,习得与别人交流的方式、规则,培养与人交往的能力。

幼儿谈话活动与日常交谈最大的区别就在于:日常交谈是没有预期目标和计划的自发的谈话,而幼儿谈话活动是有目的、有计划地为幼儿创造交谈的机会。当然两者并不是截然不同的。幼儿的日常交谈是幼儿谈话活动的语言基础,幼儿谈话活动中的语言学习又有助于提高他们日常交谈水平。所以,这两种不同场合的语言形式,对促进幼儿运用口头语言、与他人交往能力的发展有着相互促进的影响,也都是提高幼儿语言能力的好机会。

二、幼儿谈话活动的主要特征

(一)有具体、有趣的中心话题

谈话活动中共有的话题限定了幼儿交流的范围,主导了幼儿谈话的方向,使幼儿交谈带有一定的讨论性质,促进幼儿的谈话向纵深发展。以谈话活动"我喜欢的图画书"为例,如果教师将幼儿的谈话范围限定在每个人喜欢的书这一方面,幼儿的交流便随着教师的指导,围绕着"我喜欢的图画书"层层深入,不会使话题游离于"我喜欢的图画书"话题之外。

在幼儿园的谈话活动中,成功的中心话题往往必须具备三个特征。

1. 幼儿对中心话题具有一定的经验基础

"生活是语言的源泉。"幼儿的生活经验越多,谈话的素材积累得越多,谈话的内容便越丰富,谈得就越生动、形象。幼儿生活中出现某些大家共同经历的事,或是电视台新近放映的一部动画片等,能够使幼儿产生交流和分享的愿望,就可成为有趣的话题。

2. 幼儿对中心话题要有一定的兴趣

谈话活动的内容首先应该是幼儿感兴趣的,能够像磁铁一样紧紧吸引幼儿的注意力,让他们想说、愿说、敢说、能说。若谈话主题幼儿不熟悉,如"糖果原料加工",幼儿便无法就这一话题进行饶有兴趣的谈话。

3. 中心话题应是幼儿共同的关心点

谈话活动是一个双向或多向的活动,仅有个别幼儿的关注和喜爱还不够,必须是大家共同关心的话题。调动大多数幼儿参与到活动中来,谈话的目标才能实现。

例如,幼儿喜爱的话题有:

我最喜欢的……(人物、动物、玩具、图书、衣服等);

我和我周围的人(爸爸妈妈、爷爷奶奶、老师及同伴等);

我和节日(母亲节、六一儿童节、国庆节、春节等);

我参加的一些活动(春游、参观、访问、旅游、探亲访友等);

周围环境的变化(花草树木、建筑物、道路、居住环境等)。

(二) 有一个宽松自由的语言环境

一个自由宽松的语言环境包括物质和心理两方面。教师可以利用墙饰、活动角布置、座位的安排等,为谈话活动创设一个物质上丰富新奇的交谈氛围;在谈话活动中,教师可引导幼儿围绕自己感兴趣的中心话题,自由地表达个人见解,为幼儿谈话创设一个心理上宽松自由的交谈氛围。例如在"我喜爱的糖果"谈话活动中,幼儿根据自己的经验、感受,谈论自己带来的糖果、自己最喜爱的糖果、自己认为最有趣的糖果。有的幼儿认为巧克力是最好吃的糖果,并说出一定的理由;有的幼儿则喜欢音乐糖,因为一吃会发出好听的音乐声;还有的幼儿对一种特殊的糖果——魔怪糖感兴趣,他们喜欢吃了这种糖后使舌头变色的感觉;等等。

谈话活动宽松自由的气氛主要体现在两个方面。第一,不要求幼儿统一认识,允许幼儿根据个人感受发表见解,针对谈论主题说自己想说的话,说自己的独特经验。第二,不特别强调规范化语言。谈话活动鼓励幼儿愿意交谈,积极说话,善于表达个人想法,但不一定要求他们使用准确无误的句式,完整连贯的语段。谈话活动重在给幼儿提供说的机会,让幼儿在用语言交流的过程中操练自己的语言,并产生相互影响,发展自己的语言。

(三) 注重幼儿语言的多向交流

谈话活动注重与幼儿之间的交往语言或对白语言,侧重师生间、同伴间的信息交流与补充。从语言信息量来看,当幼儿围绕中心话题进行交谈时,他们的思路是发散的,而不同个体间的经验也是多种多样的,因此在谈话中每个幼儿获取的信息量都比较大。从交往的对象来看,幼儿有时在全班面前谈论个人见解,有时在小组里与几个幼儿交谈,也有时与邻座幼儿或教师进行个别交谈。

(四) 谈话活动中教师起间接引导作用

教师是幼儿谈话活动的设计组织者,但在谈话活动中,教师的指导作用以间接引导的方式出现,他们往往以参与者的身份参加谈话,给幼儿以平等的感觉,这也是创造谈话活动宽松气氛的一个重要构成因素。

教师在谈话活动中以参与者的角色出现,并不表明这场谈话是任意的无计划交谈。教师在设计、组织谈话时,仍然需要按照预定的目标内容,紧扣谈话的中心话题,有效地影响谈话活动的进程。谈话活动中,教师的间接引导往往通过两种主要方式得以体现。一是用提问的方式引出话题或转换话题,引导幼儿谈话的思路,把握谈话活动的方式。二是教师用平行谈话的方式对幼儿做隐形示范。教师通过谈论自己的经验,比如自己喜欢的糖及喜欢的原因等,向幼儿暗示谈话时组织交流内容的方法。应当说,教师在谈话活动中的指导方法不同于其他语言教育活动,因而也成为这一类活动的独特之处。

三、谈话活动的语言教育目标

谈话活动的目标规定了幼儿谈话活动的方向。实施幼儿园谈话活动时,教师要达到以下目标。

(一) 帮助幼儿学习倾听他人的谈话,及时捕捉有效的语言信息

在交谈中,倾听是必不可少的。只有懂得倾听、乐于倾听、善于倾听他人的谈话,才能真正理解谈话的内容和方式,掌握与人进行语言交流的技巧,并且由此产生相应的个人交谈的见解和表达的内容。

通过有目的、有计划、有组织的谈话活动,教师可以逐步帮助幼儿建立起三种倾听技能。第一种是有意识倾听能力。在谈话活动中要求幼儿建立主动倾听别人谈话的愿望、态度和习惯,当别人说话时要集中注意力耐心地去听,通过主动积极地倾听去感知、接受别人谈话的信息。第二是辨析性倾听能力。要求幼儿从倾听中分辨出不同的言语声音,包括说话人声音的特点、声音所表现的情绪等。第三是理解性倾听能力。通过谈话活动时的倾听,提高幼儿理解谈话内容的水平。幼儿能在倾听时迅速掌握别人所说的主要内容,把握一段话的关键信息,连接谈话上文和下文的意思,从而能够获得谈话的中心内容,以便作出反应,交流自己的见解。

（二）帮助幼儿学习围绕一定的话题谈话，充分表达个人见解

人并不是生来就会谈话的。作为运用语言进行交往的一种固定方式，谈话需要参与者具有某一种特定的有关语言表述的认识、态度情感和能力。幼儿语言发展的相关研究成果指出，幼儿在3岁后已经习得了基本的语音、句型和词汇，并且继续以令人难以置信的速度发展他们的语言。具备这些语言条件使得幼儿能够用语言进行交流，也能够逐步学习"谈话"了。

帮助幼儿学习谈话实际上是指导幼儿在社会交往过程中，按照约定俗成的方式进行交流。指导幼儿口头语言表述能力有以下两点要求。

一是要求幼儿学会围绕中心话题谈话，避免"跑题"现象。在人们的社会生活中，谈话往往要有一个中心话题，参与谈话的任何一方都应围绕中心话题交流个人想法，这是谈话的最基本的思路及方式方法。二是引导幼儿注意学习社会性语言。3岁后的幼儿，在语言和社会性发展过程中自我中心的语言逐步减少，社会性语言逐步增加，但是仍然需要通过学习发展社会性语言。谈话可给予幼儿特别的机会，让他们从对方或者公众话题出发来考虑问题，表达个人见解。比如谈论"我最喜欢的玩具"，幼儿就必须在倾听他人谈话的基础上，围绕话题思考自己的想法，然后说出适合于这一特定场合的话来。因此，在组织幼儿谈话活动时，有必要提供机会，帮助幼儿习得有关语言运用的方式方法。

（三）帮助幼儿学会基本的运用语言进行交谈的规则，提高语言交往水平

在幼儿学习谈话时，除了掌握倾听和围绕话题交谈等一些直接与谈话有关的能力外，还要求幼儿懂得人际语言交往的基本规则。这些基本规则可保证幼儿正确地运用语言与人交流，"谈话"水平不断得到提高。

运用语言进行交谈的基本规则，是人们在社会交往过程中约定俗成的一些方式方法。违背这些谈话的基本规则，便有可能对人际交往造成不利影响，干扰谈话的正常进行。不同的国家、民族和地区由于文化和习俗的不同，谈话的基本规则也有所差异。因此，在学前阶段，需要帮助幼儿学习通用于一般社会文化背景的与人交谈的最基本规则。

概括起来，在组织谈话活动中，应为幼儿创造机会，学习以下谈话规则。

第一，用适合角色的语言进行交谈。谈话是一种多样式的交流途径，每个人在谈话中都可能处于某一特定的角色地位。比如，幼儿与教师的谈话、与父母的谈话、与同伴的谈话，或是个别交谈、小组交谈、集体交谈等，同一个幼儿会在谈话中有不同的角色，因而也要用不同的方式来交流。这里所说的不同交流方式，包括幼儿使用不同的语音、语调，不同的音量，不同的组词造句方法表达个人见解。尽管这些内容对于幼儿学习显得过于复杂，但能够把握一段话的关键信息，能通过连接谈话上文和下文的意思，从而获得谈话的中心内容，以便作出反应，交流自己的见解，是培养幼儿语言交际的要义。上述类型倾听技能的培养，在设计谈话活动时应置于重要地位。

第二，用轮流的方式进行交谈。在谈话过程中，另一基本规则是参与者轮流谈话，要求幼儿逐步学会耐心听别人把话讲完后再发表个人意见。如果是两人交谈，需要一一对应地轮流说话；若是多人交谈，便要求按潜在顺序逐个说话。许多幼儿刚学习谈话时，会抢着讲、乱插嘴或光听不说。据此，教师在组织谈话活动中应有意识地培养幼儿轮流交谈的习惯。

第三，用修补的方法延续谈话。说话不是在瞬间就结束的交流方式，参与者需要就交流内容进行一定时间长度的交谈。在这样的谈话过程中，有可能出现谈话内容中断的现象，那么交谈的参与者便应具有修补延续谈话的意识和能力。培养幼儿的这种意识和能力可以通过教师的示范、提问或引导，使幼儿学习延续谈话的修补方法，增强有关这方面的敏感性。

四、幼儿谈话活动的年龄阶段目标

（一）小班

- 学会安静地听同伴说话，不随便插嘴；
- 喜欢与同伴交谈，愿意在集体面前讲话；
- 能够听懂并愿意说普通话；
- 在教师的引导下，学习围绕主题谈话，能用短句表达自己的意思；
- 初步学习常见的交往语言和礼貌用语。

（二）中班

- 能集中注意力，耐心地听别人谈话，不打断别人的话；
- 乐意与同伴交流，能大方地在集体面前说话；
- 能说普通话，较连贯地表达自己的意思；
- 学会围绕一定的话题谈话，不跑题；
- 学会用轮流的方式谈话，不抢话，不插嘴；
- 继续学习交往语言，提高语言交往能力。

（三）大班

- 能主动、积极、专注地倾听别人的谈话，迅速掌握别人谈话的主要内容，并从中获取有用的信息；
- 能主动用普通话与同伴交流，态度自然大方；
- 能围绕话题谈话，会用轮流的方式交谈，并能用恰当的语言表达自己的情感，与同伴分享感受；
- 逐步学习用修补的方法延续谈话，进一步提高语言交往能力。

谈话活动目标范例

谈话活动"我的爸爸"（小班）

活动目标

1. 能围绕主题谈话，学会用简短的语句介绍自己的爸爸。
2. 逐渐能安静地听同伴谈话，轮流交谈。
3. 增进对自己爸爸的了解，产生爱爸爸的情感。

第二课 幼儿谈话活动的基本结构

从教育活动研究的角度看，幼儿谈话活动设计与指导有其特殊的规律。谈话活动的目的、对象、活动方式的独特性，在活动设计与组织的结构中得到充分的反映。

一、创设谈话情境，引出谈话话题

教师在谈话活动开始前，首先通过创设一定的情境，激发幼儿的兴趣，启发幼儿对话题有关经验的联想，打开谈话的思路，作好谈话的准备。这是谈话活动不可缺少的一个环节。谈话情境的创设常见的方式主要有两种。

（一）运用语言创设情境

教师运用语言或问题启发幼儿回忆自己的经验，并适时地切入谈话话题。如谈话活动"我的妈妈"，教师可以提出一些具有启发或提示性的话题："我们每个人都有妈妈，我们的妈妈都不一样。今天请小朋友来说说你的妈妈是什么样子的？她在家里做些什么事情？"

（二）运用实物创设情境

教师利用活动角的布置、墙饰、玩具、实物摆设或者图片，向幼儿提供与话题内容有关的可感材料，提高幼儿谈话的兴趣，启发幼儿谈话的思路。如谈话活动"有趣的广告"，教师提供各种广告图片，引起幼儿谈论广告的兴趣。

创设谈话情境的方式有多种。教师可以根据幼儿的特点、谈话话题的特点及教师自身的特点选择适宜的方式。教师应创设简单明了，能够直接连接话题内容的情境。一般来说，对幼儿已经具备比较丰富经验的话题，或幼儿新近关注较多的话题，可以不采用实物方式创设情境；对幼儿谈话难度较大的话题，则应创设具体的谈话情境。

二、幼儿运用已有经验自由交谈

教师向幼儿提供围绕话题自由交谈的机会，目的在于调动幼儿个人对谈话中心话题的已有经验，相互交流个人的见解。如谈话活动"快乐生日"中,教师引导围绕"你的生日是哪天?跟谁一起过生日的?怎样过生日的?发生了哪些有意思的事?你的心情怎么样?"等问题,引导幼儿与身边的同伴自由交谈。

在此环节中,教师应当放手让幼儿围绕话题自由交谈。在幼儿分组或一对一自由交谈时,允许幼儿说任何与话题有关的想法。教师不需要示范,不给幼儿提示,不纠正幼儿说话用词造句的错误,让幼儿充分运用已有经验说出自己想说的话。同时,鼓励每个幼儿积极参与谈话,真正形成双向或多向的交流。当幼儿分组谈话时,教师可让幼儿自己选择交流的对象。这样更利于发挥每位幼儿的积极性,使他们有更多的机会交谈,也可保证谈话的气氛更加融洽。

当幼儿围绕话题自由交谈时,教师要仔细倾听幼儿的谈话。倾听是进行指导的前提和基础。通过倾听和观察,了解幼儿运用已有经验进行交谈的状况和水平,为下阶段的指导作进一步的准备。教师也可以采取轮番巡视的方式参与各组的谈话。每到一组都听一听幼儿的谈话,用微笑、点头等体态语言给幼儿以鼓励,也可用凝视、皱眉等体态语言暗示那些未能进入谈话的幼儿;教师还可以简单发表个人见解,或是对幼儿说话给予一定应答,或用自己的语言对各组幼儿的谈话做出反馈。

三、用多种形式逐步扩展幼儿的谈话内容

教师通过逐层深入的谈话,向幼儿展示新的谈话经验,帮助他们逐渐学会一些谈话规则,以及正确的谈话思路和方式。如谈话活动"快乐的生日",通过提问"爸爸妈妈那么关心你们,那么你的爸爸妈妈过生日时,你准备怎样表示祝贺?你长大后,想怎样为他们庆祝生日呢?"为幼儿提供了新的谈话经验。

每一个谈话活动向幼儿提供的新的语言经验,必须考虑幼儿的年龄特点。此环节应在幼儿原有经验的基础上进一步扩展他们的经验,例如培养幼儿倾听谈话的意识、情感和能力,在小班、中班和大班都应有不同的要求,落实到每一次活动中,应逐步加入新的倾听经验要求。

四、教师隐性示范新的谈话经验

此阶段,教师通过提问、平行谈话的方法,将新的谈话经验引入,让幼儿在谈话过程中不知不觉地沿着新的思路去说,潜移默化地应用新的谈话经验,最终学会这种新的谈话经验,使幼儿的谈话水平进一步提高。如谈话活动"快乐的生日",教师可以谈一谈自己是怎样为爸爸妈妈过生日的。

教师只有不断学习、不断实践,在实践中感悟,在感悟中发展,才能让幼儿在谈话活动中围绕自己感兴趣的中心话题,自由表达个人见解,充分感受交流和分享的快乐。

五、谈话活动案例

我的生日(中班)

活动目标
1. 积极参与谈话活动,体验语言交流的乐趣。
2. 能认真倾听,并能大胆地用语言表达自己的想法。
3. 进一步丰富有关"生日"的生活经验。

活动准备
1. 物质准备:音乐《祝你生日快乐》,剪辑多种多样的生日视频。
2. 经验准备:家长和幼儿一起回忆并谈谈幼儿的生日。

活动过程
一、创设谈话情境,引出谈话话题
1. 师幼同唱歌曲《祝你生日快乐》。
  教师播放音乐,师幼一起唱歌曲《祝你生日快乐》。教师提出问题:这首歌曲的名字是什么?我们什么时候唱这首歌曲?

2. 回忆过生日的情景。

教师提问：你什么时候过生日？你和谁一起过生日？你的生日是怎样度过的？过生日时，你的心情怎么样？

二、结伴交流"我的生日"

幼儿自由结伴，围绕生日的时间、地点、人物、事件、心情等方面自由交谈。教师提醒幼儿认真倾听，不要随意打断别人的话。

三、边看边谈，拓展谈话话题

观看多种多样的生日视频，进一步丰富幼儿的生活经验和谈话经验。引导幼儿交谈自己喜欢哪种庆祝生日的方式，以及下一次想怎么过生日。

四、教师隐性示范新的谈话经验

教师讲述"我的生日"。

活动延伸

角色表演区：角色扮演"过生日啦"。

美工区：用超轻黏土等材料制作"生日大餐"或者画一画我的生日。

语言区：阅读绘本《章鱼先生过生日》《月亮，生日快乐》《阿宝的生日礼物》等。

思考与练习

1. 简述幼儿谈话活动的特征。
2. 简述幼儿谈话活动的目标。
3. 简述幼儿谈话活动的基本结构。

实训任务

1. 记录幼儿教师组织的谈话活动（可以是教学活动课例观摩或幼儿园见习、实习观摩），并思考：

(1) 教师运用了哪些方法激发幼儿谈话的兴趣？教师使用了哪些谈话材料？

(2) 此次谈话活动有哪些环节？教师提出了哪些问题？

(3) 对你所观摩的谈话活动从活动本身（内容选择、活动准备、活动过程等）、幼儿教师（教学能力、师幼互动等）、幼儿（参与程度、目标达成情况等）三个方面进行评析。

2. 试根据幼儿谈话活动的基本结构设计一个谈话活动教案，并在小组内模拟试教。

第八单元
幼儿讲述活动设计与指导

讲述是发展幼儿口语表达能力的重要形式。幼儿讲述活动是以培养幼儿独立思维和独自讲述能力为主要目标,通过适当的形式来组织实现的一种语言教育活动。这类活动以促进幼儿语言表述行为的发展为主要目的,要求幼儿积极参与命题性质的讲述实践,帮助幼儿逐步获得独立构思和完整连贯表述的语言经验。

第一课 幼儿讲述活动概述

一、幼儿讲述活动的主要特征

讲述活动与谈话活动都是为提高幼儿口头语言能力而进行的教育活动,但这两类活动有较明显的差异。讲述活动具有以下四个主要特征。

(一) 讲述活动拥有一定的凭借物

与主要围绕幼儿已有经验进行交流的谈话活动不同,幼儿开展讲述活动需要有一定的凭借物进行支持。所谓凭借物,是指讲述活动中教师为幼儿准备的或幼儿自己参与准备的图片、实物、情景等。例如,教师提供图片,让幼儿讲述"快乐的星期天",幼儿就可以按照图片所展示的内容叙述星期天所发生的事情,以及主人公是如何做的,怎样感到快乐的等。在讲述活动中,凭借物往往为幼儿的讲述提供语言素材,对幼儿的讲述起着重要的作用。

(二) 讲述活动有较为正式的语境

语境即言语环境,它包括语言因素,也包括非语言因素。上下文、时间、空间、情景、对象、话语前提等与语词使用有关的都是语境因素。从交际场合来讲,言语交际的实质是利用语言传递信息、交流思想感情。不同的语言环境要求人们使用不同的语言。在一定场合中说话,说什么和怎样说,不仅与这个场合下所说的内容有关,也与参与说话的人有关,还与这个场合里其他人说话的方式方法有关。在这些因素的影响下,人们在交往中不由自主地调节自己的说话范围、说话方式和说话风格,便于适应这一特定场合的要求。幼儿在讲述活动中不能像谈话活动中那么宽松自由地交谈,要慎重考虑后才能发表个人见解;说话时不能有很大的随意性,要经过较完善的构思,有头有尾地说出一段完整的话来;要尽量注意在用词造句方面的正确性、准确性,合乎规则。

讲述活动为幼儿提供的是一种较正式的语言的场合。这种正式表现在两个方面:一是语言规范,幼儿需要使用较为完整的连贯句;二是环境规范,一般在专门的教学活动中开展。讲述活动就是要求幼儿根据讲述的凭借物,经过精心计划和准备的语言环境,鼓励幼儿运用过去的言语和知识经验,讲述规范性语言以达到提高口头表达能力的目的。

总之,讲述活动必须针对具体的凭借物,根据语言环境要求,组织口语表达的内容和方式,运用较正规的语言风格说话。

(三) 讲述活动的语言是独白语言

独白,需要说话的人独自构思和表达对某一事或物的完整认识。讲述活动是幼儿语言交际的一个场合,幼儿要学习的讲述是一种独白语言。如在看图讲述"树木好处多"时,幼儿要依据图片思考:什么地方? 有什么? 并且确定先说什么、后说什么,然后按照图片的顺序,以口头语言的方式将自己构思的讲述内容在集体面前完整清楚地讲述出来。因此,讲述的语言比谈话的语言要求要高,并且是建立在一般交谈的基础之上的。其实,幼儿要在谈话活动和日常交谈中发展自己运用语言与人交往的能力,也要逐步具备一定水平的讲述能力。由于讲述活动是培养、锻炼幼儿独白语言的有效途径,有别于其他各类语言教育活动,因而有其独特价值。

(四) 讲述中需要调动幼儿的多种能力

除了言语能力外,幼儿在讲述活动中还需要运用其他的一些能力参与,如观察力、想象力、记忆力和思维的逻辑性等,否则就很难提高讲述的水平。以看图讲述"小蚂蚁和蒲公英"为例,幼儿要将图画的内容清楚、有条理地描述出来,首先要完整地认识图片,了解图片的人物、事件,这就需要幼儿运用观察和分析的综合能力;然后要理解画面的表面内容,描述画面中人物的动作和事件的主要内容,这就需要幼儿凭借过去的生活和知识经验加以联想、综合并得出判断;最后,要深入地反映画面本质、理解深刻的内容,这就要求幼儿要对画面进行综合性的推想,涉及画面的人物、背景、事件等诸多要素之间的联系,就必须具有思维的深刻性和间接性。总之,只有多种综合能力的配合,才能保证讲述活动顺利、有效地开展下去。

二、幼儿讲述活动的类型

(一) 从编码的特点分类

讲述活动可以按照多种方式进行类型划分,按照讲述内容编码的特点,可以分为以下四类。

(1) 叙事性讲述。就是用口头语言把人物的经历、行为或事情的发生、发展、变化讲述出来的方式。叙事要求说清楚人物、事件、时间、地点和为什么,并且要求说明事情发生、发展的先后顺序。在整个幼儿阶段,幼儿的叙事性讲述能力总体水平不太高。一般只要求幼儿能简洁清楚地按顺序讲述事件即可。

(2) 描述性讲述。就是用生动形象的语言,把人物的状态、动作或物体以及景物的特征、性质具体描述出来的方式。在幼儿阶段,初步尝试使用具体、生动、形象的词语说话,同时抓住事物的主要特征进行描述是幼儿学习描述性讲述的重点。

(3) 说明性讲述。就是用简单明了的语言,把事物的形状、特征、功用等解说清楚的讲述方式。说明性讲述不需要幼儿使用生动形象的形容词,而是以表述明白事物的状态,交代清楚它的特点、来源为主。

(4) 议论性讲述。议论性讲述就是通过摆观点、摆事实来说明自己赞成什么或者反对什么。在幼儿阶段,由于幼儿的逻辑思维水平不高,议论能力还不强,因此只能进行初步的议论性讲述。

(二) 从凭借物的特点分类

1. 图片讲述

幼儿在观察图片、理解图意的基础上,学习用恰当的词或句子讲述图片内容的语言活动,包括单幅图、多幅图讲述,排图讲述,拼图讲述,粘贴图讲述,绘图讲述等多种变化方式。看图讲述的凭借物都是图片,即平面的形象画面。这类凭借物表现情景静止瞬间的暂停形象,在指导幼儿观察理解和进行讲述时,需要帮助他们联想图片之外活动的形象和连接的情节。这种讲述活动,又可以根据对幼儿讲述的不同要求分为看图谈话、描述性看图讲述和创造性看图讲述。

(1) 看图谈话。主要是根据图片内容,在教师的提问和引导下,通过一问一答的方式把图片中所表现的主要内容讲述出来。这种形式主要在小班进行,如看图谈话《小红上幼儿园》等。

(2) 描述性的看图讲述。要求幼儿不仅能观察到图片上所描绘的对象和现象的主要特征,而且能观察到细节部分,把握事物之间的关系和联系,并且能恰当地运用语言进行细致的描述,讲清图片上表现的是什么内容。这种形式主要在中班进行,如看图讲述《在动物园里》。

(3) 创造性看图讲述。不但要求幼儿讲出图片的主要和次要内容的特征与相互关系,还要求幼儿能够在教师的帮助下讲出与图片的内容有必然的联系,但图片上没有直接表现出来的事物或内容,比如事件发生前和后的情节、人物行为的心理活动、人物的对话部分等。这要求幼儿充分发挥想象,用连贯的语言讲述出图片体现的故事。这种形式一般在大班进行,如看图讲述《大象救兔子》。

2. 实物讲述

它是使用具体的实物作为凭借物来帮助幼儿进行讲述的一种活动,具有真实可感的特点。实物包含真实的物品、玩具、动植物、生活用品和自然景物等。指导幼儿进行实物讲述时,最重要的是侧重于描述、倾听等语言方面的目标,而不要把主要时间花在认识这种实物上。如"美丽的菊花"讲述活动,就应该在幼儿充分了解菊花的多方面特征之后再进行。这种讲述活动在小、中、大班均适用。

3. 情境表演讲述

根据幼儿经验设计情境,由教师或幼儿扮演角色进行表演或操作木偶进行表演,在引导幼儿观看表演的同时,要求幼儿凭借对情景表演的理解来进行讲述。这要求他们在表演中集中注意力和观察力,讲述中还要有一定的记忆力,不仅要记住人物和情节,还要记住人物的对话、动作,事件的发展过程。另外,还要有一定的想象力和思维能力,要能感受人物的内心情绪情感的体验和心理动态,并准确地讲述出来。这种讲述难度较大,一般在小班后期或中班早期开始进行,如《小羊过桥》等。

4. 生活经验讲述

幼儿在教师指导下,根据已有生活经验,用完整连贯、有条理的语言讲述自己生活中所经历的或见过的,具有深刻印象或感兴趣的事情。在讲述中,要求幼儿将零散、片断式的感受组织成一段有条理的表述,因此对其组织和概括能力提出了较高的要求。除了要求幼儿有较强的表述能力外,还要求幼儿能正确地感受和理解社会生活,了解人们之间的关系,如"庆祝'六一'儿童节"等。此外,还包括幼儿个人经验和感受的讲述,如"今天我最高兴的事"等。这类讲述活动在小、中、大班均适用。

三、幼儿讲述活动的语言教育目标

(一) 培养幼儿感知理解讲述对象的能力

在培养幼儿语言发展的过程中,有一些教育内容是按照要求开展的。幼儿不仅需要学会说自己的想法,也要学会按照主题要求去构思和说话。这就需要幼儿懂得积极地感知理解"要求说"的内容,讲述活动就是提高这方面能力的良好途径。

从语言学习的角度来看,感知理解讲述对象,获得有关讲述内容的要求,是一个综合信息汲取过程。它不仅要求幼儿听懂指示,还要观察讲述对象——凭借物,然后通过运用概念、想象、判断、推理等多种思维形式的活动,获得一定的认识。这个过程并非简单地听和说,还有各种语言和语言之外的认知,如社会能力的参与、加工和协调工作。因此,将活动的目标之一放在培养幼儿感知理解讲述对象,把握获得有关讲述内容要求方面,将有益于幼儿不断增长这种汲取综合信息的能力,这对幼儿语言和其他方面的发展都会产生极大的促进作用。

(二) 培养幼儿独立构思与清楚完整表达的意识、情感和能力

讲述活动为幼儿提供了独立构思和清楚完整表述的好时机,通过这类活动可以从三个方面提高幼儿的语言水平。

第一,在集体场合自然大方地讲话。刚入园的幼儿虽然有了在集体面前讲话的愿望,但讲话的音量及连贯等方面存在欠缺之处,通过教师指导幼儿可以在讲述活动中逐步学会如何在集体面前自然大方地讲话。包括这样四点要求:① 勇于在许多人面前说出自己的想法;② 乐于跟别人分享自己的观点,积极地说话;③ 在集体面前说话不扭捏作态,不脸红害羞,不胆怯退缩;④ 用大于平时讲话的音量和正常的语调、节奏在集体面前说话。

第二,使用正确的语言内容和形式进行讲述。幼儿处于语言学习过程中,其表达还会出现语音、语法、词汇方面的错误。但是通过尝试错误,可以不断纠正错误,一步一步地向正确的方向靠拢。讲述活动要求幼儿使用规范化的语言,这就要引导幼儿不断地纠正错误,提高使用正确语言内容和形式的水平。

第三,有中心、有重点、有顺序地讲述。在讲述活动中要求幼儿讲述独白语言,以发展幼儿有中心、有重点、有顺序地说话的意识和能力。有中心地讲述,要求幼儿敏锐察觉说话范围,在讲述时不"跑"题,不说与中心内容无关的事;有重点地讲述,要求幼儿抓住事件或物体的主要特征,传达最重要的信息,而不是讲话时漫无目的;有顺序地讲述,教幼儿学习按照一定的逻辑规律来组织表达自己的口语语言,增强他们说话的清晰度、条理性。幼儿在讲述活动中,独立进行构思和清楚完整表达的语言能力,可以提高他们的表述行为水平,促进语言发展。

(三) 培养幼儿对语言交流信息的调节技能

有关研究成果显示,幼儿在学习运用语言与人交往的过程中,需要不断增长个体对交流信息清晰度的调节技能。幼儿有必要通过讲述活动学习获得这种语言运用技能。在讲述活动中,幼儿可以从以下三方面提高对交流信息清晰度的调节技能。

第一,增强对听者特征的敏感性。根据听者的特征来调节说话的内容和形式,使听者能理解和接受,这是保证交流信息清晰度的一个方面。

第二,增强对语境变化的敏感性。根据语言环境的变化来调节语言表达方式,也是保证交流信息的清晰度,促使听者理解的一个方面。

第三,增强对听者反馈的敏感性。在运用语言进行交往时,幼儿需要学习根据听者所作出的反馈,及时调整自己说话的内容和方式,这是保证语言清晰度和交流效果的又一种语用技能。

四、幼儿讲述活动的年龄阶段目标

(一) 小班

(1) 能有兴趣地运用各种感官,按照要求去感知讲述内容。
(2) 理解内容简单,特征鲜明的实物、图片和情境。
(3) 愿意在集体面前讲述。
(4) 能正确地说出讲述内容的主要特征或主要事件。
(5) 能安静地听教师或同伴讲述,并用眼睛注视讲述者。

(二) 中班

(1) 养成先仔细观察,后表达讲述的习惯。
(2) 逐步学会理解图片和情境中展示的事件顺序。
(3) 能主动地在集体面前讲述,声音响亮,句式完整。
(4) 学会按照一定的顺序讲述实物、图片和情境的内容。
(5) 能积极倾听别人的讲述内容,发现异同,并从中学习好的讲述方法。

(三) 大班

(1) 通过观察,理解图片、情境中蕴含的主要人物关系和思想情感倾向。
(2) 能重点讲述实物、图片和情境,突出讲述的中心内容。
(3) 在集体面前讲话态度自然大方,能根据场合的需要调节自己讲述的音量和语速。
(4) 讲述时语言表达流畅,不打顿,用词用句较为准确。
(5) 能在集体中专注、长时间地听别人讲述,并能记忆倾听的内容。

讲述活动目标范例

图片讲述"大象救小兔"(大班)

活动目标

1. 能仔细观察图片中角色的表情、动作,根据图片提供的线索展开合理的想象。
2. 在符号标记的提示下尝试完整讲述故事内容。
3. 能大方地在集体面前表达自己的感受,并愉快地与同伴分享。

第二课 幼儿讲述活动的基本结构

讲述活动的类型虽然多种多样,但由于其拥有共同的特点,都是要求幼儿围绕某一对象连贯、完整、清楚地讲述,重点学习讲述的方式方法。讲述活动设计的基本结构由以下四个步骤构成。

一、感知理解讲述对象

感知理解讲述对象是讲述的基础。感知理解讲述对象,主要通过观察的途径进行。这里所说的观察,是通过各种感觉获取讲述对象的信息,但大部分是通过视觉汲取信息。实物讲述、情境表演讲述,都是先让幼儿仔细看图、看实物、看表演理解讲述对象;而实物讲述"神奇的口袋",则要求幼儿闭上眼睛从口袋里摸出一样实物,通过触摸感觉物体的特征,猜出物体名称并讲述物体的形状与性质。如听录音讲述"夏天的昆虫",先让幼儿听一段录音,请幼儿分辨出录音中各种声响,如知了、蝈蝈、青蛙、蟋蟀的鸣叫声等,通过听录音将各种声音联系起来,想象出夏天里发生的有趣的事情。这是从听觉途径去感知理解讲述对象的。

幼儿在观察图片的时候,常常只注重对主体物的观察,忽视细节部分,而那些在经意或不经意之间留下的细节,通常与主题息息相关,甚至可以说,如果对其缺少关注,就会妨碍对图片内容的理解。教师可从三个方面指导幼儿感知理解讲述对象。

1. 依据讲述类型的特点感知理解讲述对象

如叙事性讲述,应重点感知理解事件发生的过程顺序以及人物在其中的作用。描述性讲述,观察重点则在物体的形态或人物的状态动作、特征以及像什么等。只有从这样的角度把握住了讲述对象,才能为讲述做好准备。

2. 依据凭借物的特点感知理解讲述对象

讲述活动中的凭借物是多种多样的,有的是几幅平面的相互有关系的图片,有的是立体的固定的实物,也有的是活动的连续动作的情景,还有的是听觉信息组成的活动情景等。教师在指导幼儿感知理解讲述对象时,应抓住这类讲述对象的特点去组织观察活动过程。

3. 依据具体活动要求特点感知理解讲述对象

每一次活动的目标要求是不一样的,有时要求幼儿学习有中心、有重点地讲,有时要求幼儿有顺序地讲。教师的任务是根据活动的具体要求,指导幼儿观察,以便为讲述打好坚实的基础。

二、运用已有经验讲述

在幼儿感知理解讲述对象的前提下,教师引导幼儿运用已有的经验进行讲述。这一阶段,要让幼儿自由地讲述,教师给他们以充分的机会实践。组织幼儿运用已有经验讲述的方式大致归纳为三种。

1. 集体讲述

组织形式是集体的方式,但是讲述的内容、角度和语言可由幼儿自己决定。教师要注意尽量给每位幼儿围绕讲述对象充分发表个人见解的机会。

2. 分小组讲述

分小组讲述一般情况下每组4～6人,幼儿可有更多机会围绕同种感知对象,轮流进行讲述。

3. 个别交流讲述

个别交流讲述常常是幼儿一对一地讲述。幼儿与邻座同伴结成对子,轮流讲述。也可让幼儿对着假想角色讲述,如讲述"我们班的小朋友",幼儿对着假想角色讲述自己班不同的小朋友。这样的讲述方式对幼儿具有相当的吸引力。

在指导幼儿运用已有经验进行讲述时,需要注意两点:一是让幼儿自由讲述前,交代清楚讲述的要求,提醒幼儿要围绕感知理解的对象进行讲述;二是在幼儿自由讲述的过程中,注意倾听幼儿的讲述内容,发现幼儿讲述中的"闪光点"以及存在的问题。在活动中,教师不宜过多指点幼儿讲述,最多以插问、简单提问引发幼儿讲述,以免干扰幼儿运用已有经验进行讲述。

三、引进新的讲述经验

新的讲述经验,是每次讲述活动的学习重点。在制定活动目标时,教师应考虑活动的重点、解决的问题、达到目的的情况,以便在此基础上向幼儿提供新的讲述经验。新的讲述经验主要是指讲述的思路和讲述的方式。引进新的讲述经验,归纳起来有以下三种。

1. 教师示范新的讲述经验

教师在幼儿讲述的基础上,就同一讲述对象发表个人见解,提出一种新的讲述思路。例如大班讲述活动"变色的房子",在幼儿观察图片初步讲述之后,教师介绍自己观察之后,按照这一组画面,将小猪请来他的几个好朋友刷房子,把房子想搞成五颜六色的内容构成有情节的故事并讲述出来。教师的这种示范只是讲述思路中的一种类型,绝不是幼儿复制的模本,也绝非要求幼儿照教师讲述的内容一字不漏地模仿。

2. 教师通过提示引进新的讲述经验

在有些活动中,教师可以用提问、插问的方法引导幼儿的讲述思路,为他们建构新的讲述经验。运用

这类方法时,教师表面上顺着幼儿的讲述内容,实际上却通过提问、插问不断改变幼儿的讲述思路。例如,在幼儿选图讲述中,当幼儿自由讲述后,教师通过提问:"小朋友,你还可以用选图讲出什么故事,给大家讲一讲,好吗?"

3. 教师与幼儿一起讨论新的讲述思路

教师可从分析某一位幼儿的讲述内容入手,与幼儿一起归纳新的讲述思路。比如,组织讲述"我喜爱的水果"时,教师说:"刚才××小朋友讲得真好。他在讲述自己喜爱的水果时,先讲了什么? 先讲了水果的名称,然后呢? 又讲了颜色形状。接下来又说了什么? 说了水果的味道,最后又说自己多么喜欢这种水果……"教师讲这段话时,边问边和幼儿一起分析讨论,帮助幼儿厘清讲述的顺序,于是引进了新的讲述经验。

四、巩固和迁移新的讲述经验

讲述活动中,仅仅引入新的讲述经验是不够的,还需要提供幼儿实际操练新经验的机会,以利于他们更好地获得这些经验。可以通过以下方式巩固和迁移新的讲述经验。

1. 变内容

当幼儿学习了一种新的讲述经验后,教师立即提供同类不同内容的机会,让幼儿用新的讲述思路来讲述新的内容。例如,幼儿学习讲述一种水果的顺序后,可引导幼儿用同样的思路讲述另一种水果。

2. 变思路

在教师示范新的讲述经验并帮助幼儿厘清思路后,让幼儿尝试用新的讲述方式来讲同一件事、同一情景。例如,幼儿学习了讲述"大象救兔子"思路后,可以引导幼儿从兔子的角度来讲讲兔子被救的故事。值得注意的是,在这种情况下,教师应要求幼儿创造性地运用新的讲述经验,尽可能地避免绝对模仿和复述别人的话。

3. 变形式

在幼儿学习了新的讲述经验后,可以引导幼儿将所讲述的内容表演出来,由静到动。通过表演,不仅调动了幼儿的兴趣和积极性,同时巩固和迁移了已习得的讲述经验。如大班讲述活动"猴子过河",以幼儿集体表演故事《猴子过河》结束。

在以上四个基本步骤的讲述活动组织中,有一个内在的完整的组织程序。可以说,每一次幼儿学习新的讲述经验,都在活动中获得操练、实践,以利于巩固、迁移,并且在后续讲述活动中再次尝试运用。通过这种"滚雪球"式的积累过程,幼儿的讲述能力会不断得到发展。

我摸到的是……(中班)

思考与练习

1. 简述幼儿讲述活动的类型。
2. 简述讲述活动的目标。
3. 简述幼儿讲述活动的基本结构。

实训任务

1. 记录幼儿教师组织的讲述活动(可以是教学活动课例观摩或幼儿园见习、实习观摩),并思考:

(1) 此次讲述活动有哪些环节? 教师具体是怎样引导的?

(2) 对你所观摩的讲述活动从活动本身(内容选择、活动准备、活动过程等)、幼儿教师(教学能力、师幼互动等)、幼儿(参与程度、目标达成情况等)三个方面进行评析。

2. 根据讲述活动的基本结构设计一个幼儿讲述活动,并在小组内模拟试教。

第九单元
幼儿文学活动设计与指导

幼儿对童话、故事和儿歌充满浓厚的兴趣。文学作品的学习是幼儿语言教育的一项十分重要的内容,以文学作品为基本材料而进行的文学活动也是幼儿园语言教育不可缺少的类型。

第一课 幼儿文学活动概述

幼儿文学作品是指适应于0～6岁幼儿的心理发展水平和知识经验、阅读能力的各类文学作品的总称。其体裁多样,包括童话、神话故事、寓言、成语故事、幼儿生活经验故事、儿歌、幼儿诗、幼儿散文、谜语、绕口令等。幼儿文学活动是以文学作品为基本教育内容,有目的、有计划地设计组织的语言教育活动类型。

一、幼儿文学活动的基本特征

(一) 围绕文学作品教学开展一系列活动

幼儿文学活动以优秀的文学作品作为语言教育的内容,教师通过形式多样的语言教育活动,帮助幼儿感受和理解文学作品所展示的丰富而有趣的生活,体会语言艺术的美,使幼儿受到教育和感染,为幼儿提供全面的语言学习机会。幼儿文学活动突出的特征之一,是从文学作品教学入手,围绕作品教学开展活动。文学作品是语言艺术的结晶体,每一篇儿歌或故事都包含着丰富的语言信息。从具体的文学作品展开活动是一个包含理解美、欣赏美、表现美以及表达自己对文学作品的理解和想象的多层次活动。例如,在大班散文《秋天》教学中,可以设计系列活动。如活动一,感知理解作品的主要内容和特色;活动二,以折纸、绘画、粘贴等形式表现秋天的美丽景象,并理解学习作品中的文学语言;活动三,改编或仿编散文《秋天》,加深幼儿对作品的理解和感受。通过一系列的活动,幼儿真正感受到了作品所描绘的美丽意境,理解了作品中文学语言的特色,这样层层深入的活动设计才真正体现了文学作品的教育功能,从而达到文学教育的目的。

(二) 整合相关领域的学习内容

幼儿的文学活动从文学作品教学出发,常常整合其相关领域的内容,开展多种形式的系列活动,使得幼儿在各方面有更多的机会认识文学作品中表现出来的社会生活内容,促进他们对作品的感知理解。这是幼儿文学活动的另一基本特征。

如前面已经提及,文学作品本身的特点决定了它包含丰富的语言信息,因而一个文学作品,对幼儿而言,往往意味着不同层次的学习。首先,聆听或阅读作品,主动感知各种语言符号连接的作品,即学习和欣赏作品,是第一层次的学习;其次,透过语言和概念去认识作品所表现的一定社会生活内容,实际上是借助于作品使幼儿认识周围的世界,这是第二层次的学习;再次,通过开展与作品主题相关的幼儿动手动脑的活动,将作品经验迁移到幼儿的实际生活中,以检验和加深幼儿对作品的理解,这是第三层次的学习;最后,文学作品本身是艺术的结晶体,文学活动不仅要让幼儿感受语言美,更要让幼儿学会创造性想象和表达,学以致用,实现对作品深层次的掌握。要真正帮助幼儿顺利通过上述各个层次的学习,把握文学作品深厚的内涵,仅仅向幼儿讲述文学作品的内容是不够的,有必要在幼儿接受了一个具体作品后,进一步开展与这一作品内容相关的活动。例如,小班故事《小兔找太阳》,在幼儿熟悉了故事内容之后,开展表演游戏、师生户外散步观察太阳的活动,让幼儿体验理解作品中的人物心理;接着让幼儿画一画"我眼中的太阳",说一说"我心中的太阳""太阳的朋友——圆形物体"等,通过相关的四层次活动,不仅有利于幼儿感知理解、学习掌握文学作品,也有利于幼儿科学知识的掌握、绘画等其他各方面能力的提高。

(三) 提供多种与文学作品相互作用的途径

有关理论揭示出幼儿语言的发展,是通过个体与外界环境中各种语言和非语言信息交互作用逐步获得的。因而幼儿的文学活动,应当着重引导幼儿积极地与文学作品相互作用,在这一过程中,通过多种操作途径让幼儿得到更好的发展。

用活动的形式来组织幼儿的文学活动,使幼儿可以在动手、动口、动眼、动耳、动脑等各种途径学习中获得亲身经验。仍以《小兔找太阳》为例,幼儿不仅听了故事,看了图画,而且还表演了人物角色,体验理解作品中人物的心理,再在户外散步观察,想一想、画一画"我眼中的太阳",说一说"我心中的太阳"等活动,这样幼儿获得多种与文学作品相关的交互作用的机会,也获得多种操作语言及非语言信息的经验。可以促使幼儿更有兴趣,更积极主动地投入到学习过程中去,以便更好地帮助幼儿掌握学习内容,同时也给幼儿发展提供更多的机会。

(四) 扩大幼儿自主活动的范围

在文学活动中,幼儿在教师的引导下,能够比较自由地进行倾听欣赏、展开讨论、操作表演等,在亲自操作实践、探索和想象创造中,达到对文学作品和文学语言准确、深刻的理解与感知,同时也扩大了幼儿与文学作品有关的自主活动范围。

二、幼儿文学活动的语言教育目标

幼儿文学活动的目标主要包括以下四方面。

(一) 对文学作品态度方面的目标

幼儿对文学作品的态度和情感直接影响着他们对文学作品的理解和感受。在文学教育活动中,可以培养幼儿以下的态度和情感:

(1) 乐意聆听和阅读文学作品;
(2) 对文学作品所展示的人物生活产生浓厚的兴趣;
(3) 积极参与各种文学活动。

(二) 对文学作品理解和想象方面的目标

文学教育活动不仅让幼儿学知识、学语言,更应该让幼儿去理解和感受作品中所隐含的文学之美、语言之美,在此基础上鼓励幼儿进行创造、想象,将作品中的优美语言和意境完全地体现出来。

(1) 理解作品的主要内容,包括人物、情节、作品的情感,在此基础上理解作品的主题和表现形式。
(2) 在理解的方式上,能够运用恰当的言语、绘画、动作等形式表现自己对作品的理解。
(3) 在理解原有作品的基础上充分利用想象力仿编、改编、创编诗歌、散文或续编故事结尾。

(三) 对文学语言认知方面的目标

文学作品中的语言是非常生动、有趣的,既朗朗上口,又非常形象、生动。因此,文学教育活动中应让幼儿感受到文学作品中的语言之美,知道文学作品有诗歌、故事、散文、谜语、绕口令等体裁,懂得文学作品是规范而成熟的语言,了解语言的多样性和丰富性。

还应让幼儿学会正确发音,扩大词汇量,了解各种句式的表达,提高对语言多样性的认识,并在日常生活中学会迁移和使用这种语言。

(四) 其他方面的目标

文学教育活动中除了发展与文学作品有关的认识、情感和态度、能力方面的目标外,还要发展其他方面的目标,如思维方面的目标、品德方面的目标、知识习得方面的目标等。这些目标与文学教育方面的目标有机地结合在一起,使幼儿在文学教育活动中既提高了文学理解和鉴赏力,又从活动中获得了品德和知识方面的教育,发展了创造力和想象力,很好地实现了在一个活动中达到多种目标的目的。

第二课　幼儿文学活动的基本结构

幼儿文学活动的基本观念以幼儿为主体,将幼儿置身于教学活动中,引导幼儿积极主动地学习语言文学作品,感知体验语言文学作品,并能创造性地运用所学与文学艺术思维相关联的观点、技术和理解力。幼儿文学作品活动是系列的、网络状的活动,是从某一作品入手,开展一组与作品相关的活动,包括幼儿初步欣赏接受文学作品,理解体验作品,迁移作品的相关经验,进行扩展想象。文学活动具体结构可分为以下四个层次。

一、初步学习作品

以文学作品作为学习内容的网络活动,首先要将作品传授给幼儿。创设情景,引出文学作品。教师可采用比较直观形象的幻灯片、挂图、桌面教具、木偶、头饰等辅助教具,采取多种形式展开教学,一些浅显易懂的作品,如儿歌,可直接让幼儿反复诵读。

在作品教学时,应注意将重点放在幼儿的理解方面。由于第一层次活动是文学作品学习的第一步,幼儿能否很好地感受理解作品,决定了他们是否能排除学习上的认知、语言和社会知识障碍,以及能否更好地进入后面的学习活动。在这一层次的活动中,有三个值得教师注意的问题。

一是,不要在第一次教学作品时过多地重复讲述作品,以免幼儿失去对文学作品的兴趣。故事类作品应以讲两遍为宜。

二是,不要让幼儿机械记忆、背诵文学作品内容,避免消耗精力,以便他们将注意力更多地投向学习过程中对作品的理解与思考。

三是,用提问的方式组织幼儿讨论。教师应通过三层次提问帮助幼儿对作品的理解和思考。可通过描述性提问帮助幼儿掌握作品的情节、人物、对话、主题等,使幼儿对作品内容有大致的了解;通过联系幼儿个人经验的思考性提问和假设性提问,引导幼儿进行深入的思考和想象。如《小兔找太阳》中,教师不仅让幼儿讨论"小兔先后把哪些东西当作了太阳",还可以引导幼儿思考:"这是一只什么样的小兔,你喜欢它吗?""你知道生活中有哪些东西像太阳吗?""如果你是故事中的小兔,你会把哪些东西当作太阳?"这些问题都有助于加深幼儿对文学作品的理解和掌握。

二、理解体验作品

在初步学习文学作品的基础上,教师要进一步组织与作品内容认识有关的活动,帮助幼儿深入理解和体验作品的人物特色、主要情节,进而体验作品中人物形象的心理特点,以及作品的情感基调和作品的语言与意境美。这是文学作品学习的第二大环节。

为了帮助幼儿理解体验作品,教师可以根据每一个具体的作品内容来设计相关活动。例如学习诗歌《春风》之后,教师重点让幼儿体会诗歌的关键词"吹"的主要含义,可以通过让幼儿制作春天的景物,如各种花、草、植物和动物,以感受"吹绿了柳树,吹红了桃花,吹来了燕子,吹醒了青蛙"等词句的含义;还可以让幼儿动手模仿一下"吹"的动作,模仿得越夸张越好,从中让幼儿体会"吹"字会给人带来什么情绪的联想,并进而帮助幼儿认识到"吹"字中所包含的欣喜、高兴的情感,使幼儿对诗歌"春风"的理解上升到一个新层次,加深对作品的理解。

在理解和体验作品这一层次上,教师可以设计和组织一两个活动。注意应从文学作品内容出发组织相关活动。有时可以适当采用观察走访的活动方式,让幼儿接近了解与作品内容相关的自然或生活情景;有时也可以选取绘画、表演的方式,引导幼儿反映表现文学作品内容;甚至可以组织一次有关的专门讨论,也有助于幼儿对文学作品的理解体验。所有这一切活动方式都应从理解体验文学作品出发,要让幼儿带着一个具体作品的"眼睛"去看,"耳朵"去听,让幼儿围绕已学的文学作品去思考,只有这样做,这一层次的活动才是不跑题的,才是必要的。

三、迁移作品经验

引导幼儿迁移作品的经验,是在以上两个层次的基础上进行的。因为文学作品向幼儿展示的是建立在幼儿生活经验基础上的间接经验,这种经验常使幼儿感到既熟悉又新奇有趣,并迫切地想体验。要使幼儿真正理解作品,就需要进一步组织与作品重点内容有关的活动,让幼儿在活动中将作品各方面内容整合地纳入自己的经验范畴,使得他们的直接经验与文学作品的间接经验实现双向的迁移。

迁移作品经验的活动往往是围绕作品重点内容开展的可操作的或具有游戏性质的活动。例如在诗歌

《春风妈妈》的教育活动中,幼儿学习了"春风妈妈亲亲树,树儿换上绿衣服;春风妈妈亲亲花,花儿开出一朵朵;春风妈妈亲亲小河,小河笑开小酒窝;春风妈妈亲亲我,我天天长大真快乐"这一作品内容,教师引导幼儿用诗歌中"春风妈妈"的眼睛去观察周围环境中,在春风的吹拂下,观察自然界和社会生活中的各种变化,用口头描述或绘画的方式来迁移作品的经验,幼儿会说出或画出花草树木以及动物、人们在春天里的许多活动内容。幼儿在类似这样的活动中不仅进一步加深了对作品的理解,而且还为下一步扩展想象和语言表述打下了基础。

四、创造性想象和语言表述

通过前面三个层次的活动,幼儿对文学作品本身的学习、理解和体验已达到了一定的要求,教师还可以进一步创设机会,让幼儿扩展想象,并创造性地运用语言去表达自己的认识与想象。在这一层次活动中,教师可以让幼儿续编童话故事,仿编诗歌、散文,进行故事表演,或围绕所学文学作品内容想象讲述。如《快乐的小屋》,教师设计的这一层次活动是:可以让幼儿进行诗歌仿编,创作自己的小诗;也可以让幼儿谈谈我搭建的快乐小屋是什么样的;还可以创造性想象讲述"我未来的快乐小屋"等活动。通过这一层次的活动,幼儿在热烈的讨论和交流中大胆想象和表达,充分开动脑筋,锻炼了口语交际能力,增长了艺术思维能力和创造潜能。在实际活动中主要利用以下三种方式进行培养。

1. 指导幼儿艺术地再现文学作品

可以采取复述、朗诵、表演、绘画及音乐手段再现文学作品的思想内涵和情感氛围。其中复述、朗诵和表演三种再现方式与语言运用的关系比较大,需要幼儿借助作品中的原词原句,添加自己的解释及表情、动作、声调变化等,根据需要进行一番加工,把作品中的语汇和句子转化为己有,从而提高运用语词进行口语表达的能力。

2. 指导幼儿学习仿编文学作品

这种方式在诗歌和散文学习中尤为常见。幼儿先感知和理解作品中一句话或一段话的结构特点,然后结合已有经验凭借想象构思出新的内容,再借用原来作品的结构,通过换一个词或换几个词,甚至换一个或几个句子的方式完成仿编活动。幼儿在仿编活动中既理解了语言结构形式和语言内容之间的关系,又能锻炼幼儿的想象能力,还可以使幼儿体验到学习成功带来的欢乐,提高自信心,增加语言学习的兴趣。

3. 指导幼儿创编文学作品

文学作品创编活动是一种在学习文学作品的基础上,结合个人经验,运用联想和想象,创编出诗歌、散文或故事的活动。在创编活动中,要求幼儿把诸多要素按一定联系组合成一个新的整体,把事物的某个元素加以更换,从而产生一种崭新的认识和新颖的创造。因此,教师必须精心设计和组织创编活动,在开始创编阶段,利用图片及语言帮助,开阔幼儿的思路,帮助他们冲破习惯性的思维方式,产生灵活变通的思维活动并获得新的成果,使创编活动成为培育幼儿创新能力的沃土。

综上所述,文学作品的学习是一个系统的、成网络状的活动群。这是一个从理解到表达,从模仿到创新,从接受到运用的整合过程。在这样的活动过程中,可以循序渐进地培养幼儿对语言艺术的敏感性,发展了他们的完整语言,锻炼了他们的想象力,增长了他们的艺术思维能力,同时也促进了他们其他方面能力的发展。

第三课 常见文学活动的设计与指导

一、幼儿诗歌、散文活动的设计与指导

诗歌、散文一直是幼儿文学教育的重要内容。诗歌包括儿歌、幼儿诗、浅显的古诗等。它们共同的特点是意境优美、语言精练、想象丰富、有节奏、有韵律、极富童真、童趣,幼儿散文中充分利用了比喻、拟人、夸张、想象、反复等表现手法,每篇散文都为幼儿勾勒出一幅形象逼真、充满童趣,并流动着作品情韵的欢乐图。

诗歌、散文教学活动中的主要程序,包括以下四个方面。

（一）设置情境,引出作品

教师创设一个吸引幼儿的情境,可发挥幼儿文学想象的语境和空间,为幼儿准确地理解作品作铺垫。

一般而言,教师可以用以下三种方式进行情境创设。

第一,利用图片、幻灯片结合生动的语言描述将幼儿带入文学作品的意境中。

第二,采用提问、音乐提示的方法让幼儿在回忆旧经验、艺术美的启示下接受作品。例如大班散文诗《落叶》教学中,教师可以这样提问:"秋天到了,一片片树叶飘落到了地上。小朋友们,如果你是小动物,你会拿树叶做什么呢?"教师鼓励幼儿大胆想象。在幼儿回答之后,教师说:"秋天天气冷了,聪明的小动物们到底拿树叶做什么呢?我们一起来看看。"这样教师就在不知不觉中带领幼儿进入到文学的优美意境中了。

第三,借助美术、音乐等艺术手段,布置一个安静、和谐、优美的环境。例如,在幼儿诗《我愿……》中,教师这样渲染气氛:"现在老师要请小朋友跟着音乐将自己想象成一种动物或一件物品,然后还要想想如果我是那种动物或物品,我会做什么。比如,听着清脆的音乐我将自己想象成一只快乐的小鸟,我愿把所有高兴和愉快的事都告诉给大家。"当教师播放音乐时,所有的幼儿都会静静地倾听、想象并思考。这就为下一步的理解文学作品打好了坚实的基础。

如何引导幼儿理解诗歌

(二) 帮助幼儿理解作品

引导幼儿理解作品是重点环节。在此环节中,教师需要明确两个问题:帮助幼儿理解作品的哪些方面、怎样帮助理解作品。

1. 教师可以从以下两个方面引导幼儿理解作品

(1) 理解难懂的字、词、句

幼儿对诗歌的理解比较难的是诗歌中一些关键的字、词、句,教师就应围绕这些难懂的字、词、句提问,帮助幼儿理解。如儿歌《小猫咪》:小猫咪,爱梅花,一路走,一路画,朵朵梅花开在它脚下。教师提问:"为什么说小猫咪爱梅花,这个梅花指的是什么?"可以启发幼儿回忆小猫走路的情境,或观察猫的脚印,让幼儿想象朵朵梅花开在小猫脚下的画面,从而帮助幼儿理解诗歌主题内容。

(2) 理解作品的表现形式和情绪情感

诗歌和散文有一些特殊的表现形式,常采用的表现手法有重复、比喻、象征、拟人、夸张等,这些特殊的表现手法往往使作品的语言更丰富、更生动感人。例如诗歌《家》用重复结构,《梳子》用比拟的手法等。从诗歌和散文的表现手法入手,帮助幼儿理解作品,不仅有利于幼儿更好地理解作品的内容,也有利于他们了解诗歌和散文的构成方式,从而增强他们对某种艺术性结构语言方式的敏感性。

引导幼儿理解诗歌和散文时,教师不仅要让幼儿理解作品中的语言,还应引导幼儿体验作品的情绪情感,如小班儿歌《美丽的彩泥》,在幼儿基本学会朗诵后,可以让幼儿做一个游戏,全体幼儿跟着教师边朗读儿歌边做各种动作,当念到最后一句歌词"捏个娃娃笑眯眯,笑眯眯!"时停住不动,脸上还要保留着笑眯眯的神情,看哪个幼儿的表情最逼真。理解作者的感情基调是欢快活泼还是沉郁平静,或者是宁静祥和、充满温馨的,这将有助于幼儿对作品全部内容的把握。

2. 在引导幼儿理解作品时,教师要采用合适的方式

(1) 教师示范朗诵作品

教师可以在创设好的情境中引出作品,以教师的朗读或放录音等形式,给幼儿声情并茂地示范朗诵,让幼儿欣赏作品。教师的示范要求咬字清晰准确,停顿处理恰当,有情感、有节奏、有起伏地朗诵,要有音韵美,能深深地打动幼儿,吸引幼儿。

(2) 通过观察教具或现实场景,帮助幼儿理解作品

诗歌的主题是通过其语言所描绘的意境来展示的,教师可以将意境,即画面做成教学挂图,让幼儿通过观察挂图来理解诗歌的主要内容。例如诗歌《落叶》《春雨》,就可以引导幼儿边观察图片,边理解诗句。

(3) 通过三层次的提问,帮助幼儿理解诗歌

教师可以通过提问来帮助幼儿理解诗歌,如儿歌《逗蚂蚁》:"蚂蚁来呀来,快快来吃饭,什么饭?黄米饭。什么菜?炒青菜。什么筷?毛竹筷。什么碗?烂泥碗。吃不了,往回搬,哼呀哼呀搬得欢。"首先可以通过描述性提问帮助幼儿理解诗歌大意,教师可提问:"小朋友叫蚂蚁来干什么?小朋友请蚂蚁吃什么饭?什么菜?用什么筷?用什么碗?蚂蚁吃完了吗?怎么吃的?"让幼儿通过回答理解诗歌的基本意思;接着再通过思考性提问引导幼儿去体会作品主题、情感等。可提问:"蚂蚁为什么是哼呀哼呀搬得欢?"最后通过假设性提问,帮助幼儿学以致用,与日常生活结合,达到举一反三的效果,如教师可以提问:"你有没有请蚂蚁吃过饭?吃的什么?如果你请蚂蚁吃饭,想让蚂蚁吃什么?用什么筷子?什么碗?……"

(4) 图谱法

图谱法是指将文学作品中的有关内容按词、句、段为单位进行分解,制作成有序且连续的若干张"图谱",使之成为幼儿熟悉并理解文学作品的文字代码或中介。在幼儿理解文学作品的过程中,"图谱"起到了桥梁的作用:生动形象的小图片内容展现了文学作品的句子或词的内容,按照图谱的顺序,幼儿有序地记住了作品;图谱教学也让幼儿经历了从口头语言向书面语言转换的过程;幼儿边指着图谱边朗诵诗歌,增强了理解与表达的主动性;图谱教学强调图谱与诗歌内容的一一对应,幼儿阅读图谱时,视觉活动和听觉活动同步,口语表达与图谱感悟同时产生,促使幼儿产生了口语与图形的联系、口语与已有经验的联系、口语与文字实际意义的联系。

在诗歌、散文活动中,篇幅比较短小、句子结构相对固定的幼儿诗歌、散文适合用图谱展现,如《家》《上楼下楼》《小兔子开铺子》《梳子》《小雨滴》《家是什么》等。图标类型随年龄不同而变化。为小班幼儿制作的小图标应具体形象、颜色鲜艳,画面大而清晰;为中班幼儿制作的小图标开始向抽象过渡,可出现简笔画;为大班幼儿制作的小图标可出现简单的文字符号,也可以让幼儿制作。

(5) 把诗歌改编成小故事

把诗歌改编成小故事讲给幼儿听,帮助幼儿理解诗歌的内容。比如诗歌《听雨》:

下雨啦,下雨啦,闭上眼睛,静静地听。

沙沙沙,沙沙沙,小雨落在树叶上,它和树叶在玩耍。

滴滴滴,滴滴滴,小雨落在伞顶上,它在伞顶翻跟斗。

滋滋滋,滋滋滋,小雨落在花朵上,花儿乐得张嘴巴。

叮叮叮,叮叮叮,小雨落在窗户上,玻璃乐得打招呼。

教师将这首诗歌改编一下,以一个故事的形式呈现出来,便于幼儿理解。

下雨了,小豆豆不能出去玩了,她在屋里走来走去,嘴里嘟哝着:"不能出去玩了,真没意思。"妈妈慈爱地看着小豆豆,把她带到窗前:"孩子,你来听,小雨正在唱歌呢。""妈妈你说什么呀,小雨怎么会唱歌?"妈妈说:"你闭上眼睛,仔细听。"小豆豆闭上眼睛,侧着耳朵,静静地听。啊!啊!听见了,听见了。

沙沙沙,小雨落在树叶上,它在和树叶玩耍呢。

叮叮叮,小雨落在屋顶上,它在屋顶上翻跟斗。

滋滋滋,小雨落在花朵上,轻轻地钻进花蕊里。

嗒嗒嗒,小雨落在窗户上,拍着窗玻璃在跟自己打招呼呢。

小豆豆高兴地说:"小雨在唱一支多么有趣、多么好听的歌啊。"窗外,小雨在轻轻地唱,屋子里,小豆豆在静静地听。

(三) 幼儿学习朗诵诗文

朗诵就是把文字作品转化为有声语言的创作活动。朗,即声音的清晰、响亮;诵,即背诵。朗诵,就是用清晰、响亮的声音,结合各种语言手段来完整地表达作品思想感情的一种语言艺术。教师应展开形式多样的朗诵,使幼儿不断地品味、领悟作品,使作品内容在幼儿脑海中越来越清晰、详细地浮现出来。如教师大声、幼儿小声诵读,或集体、个人、小组诵读,分角色诵读或对答式朗读。从幼儿朗读诗歌散文的内容方面,还可以分为分句朗诵、分段朗诵和整首朗诵三类。

(四) 围绕诗文主题开展相关的活动

在幼儿初步理解诗歌和散文的内容后,教师应围绕诗文主题开展相关的活动,引导幼儿通过自己生动有趣的操作活动,更好地理解和体验作品。常用的活动有以下四类。

1. 配乐朗诵

对于一些意境优美、音韵和谐的抒情诗,教师可以配上合适的音乐,反复诵读。如散文《月亮书》,在幼儿欣赏《渔光曲》的音乐声中教师以"旁白"插入,声音由轻至响,表示由远及近,从背景中走出来,与音乐换位,把幼儿带进诗情画意的境地。教师也可以让幼儿在配乐诗朗诵中用舞蹈去表现诗歌中的意境,在诵读和舞蹈中掌握诗歌。如儿歌《云》,让幼儿在音乐声中身披薄纱学云跳舞,边跳边听:"云儿云儿真美丽,我把云儿摘下地；云儿云儿真听话，我把云儿变小鸡。"

2. 绘画

教师可以鼓励幼儿用画笔画出想象中的作品，如儿歌《云》，当教师念到"摘"时，幼儿伸手上举做摘云状，"云"摘下后，就蹲在地上用粉笔画云，每个幼儿都可以画出不同的形象为儿歌续编不同的句子，如"我把云儿变小山""我把云儿变飞机"。再如儿歌《伞》：公路边的大杨树是小喜鹊的伞，水塘里的大荷叶是小青蛙的伞，山坡上的大蘑菇是小蚂蚁的伞，下雨了，大家都有一把伞。幼儿可以将儿歌的内容绘成一幅画，既可以忠实于原作品，又可以加入自己的想象。

3. 诗歌表演游戏

对于一些内容很有趣、有情节的叙事诗，可以让幼儿通过表演诗歌来体验作品的角色心理及情感，如《小猪爱睡觉》《小熊过桥》等。

4. 幼儿诗歌和散文仿编活动

诗歌和散文的仿编活动，即幼儿在欣赏诗歌与散文、理解其内容及结构的基础上所进行的一种创造性学习活动。要求幼儿仿照某一首诗歌或某一篇散文的框架，调动个人经验进行扩展想象，编出自己的诗歌或散文段落。这种活动是在围绕诗歌或散文的教学活动基础上进行的，并且在整个网络活动中处于最后一个层次。这种活动形式对发展幼儿的想象力及创造性地学习诗歌散文很有益处。

（1）幼儿诗歌和散文的仿编活动要点

① 仿编准备

幼儿参加该项活动的准备包括以下三个方面：一是对所依照的诗歌或散文要熟悉理解，对要仿编作品的内容、形式都有所认识；二是要有这方面的知识经验，在仿编过程中调动这些已有的知识经验；三要具有一定的想象力和语言表达能力。教师必须注意幼儿在这方面的发展水平，并在仿编前给予一定的练习机会，这将有利于教师在活动过程中进行指导。

② 讨论与示范

在仿编活动开始时，教师可组织幼儿对将要仿编的作品做简单的讨论，引导幼儿注意仿编的关键问题。例如，教师要组织幼儿仿编诗歌《绿色的世界》，就可以让幼儿谈一下"为什么在这个孩子的眼里世界是绿色的？""假如戴上其他颜色的眼镜，世界会变成什么颜色的？"，接着教师要进行示范，教师的示范在启发幼儿想象的同时，又能帮助幼儿将自己的想象纳入一定的语言框架结构之中。

③ 幼儿想象与仿编

教师示范之后，开始让幼儿进行想象与仿编。为了帮助幼儿熟练掌握思路，教师可采用直观形象的教具，让幼儿借助某一图片或实物来仿编。如果是仿编《绿色的世界》，就要向幼儿提供其他各种颜色的眼镜（幼儿在操作活动中自制的玩具眼镜），让幼儿戴上这些眼镜来看周围世界，然后仿编诗歌。等幼儿通过想象熟练地仿编出诗歌后，教师可取消直观教具的使用，再要求幼儿脱离实物或图片去想象与仿编。

④ 串联与总结

在幼儿分别编出自己的诗歌或散文段落后，教师可引导幼儿将原来的诗歌、散文（如果散文较短，容易记的话）复述下来，然后将仿编的段落加上去。如果有的诗歌和散文原文有总结句，那么就仍以总结句来结束全文。这样的串联和总结，要求教师在幼儿仿编时，随时注意记下幼儿仿编的内容。教师可以采用在黑板上或纸上随手画记的方法，比如仿编《红色的世界》，就画下"房子""小朋友""红面孔"即可，而当幼儿仿编出《黄色的世界》时，也要记下有关的形象。这样总结时便可指导幼儿将仿编段落一段一段地加到原来的诗歌后面去。

（2）不同年龄班幼儿诗歌与散文仿编的重点要求

幼儿仿编诗歌和散文的能力与他们的认识、想象及语言运用能力关系密切，不同年龄的幼儿仿编能力有差异，仿编的形式也有所不同。教师对他们提出不同的重点要求。

小班幼儿诗歌和散文欣赏的重点是理解作品的语言和画面，仿编活动的重点是要求幼儿在原有画面的基础上换词，通过改换某个词来体现诗歌或散文的画面变化。改换新词后往往不是整个画面的大变动，而只是局部的迁移转换。例如引导小班幼儿仿编《水果歌》，儿歌原文："什么水果圆圆的？苹果苹果圆圆的。什么水果弯弯的？香蕉香蕉弯弯的。"可允许幼儿只变动词"圆圆、弯弯"，换上不同的颜色词而造成画面的变化。

中班幼儿诗歌和散文仿编可要求幼儿通过变换词句,使诗歌或散文整个画面出现新的内容。比如诗歌《假如我会飞》:假如我会飞,我要飞到蓝天上,变成一颗小星星,闪闪发光;假如我会飞,我要飞到大海上,变成一朵小浪花,翩翩起舞;假如我会飞,我要飞到森林里,变成一只小鸟儿,快乐歌唱。幼儿仿编出:假如我会飞,我要飞到池塘里,变成一只小青蛙,蹦来蹦去。仿编后的作品因某些词句的变动,换上了新的形象,于是构成了新的画面。中班幼儿诗歌和散文的仿编重点放在画面变化的想象和表现上。

在大班进行的诗歌和散文仿编活动中,可考虑对原有诗歌散文的结构进行部分变动,也可以根据幼儿知识经验仅向幼儿提供一个开头作为想象线索,引导幼儿自己完成诗歌和散文的创编。例如,幼儿在学习诗歌《我愿……》之后,教师鼓励幼儿在原诗歌主题的基础上,大胆想象创编。例如,有的幼儿这样创编:我愿是一只报春鸟,将春天的消息告诉给人们;我愿是一只和平鸽,让世界充满爱;我还愿化作一片白云,在天上自由自在地飞来飞去……但创编对幼儿各方面的要求很高,因此一般在大班下学期进行。

二、幼儿故事活动的设计与指导

幼儿童话、故事是幼儿文学的重要组成部分,它具有主题明确、单纯、内容浅显、情节曲折、语言优美、人物形象鲜明生动、富有幼儿情趣等诸多特点,并融教育与娱乐之中,使幼儿在理解、欣赏之后能受到感染和教育。幼儿童话、故事教学一直是幼儿语言活动中的重要内容。

(一) 创设情境,引出童话、故事

教师在进行故事教学时,要先创设一个童话或故事的氛围,引起幼儿想急于了解故事的浓厚兴趣,从而引出童话、故事。教师常见的导入手段有:提问引入,猜谜引入,表演引入,直观教具引入等。例如,教师在教大班故事《美丽的流星花》时,就要先用语言或图片、幻灯片勾勒出一幅美丽的流星图,让幼儿对流星产生遐想,引起兴趣。再如,童话《会动的房子》,教师首先可提问:"房子会动吗?"引起幼儿兴趣,导入故事。

(二) 生动有感情地讲述童话、故事

教师辅以适当的直观教具,如幻灯片、木偶表演等形式,用生动有感情的语言完整讲述,口语亲切,声情并茂,态势得体。教师生动有感情地讲述故事,一方面可以吸引幼儿的注意力,另一方面有助于幼儿理解故事内容,便于记忆。教师在讲述时可采取不同的方式,如把故事分段落讲述后再整体讲述,或整体讲述两三遍等。可以在情节发展的高潮处,适当运用"关键中断法"。能激发幼儿想象的地方,可以通过提问或讨论的方式激发幼儿想象和表达。几遍讲述的语言要一致,便于幼儿完整记忆,讲述的方式不应雷同,以避免让幼儿觉得枯燥而不感兴趣。

(三) 理解作品的主要内容和主要特色

1. 理解作品的主要情节和内容

通过提问、讲解、挂图、故事表演等方式,帮助幼儿理解故事的主题、主要情节。对情节较复杂的故事,教师可以讲述两遍,讲述前、后要向幼儿提一些问题,以便于幼儿有目的地带问题听故事。

第一遍讲完后,教师可通过描述性提问,如关于人物(故事里有哪些人物?)、情节(故事的主人公做了什么事情?这件事是怎么发生的、演变成什么情况,最后怎么样了?)、重要对话(主人公说了什么话?),通过这类具体明确的问题,帮助幼儿了解故事内容大意。

第二遍讲述后,教师可进行思考性提问,如幼儿对主人公及行为的态度和评价(喜欢谁,为什么? 主人公最后干什么了?),这类问题需要幼儿思考后再回答,从而帮助幼儿理解故事主题、人物性格和心理特征。

接着提出假设性问题,如幼儿对故事主题的把握(你从故事中学到了什么? 你会怎么做?)。回答这类问题时,可以鼓励幼儿大胆想象,扩展幼儿的思路,使故事与现实生活结合起来,充分满足幼儿语言需要的表达。通过以上这些活动,幼儿既理解了故事的主要内容和主题,又学会了欣赏理解故事的基本方法和技能。这种技能的习得能对幼儿独自阅读图书、欣赏文学作品起到非常重要的作用。

2. 体验作品所特有的艺术感染力

教师应指导幼儿理解并抓住作品中所表达出来的情绪情感。例如,作品表达的是悲伤的还是喜悦的情感? 是痛苦的还是难过的情感? 此外,还要让幼儿产生与故事主人公相一致的情感,即随主人公的高兴而高兴,随主人公的难过而难过。只有做到这样,幼儿才会真正理解作品的主题和深层次的艺术魅力。

要做到这一点,教师在教学过程中就要注意:

一是用极具感染力的语言来讲述故事,为幼儿描述出一幅美好的图景。教师在讲述时要投入一定的

感情,语言上要抑扬顿挫,声音高低起伏,以不同的表达方式表现作品中不同人物的年龄和性格特点,并伴随着丰富的表情和动作。要做到这些都有一个必要的前提,即教师自己已被童话、故事的优美意境所感染并已融入作品中去了。例如,在小班童话《美丽的小船》中,教师可以这样描述:"在一片大森林里,一群小动物们比赛看谁的小船最漂亮。看,有的小船是香蕉做的,弯弯的香蕉船又黄又香;有的小船是大鞋子做的,坐在里面又稳又舒服;还有的小船谁也猜不出它是什么做的,小朋友们,你们想知道吗?让我们一起到比赛现场看看精彩的小船大赛。"这段短短的话语充分调动了幼儿的想象力和积极性,幼儿仿佛已置身于充满梦幻和多彩想象的童话世界中。

二是教师要充分利用表演、绘画、动手操作、复述故事等多种形式,让幼儿通过动手、动口、动脑的方式去表现童话故事中的人物、动作和情节,加深幼儿对人物性格特征、故事情节以及故事所蕴含的情感特征的理解。例如中班故事《三只蝴蝶》,在幼儿理解了故事基本内容后,让幼儿分组制作蝴蝶和花朵的头饰,可以边制作边模仿蝴蝶们的对话,并尽可能地想象蝴蝶们的动作表现。之后,戴上亲手制作的头饰,跟随录音将故事的主要情节用动作表演出来,并学说其中的一些对话。表演两三遍后,幼儿在每次讲到关键词句"我们三个好朋友,相亲相爱不分离"时,都会相互牵着手大声地朗读,脸上充满笑容,说明幼儿已经开始体验和理解了故事所蕴含的情感特征。

(四)围绕童话、故事开展系列创造性的语言活动

为帮助幼儿理解掌握童话、故事,教师可以在理解或延伸环节安排活动,如复述故事、故事表演游戏、编构故事、画故事等各种围绕故事相关主题开展的活动。

1. 复述故事

复述故事可以采取对话复述、分段复述、分角色复述和全文复述等形式。前两种形式难度较小,适合于小、中班的幼儿,后两种难度较大,适合于中班后期和大班幼儿复述。复述故事应注意发挥幼儿的积极性和创造性,采用循序渐进的方法保护幼儿复述的愿望和自信心,并利用正式活动和日常生活、区角活动等多种形式充分发挥故事复述的积极意义。

2. 故事表演游戏

故事表演游戏即幼儿扮演幼儿文学作品中的角色,用对话、动作、表情等富有创造性的表演,再现文学作品。故事表演游戏允许幼儿根据作品提供的想象线索,通过角色扮演开展游戏活动。因此故事表演游戏突出了游戏和活动的特点,由于表演游戏是通过表演来创造性地再现文学作品,所以也是一种创造性游戏。在表演过程中,教师可用旁白或串联情节的方式来帮助幼儿推动游戏进程,不再要求幼儿记忆复述故事,重点集中在理解作品内容,体验角色心理,并用适当的语言、动作、表情再现人物形象及情节发展。

3. 编构故事

幼儿编构故事就是要尝试运用语言来编出符合结构规则的故事。编构故事分为扩编和续编等形式。幼儿编构故事既需要一定的生活知识经验作基础,又要依赖于自身语言表达能力,充分的想象力和思维能力以及幼儿对故事结构的理解。由于编构故事能力的差异,对不同年龄幼儿的故事编构提出了不同的要求。

(1)幼儿编构故事活动组织的基本思路

在幼儿感受理解故事类文学作品的前提下,不断提高幼儿对故事类文学作品内容与形式构成的敏感性,使幼儿逐步学会编构出完整的故事。

幼儿编构故事活动的组织应当遵循以下两个顺序:

第一,从理解到表达的顺序。在理解故事之上编构故事的,组织编构活动应从理解故事、提高对故事类文学作品构成的敏感性入手,帮助幼儿逐渐把握编构故事的要求。随幼儿年龄的增长及编构故事经验的增加,逐渐提高编构的难度。

第二,按照故事类文学作品构成因素,发展幼儿编构故事能力的顺序。故事类文学总是包含语言、情节、人物、主题四个基本组成部分,在这些构成因素中,各个因素从理解到掌握运用的过程是不一样的,难度也不同。因此,在组织幼儿编构故事时,就需要根据故事类文学作品构成因素的难度顺序,制定幼儿编构故事活动的目标要求。

(2)不同年龄幼儿编构故事活动的组织要点

小班编构故事的重点是编构故事结局,即幼儿根据个人对故事语言、情节、人物、主题的理解,在故事行将结束时为故事编构一个结局。如故事《三只小白兔的故事》,只需要幼儿根据故事情节发展,结合个人

经验编出"三只小白兔赶快回家"即可。

中班编构故事的重点是编构故事的"有趣情节"。这里所说的"有趣情节"是指故事情节的高潮部分。教师在讲述故事时到高潮部分时突然停止，让幼儿积极想象，编构出可能出现的发展进程。如故事《老虎来了》要求幼儿认真倾听故事，根据故事提供的线索，创造性地、合理地续编故事情节。教师讲述故事前半部分，要求幼儿认真倾听，加深对故事中所提供线索的理解。"老虎来了，接下来会发生什么事呢？小动物们会怎么样呢？故事又会有怎样的结局呢？"幼儿自主合作创编故事结尾，要求能大胆地说出自己的观点，积极参与创编故事，并能较自信地将故事讲述出来。

大班编构故事的重点是编完整故事。由于大班已经比较普遍地掌握了故事编构的情节开展方式，所以大班的重点应放在编构完整的故事上，要求幼儿编出的故事具有语言、情节、人物、主题等构成要素。教师应给幼儿提供一些背景材料，帮助编构故事。

三、幼儿文学活动案例

竞赛视频

虎鹿猪兔鼠

虎鹿猪兔鼠（中班）

活动目标
1. 通过多样的互动游戏，能准确、有节奏地说绕口令。
2. 感知绕口令的节奏和韵律美，体验绕口令的趣味性。

活动准备
立体书《虎鹿猪兔鼠》。

活动过程
一、导入活动
1. 师幼随音乐活动身体
教师唱儿歌《小白兔》——山上有老虎，山下有猎户。我是一只小小小白兔，早上采蘑菇，好呀好辛苦。小小白兔睡觉不打呼。幼儿随着音乐做动作，活动身体。
2. 通过提问，引出绕口令。
师：刚才的音乐里有哪些小动物呢？

二、理解绕口令
1. 初步感受绕口令。
教师说绕口令，幼儿倾听感受。
师：绕口令里一共有几只小动物呢？
2. 通过捉迷藏游戏，引导幼儿理解绕口令内容。
教师出示立体书，引导幼儿寻找绕口令中的动物，一句一句地说绕口令。
师：小朋友们，你找到小动物了吗？在哪里？
3. 师幼共同寻找绕口令中小动物出现顺序的规律，引导幼儿尝试用不同方法记忆绕口令。
师：小朋友们有没有记住小动物们出现的顺序呀？
4. 了解绕口令中的押韵。
师：绕口令的最后一个字他们的发音有什么相同的地方呢？

三、多种形式学说绕口令
1. 接龙游戏。
教师说一句，幼儿接下一句，并交换角色说绕口令。
2. 表演游戏。
教师指导幼儿根据绕口令内容加上相应的动作表演绕口令。
师：那你们能不能根据绕口令的内容，加上相应的动作呢？你们的想象力可真丰富呀，我们一起来加上动作说一说。

3. 游戏大比拼。

幼儿分成两组。教师打节奏,一组幼儿根据教师的节奏来说出绕口令的内容,另一组要做出相应的动作。教师逐渐增加难度,节奏越来越快。

活动延伸

幼儿在音乐区用之前学过的声势表现这个绕口令。

思考与练习

1. 简述幼儿文学活动的特征。
2. 简述幼儿文学活动的基本结构。
3. 简述幼儿诗歌、散文活动的基本结构。
4. 简述童话、故事活动的基本结构。

赛证真题

活动设计题:请根据所提供的教学材料和相关情况,按要求完成活动设计。

请围绕"春天",为大班幼儿设计主题活动,应包括3个子活动。要求:

(1) 写出主题活动的总目标。

(2) 采用诗歌《春风》(见下面所附诗歌)设计一个具体的语言活动方案,包括活动的名称、目标、准备和主要环节。

(3) 写出另外两个子活动的概要,包括活动名称、目标。

诗歌《春风》

春风一吹,芽儿萌发
吹绿了柳树,吹红了山茶
吹来了燕子,吹醒了青蛙
吹得小雨轻轻地下,我们一起去种花

实训任务

1. 记录幼儿教师组织的幼儿文学活动(可以是教学活动课例观摩或幼儿园见习、实习观摩),并思考:

(1) 此次文学活动有哪些环节?教师是如何组织的?

(2) 对你所观摩的文学活动从活动本身(内容选择、活动准备、活动过程等)、幼儿教师(教学能力、师幼互动等)、幼儿(参与程度、目标达成情况等)三个方面进行评析。

2. 试根据幼儿文学活动的基本结构设计一个幼儿文学活动的教案,并在小组内模拟试教。

第十单元
幼儿早期阅读活动设计与指导

第一课　早期阅读活动概述

　　幼儿早期阅读活动是指有目的、有计划地培养幼儿学习书面语言的教育活动。它不是单纯的看书、识字教育，也不是通常意义上以文字为基础的正规阅读，而是强调幼儿的自身经验，注重其阅读过程，是成人借助一定的书面语言与幼儿交流的活动。

　　幼儿早期阅读活动将为幼儿进入学龄期正式书面语言的学习打下基础，在此阶段，它能够向幼儿提供集体学习的环境和机会，使幼儿在集体阅读的氛围中增强对阅读活动的兴趣和爱好；还能够培养幼儿对书面语言的敏感性，增强对文字符号的好奇感和探索愿望，形成幼儿正确的阅读习惯等。事实上，早期阅读并不必然发展幼儿的智能，但也不单纯发展其阅读能力。好的图书内容再配上生动有趣的图片，对幼儿品德个性的形成具有重要意义。开展早期阅读活动，培养幼儿阅读兴趣，是幼儿终身学习的基础。

一、幼儿早期阅读活动的基本特征

（一）早期阅读活动需要在一定的阅读环境中进行

　　早期阅读活动重在为幼儿提供阅读经验，因而需要向幼儿提供丰富的阅读环境。

　　早期阅读环境包括以下两个方面：一方面是物质环境，教师和家长要为幼儿创设丰富的阅读物质环境，这种物质环境又包括图书、阅读时间和阅读空间三个方面，从而使幼儿有更好的条件丰富书面语言知识。早期阅读经验的积累不可能仅仅依靠一两本图书、几次专门性的阅读活动获得，它需要在大量的日常阅读中习得和巩固。因此教师要在有计划的阅读活动完成之后，在日常生活中保证幼儿一定的阅读时间，这种时间是随机的、不固定的。同时还要为幼儿提供足够的阅读场所，如幼儿园的语言角和阅读区，这些含有丰富阅读信息的区域，有利于激发幼儿的阅读兴趣。另一方面是精神环境，愉快的情绪有助于幼儿全身心地投入到阅读活动中，在阅读活动中获得无穷的乐趣。

（二）早期阅读活动具有整合性特点

　　幼儿早期阅读活动是一种整合性教育，它贯穿于各种活动中，应与语言教育活动及其他领域教育活动紧密结合起来。早期阅读活动的整合性特点有诸多形式，如阅读活动和美工活动的结合，阅读活动和家园联系相结合，阅读活动将书面语言和口头语言相结合等。尤其是书面语言与口头语言的结合，会使幼儿语言表达能力发展的同时，也识得一些文字，了解书写语言的初步知识。但教师和家长要明确的是，幼儿早期阅读活动重在培养幼儿良好的阅读习惯、正确的阅读方法，而绝不能变成识字教学课。

二、幼儿早期阅读活动的目标

　　幼儿早期阅读活动着重从情感态度、认识和能力三个方面培养幼儿学习书面语言的行为。

（一）提高幼儿学习书面语言的兴趣

　　对书面语言产生兴趣，有积极主动"接近"书面语言的愿望，是学习掌握书面语言的基础和前提。在早期阅读活动中，有必要帮助幼儿萌发对书面语言最初步的、也是最根本的情感倾向。在学前阶段培养幼儿学习书面语言的兴趣，要着重帮助幼儿获得两种基本的阅读态度。

　　1. 热爱书籍，建立自觉阅读图书的良好习惯

　　书籍是书面语言的实际载体，是人类知识的宝库。从小培养幼儿对书籍的热爱，可以有效激发他们的

阅读兴趣和积极性。在早期阅读活动中，幼儿有机会接触大量图书，并在阅读的过程中理解故事，被图文并茂、生动形象的故事所吸引，从而产生愉快的感觉，能够与教师、同伴分享这种快乐。在大量阅读图书的过程中，培养幼儿热爱书籍的情感态度。通过教师的帮助，幼儿还进一步学会爱护图书，养成良好的阅读习惯，形成自觉的阅读倾向等。

2. 乐意观察符号，对文字有好奇感和探索愿望

文字是一种语言代码，也是一种符号体系。在世界上各种类型的符号系统中，文字是最纷繁复杂、含义丰富的符号体系。尽管幼儿尚未正式进入学习掌握文字的阶段，但仍然需要通过一系列的活动来培养他们对文字的兴趣。幼儿早期阅读活动的目标之一是激发幼儿对各种符号的敏感性，并激发他们探索感知文字符号的积极性和主动性。幼儿对生活中多种多样的符号均会表现出极大的好奇，适当引导可激发幼儿探索文字的兴趣，从而帮助他们形成乐意学习文字的态度。

（二）帮助幼儿初步认识书面语言和口头语言的对应关系

书面语言和口头语言是人类语言的两大反映形式，也是两种语言符号类型。学前阶段的幼儿正处于获得口头语言的关键时期，他们将在正式入学前基本完成口语学习的任务。为使他们更好地学习口语，并为学龄阶段集中学习书面语言做好准备，在学前阶段有必要帮助幼儿了解书面语言与口头语言的差异，初步感知和认识书面语言及口头语言的对应关系。

幼儿可以从早期阅读活动中得到以下三方面认识：一是了解书面语言与口头语言一样，都可以储存信息，但书面语言用文字的方式记录，具有可视性。二是懂得书面语言与口头语言都可以用来表达人们的思想。口头语言直接说出来，书面语言则用文字来反映。三是了解书面语言和口头语言一样，是人们交际的工具，但交际方式不同。口头语言直接说出来，书面语言却具有文字反映的特点。如果没有书面语言，人们的交际将会受到空间和时间条件的限制，使交流出现问题。

（三）帮助幼儿掌握早期阅读的技能

幼儿早期阅读教育是让幼儿掌握阅读的方法，培养阅读能力。因此除了热爱阅读、懂得书面语言的意义之外，幼儿在学前阶段还要掌握一些必要的阅读技能。幼儿在学前时期需要获得的基本阅读技能有以下三种。

1. 观察理解的技能

理解的技能是幼儿阅读中最基本的技能。在阅读过程中，幼儿通过有顺序地翻阅图书以理解画面内容，既要理解图书画面的意思，又要理解一幅画面上有什么，在什么地方，有什么人在做什么等。更主要的是，幼儿不但要理解单页画面的内容，还要能够通过对画面上和画面间各个角色的表情、动作及他们的关系进行观察、分析和判断，从而明确画面与画面、画面与整个故事之间的联系，使阅读活动顺利开展下去。

例如，在大班阅读活动"小猴出海"中有这样几幅画面："小猴和它的朋友们乘坐的小船触礁了，大家非常着急。这时，小鸭偷偷地跳海逃走了，小猴和它的朋友们都赶紧招手叫小鸭游回小船，以免遇到鳄鱼。"在这几幅画面中，幼儿只有对"大家都很着急"这个表情进行很好的分析，才能理解小鸭的举动，而如果没有结合"小鸭逃走"这个画面来理解"小猴们招手"这个动作，幼儿也无法分析、判断出小猴子们为什么要让小鸭回到船上，以及故事的下一个情节——遇到鳄鱼。可见，幼儿要理解故事的主要内容，必须要善于观察角色的表情、动作及与故事发展有关的各种背景，如"刮大风，起大浪"等，并结合上下文进行正确的理解、分析和判断。

2. 概括的技能

概括的技能是指幼儿在阅读完一本书后，能够讲出图书的主要意思。幼儿在阅读过程中，要对照前后画面的变化，寻找出画面与画面的相同点、不同点和衔接点，并尝试用口头的形式表达出对图书主要内容的一个总的、概括性的印象。

3. 预期的技能

预期的技能是幼儿预测故事情节发展的技能。预期的技能要求幼儿在阅读图书的开始部分时，就要敏锐地根据故事中发生的事件性质、人物动作及表情准确地将情节的发展过程和结局预测出来，且预测结果要和图书开始部分相呼应。例如，当幼儿阅读绘本《好饿的小蛇》时，当幼儿读到第一天好饿的小蛇发现了圆圆的苹果，小蛇张开大嘴吃了苹果，肚子变成苹果的形状；第二天好饿的小蛇发现了一根黄黄的香蕉，小蛇张开大嘴吃了香蕉，肚子变成香蕉的形状。幼儿能在此基础上预测第三天、第四天……好饿的小蛇还

会遇到食物,吃下它,肚子显出食物的形状。幼儿还能预测出第六天好饿的小蛇发现一棵结满红苹果的树后,会把苹果树整个吞下肚。培养幼儿预期的技能可有效地帮助他们理解具体的阅读内容,不断扩展其阅读经验。预期技能的培养必须通过大量的阅读实践活动,在刚开始时,教材的选择要简单一些,情节的发展不宜太复杂。在幼儿有较多同类阅读经验的基础上,教师给予点拨指导,帮助他们归纳、概括出一定的阅读内容规律。

在不同年龄班,幼儿早期阅读活动培养目标不同,具体如下:

小班:

知道可以用一段话来讲述一幅图的含义。

知道每个字的发音不同,所代表的意思不同。

喜欢听教师来讲述图书的内容,并尝试自己阅读图书。

学习正确的阅读方法,会按顺序翻阅图书。

对文字感兴趣,能学认常见的简单汉字。

中班:

知道口头语言和文字的对应转换关系。

能集中注意力倾听教师讲述图片中画面的文字内容,理解书面语言。

能独立阅读图书,理解相关内容。

对画面及文字感兴趣,主动学认常见汉字。

大班:

理解画面内容,会用恰当的语句表达。

对学习与阅读文字感兴趣,积极学认常见的汉字。

初步认识汉字的间架结构,会按正确笔顺书写自己的姓名及常见的、简单的独体字。

早期阅读活动目标范例

大班早期阅读活动"雷公公敲门"

活动目标

1. 理解儿歌内容,初步认读汉字"游""跳""爬""钻",了解这些汉字构成的基本规律。
2. 能用身体动作表现儿歌中动物出洞的姿态。
3. 通过捉迷藏游戏,对识字活动产生兴趣并积极参与识字活动。

三、幼儿早期阅读的内容

早期阅读是幼儿开始接触书面语言的途径,因此其阅读内容应该包括与书面语言学习相关的所有材料。根据早期阅读活动的目标,为幼儿提供的早期阅读内容包含三方面的阅读经验,即前图书阅读经验、前识字经验、前书写经验。

(一)前图书阅读经验

所谓"前图书阅读经验"并不只是利用给幼儿提供图书的方式来培养其阅读能力,而是要帮助幼儿学习和积累若干具体的行为经验。幼儿要学会看图书,至少要学习若干具体的行为经验。

(1)翻阅图书的经验,幼儿要掌握一般的翻阅图书的顺序和方法。

(2)读懂图书所展示内容的经验。幼儿要会看画面,能从画面中发现人物的表情、动作、背景等,将它们串接起来理解故事情节。

(3)理解图书的画面、文字和口头语言有对应关系,会用口语讲出画面内容,或听教师念图书时,知道是在讲故事的内容。

(4)图书制作的经验。知道图书上所说的故事是由作家用文字写出来,画家又用图画表现出来,最后装订印刷成手中的读物,幼儿也可用自己的文字和画笔把想说的事情用一页页的故事表达出来,并把它们订成一本书。

(二) 前识字经验

虽然大量识字是幼儿进入小学以后的学习任务,但幼儿园有计划、有组织地开展早期阅读活动,可以帮助幼儿学习获得前识字经验,从而提高幼儿对文字的敏感度。幼儿早期阅读活动向幼儿提供的前识字经验包括以下内容:

(1) 知道文字有具体的意义,可以念出声音来,可以把文字、口语与概念对应起来。如认识"船"这个字,知道是指什么样的物体,看到"球"这个字时,知道读音,并知道什么是球。

(2) 理解文字功能和作用的经验。比如读图书中的文字就知道书里所讲的故事;把想说的话写成文字即是信,当邮寄到别人手中,再把它转换成口语,别人就能明白写信人所要表达的意思。

(3) 初步产生文字来源的经验。初步了解文字是怎样产生的,文字是如何演变成今天的样子的。

(4) 知道文字是一种符号并与其他符号系统可以转换的经验。例如认识各种交通与公共场合的图形标志,知道这些标志分别代表一定意思,可用语言文字表现出来。

(5) 知道文字和语言的多样性经验。认识到世界上有各种各样的语言和文字,同样一句话可以用不同的语言文字来表达;不同的语言文字又可以互相解释说明。

(6) 了解识字规律的经验。在前识字学习中让幼儿明白文字有一定的构成规律,掌握这些规律,就可以更好地识字。例如,许多汉字与"目"有关,像睡、眼、看、眉等。把握这种内在规律,幼儿会对识字感兴趣,也有利于他们自己探索认识其他一些常见字。

(三) 前书写经验

尽管我们不要求幼儿像小学生那样集中、大量地学习识字写字,但是获得一些有关汉字书写的信息仍然是必要,是幼儿入小学后正式学习书写的准备。

前书写经验学习内容的早期阅读活动,重在向幼儿提供学习机会,让他们积累有关汉语文字构成和书写的经验。具体包括以下内容:认识汉字的独特书写风格,如能将汉字书写区别于其他文字;知道汉字的基本框架结构,如懂得汉字可以分成左右结构、上下结构等;了解书写的最基本规则,学习按规则写字,尝试用有趣的方式练习基本笔画;知道书写汉字的工具,知道使用铅笔、钢笔、圆珠笔、毛笔书写时的不同要求;学会用正确的书写姿势写字,包括坐姿、握笔姿势等。

第二课 幼儿早期阅读活动的设计与指导

明确早期阅读过程的步骤或基本结构,有利于教师组织指导阅读活动的开展,从而有效发挥早期阅读活动的价值。

一、阅读前的准备活动

正如我们所知,幼儿不能仅靠一次阅读活动就理解一本书。当幼儿对所阅读的图书情节不够了解时,他们便无法很好地回答教师提出的问题,这样就难免导致教师指导重点的转移,阅读活动很可能变成一节提问课或讲解课,那么阅读活动也就失去了应有的意义。因此在正式阅读活动开展的一两周之前,应该让幼儿先阅读一下图书,以便为正式阅读活动的开展打下基础。

在这个阶段,教师指导时应注意:第一,阅读前的准备活动并不能代替正式阅读活动,它只是为正式阅读所做的铺垫。因此,幼儿只需对阅读内容有一个大概的理解就可以,而不必过于熟悉,以防幼儿在正式阅读时失去兴趣,影响正式阅读活动的开展。第二,准备活动中可以让幼儿从头到尾翻看图书一到两遍,教师重在指导幼儿的阅读方法是否正确,阅读习惯是否良好等,而对幼儿阅读是否准确不宜过多干涉。第三,对幼儿理解不正确的地方,教师可以给予提示并启发幼儿思考。

二、幼儿自由阅读

这是正式阅读活动的第一个阶段。教师将阅读活动所需图书展示给幼儿后,要提供机会让幼儿自由阅读。在阅读前的准备活动的基础上,幼儿对所阅读的书面语言应该留有一定的印象,然后为幼儿创设自由阅读的机会,让幼儿通过观察,再次认识阅读对象,获得有关信息。

在此阶段，教师应做到：第一，多采用提问的方式，多提有启发性的问题来引导幼儿的思路。提问的方式可以引导他们边思考边阅读，启发性的问题则有助于幼儿把握阅读的重难点。第二，教师要对幼儿提出观察的要求，并进行操作、表演，还要注意观察幼儿在阅读中的表现，如阅读速度、阅读方法、阅读态度等。幼儿的自由阅读，并不意味着教师可以不闻不问，而要更巧妙地引导幼儿完整、安静地阅读。

三、师幼共同阅读

师幼共同阅读是阅读活动的一个重要过程。这个过程又可以分为以下三个阶段。

（一）师幼共同阅读，理解图书基本意思

鉴于幼儿对图书的主要情节和内容已经比较熟悉，因此教师可以多用提问的方法与其一起阅读、理解图书。问题不要太多，3～4个即可，注意一个问题要涉及多个画面，即幼儿必须在理解1～2个画面的基础上才能回答出这个问题，可以保证幼儿在生动活泼的形式中进行阅读。在此环节，教师可以根据活动目标和幼儿的年龄特点改编绘本，如删减角色、改编情节、改编语言文字等。

（二）围绕重点开展活动

每个阅读活动都有其自身的重点、难点问题，对这些问题教师要做到心中有数。图书的前后连续性较强，如果一个重点或难点画面没有被幼儿正确地理解，往往会影响到其之后的阅读，甚至影响对整本图书主要内容的把握，小班和中班前期的幼儿最为常见。所以，教师一定要认真观察了解前面几个阶段幼儿的阅读困难，并结合图书的主要难点进行必要的指导，使幼儿能将图书的细节与内容相结合，从而深入理解图书的主要内容，并能体验到图书中人物的内心感受。

（三）归纳图书内容

在幼儿对图书的主要内容有深入理解的基础上，教师要鼓励他们将主要内容用语言总结、归纳出来，从而巩固、消化所学的东西。归纳图书内容，有以下三种形式。

其一，一句话归纳法。这种形式要求幼儿用一句话将图书的主要内容归纳出来。比如，大班阅读活动"小白兔上公园"中，有的幼儿这样归纳："这本图书讲的是一只小白兔和他的朋友们上公园时爱护环境、不乱扔东西的故事。"

其二，一段话归纳法。这种形式要求幼儿用一段话将故事的主要内容归纳出来。例如，中班阅读活动"小鸡和小鸭"中，幼儿这样归纳："有一天，小鸡和小鸭去河边玩。小鸡一不小心掉到河里，小鸭将小鸡救了上来。中午时他们的肚子饿了，小鸡说'小鸭，我来帮你找食物吧'。小鸡用自己尖尖的嘴叼起一条小虫喂给小鸭吃。小鸡和小鸭真是一对好朋友。"

其三，题目归纳法。要求幼儿用简练的词或短句给图书起个名字。例如，在给图书《小鸡和小鸭》起名字时，有的幼儿想出了《好朋友》的名称，有的幼儿想出的名称是《帮忙》等。

上述三种归纳方法难度不同，适合于不同年龄段的幼儿使用。"一句话归纳法"和"题目归纳法"要求幼儿在理解图书的基础上，用简短的语句准确地对图书主要内容加以概括，而且归纳图书题目还要求幼儿具有丰富的想象力和一定的创造思维能力，对幼儿要求较高，一般适合于中班后期及以后的幼儿使用。而"一段话归纳法"仅要求幼儿将图书的主要内容讲述出来，相对而言，难度不高，适合于小班后期和中班前期的幼儿使用。

教师指导各年龄班阅读的重点应有所不同，具体如下：

小班：指导幼儿从前往后一页一页地理解单页单幅画面的意思，并能用一段话归纳图书的主要内容。

中班：懂得图书下方页码的作用，能在一个问题的引导下理解2～3个单页单幅画面或一个单页多幅画面的主要意思，能为图书起名字。

大班：能在教师的帮助下将一本情节复杂、内容丰富的图书按情节的发展分成几个部分，用一句话归纳图书内容，并预期图书情节的发展。

当然，归纳图书阅读活动的方式远不止这几种，还可以采用竞赛的活动方式帮助幼儿巩固所学内容，用表演或者游戏的方式来组织归纳所读内容等。教师可以创造性地组织和指导该环节的活动，只要有利于幼儿巩固所阅读的内容，有利于他们阅读能力的提高，各种生动活泼的形式都可以尝试。

宝贝，不可以
（中班）

思考与练习

1. 简述幼儿早期阅读活动的特征。
2. 简述幼儿早期阅读活动的内容。
3. 简述幼儿早期阅读活动的基本结构。

实训任务

1. 记录幼儿教师组织的早期阅读活动(可以是教学活动课例观摩或幼儿园见习、实习观摩),并思考:

（1）教师选择的绘本具有什么样的特点?

（2）教师是如何引导幼儿阅读理解绘本的?

（3）对你所观摩的早期阅读从活动本身(内容选择、活动准备、活动过程等)、幼儿教师(教学能力、师幼互动等)、幼儿(参与程度、目标达成情况等)三个方面进行评析。

2. 试根据幼儿早期阅读活动的基本结构设计一个早期阅读活动教案,并在小组内模拟试教。

社 会

核心理念

　　幼儿社会领域的学习与发展过程是幼儿社会性不断完善并奠定健全人格基础的过程,主要包括人际交往与社会适应。幼儿阶段是人社会性发展的关键时期,良好的人际关系和社会适应能力对幼儿身心健康发展以及知识、能力和智慧作用的发挥具有重要影响。幼儿在与成人和同伴交往的过程中,不仅学习如何与人友好相处,也在学习如何看待自己、对待他人,不断发展适应社会生活的能力。

　　家庭、幼儿园和社会应共同努力,为幼儿创设温暖关爱的家庭和集体生活氛围,建立良好的亲子关系和师生关系,让幼儿在积极健康的人际关系中建立安全感和信任感,发展自信和自尊,在良好的社会环境及文化的熏陶中学会遵守规则,建立基本的认同感和归属感。

　　幼儿社会性是在日常生活和游戏中通过观察和模仿学习发展起来的,成人应注重自己的言行对幼儿的潜移默化影响。

——《3—6岁儿童学习与发展指南》

第十一单元 幼儿社会教育概述

凡是有人群的地方,就有各种各样的"社会",任何人在任何社会条件下,他的行为都必然直接或间接地受到周围环境的影响和限制。人要在一定社会条件下生存,必须学会适应社会、参与社会生活,才能被社会所接纳。

幼儿园是幼儿进入除家庭以外的第一个新的"社会",幼儿要适应这个新的群体生活,就需要学会改变原有的与新环境不适宜的习惯,建立并遵守新的社会规则。因此,如何根据幼儿社会性发展特点及其影响因素,选择适当的教育内容,并通过有效的活动模式及方法、途径来组织和实施,以促进幼儿良好社会性品质的形成,培养其良好个性特征,使他们积极地适应社会生活,健康与完整地发展,是我们幼儿社会教育的主要任务。

第一课 幼儿社会教育的研究对象与内涵特点

一、幼儿社会教育的研究对象

幼儿社会教育是主要研究幼儿社会性发展的现象、规律及其教育原理、方法与途径的学科。要想真正了解幼儿社会教育的研究对象,必须掌握社会化、社会性和个性这三个概念及其相互关系。

（一）社会化

社会化是个体通过与社会环境相互作用实现的。个体出生后只是一个"自然人",在复杂的社会环境中,个体通过活动与周围的社会生活条件发生关系,在这互动过程中,个体逐渐懂得什么是正确的,是被社会所提倡和鼓励的,什么是错误的,是被社会所禁止和反对的,形成适应于该社会所公认的行为方式,成为一个适应社会生活的"社会人"。这个过程就是社会化的过程,即个体在一定的社会环境影响下,通过与环境的相互作用,不断地掌握社会规范,正确处理人际关系,学习社会角色与道德规范,朝着社会要求的方向不断发展并逐渐达到这种要求的过程。

（二）社会性

社会性是在个体社会化的过程中产生的,即个体由自然人发展为社会人的社会化过程中所表现出来的心理和行为特征。广义上可以理解为人在社会生活过程中所形成的全部社会特征的总和,是与个体的生物性相对而言。狭义的社会性可以理解为个体在其生物性基础上形成和发展起来的适应社会环境、与人交往、竞争和合作,以及影响他人和团体的心理特征与行为方式。例如,幼儿交往能力、遵守规则、社会适应、道德品质等。幼儿社会性的形成和发展是逐步习得的,是一个终身的历程。总的来说,幼儿期是社会性发展的上升时期,学前期更是社会性发展的关键时期。

（三）个性

个性主要是指在生物基础上受社会条件制约而形成的独特又稳定的、具有调控能力的、具有倾向性的各种心理特征的总和。幼儿个性发展的心理结构主要包括自我调控、个性倾向性和个性心理特征三个系统,是在个体社会化过程中形成和发展起来的。

在幼儿社会化过程中,幼儿的个性和社会性逐步发展起来,社会性是个体社会化的产物,而个性是个体生物因素和社会化的综合结果。所以,两者既有本质的区别又有显著的联系,个性朝着与他人区别的独特性发展,而社会性则朝着与社会群体相适应的共性方向发展。幼儿在社会化中表现出自己的个性,但他的表现如果违背社会的规范价值观,就会被看成社会性发展缺陷或发展不足。二者只有协同发展,才能有益于幼儿健康成长,更好更快地适应社会。

二、幼儿社会教育的内涵

幼儿社会教育的内涵目前并没形成统一、确定的说法,不同学者从不同的角度进行了表述。尽管描述不同,但内容实质是一样的,本书这样描述:幼儿社会教育主要是指在成人的引导和良好环境的陶冶下,以培养幼儿良好的人际交往能力和社会适应能力为目标,以增进幼儿的社会认知、激发社会情感、培养社会行为技能为主要内容的教育。

幼儿社会教育不同于以往的"常识"教育。以往的常识教育更多体现了社会内容中的知识层面,不能完整地培养幼儿的社会认知,更不能全面地促进幼儿社会性的发展。

幼儿社会教育还不同于幼儿品德教育。因为品德作为个人依据一定的社会道德行为准则行动时所表现出来的某些稳定的特征,是社会道德在人身上的具体化,是在个体社会性发展的基础上对社会道德行为规范不断内化的结果。社会性涉及的是生存和生活的问题,因此,作为个人社会品质的灵魂,品德不可能泛指或涉及所有个人生活的社会属性,它只能包含在社会性中。所以社会性发展良好的人,也必然是具有良好品德的人,但品德良好的人不一定有好的社会性发展并能适应社会。

三、幼儿社会教育的特点

幼儿是在与周围的环境相互作用中不断进行社会性发展的,由于幼儿自身生理、心理发展的特点,社会学习的能力和水平不同等因素影响,其社会学习呈现出一定的特点,这也决定了幼儿社会教育的特点。

(一) 潜移默化性

社会性的很多方面是幼儿在生活过程中随机、无意习得的。幼儿的生活中处处蕴藏着、渗透着社会教育的内容,如在家庭中,家庭成员的关系和活动,与亲戚朋友的交往;在社区中,公共场所的活动、社会事件;在幼儿园中,与同伴、老师的交往、游戏、一日生活等,都渗透着社会知识、人际交往的社会情感和社会行为规范要求。

幼儿社会学习具有很强的随机性和无意性,所以,《纲要》指出社会领域的教育具有潜移默化的特点。对于教师来说,除了专门的社会教育活动外,幼儿的日常生活、自由活动、意外突发事件以及其他领域的教育活动等都可能蕴含很多社会教育的契机,教师要重视各种情况下、各种活动中的随机教育。在日常生活中要注意:为幼儿的社会学习创造适宜的环境;注意自己的言行举止;抓住日常生活中的随机教育;注意利用其他领域中蕴含的社会教育契机。

(二) 长期性

社会性的发展是一个终身的历程,人在不同的年龄段、不同的社会群体中充当着各种不同的角色,并按社会对各种角色的要求行事来适应这个社会,因此,这就需要每个人不断地进行社会学习。幼儿处在人生的初始阶段,其身心发展不成熟,自我意识、各种行为正在形成中,缺乏稳定性,当环境发生变化时,已形成的良好观念和行为可能反复。

幼儿社会学习具有长期性和反复性,所以,社会领域教育具有长期性、细致性的特点。对于教师来说,任何拔苗助长、急功近利的行为都可能影响幼儿的一生。在日常生活中要注意:要长期有目的、有计划地进行社会教育,使之渗透到幼儿的学习、游戏、生活等活动中;教师要有高度的责任感,耐心、细心地正面引导幼儿在社会学习中出现的问题。

(三) 实践性和正面性

幼儿的社会学习是一种不断内化的过程,而这种内化的过程需要在实践中实现。特别是社会道德规范、行为准则对幼儿来说是抽象的,幼儿需要在实践中自己亲身体验才能内化为自己的行动。同时,幼儿社会学习带有很大的情绪性,在良好的情绪状态和情感氛围下,幼儿就很容易产生认同和共鸣,并能够积极地模仿和产生亲社会行为。

幼儿社会学习具有实践性和情感驱动性,所以,社会领域教育具有实践性、正面性的特点。对于教师来说,要利用和创造各种情境,组织多种多样的活动,让幼儿参与其中。在日常生活中要注意:以积极的方式对幼儿提要求;创设积极的环境,树立榜样;允许幼儿犯错,以鼓励表扬为主;为幼儿创造实践的机会;教育幼儿正确具体的行为方式。

第二课 幼儿社会教育的意义

一、幼儿社会教育的意义

幼儿作为一个发展中的人,他虽然还没有能力承担起相应的社会责任,但他必须按照一个合格的社会成员的样式受到培养,否则幼儿就面临无法适应社会的危险,更谈不上去改变与创造社会了。幼儿社会教育可以引导幼儿接纳、认同自己,了解自己的社会,了解自己与社会的关系,了解社会中人们之间的关系,完善其人格、培养其良好个性,成为一个社会化的人,同时社会也需要能够适应社会并变革社会的下一代公民。这就是进行幼儿社会教育重要意义之所在。

(一) 促进幼儿社会适应能力的发展

哈佛大学心理学博士丹尼尔·戈尔曼的研究表明:"孩子的未来20%取决于智商,80%取决于情商。"卡耐基也曾说过,一个人的成功,所学专业知识起的作用是15%,与他人交际能力却占85%。所以我们常常看到:一些智商高的人并不见得成功,而情商高的人则事业有成,情商的核心就是与别人的情感交流、社会交往能力,即社会性发展。所以说,好的教育不单单是智力的训练,社会性发展水平高低更能决定孩子能否在未来生活中获取幸福和成功。

社会教育可以造就具有特定文化特质的人。社会教育的目标和内容本身就是在特定文化的影响下形成的。社会教育通过引导幼儿了解、体验、感知"社区人文景观""民间艺术""文化精品"等,使幼儿感受自己民族文化的魅力,热爱自己民族的文化,更好地适应自己的文化。

社会教育可以造就特定的社会成员。社会教育会将社会要求、社会状况反映在课程内容中,通过这些内容的学习,使幼儿了解自己的社会,了解自己与社会的关系,了解社会中人们之间的关系。如,在人际关系和社会规则中,让幼儿懂得自己与他人的关系、自己与集体的关系,了解并初步掌握基本的公共规则、集体规则及交往规则等。因此,通过社会教育,使幼儿成为初步适应社会生活的人,为幼儿成为未来社会合格的建设者打下良好的基础。

(二) 促进幼儿身心的健康发展

1. 促进身体的发展

幼儿的社会性发展对其身体健康等方面也会产生重要影响。社会性方面发展得好,可避免因精神因素引发的身体疾病。生活在社会中的人,时刻在接收着来自周围的人、事或自身内部的各种信息,这些信息经过大脑的整理和分析,会对我们产生影响。幼儿如果和小朋友玩得高兴,说明他的行为被别人接纳,他和小朋友相处得很和谐。在和小朋友和谐相处时,开心、愉快的情绪能使他的内分泌系统处于平衡状态,全身的各种腺体正常工作,这样有利于他的生长发育。

2. 促进心理品质的发展

社会性发展得较好的幼儿,适应能力和自制力都比较强,他们更容易与老师、同伴融洽相处,并能心态积极,情绪稳定,自信心强,比其他幼儿表现得更有毅力,能最大限度地发挥出自己的能力。如在做手工或进行科学探索活动时,他们能保持较长时间专注地"工作",遇到小小的困难时,他们也能寻找原因,能克服困难,而不轻易放弃。相反,社会性发展不好的幼儿,不仅不会学习做人,还会导致其自制力、适应能力、毅力、真诚等心理品质低下。

二、幼儿社会教育与相关课程领域的关系[①]

幼儿园的教育活动具有全面性、整合性的特点,社会领域不是独立于其他领域,而是与其他领域密切联系,并在五大领域中具有重要作用。

社会教育与健康教育是相互渗透、相互促进的。对于幼儿来说,现代观念上的健康包括身体健康、情

[①] 本部分内容主要参考和引自:甘剑梅.学前儿童社会教育的内涵、性质与课程地位[J].学前教育研究,2011(1):53-59.根据行文需要编者进行了改编。

绪情感健康、心理健康以及社会适应能力良好,其中幼儿的情绪、心理和社会适应能力是社会领域也关注的问题。当幼儿与同伴关系和谐时,从某种角度来说就是适应能力良好的表现,幼儿能获得安定、愉快的情绪,并形成安全感和信赖感。同时体育活动能磨练幼儿坚强和勇敢的意志,培养幼儿主动、合作的态度。

社会教育是语言教育的灵魂,语言教育是社会教育的基础。语言是幼儿进行社会化的重要工具,通过语言幼儿才能与人沟通。但是在语言教育中,不仅要教会孩子正确、流利地表达,还要教会孩子学会真诚与善意地表达,在接触优秀的幼儿文学作品时,不只是让幼儿感受语言的丰富和优美,还要让幼儿体会人物的丰富心灵,分辨世间的善与恶、美与丑。所以,语言教育的过程也是社会教育的过程,语言教育没有了美与善的灵魂,也就成了抽象的、没有生命的符号教育。

社会教育给予科学教育价值上的引导。科学教育最终的目的是让幼儿认识人类与客观世界的关系,以及人类对客观世界所承载的责任,让他们在亲近大自然的同时,学会关心、珍惜周围环境,形成初步的环保意识。这些都与社会、道德紧密相关。

社会教育与艺术教育相辅相成。当孩子学会用画笔或音乐表达他内心美好的体会和感动时,艺术就产生了。同样,当感受到美与善时,他就已经接受了社会教育。

综上所述,社会领域教育极大地依赖于其他领域教育,但它处于课程领域的中心和核心地位,为其他领域提供方向和价值的引导,即一切的教育在于使幼儿与世界和谐相处,成为有益于促进人类社会健康发展的人。

第三课 幼儿社会性发展特点

幼儿社会性发展所包含的具体内容根据不同的标准,有不同的划分。本教材从心理学角度,把幼儿社会性发展的内容分为社会认知、社会情感和社会行为三个方面。

一、幼儿社会认知的发展特点

社会认知是幼儿在参与社会活动中所获得的经验。幼儿社会认知发展的内容包括对自己的认知(即自我意识)、对别人的认知及对社会环境和规范的认知三个方面。

(一)幼儿自我意识发展特点

自我意识的发展,是幼儿社会化的转折点,也是个性最终形成的必要条件。自我意识也称自我,指个体对自己作为客体存在的身心活动的觉察,即自己认识自己的一切,包括认识自己的生理状况(如身高、体重、形体等)、心理特征(如兴趣爱好、能力、性格、气质等),以及自己与他人的关系(如自己与周围人们相处的关系、自己在集体中的位置与作用等)。从形式上看,自我是由知、情、意三方面统一构成的高级反映形式,包括自我认识(自我观察、自我分析、自我评价)、自我体验(自尊、自信)、自我监控(自我检查、自我监督、自我控制)等。

1. 自我意识的产生

婴儿期是自我意识发生的时期,在婴儿生活的第一年,其还没有把自己作为主体从周围世界的客体中区分出来,甚至还不知道自己身体的各个部分是属于自己的,所以啃自己脚还以为是其他玩具。

大约到第一年末,婴儿开始能把自己的身体与其他物体区分开来,意识到自己的存在。例如,婴儿开始知道由于自己扔皮球,皮球就滚了;由于自己拉床单,小猫就给吓跑了。但是,这时的所谓自我意识,实质上,只能算是一种自我感觉,还不是明确的自我意识。

2岁左右是幼儿自我意识形成的时期。此时的幼儿能把自己和"别人"明显地区分开来,能够在镜中识别自我,并能用词标示自己身体的各个主要部位,也知道了自己的名字。但最初幼儿提到自己时,就像称呼其他客体一样,如说"宝宝要抱""贝贝吃糖"等,只是作为一种信号。当幼儿开始掌握和使用代名词"我"的时候,可以说幼儿开始从把自己当作客体转变为把自己当作一个主体的人来认识。

2. 自我意识的发展

幼儿期的自我意识有了进一步的发展,表现在对自己性别的认识,自我控制和自我评价的发展。

性别角色的发展。3岁以后逐渐开始认识自己,并逐渐形成性别角色和社会角色意识。幼儿的性别稳定性一般3~4岁的时候就出现了。这一年龄的幼儿能够认识到性别在人一生中是稳定不变的。5岁左右形成比较明确的性别角色意识。幼儿一般要到六七岁才能获得性别一致性的认识。

自我控制的发展。随着年龄的增长，大脑皮质的抑制机能逐渐完善起来，兴奋与抑制过程逐渐平衡，自我控制能力逐渐增强。幼儿期自我控制的发展特点：3岁幼儿其大脑皮质抑制机能尚未完善，兴奋过程占优势，因此，表现为活泼好动，自我控制力较差。4岁以后表现为能够尝试用语言调控自己行为并逐渐延长时间。五六岁时，能有意识地调控自己的行为，自我控制语言也逐渐从外部语言过渡到内部语言，能维持较长时间。

自我评价的发展。自我评价是个体对自己特性的判断。幼儿自我评价的发展趋势是：① 从依赖成人的评价到自己独立的评价。幼儿前期多数不能对自己做出独立的评价，往往只是简单重复成人的评价。例如，幼儿评价自己是好孩子，因为"老师说我是好孩子""妈妈说我是好孩子"等。幼儿晚期，开始出现独立的评价。② 从对外部行为的评价到对内心品质的评价。根据调查材料，幼儿的自我评价基本上表现为对自己外部行为的评价，还不能深入到对内心品质进行评价。例如小朋友在回答他是好孩子的原因时说："我不撒谎，上课坐得好，我不想欺负小朋友。"③ 从带有主观情绪性的自我评价到比较客观的自我评价。他们往往不是从具体事物出发进行评价，而是以情感体验作为评价的依据。如一幼儿认为自己和另一幼儿是最好的值日生，是因为"他值日就发给我带金边的碗，我值日也发给他带金边的碗"。④ 从笼统不分化的评价到比较具体细致的评价。有些幼儿的自我评价是比较简单、笼统和不分化的，如有的幼儿认为自己是"好值日生"，因为他一到幼儿园就拿抹布擦桌子，至于擦得干净不干净，往往并不在意。

（二）幼儿对他人认知的发展特点

幼儿对他人的认知，主要指对同伴以及其他与自己有较多交往的人的认知。

（1）对他人外形的认知。幼儿对他人的认知，首先关注的是他人的外形特征和外部行为表现。2岁以后，幼儿能逐步发现与他人在外形上的差异，如与他人的装束、发式、性别、高矮或能力的差异等。

（2）对他人心理状态的认知。幼儿能通过行为特征与结果来理解他人内在情绪及推断他人在集体中的地位。如，幼儿看到同伴推开另一个幼儿，就会知道这个同伴不想与另一个幼儿玩。但对于他人的情感、动机与社会需要，幼儿的认识还很肤浅、粗略，有时甚至是视而不见的。

（3）自我中心的态度。皮亚杰用"三山"实验证明幼儿正处于自我中心主义阶段，会以为别人都是和自己一样的想法，如幼儿在玩捉迷藏时会害怕对方发现自己，总是捂紧自己的双眼。

（三）幼儿对社会环境和规范认知的发展特点

对社会环境、社会现象的认知，总的趋势是由近及远、由简单到复杂，逐步扩展和深化，主要包括对家庭、幼儿园、社区机构、交通设施、国家民族、主要邻近国家、重大节日及重大社会事件等方面。

对规则的认识是幼儿道德认知初步发展的体现。服从是幼儿道德认知的第一个特点，幼儿认为规则是权威制定的，必须遵守，但幼儿的自我中心思维使他们还不能完全理解规则的真正目的，特别是小班幼儿，在游戏和行动中常常按照自己的规则进行，中班幼儿不但关心自己的行为是否符合道德标准，而且开始关心别人的行为是否符合道德标准，并产生相应情感，所以中班幼儿常常"告状"。到了大班，幼儿开始能掌握一定的道德行为规则，开始能从社会意义上来判断道德行为，但仍然是具体的。

二、幼儿社会情感的发展特点

社会情感是人们在社会生活、社会交往中需要是否得到满足而产生的情感体验，幼儿社会情感发展的主要内容包括幼儿情绪的社会化、依恋的发展、道德情感发展。社会情感的教育就是要引导幼儿在社会认知过程中，形成积极的情感体验，学会认识、调控自己的情绪、情感。

（一）情绪的社会化

新生儿已有明显的情绪反应，"落地哭"就是由于身体不舒适引起的消极情绪，3个月左右，婴儿出现社会性的微笑。婴儿通常用表情与他人进行交流，2~3岁的幼儿在讲述一个故事或一件事时，总是一边说，一边做表情和动作。3岁左右的幼儿能比较准确地表达出自己的感情，也能正确领会别人表露的情感，并做出相应的反应。情绪的社会化是幼儿情绪发展的主要趋势，表现在：情绪中社会性交往的成分不断增加；引起情绪反应的社会性动因不断增加；情绪表达社会化。

(二) 依恋的形成与发展

依恋是指婴幼儿对其主要抚养者特别亲近而不愿离去的情感，它对幼儿的心理发展有重要影响。

幼儿依恋行为的发展表现：0～3个月的婴儿处于对人无差别的反应阶段，对所有人的反应几乎都一样，都以抓握、微笑等十分相同的方式对大多数人做出相似的反应；3～6个月的婴儿处于对人有选择的反应阶段，婴儿对母亲更为偏爱，在母亲面前表现出更多的微笑、依偎、接近、咿呀学语，而在其他熟悉的人如家庭成员面前这些反应相对就要少一些，对陌生人这些反应则更少；6个月～2岁的婴幼儿处于特殊的情感联结阶段，从六七个月起，婴儿对母亲的存在表现出特别的关切。当陌生人靠近时，他会哭闹不安，寻求母亲的所在。这说明此时的婴儿已能敏锐地辨别熟人和陌生人了，这样，婴儿真正的依恋行为就产生了。七八个月时婴儿也会对父亲形成依恋。再以后依恋范围也进一步扩大，除父母外，幼儿还对家庭其他成员如祖父母等产生依恋的情感。

2岁以后幼儿开始能认识并理解母亲，认识到交往时双方都应考虑对方的需要，并据此适当调整自己的目标。比如当母亲需要出去干别的事情，或离开一段时间，幼儿也能理解，而不会大声哭闹，他可以自己较快乐地玩，相信母亲一会儿肯定会回来。

3岁以后，随着进入幼儿园，幼儿把依恋对象逐渐转移到老师和同伴身上。幼儿对老师的依恋首先表现在更多地寻求老师的注意与赞许，比如老师上课提问题，不论会还是不会，幼儿都会把手举得高高的以引起老师的注意；其次，幼儿对老师的依恋还表现在对老师的态度上，幼儿对老师的好恶态度是判断幼儿是否形成依恋的标准。幼儿对同伴的依恋主要是以在游戏或学习过程中能否共享玩具、互相合作以及座位的远近、家庭住址的距离为决定因素。

(三) 道德情感的发展

道德情感是人的道德需要是否得到满足所引起的一种内心体验，它反映、伴随并影响着人的道德认知和道德行为。与道德有关的情感主要包括共情、羞愧感和内疚感等。

幼儿期道德情感发展总的特点为：幼儿前期在掌握道德观念的基础上，已经产生了初步的道德情感，如同情心、责任感、互助感等。这个时期的幼儿已能关心别人的情绪和处境，因他人高兴而高兴，因他人难受而难受，并想到要安慰和帮助别人。在成人的教育下，随着自我意识的进一步发展，幼儿对他人和自己行为是否符合道德标准就产生了最初的体验。如当自己和别人的言行符合道德规范受到表扬时，婴幼儿便产生高兴、满足、自豪的情感体验；当自己和别人的言行不符合道德规范受到批评时，婴幼儿便产生羞愧、难受、内疚的情绪体验。同时，也出现了最初的爱与憎。例如，当看到小人书上的大灰狼、灰狐狸时，就用手、拳头去打它；而当看到小白兔战胜了大灰狼、灰狐狸时，便高兴地拍手大叫。当然，这时婴幼儿的道德情绪体验，还是比较浅的、短暂的，一般都是成人要求、评价和强化的结果。

1. 共情

共情是指个体能够设身处地地对他人的情感状态进行识别、理解和应对，从而产生与他人相一致的情感体验。研究者一致认为共情是亲社会行为的动机基础，而且对攻击性行为的产生有一定的抑制作用。霍夫曼等人把人的共情能力大致分为四个阶段①。

(1) 普遍性共情。在婴儿出生后的第一年，他(她)的共情是被动的、不随意的。来自母亲或其他人的痛苦或快乐线索，会使他(她)感到不适、惊恐或高兴、微笑，这个现象称为"情绪传染"。这些早期的"同情哭喊"类似于先天反应，因为很明显婴儿还不能够理解他人的感觉。然而他们的反应就好像自己也有同样的感觉一样。

(2) 自我中心共情。在出生后的第二年，幼儿渐渐意识到自己是独立个体，他们对他人痛苦的反应发生改变。幼儿面对痛苦的人时，他们能够明白是别人而不是自己感到痛苦。这种认识使幼儿能够将注意力由对自身的关心转到对别人的安慰上。因为幼儿在以他人的观点思考问题方面存在困难，所以他们试图安慰或帮助别人的行为可能不恰当，例如，他们会把糖果递给看起来难过的父亲。

(3) 对他人感情的共情。在2～3岁，幼儿逐渐意识到他人是独立于自己而存在，并且是具有与自己不同的情感、需要、思维等内部状态的实体，开始运用关于他人和周围世界的信息推测，判断具体的、直接的情境，从他人在此情境下产生的相应情绪表现来理解和体验他人的情绪情感，根据情境的要求，表现出

---

① 王振宇.学前儿童发展心理学[M].北京：人民教育出版社，2004：119-120.

对他人更为有效的共情行为。

（4）对他人的生活情境产生共情。一般发生在6~9岁。这时幼儿不仅充分意识到他人拥有自己一样的感觉，而且领会到这些感觉发生在范围更广的经历中。处于童年期或者青春初期的幼儿，角色获取的能力日益提高，能准确地评估他人的情绪状态及其起因，共情不再拘泥于具体的直接情境，而是扩展到更抽象、概括的情境。

总体而言，婴幼儿时期共情并不是很普遍，但幼儿的共情能力也不是随着年龄增长而自然发展的，需要教育者采取具有针对性的方式进行引导。

2. 羞愧感

羞愧感是个人知觉到自己在一定情境中的行动与这种情境要求的合理的、道德的或者公认的行动标准相背离时产生的情感体验，它更多是因为达不到外部要求。羞愧感是道德良知发展的基础。

羞愧感以人的自我意识的产生为基本条件。在人没有自我意识之时，他是不会有羞愧感的。羞愧感的最初萌芽与幼儿的道德认识联系在一起。研究表明，小班幼儿害怕别人责备自己的行为，当受到责备又觉得自己确实做得不对时，他会觉得羞愧和难为情。大班幼儿即使在同伴面前，特别是在本班小朋友面前，也会感到羞愧。小班和中班幼儿还不能全面评价自己的行为，他们只是在具体情境中，为一个具体行为而羞愧，而大班幼儿则不但在做出某一行为时感到羞愧，而且在做出这个举动之前也会产生羞愧感。

幼儿羞愧感的范围也逐渐扩大，他们知道拿别人东西、打人、说脏话、不把玩具和吃的东西分给别人，这些都是羞愧的。如果一个幼儿在同伴和集体面前曾经为自己的行为感到羞愧，那么在以后的行为中，就会尽力避免再产生那种令人不快的羞愧的体验。所以说，羞愧感逐渐成为一种制止幼儿认为不好的行为、言语、愿望和动机的力量。

3. 内疚感

内疚感是个体对自己的过错或过失的感知。当幼儿理解他人的观点，并将自己的行为看作他人困境产生的原因时就产生了内疚感。它的产生主要是个体行为达不到自己内心理想要求。

研究发现，内疚感在个体身上的发展经历了一个从模糊到深刻的过程。当幼儿能够能较好地区分自我与他人，并能更好地作出归因时，就能理解他人观点，并将自己的行为看作他人困境产生的原因，从而产生内疚。

除了以上三种社会情感，责任感、集体荣誉感、爱国感等都是重要的社会情感。

三、幼儿社会行为的发展特点

社会性行为是人们在交往活动中对他人或某一事件表现出来的态度、言语和行为反应。社会性行为根据其动机和目的，可以分为亲社会行为和反社会行为。亲社会行为是指人们在社会交往中对他人有益或对社会有积极影响的行为，如帮助、分享、合作、谦让等。而反社会行为（问题行为）则是指违法行为或为社会所不接受的行为，在幼儿中体现为打人、骂人、破坏物品等。

（一）亲社会行为

幼儿亲社会行为主要表现在助人、分享、合作、安慰与保护、谦让等方面。王美芳、庞维国对幼儿在幼儿园的亲社会行为进行了观察研究，结果表明：幼儿亲社会行为主要指向同伴，极少数指向教师；幼儿的亲社会行为指向同性伙伴和异性伙伴的次数存在年龄差异，小班幼儿指向同性、异性同伴的次数接近，而中、大班幼儿的亲社会行为指向同性伙伴的次数不断增多，指向异性伙伴的次数不断减少；在幼儿的亲社会行为中，合作行为最为常见，其次为分享行为和助人行为，安慰行为和公德行为较少发生。

1. 助人行为

助人就是对有困难者或急需帮助者提供各种形式的帮助。有的学者认为幼儿由于受自我中心倾向的影响基本上没有利他观念和利他行为，从而也就否定了幼儿助人行为的存在。但有的学者通过实验证明幼儿存在助人行为，只是有一个发展的过程。例如，斯陶布认为，幼儿助人行为是随着年龄的增长而变化的，是否有他人在场对幼儿的助人行为的发生有重要影响。单独在场时，只有31.8%的幼儿表现出助人行为，而两人在场时，则上升为61.8%。这是因为另一名幼儿在场，可以增加相互沟通，从而减少由特定情境引起的紧张与恐惧，解除抑制，表现出较多的助人行为。同时，研究发现，5~8岁期间幼儿的助人行为是随着年龄的增长而增加的,而9~12岁期间的助人行为则是呈下降趋势。斯陶布认为,助人行为下降的原因之一是年龄较大的幼儿更担心由于率先采取行动,而受到指责。研究还表明,与成人良好的情感联系以及成人的榜样行为会增加幼儿的助人行为,而且,成人的榜样行为可以增加幼儿对于规范和正确行为的认知理解[1]。

2. 分享行为

分享是亲社会行为的一种表现,是指幼儿在有他人存在的场合能将物品公正地共同享用。分享可以是物质,如食品、玩具、图书等,也可以是情感。情感的分享总是和人联系在一起,如老师、父母等。分享不只存在于幼儿之间,幼儿与成人之间也可产生分享。

有关研究表明,3~6岁的幼儿存在着不同程度的分享行为,但行为的自觉性和主动性程度有时也会有不同。如有的是完全自愿的,有的是在启发下发生的。如在食物分享中,有的幼儿能主动分享,有的犹豫不决。幼儿分享食品和分享玩具的行为不同,多数幼儿在分享玩具的行为中,独占的较少;在分享食品的行为中,不易与其他幼儿分享。

3. 合作行为

合作是两个或者两个以上的人共同活动、协同实现活动目标的行为。合作也是一种基本的社会技能。合作作为人与人之间的一种基本的互动形式,一直是个体社会化研究的重要领域。

关于幼儿合作的研究指出,在幼儿出生后的第二年合作行为开始发生并迅速发展。而研究也表明幼儿合作行为是随着年龄增长而不断增加的。海(Hay,1979)研究了幼儿与父母的合作游戏,发现12个月的婴儿很少表现出合作性游戏,而绝大多数18~24个月的幼儿产生了合作性游戏,并且在这个年龄阶段,幼儿合作性游戏发生的频率也迅速增加。还有研究发现,18~24个月的幼儿比年幼的幼儿进行了更多的与同伴和成人交往的游戏。24个月的幼儿在与同龄伙伴交往过程中,他们与同龄伙伴之间能够相互协调行为以达到共同的目标,而18个月的幼儿还比较困难;24个月以后幼儿能更有效地进行社会性交往,更经常地进行合作游戏。我国学者的研究也发现在幼儿的亲社会行为中,合作行为最为常见,同伴对幼儿的合作行为多作出积极反应。

所以,幼儿早期的合作行为的发展同他们的社会交往能力、社会认知能力和自我概念有密切的关系,并且是相互影响的。

4. 安慰与保护行为

幼儿早期就会对他人悲伤情感作出不同反应,并逐步发展出复杂的亲社会性干预意图与行为。年幼幼儿不仅有能力区分他人的需要和利益而对他人进行分享和帮助,而且还可以对周围其他人的情感性悲伤以亲社会的方式进行反应,这些亲社会性干预也随着年龄的增长变得越来越复杂。如一个69周大的幼儿把她的瓶子递给疲劳的母亲,然后躺在母亲的身边,轻拍她。而一个104周大的幼儿对于他正在哭闹的小妹妹会说:"小妹妹哭了,我来哄哄吧,让我抱抱她……她还哭,妈妈你最好来照看下。"当然,这个时期的幼儿,其亲社会互动并不总是适当的,如幼儿把瓶子递给一个疲劳的母亲,或安慰一个因剥洋葱而流泪的母亲等,但他们的行为中明显地包含有真正关心他人的成分。[2]

(二) 问题行为

幼儿的问题行为指妨碍幼儿身心健康发展和良好品德的形成,给家庭、幼儿园乃至社会带来麻烦的行为。它具有一定的经常性和扰乱性,同该年龄阶段幼儿的正常行为表现差距较大。

1. 问题行为的一般表现

(1) 行为不足:指人们所期望的行为很少发生或从不发生。如平时很少讲话或不愿和同伴接触、交往,不会自己吃饭和穿衣服等,都是行为不足的表现。

(2) 行为过度:指某一类行为发生次数太多或持续时间过长,反应过于强烈。如上课时经常思想不集中,做小动作,随便走动;常为一点小事就大喊大叫,吵闹不休。

(3) 不适当行为:指期望的行为在不适宜的情境中产生,但在适宜的条件下却不发生。如将玩具放在垃圾堆里;或在悲伤时大笑,在欢乐时大哭等。

---

[1] 张文新.幼儿社会性发展[M].北京:北京师范大学出版社,2005:308-309.
[2] 张文新.幼儿社会性发展[M].北京:北京师范大学出版社,2005:310-311.

2. 幼儿常见社会性问题行为的表现

（1）违规

在幼儿的社会化过程中，违规行为是一种常见的现象，因为幼儿生活经验比较缺乏，还未形成稳定的规则意识，其遵守规则的行为也未能很好地表现出来。同时，他们自我控制能力较差，有时候也可能出现无意违反社会规则的现象。

（2）自私

自私是幼儿常见的问题行为。幼儿思维的自我中心特点，使他们不会站在别人的角度思考，意识不到别人的感受，常常不愿与他人分享，从而经常表现出自私或无理行为。自私的幼儿除了具有"食物不肯给别人吃""玩具或学习用品不愿借给别人用"的最直接特点外，还具有如下主要特征：占有欲强，不仅极力保护自己的物品，还常抢夺、拿走不属于自己的物品；缺乏同情心和集体意识；不善交际，不太合群，孤僻、多疑等。

这种行为特点是孩子发展中的一个自然阶段，它和成人的自私是不一样的。当幼儿理解他人观点的智力得到发展以后，他们的社会性发展也会提高。

（3）说谎

孩子说谎原因很多，一般有以下三种情况：

① 他人的影响。如邻居来借东西父母说没有，教师对幼儿说的话不兑现。父母和教师是幼儿心目中的权威人物，如果在孩子面前说谎，就会使孩子产生"说谎不为错"的错觉。

② 幼儿自身心理发展的特点。由于年龄小，幼儿经常把想象和现实混淆起来，把想象的东西当作现实中已经发生的事进行描述。

③ 害怕指责批评、逃避惩罚。如，游戏活动中，有两个幼儿不小心把"听诊器"扯断了，老师询问时，两个幼儿都不肯承认，还说是对方扯坏的。

（4）偷拿

偷拿行为的背后有以下四方面原因：

① 强烈的占有欲。有些孩子对某一物品产生了强烈的占有欲望，但是通过正当的手段满足不了这种强烈的心理需要。比如，看到别人有令人羡慕的新玩具或其他物品，自己想向别人索取遭到拒绝，家长也不能满足自己的要求，于是就采取了这种令人不能接受的手段，以达到心理的满足。

② 缺乏关注。有的孩子由于平时缺乏别人的关注和感情，为了取得别人的注意，便拿了不属于自己的东西，以此向其他人炫耀、吹嘘，或送给别人，以换取感情或注意。

③ 自制力差。四五岁的孩子之所以把不属于自己的东西归为己有，是因为他们还不懂得什么是自己的，什么是别人的，还不懂得别人的东西未经许可不能随便拿的道理。即使他们已经意识到了这样做是不对的，但还不能很好地控制自己的欲望。

④ 成人教育不当。主要表现在两个方面：一是放任自流。有些父母把孩子拿别人的东西看作是小孩还不懂事，没有必要大惊小怪，等将来长大了以后自然会好的。二是管教过严。有些家长一旦发现孩子发生了偷拿东西的行为，就大动肝火，责备、羞辱、体罚，使孩子的自尊心受到严重伤害，反而使孩子有意通过偷窃来发泄内心的不满。

（5）攻击性行为

攻击性行为因不同的标准有不同的分类。根据攻击性行为的表现形式，分为直接身体攻击、直接言语攻击和间接攻击；根据攻击性行为的目的不同，可以分为敌意性攻击和工具性攻击；根据攻击性行为的功能不同，可以分为反应性攻击和主动性攻击。

研究表明，幼儿与同伴之间的社会性冲突至少在幼儿出生后的第二年就开始了。随着幼儿年龄的增长，幼儿之间的冲突行为呈下降趋势，到两岁半，幼儿与同伴间的冲突性交往只有最初的20%。美国著名学者威拉德·W.哈特普通过研究发现：在整个学前期幼儿的工具性侵犯呈减少趋势，敌意性、报复性侵犯呈增多趋势。李俊的调查表明幼儿园幼儿中发生频率较高的攻击性行为有：争抢玩具、争游戏角色、无意攻击、报复性攻击、为吸引老师的注意而进行的攻击。

另外，一些研究人员以言语攻击和身体攻击作为区分标准研究幼儿攻击形式的变化，发现2~4岁幼儿攻击形式发展的总的倾向是：身体攻击逐渐减少，言语攻击相对增多，到3岁止，幼儿的踢、踩、打等身体攻击逐渐增多。3岁以后，身体攻击的频率降低，言语攻击增多了。

第四课　幼儿社会性发展的主要理论和影响因素

一、幼儿社会性发展的主要理论

心理学家提出的关于幼儿社会性发展的理论学说主要有三种：精神分析理论、社会学习理论和认知发展理论。它们从不同的角度解释了幼儿社会性发展的客观规律。

(一) 精神分析理论

弗洛伊德(S. Freud)是精神分析学派的创始人。在与精神病人的长期接触中，他发现许多人的发病与其童年早期经验有关，因此提出重视早期经验对个人社会化和人格形成的作用。

弗洛伊德认为，人格由本我、自我和超我三部分组成，个人行为是三种成分相互制约、相互作用的结果。在通常情况下，本我、自我和超我是处于协调和平衡状态的，从而保证了人格的正常发展，如果三者失调乃至破坏，就会产生不良的社会行为，以致发生精神方面的疾病，危及人格的发展。

弗洛伊德认为，每个幼儿都要经历几个先后有序的发展阶段，他将人格发展分为五个时期，即口唇期、肛门期、性器期、潜伏期和生殖期。在每一个阶段，幼儿都面临着一个满足自我身体需要和社会需要之间的冲突。当社会允许适当满足时，这种冲突便可以满意地解决。但是，如果这种需要得不到满足或过度满足时，个体就会在以后的成人生活中反映出这种遗留行为。例如，一个被"停滞"在口唇阶段初期的人可能会从事大量的口唇活动，诸如沉溺于吃、喝、抽烟与接吻等；一个被"停滞"在口唇阶段晚期的人会从事那些与撕咬行为相等同的活动，如挖苦、讽刺与仇视。

弗洛伊德对本我、自我、超我的描述，以及其个体心理发展阶段学说，无疑是心理学史上对人的社会性发展过程的最早的描述，对后来社会性发展研究有重要的启示作用。

对精神分析理论的进一步发展贡献最大的莫过于美国心理学家埃里克森(E. H. Erikson)了。他将个体人格和社会性发展分为八个阶段：信任对不信任、自主对羞怯和疑虑、主动对内疚、勤奋对自卑、同一性对角色混乱、亲密对孤立、繁殖对停滞、自我完整对失望。每个阶段都有其独特的发展任务，亦面临相应的发展危机，只有将危机化解，才能顺利地进入下一个阶段，发展健康的人格。

从精神分析理论分析人的社会性发展，我们社会教育应致力于完整人格的培养，个体童年的生活事件在成人期人格发展中起很重要作用，所以要尽可能给予幼儿良好的早期生命经验，同时每一个阶段都会影响人格的发展，应尽可能妥善满足幼儿的各种生理与心理需要，帮助他们面对种种成长冲突，促进其发展。

(二) 社会学习理论

社会学习理论的创始人是美国心理学家阿伯特·班杜拉(Albert Bandura)。班杜拉认为，人的行为，特别是人的复杂行为主要是后天习得的。他认为行为习得有两种不同的方式：一种是"通过反应的结果所进行的学习"，即直接学习；另一种是"通过示范所进行的学习"，即观察学习，也称社会学习或替代学习。

1. 直接学习

直接学习是最基本的途径，在直接学习中，幼儿的某种行为后所产生积极或消极的结果直接决定着幼儿是否重复这些行为。

2. 观察学习

班杜拉认为观察学习的全过程由四个阶段构成：注意—保持—动作再现—动机。学习者首先要注意到榜样的行为，获取有关的信息；用言语和形象两种形式把所获得的信息转换成适当的表象保存起来；把记忆中的表象转换成行为，并根据其反馈调节行为以做出正确的反应；根据强化的不同，决定是否展现。

3. 强化

强化是幼儿获得行为的又一重要机制。强化分为直接强化、替代强化、自我强化。直接强化是个体直接体验到自己行为后果而受到的强化。替代强化，指学习者通过观察他人行为所带来的奖惩性后果而受到强化。自我强化，即学习者以自我评价的个人标准来强化自己的行为，凡符合个人标准的行为就会得到自我肯定，凡是不符合个人标准的行为就会受到自我批评。班杜拉把三种强化作用看成是学习者再现榜样行为的动机力量。

班杜拉的社会学习理论对我们教育工作者有重要的启示作用。班杜拉在其理论中提出榜样具有替代性强化的作用,使人们对榜样在幼儿社会性发展中的重要性有了更进一步的认识。在幼儿社会教育中,应多提供正面、积极的榜样,少提供反面、消极的榜样。同时教育者在培养幼儿良好社会行为时要注意使用恰当的强化。

(三) 认知发展理论

1. 皮亚杰的道德认知发展阶段

瑞士著名的幼儿心理学家皮亚杰(J. Piaget),根据幼儿对规则的理解和使用,对过失、说谎、公正的认识的考察和研究,把幼儿道德认知发展划分为四个有序的阶段。

第一阶段:前道德阶段(出生～2岁)。皮亚杰认为这一年龄阶段的幼儿正处于感觉运动时期,行为多与生理本能的满足有关,无任何规则意识,因而谈不上任何道德观念发展。

第二阶段:他律道德阶段(2～8岁)。具有以下特点:单方面地尊重权威,有一种遵守成人标准和服从成人规则的义务感;从行为的物质后果来判断一种行为的好坏,而不是根据主观动机来判断;看待行为有绝对化的倾向;赞成严厉的惩罚,而且惩罚越厉害越公平。

第三阶段:自律或合作道德阶段(8～11、12岁)。幼儿已认识到规则是由人们根据相互之间的协作而创造的,因而它是可以依照人们的愿望加以改变的;判断行为时,不只是考虑行为的后果,还考虑行为的动机;能把自己置于别人的地位,判断不再绝对化,看到可能存在的几种观点;提出的惩罚较温和,更为直接地针对所犯的错误,带有补偿性,而且把错误看作是对过失者的一种教训。

第四阶段:公正道德阶段(11、12岁以后)。幼儿不再刻板地按固定的规则去判断,在依据规则判断时隐含考虑到同伴的一些具体情况,从关心和同情出发去判断。皮亚杰认为公正观念是一种高级的平等关系,这种道德观念已经能够从内部对幼儿的道德判断起着决定性的作用。

2. 科尔伯格的道德认知发展阶段

美国心理学家劳伦斯·科尔伯格(Lawrance Kohlberg)在对皮亚杰的研究方法进行了改进的基础上,采用道德两难故事法研究道德的发展问题。这个道德两难故事是《海因茨偷药》:

> 欧洲有一位妇女患了癌症,生命危在旦夕。医生告诉她的丈夫海因茨,只有本城一个药剂师最近发明的一种药可以救他的妻子。但该药价钱十分昂贵,卖到成本价的十倍。海因茨四处求人,尽全力也只借到了购药所需钱数的一半。万般无奈之下,海因茨只得请求药剂师便宜一点儿卖给他,或允许他赊账。但药剂师坚决不答应他的请求,并说他发明这种药就是为了赚钱。海因茨在走投无路的情况下,为了挽救妻子的生命,在夜间闯入药店偷了药,治好了妻子的病。但海因茨因此被警察抓了起来。

科尔伯格围绕这个故事提出了一系列问题让被试参加讨论,如:海因茨该不该偷药?为什么?通过大量的研究,科尔伯格提出了三水平六阶段理论。

(1) 前习俗水平(0～9岁)。处在这一水平的幼儿,他们为了免受惩罚或获得奖励而顺从权威人物规定的行为准则。

(2) 习俗水平(9～15岁)。处在这一水平的幼儿,能够着眼于社会的希望与要求,并从社会成员的角度思考道德问题,已经开始意识到个体的行为必须符合社会的准则,能够了解社会规范,并遵守和执行社会规范。

(3) 后习俗水平(15岁以后)。达到这一道德水平的人,其道德判断已超出世俗的法律与权威的标准,而是有了更普遍的认识,想到的是人类的正义和个人的尊严,并已将此内化为自己内部的道德命令。

认知发展理论的研究对于我们了解道德认识发展的规律,科学地安排品德教育的内容,有效地进行品德教育是极为有益的。对幼儿的道德教育,教育者既要接受幼儿不成熟的思维,也要为他们走向成熟搭建桥梁,帮助幼儿向更高的理解水平发展,同时教育者应当为幼儿提供积累道德经验的机会,并引导幼儿从对这些经验的反馈中学习。

二、幼儿社会性的影响因素

影响幼儿社会性发展的因素很多,我们主要从幼儿遗传因素、家庭因素、幼儿园教育环境因素和社会因素四方面来展开分析。

（一）遗传因素

幼儿社会性发展是在其生物特征的基础上，个体与社会环境相互作用的结果。没有这种特殊遗传素质，人的社会性是不可能发展的。如：天生的无脑儿是不会有社会性的。

遗传素质通过幼儿气质和生理特征影响幼儿社会性的发展。例如，幼儿的气质直接影响亲子关系和父母的教养方式，进而影响其社会性的发展。容易型的婴儿生活有规律、情绪愉悦、易于接受、适应新环境、新食物、新要求，易于教养，那么父母就会对其提供更多的关怀、关注和抚爱，亲子交往态度积极、愉快、关系和谐。长此以往，孩子就容易形成活泼、乐观、自信等良好的社会性特征。反之，困难型的婴儿经常大哭大叫，发脾气，难以抚养，导致父母手忙脚乱，束手无策。于是，父母就会不自觉地拒绝或不喜欢他们，常以警告、禁止等强硬的方式对待他们，亲子关系不和谐，教养方式专制。发展下去，孩子容易形成自卑、攻击等不良的社会性特征。

（二）家庭因素

在家庭的诸要素中，家庭结构、父母的教养方式、家庭气氛等都对幼儿社会性的发展起着很大的作用。

1. 家庭结构

按照家庭成员的构成分类，家庭结构包括核心家庭、单亲家庭、重组家庭、隔代抚养家庭等，陈会昌等人的研究表明：与完整家庭子女相比，通常离异家庭子女与同伴和父母关系较差，自我评价过高，自我控制能力较低，在情绪、品德、性格、学习等方面表现出问题的人数比例较高。离异家庭子女的表现有：爱哭、情绪低落、易烦躁、易发怒、不爱交际、孤僻、冷漠、自卑、焦虑、胆小、学习困难、惧怕父母、有不良行为。

2. 教养方式

所谓教养方式是父母的教养观念、教养行为及其对幼儿的情感表现的一种组合方式。美国心理学家鲍姆令德（D. Baumrind, 1967）把父母教养方式分为：权威型、专制型、溺爱型和忽视型。

权威型父母对幼儿的态度积极肯定，会提出明确的要求，并坚定地实施规则，这种教养方式下的幼儿多数独立性较强，善于自我控制和解决问题，自尊感和自信心较强，喜欢与人交往，对人友好，有很强的认知能力和社会能力。

专制型父母对幼儿时常表现出缺乏热情的、否定的情感反应，常要求幼儿无条件地遵循有关的规则，对幼儿违反规则的行为采用严厉的惩罚措施。这种教养方式下的幼儿大多缺乏主动性，容易胆小、怯懦、畏缩、抑郁，有自卑感，自信心较低，容易情绪化，不善与人交往。

溺爱型父母对幼儿充满积极肯定的情感，但是缺乏控制。这种教养方式下的幼儿往往具有较高的冲动性和攻击性，缺乏责任感，不太顺从，行为缺乏自制，自信心较低。

忽视型父母对幼儿既缺乏爱的情感和积极反应，又缺乏行为的要求和控制。在这种教养方式下的幼儿也容易具有较强的冲动性和攻击性，不顺从，且很少替别人考虑，对人缺乏热情与关心，这类幼儿在青少年时期更有可能出现行为问题。

3. 家庭氛围

家庭氛围对幼儿的社会性发展有较大影响。有实践证明，如果孩子生活在和谐、民主、温馨、和睦的家庭环境中，就会学会友好、关心、分享、同情、谦让等品行；如果生活在冷漠、仇视、敌对、嫉妒等家庭环境中，就会学会谴责、撒谎、固执、暴躁、争斗等特点；如果生活在宁静、愉快的家庭环境中，孩子就会有安全感，乐观、自信、有信心、待人友好；如果生活在气氛紧张、冲突不断的家庭环境中，孩子就会缺乏安全感，总担心家庭纷争的出现，害怕父母迁怒于自己而紧张、焦虑等，对人就会不信任，与同伴关系不协调。

（三）幼儿园教育环境因素

除家庭以外，幼儿在幼儿园的时间最多，与教师、同伴的接触最多。幼儿园对幼儿的影响是最直接的，也是最大的。

1. 幼儿园物质环境

幼儿园物质环境的优劣，如活动空间的布置、活动场地的美化装饰，都会对幼儿社会性发展产生直接影响。国内外许多学者研究发现：幼儿园活动的空间密度高于一定的界限,可能导致幼儿在自由选择的游戏活动中较多地产生消极的社会性行为;过分的刺激性色彩和过于复杂、夸张的布置,容易导致幼儿的注意力分散,或使幼儿感到烦躁。此外,活动材料的种类、样式、数量配置关系以及陈列方式等,也与幼儿的发展有密切的关系。

2. 幼儿园精神环境

幼儿园的精神环境主要指幼儿园的人际关系及一般的心理气氛等,体现在教师与幼儿、幼儿与幼儿、教师与教师间的相互作用、交往方式等方面。它虽然是无形的,却直接影响着幼儿的情感、交往行为和个性的发展。

（1）教师是影响幼儿社会性发展的重要因素。教师是幼儿社会性行为的指导者,除了教给幼儿正确的、适宜的行为方式与规则外,教师自身对待幼儿的情感态度和其榜样的作用是巨大的。教师的教育方式和教育态度不仅会影响师生关系,教师的自制力、自信心、同情心、耐心等心理素质及行为也会对师生关系产生影响,进而影响幼儿的社会性发展。

（2）同伴交往对幼儿社会性发展有一定影响。同伴交往在促进幼儿社会性发展方面具有独特的作用。主要表现在：第一,同伴交往有助于社会认知的发展。幼儿通过与同伴的比较进行自我认知。在与同伴的交往中理解与人分享、相互尊重等社会规则的含义等。第二,同伴交往有利于幼儿社会情感的发展和满足。归属和爱以及尊重的需要是人类的社会性需要,幼儿之间良好的交往关系,使幼儿产生安全感和归属感,对幼儿具有重要的情感支持作用。第三,同伴交往有利于促进幼儿社会技能和交往策略的提升。幼儿必须提高自己的社交技能,使其信号和行为反应更富有表现性,以使交往活动得以顺利进行。同时,在遇到各种不同的交往场合和情景时,能根据这些场合与情景性质的不同来确定自己的行为、反应,发展多种社交技能和策略,以适应这种变化。

（3）教师与教师之间的人际交往对幼儿的社会性培养具有多重影响。一方面,教师间的交往是幼儿同伴交往和做出社会行为的重要榜样。教师教育幼儿之间要互相关心、帮助、抚慰、合作等,如果教师自己也做到了,那孩子就更容易产生这种行为方式并且长期稳定下来。另一方面,教师间的和谐交往可以营造班级、幼儿园良好的心理氛围,容易激发出积极的社会性行为。

（四）社会因素

1. 社会环境

社会环境不同,幼儿社会性发展也不同。例如,城市幼儿和农村幼儿在人际交往方面存在明显差异：大部分城市幼儿比较大胆,敢于表达自己,而农村的幼儿一般比较胆小、害羞、拘谨,缺乏主动性。在社会认识这方面也存在差异,相对于农村幼儿,城市幼儿有更多的社会知识和经验,这与城乡的教育意识、教育条件、教育资源等不同有关。

2. 大众传媒

随着大众传播媒介(电视、广播、报纸、杂志、书籍、电子游戏机、录像带、互联网等)的普及,使用和享受大众传媒已经成为幼儿生活的重要内容。其中,电视是最重要的一种传播媒介。

电视对幼儿社会化的发展具有积极的作用。电视节目中有很多具有教育意义的卡通片与故事片,对幼儿的社会学习具有积极的价值。

电视对幼儿社会化的发展也有不可忽视的消极作用。其一,电视可能使幼儿变得冷漠,不善交际。其二,电视中播放的暴力内容易强化幼儿的攻击性行为。其三,电视使幼儿在认识上与现实产生距离。

第五课　幼儿社会教育的目标和内容

一、幼儿社会教育的目标

（一）社会领域总目标

总目标是幼儿社会教育的最终目的,是制定其他所有社会教育活动目标的重要依据。《纲要》提出的社会领域目标如下：

(1) 能主动地参与各项活动,有自信心;
(2) 乐意与人交往,学习互助、合作和分享,有同情心;
(3) 理解并遵守日常生活中基本的社会行为规则;
(4) 能努力做好力所能及的事,不怕困难,有初步的责任感;
(5) 爱父母长辈、老师和同伴,爱集体、爱家乡、爱祖国。

可以看出幼儿社会教育总目标体现了两个维度:一是社会关系的维度,包括幼儿与自身的关系(自信、主动、自觉、坚持等)、幼儿与他人的关系(乐群、互动、合作、分享、同情)、幼儿与群里或集体的关系(遵守规则、爱护公物和环境)、幼儿和社会的关系(社会职业、家乡、祖国、世界文化等);二是心理结构的维度,包括认识(社会认知是指幼儿对自我与社会中的人、社会环境、社会规范等方面的认知)、情感态度(社会情感指幼儿在社会生活、社会交往中的情感体验,包括积极情绪、情绪表达与控制、依恋感、愉快感、羞愧感、同情心、责任感等)、行为技能(社会行为技能是指幼儿在与人交往、参与社会活动时表现的行为技能,包括交往的技能、倾听的技能、非语言交往技能、辨别的技能和表达自己感情的技能,以及合作、轮流、遵守规则、解决冲突等技能)。同时,在总目标的表达方式和内容中也可以看到其视点是从幼儿出发的,将情感目标放在幼儿社会性发展中的重要位置。

《指南》指出:"幼儿社会领域的学习与发展过程是其社会性不断完善并奠定健全人格基础的过程。人际交往和社会适应是幼儿社会学习的主要内容,也是其社会性发展的基本途径。"

人际交往包括:愿意与人交往;能与同伴友好相处;具有自尊、自信、自主的表现;关心尊重他人。

社会适应包括:喜欢并适应群体生活;遵守基本的行为规范;具有初步的归属感。

(二) 幼儿社会教育年龄段目标

幼儿社会教育的年龄段目标服从于总目标,是总目标的具体化,反映了幼儿社会性发展目标的年龄差异性和连续性。例如,同样是培养幼儿与同伴交往的能力,但是不同年龄段的要求是不一样的。小班时,只要求能与同伴友好相处,主动礼貌地问候小朋友;而到中班时,希望幼儿逐渐喜欢和同伴游戏,关心弱小同伴;到大班时则是能够主动带年幼的同伴共同游戏,体验大带小的快乐,愿意与众多的同伴合作游戏。

《指南》将社会领域的七项目标按照幼儿各年龄段的需求和特点进行了细化(见表 2-11-1 至表 2-11-7)。

1. 人际交往

表 2-11-1　目标 1　愿意与人交往

3～4 岁	4～5 岁	5～6 岁
1. 愿意和小朋友一起游戏 2. 愿意与熟悉的长辈一起活动	1. 喜欢和小朋友一起游戏,有经常一起玩的小伙伴 2. 喜欢和长辈交谈,有事愿意告诉长辈	1. 有自己的好朋友,也喜欢结交新朋友 2. 有问题愿意向别人请教 3. 有高兴的或有趣的事愿意与大家分享

表 2-11-2　目标 2　能与同伴友好相处

3～4 岁	4～5 岁	5～6 岁
1. 想加入同伴的游戏时,能友好地提出请求 2. 在成人指导下,不争抢、不独霸玩具 3. 与同伴发生冲突时,能听从成人的劝解	1. 会运用介绍自己、交换玩具等简单技巧加入同伴游戏 2. 对大家都喜欢的东西能轮流、分享 3. 与同伴发生冲突时,能在他人帮助下和平解决 4. 活动时愿意接受同伴的意见和建议 5. 不欺负弱小	1. 能想办法吸引同伴和自己一起游戏 2. 活动时能与同伴分工合作,遇到困难能一起克服 3. 与同伴发生冲突时能自己协商解决 4. 知道别人的想法有时和自己不一样,能倾听和接受别人的意见,不能接受时会说明理由 5. 不欺负别人,也不允许别人欺负自己

表2-11-3　目标3　具有自尊、自信、自主的表现

3～4岁	4～5岁	5～6岁
1. 能根据自己的兴趣选择游戏或其他活动 2. 为自己的好行为或活动成果感到高兴 3. 自己能做的事情,愿意自己做 4. 喜欢承担一些小任务	1. 能按自己的想法进行游戏或其他活动 2. 知道自己的优点和长处,对自己感到满意 3. 自己的事情尽量自己做,不喜欢依赖别人 4. 敢于尝试一定难度的活动和任务	1. 能主动发起活动或在活动中出主意、想办法 2. 做了好事或取得了成功后还想做得更好 3. 自己的事情自己做,不会的愿意学 4. 主动承担任务,遇到困难能够坚持而不轻易求助 5. 与别人的看法不同时,敢于坚持自己的意见并说出理由

表2-11-4　目标4　关心尊重他人

3～4岁	4～5岁	5～6岁
1. 长辈讲话时能认真听,并能听从长辈的要求 2. 身边的人生病或不开心时表示同情 3. 在提醒下能做到不打扰别人	1. 会用礼貌的方式向长辈表达自己的要求和想法 2. 能注意到别人的情绪,并有关心、体贴的表现 3. 知道父母的职业,能体会到父母为养育自己所付出的辛劳	1. 能有礼貌地与人交往 2. 能关注别人的情绪和需要,并能给予力所能及的帮助 3. 尊重为大家提供服务的人,珍惜他们的劳动成果 4. 接纳、尊重与自己的生活方式或习惯不同的人

2. 社会适应

表2-11-5　目标1　喜欢并适应群体生活

3～4岁	4～5岁	5～6岁
1. 对群体活动有兴趣 2. 对幼儿园的生活好奇,喜欢上幼儿园	1. 愿意并主动参加群体活动 2. 愿意与家长一起参加社区的一些群体活动	1. 群体活动中积极、快乐 2. 对小学生活有好奇和向往

表2-11-6　目标2　遵守基本的行为规范

3～4岁	4～5岁	5～6岁
1. 在提醒下,能遵守游戏和公共场所的规则 2. 知道不经允许不能拿别人的东西,借别人的东西要归还 3. 爱护玩具和其他物品	1. 感受规则的意义,并能基本遵守规则 2. 不私自拿不属于自己的东西 3. 知道说谎是不对的 4. 知道接受了的任务一定要完成 5. 在提醒下能节约粮食、水电等	1. 理解规则的意义,能与同伴协商制定游戏和活动规则 2. 爱护公物,用别人的东西时也知道爱护 3. 做了错事敢于承认,不说谎 4. 能认真负责地完成自己所接受的任务 5. 爱护身边的环境,注意节约资源

表2-11-7　目标3　具有初步的归属感

3～4岁	4～5岁	5～6岁
1. 知道和自己一起生活的家庭成员及与自己的关系,体会到自己是家庭的一员 2. 能感受到家庭生活的温暖,爱父母,亲近与信赖长辈 3. 能说出自己家所在街道、小区(乡镇、村)的名称 4. 认识国旗,知道国歌	1. 喜欢自己所在的幼儿园和班级,积极参加集体活动 2. 能说出自己家所在地的省、市、县(区)名称,知道当地有代表性的物产或景观 3. 知道自己是中国人 4. 奏国歌、升国旗时能自动站好	1. 愿意为集体做事,为集体的成绩感到高兴 2. 能感受到家乡的发展变化并为此感到高兴 3. 知道自己的民族,知道中国是一个多民族的大家庭,各民族之间要互相尊重,团结友爱 4. 知道一些国家的重大成就,爱祖国,为自己是中国人感到自豪

《指南》中的各年龄段目标只是为教师和家长提供一个观察、了解幼儿发展状况的参照,不是衡量幼儿发展好与坏、快与慢的标尺,老师也不能将其简单、直接用于幼儿园具体教育活动目标。

(三) 幼儿社会教育活动目标

具体活动目标是对具体的一个活动所要达到的要求的描述,对于制定具体教育活动目标的教师而言,需要经常观察幼儿,以便真正地了解幼儿的社会性发展水平,从而制定出科学的、合理可行的、具有操作性的社会教育目标。例如,谈话活动"我的好朋友"的活动目标:① 寻找和认定自己最喜欢的朋友的愿望;② 学习用绘画和语言两种方式介绍好朋友,增进友谊。

二、幼儿社会教育的内容

社会的丰富与复杂性决定了和社会教育相关的内容是相当广泛和丰富的,但在幼儿经验和学习能力有限的情况下,并不是所有的内容都适合进入课程内容。我们需要对课程内容加以选择,使幼儿习得这一阶段的理想生活经验,以便适应社会生活。

(一)《纲要》中对幼儿社会教育内容的表述

《纲要》中提出了幼儿园社会教育的内容,该部分说明了为实现教育目标,教师应该做什么、该怎样做。

(1) 引导幼儿参加各种集体活动,体验与教师、同伴等共同生活的乐趣,帮助他们正确认识自己和他人,养成对他人、社会亲近、合作的态度,学习初步的人际交往技能。

(2) 为每个幼儿提供表现自己长处和获得成功的机会,增强其自尊心和自信心。

(3) 提供自由活动的机会,支持幼儿自主地选择、计划活动,鼓励他们通过多方面的努力解决问题,不轻易放弃克服困难的尝试。

(4) 在共同的生活和活动中,以多种方式引导幼儿认识、体验并理解基本的社会行为规则,学习自律和尊重他人。

(5) 教育幼儿爱护玩具和其他物品,爱护公物和公共环境。

(6) 与家庭、社区合作,引导幼儿了解自己的亲人以及与自己生活有关的各行各业人们的劳动,培养其对劳动者的热爱和对劳动成果的尊重。

(7) 充分利用社会资源,引导幼儿实际感受祖国文化的丰富与优秀,感受家乡的变化和发展,激发幼儿爱家乡、爱祖国的情感。

(8) 适当向幼儿介绍我国各民族和世界其他国家、民族的文化,使其感知人类文化的多样性和差异性,培养理解、尊重、平等的态度。

(二) 社会教育的具体内容

社会教育的内容往往紧紧围绕自我意识、人际交往、社会环境与规范及多元文化(世界和民族文化)等方面展开。但无论是纵向划分还是横向划分,都应包含社会认知、社会情感和社会行为技能这三部分内容。为了方便理解,我们尝试用二维表格来举例说明(见表2-11-8)。

表2-11-8 社会教育内容划分

社会关系	心理结构		
	社会认知	社会情感	社会行为
自我意识	引导幼儿正确认识和评价自己。如,认识自己的身体外貌、兴趣爱好、自己的情绪反应等	增进幼儿的自我价值感和自信心,激发积极情感的产生。如,自尊心、自信心、自豪感、成功感等	增强幼儿自我控制能力和行为,如坚持性、自我延迟满足等;初步学会调控自己的情绪、会适当地表达自己的情绪等
人际关系	要求幼儿知道父母、老师的姓名、职业生活及与自己的关系;知道同伴的姓名、年龄、性别、简单的外部特征和内心特征,知道与他们相处的技能,如礼貌、协商、分享、轮流	帮助幼儿对他人情绪情感的正确理解并产生积极情感,如同情心、宽容心等;理解、尊重、赞赏别人的感受和观点;关心同伴、老师、父母;爱同伴、老师、父母等	引导幼儿掌握一定的社会交往技能。如基本的礼貌用语,助人、分享、合作、谦让与同伴共同游戏等亲社会行为,会用不同方式表达对父母、同伴及老师的爱等

社会关系	心理结构		
	社会认知	社会情感	社会行为
社会环境与社会规范	引导幼儿了解周围环境中的各种社会机构、社会设施、社会事件以及与其有关的社会成员等。如，掌握家庭地址、电话、用品、成员间的关系等；幼儿园的名称、地址；了解社区的名称、主要设施、公共场所的名称、物品及其与人们社会的关系等；了解家乡的名胜古迹、特产等；了解我国的国名、国歌、国徽、国家领导人、名胜古迹；引导幼儿知道基本的生活规则、集体规则、公共规则、学习规则、游戏规则的要求等	引导幼儿感受和欣赏周围环境的美，萌发爱周围环境、爱家乡、爱祖国的情感等，产生做中国公民的自豪感；引发幼儿对周围发生的事物表示关心与兴趣；尊重周围劳动者及其劳动成果的情感等。引导幼儿初步形成是非感、做了错事后的愧疚感、规则意识、环保意识、公德意识、社会责任感、集体荣誉感等	培养幼儿积极作用于环境的行为。如保护环境、不乱丢垃圾、积极参与集体活动等；尊重别人及别人的劳动成果，如吃饭不撒饭、不剩饭就是对农民伯伯的尊重；遵守公共场所规则；爱护周围环境、积极参与、关注社会生活的公民行为等
多元文化	引导幼儿对中国文化和世界文化的基本了解。如，了解中国的文字、传统节日、民族风情、戏剧、民间艺术、历史等；世界的主要人种、主要国家、主要城市、主要人文景观、典型的文化风俗等	使幼儿萌发热爱中华民族文化、爱好世界和平的情感，产生民族自豪感；对我国民族文化、世界文化感兴趣；产生尊重、接受多元文化的情感等	引导幼儿养成尊重我国文化及世界文化的行为习惯。如，积极参与各种传统节日活动、主动接触外国友人等

 思考与练习

1. 简述个性、社会性和社会化之间的关系。
2. 简述幼儿社会教育的特点。
3. 简述影响幼儿社会性发展的因素。

 赛证真题

一、单项选择题

1. 幼儿园促进幼儿社会性发展的主要途径是（　　）。
   A. 人际交往　　B. 操作练习　　C. 教师讲解　　D. 集体教学
2. 婴儿出生6～10周后，人脸可以引发其微笑。这种微笑被称为（　　）。
   A. 生理性微笑　　B. 自然微笑　　C. 社会性微笑　　D. 本能微笑
3. 有些幼儿经常看电视上的暴力镜头，其攻击行为会明显增加，这是因为电视的暴力内容对幼儿攻击行为的习惯起到（　　）。
   A. 定势作用　　B. 惩罚作用　　C. 依赖作用　　D. 榜样作用
4. 幼儿看见同伴欺负别人会生气，看见同伴帮助别人会赞同，这种体验是（　　）。
   A. 理智感　　B. 道德感　　C. 美感　　D. 自主感
5. 让脸上抹有红点的婴儿站在镜子前，观察其行为表现，这个实验测试的是婴儿哪方面的发展？（　　）
   A. 自我意识　　B. 防御意识　　C. 性别意识　　D. 道德意识

二、简答题

1. 简述幼儿工具性攻击和敌意性攻击的异同。
2. 简述移情对儿童亲社会性行为发展的影响。

三、论述题

论述如何在一日生活中实现社会领域的教育目标。

四、材料分析题

材料：三岁半的蒙蒙，很喜欢和小伙伴一起玩耍，可是奶奶却说："你还小，出去玩会被别的孩子欺负的，就在家玩多好。"有时邻居家的小朋友想到家里来找蒙蒙玩，大人常嫌添乱，而替蒙蒙婉言谢绝，于是蒙蒙就只能在家独自玩耍。

问题：试运用同伴对幼儿发展作用的相关知识，对蒙蒙家长的做法进行评析。

实训任务

1. 选定一名幼儿，就其社会性行为进行全面观察，并结合所学的影响因素来分析观察结果。

2. 对于孩子，家长付出一切地去关怀，但孩子常对此习以为常，觉得是应该的，久而久之，孩子变得自私、任性、无理。如果你是老师，为培养幼儿感恩而开展教育活动，你会给活动起什么名称？要达到的教育目标属于哪类目标(结合《指南》)？

第十二单元
幼儿自我意识活动设计与指导

第一课 幼儿自我意识活动概述

自我意识是幼儿社会化的重要组成部分,个体只有在认识自己的基础上才能进行自我教育。《纲要》提出:"幼儿园要为每个幼儿提供表现自己长处和获得成功的机会,引导幼儿认识自己,增强其自尊心和自信心。"所以,开展幼儿自我意识的教育活动,有助于幼儿认识、接纳自己,正确地表达情绪情感体验,有效控制自己的行为。

一、幼儿自我意识的发展

小班幼儿没有独立的评价意识,自我评价只是成人评价的简单重复;他们的自我体验较多地与生理需要密切联系,较少有社会性体验,如自尊、羞愧,且易受成人暗示;自控能力较弱,基本能服从成人命令和指令,但持续性不强。

中班幼儿能在比较中自我评价,也能从某一方面具体评价自己,但用道德准则来评价自己时常带有情绪性,能正确评价自己的身体特征但还不能评价自己的能力;逐步发展社会性体验,如自尊、羞愧,并较少受成人影响;自控能力有一定发展,但是还不高。

大班幼儿能从多方面综合评价自己,也能从能力、爱好等抽象特征评价自己,并尝试独立自我检验;在检验中自尊、羞愧等自我体验不断发展,自制力、自觉性、坚持性和延迟满足等方面有了长足进步。

二、幼儿自我意识教育的目标和内容

(一)自我意识教育的目标

根据《纲要》《指南》的要求,幼儿自我意识教育的目标包括:
(1)初步了解有关自己成长的最基本的知识;
(2)认识和接纳自己,能进行准确的自我评价;
(3)能认识、理解和恰当表达自己的情绪;
(4)逐步确立自信心和自尊心,形成一定的独立性;
(5)学会克制自己,能遵守基本的集体规则,完成一定的任务,形成规则意识、任务意识及基本的自我控制能力;
(6)能正确评价小朋友,产生向小朋友学习的愿望和行为,具备一定的同情心和宽容心。

(二)自我意识教育的内容

自我意识是主体对自己和自己心理的认识。它是幼儿社会性的重要组成部分,也是其社会性发展的基础。自我意识包括自我认识、自我体验、自我调控三个方面的内容。

(1)自我认识是指个体对自己身心特征和活动状态的认知与评价,包括自我感觉、自我概念、自我评价等。其中,自我概念和自我评价是自我认识最主要的方面。教师应引导幼儿知道自己的身体、面貌、性别、喜好等基本特征,对自己外表、成就感、能力、纪律、体育、交往的评价。

(2)自我体验指个体对自己的态度、情绪体验,包括自尊、自信、自卑、羞愧感、内疚感、自豪感等。让幼儿能正确认识自己的优缺点,接纳自己,不自大也不自卑。知道每个人都会犯错误,但改正了就是好孩子。遇到困难挫折不气馁,积极面对,有自信心和成就感。

（3）自我调控指个体对自己思想、情感和行为的调节与控制，包括延缓满足和自我调节。前者指对客观世界、主观世界的要求，后者指情绪抑制、运动抑制、认知活动抑制三方面。

在幼儿园社会教育活动中，围绕幼儿自我意识培养的教育活动有：

小班：我是男孩女孩；我上幼儿园了；哥哥姐姐爱我；做个笑娃娃；我的名字真好听；我进步了；我是谁；别人的东西我不拿。

中班：我升中班了；我们的心情；不高兴了怎么办？打针吃药我不怕；我自己睡；我俩不同；我也是好样儿的；心情碰碰车。

大班：我们是大班的哥哥姐姐；我知道该怎么做；做个守信用的孩子；我长大了；我真能干；我想和我应该；我的优缺点。

三、自我意识教育对幼儿发展的作用

幼儿教育的最终目标是幼儿自我教育能力的形成，自我意识的产生和发展是自我教育的前提，是实现教育内化的关键。自我意识对幼儿发展的作用表现在以下三个方面。[①]

（一）自我意识有利于幼儿良好社会行为习惯的养成

自我意识能对幼儿的心理活动和行为起调节的作用，具体来说就是将过去的行为和活动以及活动时的心理保存在大脑中，在必要时重新回忆起来与现时的活动进行比较。比如，一个幼儿为自己打人遭到成人批评感到羞愧，那么在以后遇到类似的情境时，就会避免再出现，并将成人对他们的要求逐渐变成自己的要求，形成与同伴友好相处的习惯。

（二）自我意识有利于幼儿社会交往能力的提高

自我意识是在与周围人们的相互作用下产生和发展的，在与他人的互动中，幼儿逐渐意识到自己的外部行为和内心活动，能恰当地评价和支配自己的认知活动、情感态度和动作行为，知道什么是好"我"，什么是坏"我"。如抢别人玩具是坏孩子，把好东西分享给同伴是好孩子等，在与同伴的交往中，幼儿会用这些判断和评价，以及社会性体验来指导和支配自己的交往行为，尝试商量、轮流、分享、谦让等交往方法。

（三）自我意识有利于幼儿社会适应能力的提升

幼儿自我意识的形成，意味着幼儿开始从把自己当作客体转变为把自己当作一个主体来认识。这有助于幼儿妥善处理自己与环境、与他人的关系，如认识到别人的态度、体验他人的情感、建立平等的关系、共享社会经验、实现共同目标等，这对于一个生活在高度社会化条件下的个体是十分重要的。同时，自我意识中自我控制的发展，使幼儿学会服从规则，抑制自己的不良行为，更好地适应社会生活。

第二课　幼儿自我意识活动的设计与指导

一、幼儿自我意识培养的组织指导

（一）建构有效的主题活动，促进幼儿认识自我、评价自我

教师可以有计划地设计一系列主题活动，作为培养幼儿正确自我意识的主要手段[②]。

1. 开展认识自己的主题活动，引导幼儿认识自我

根据小班幼儿年龄特点，我们一开始对幼儿的自我认识从其身体入手，着重体现幼儿对自我的认识。例如：通过"我的五官""我的自画像""我的小手""我的名字"等活动让幼儿不断加深对自己的了解；通过"我的朋友""我的幼儿园"等活动让幼儿对自己与幼儿园的人、事物的关系建立初步的概念。到了大班，我们可以开展"我长大了""我想和我应该"等活动，进一步增进对自己外在和内心状态的认识。

---

① 李贵希.幼儿社会教育与活动指导[M].北京：北京师范大学出版社，2013：106-107.

② 候秀坤，赵丽宏.幼儿自我意识发展的途径和方法[J].教育实践与研究，2003(7)：12-16.

2. 开展"我真棒"主题活动,引导幼儿评价自我

通过开展"我真棒"主题活动可以引导幼儿发现自己的优点。如"我能行""我会做""我的本领大(增强幼儿自信心)""我是受欢迎的""我是有用的"等活动,让幼儿逐渐感觉到自己是有价值的、受别人欢迎的人,感觉到自己的存在对老师、同伴、父母来说都很重要,自己可以给身边的人带来快乐,可以帮助身边的人做一些力所能及的事情,在心理上形成积极的自我概念。

又如大班"夸夸我自己"的主题活动,逐步开展"夸夸我自己(说说自己的优点)""丢掉我的小缺点(说说自己的缺点)""说说我的好朋友(评价他人的优点和缺点)""我喜欢我自己(评价自己,认清自己的缺点和长处,学习改正不足)""我是快乐的、我是幸福的"等,通过专门的组织、系统的实施,引导幼儿进一步认识自己和他人,恰当地评价自己和同伴,积极地自我肯定和反思。

(二) 在一日生活中培养幼儿正确的自我意识

在一日生活中,教师可以培养幼儿自我服务能力和简单的劳动技能,增强其自信心。如在班级中可以开展"能干宝宝"评比活动:自己吃饭奖励红五角星,自己穿脱衣服奖励绿五角星,自己整理玩具奖励黄五角星。同时,教幼儿一些简单的劳动技能,如扫地、拖地、擦桌椅、摆桌椅、整理床铺等,每当这些孩子有点滴的进步,都要及时给予肯定,并引导其他幼儿看到这些孩子的长处,使这些缺乏自信的幼儿知道自己也很能干,从而进一步正确认识自我,增强自信心。

(三) 在各种游戏活动中引导幼儿正确认识、评价自我,学习自我控制,继而发展到正确评价他人

游戏是幼儿的基本活动。在游戏中幼儿相互合作获得成功,形成了初步的与别人合作的意识和行为;在游戏中他们也可能发生冲突,逐渐学会从别人的角度想问题,明白了人与人之间相互尊重、互相谦让的重要性。所以说,在各种游戏活动中,幼儿可以学习协调各种关系,正确认识、评价自己,实现自我调节,形成良好的自我概念和积极的情感。

如学期初组织"大带小,与弟弟妹妹同欢乐"活动,让大班幼儿与小班幼儿结成对子,开展娱乐活动,邀请他们参加水果宴,制作小礼物赠给弟弟妹妹等。这些活动,增进了幼儿之间的感情,也培养了大班幼儿关心弟弟妹妹的责任感。再如,游戏"木头人",幼儿一旦变成"木头人"后,就不能随意活动自己的身体,并且需要刻意保持某一固定姿势,这个游戏能够很好地锻炼幼儿的反应能力,发展他们的自控能力。

二、幼儿自我意识活动的设计与实施

在幼儿园的教育活动设计中,自我意识活动的设计通常是在某一主题教育活动下开展的,不能孤立地看待和理解。在设计自我意识教育活动时,由于其内容包括自我认识、自我体验、自我调控三个方面,所以应根据活动目标和活动内容的需要,进行不同的设计。但总的来说,它们都属于自我意识的范畴,具有一些共同的特点,在设计此类活动时,大致可以按照以下基本结构来进行。

(一) 运用多种形式引出活动

此环节即活动的导入部分,在于引出活动内容,激起幼儿的兴趣,调动幼儿学习的积极性与主动性。导入活动的方式可以多种多样,如活动"我长大了"可以通过组织幼儿猜一猜的形式,观察小时候的照片引入主题;"我的小手真能干"可以通过手指游戏引入活动;"我不任性"可以通过情景表演"小客人来做客"的方式导入。无论使用哪种导入方法,都应该考虑调动幼儿已有的经验和兴趣。

(二) 引导幼儿认识自我

在活动的组织过程中,教师应运用多种方法使幼儿了解自我,形成对自我的正确认识和体验。如活动"我长大了"可以通过让幼儿直观地测量、对比自己小时候穿的衣服,引导幼儿观察、感知自己身体的变化。"我的小手真能干"可通过交流讨论,让幼儿了解自己的小手能做什么。在此过程中,教师还要善于通过启发性提问引导幼儿思考,深化幼儿对自我的认知。如在活动"我长大了"中,教师在幼儿感知自己身体变化的同时,应引导幼儿了解自己能力的变化,在幼儿说出自己优点的基础上,说出自己的不足之处。"我的小手真能干"活动中还可以引导幼儿说出自己不能做的事情,让幼儿知道,自己现在还小,随着自己的成长,将能做更多的事情。

(三) 组织幼儿表现自我

在组织幼儿认识自我的基础上,教师还应提供机会,让幼儿表达和表现自己,加深幼儿的自我认识和

体验,培养幼儿的自信心,提高自我调控能力。如活动"我长大了"中,教师可以组织"自我展示"等来促进幼儿的自我认识;"我的小手真能干"活动中,可以开展像整理玩具、帮妈妈做力所能及的事情之类的实践活动,加深幼儿的体验。

三、自我意识活动案例

自我认识教育活动"我长大了"(大班)[①]

活动目标

1. 感受自己体形、容貌、能力等各方面的成长、变化。
2. 加深对自己的了解,进一步增强自我认识。

活动准备

1. 准备幼儿从小到大的照片若干张,整理成册。
2. 收集一些幼儿小时候的衣服、鞋袜、帽子。
3. 向父母了解自己小时候的一些趣事。
4. 准备自己要向大家展示的内容。

活动过程

一、猜猜这是谁

1. 互相看小时候的照片,请幼儿猜猜是谁。
2. 试试小时候的衣服、鞋袜、帽子,看看有什么效果。
3. 互相讲讲小时候的趣事。

二、我长大了

1. 用自然测量的方法让幼儿量量自己小时候穿的衣服、鞋袜与现在的衣服、鞋袜有什么不同,量量自己现在的身高,感受自己长大了。
2. 启发幼儿谈谈自己小时候跟现在有什么不同,形体、容貌上有什么变化,再让幼儿谈谈没有变化的地方。如小时候是男孩,现在还是男孩。

三、自我展示

1. 鼓励幼儿说说自己有什么本领,有什么长处,激发幼儿敢于表现自己。
2. 分组活动,让幼儿根据自己的兴趣选择展示的方式。如"画幼儿成长标记图""制作本领树""小手真能干"等。幼儿可以互相说说彼此的长处,使幼儿确实感受到自己长大了,增强幼儿的自信心。

四、教师和小朋友共同小结

小朋友会一年一年地长大,学会更多的本领,越长越高,越来越聪明、懂事,成为爸爸妈妈的好宝宝,老师的好孩子,朋友的好伙伴。

活动延伸

可以分别以"小时候的我""现在的我""自我展示"为题举办展览角。

思考与练习

1. 幼儿自我意识的目标和内容有哪些?
2. 简述自我意识对幼儿发展的作用。
3. 简述幼儿自我意识的培养指导。

[①] 杨丽珠,吴文菊.幼儿社会性发展与教育[M].大连:辽宁师范大学出版社,2000:378-379.

赛证真题

一、单项选择题

1. 研究儿童自我控制能力和行为的实验是（　　）。
   A. 陌生情境实验　　B. 点红实验　　C. 延迟满足实验　　D. 三山实验
2. 幼儿如果能够认识到他们的性别不会随着年龄的增长而发生改变，说明他们已经具有（　　）。
   A. 性别倾向性　　B. 性别差异性　　C. 性别独特性　　D. 性别恒常性
3. 皮亚杰的"三山实验"考察的是（　　）。
   A. 儿童的深度知觉　　　　　　B. 儿童的计数能力
   C. 儿童的自我中心性　　　　　D. 儿童的守恒能力
4. 在下列选项中，不符合幼儿自我评价特点的是（　　）。
   A. 依从性　　B. 表面性　　C. 主观情绪性　　D. 全面性

二、简答题

简述幼儿期自我评价的趋势并举例说明。

三、材料分析题

小明四岁多了，妈妈发现他越来越不愿意接受别人的批评。说他哪里做得不够好，他就会说"昨天张老师还表扬我了呢！""说我爱帮助人""我昨天值日还得了小红花""我画画也画得特别好""我是我们班最棒的"等等。

问题：请根据小明的表现，分析其自我意识发展的特点。

实训任务

1. 完成一个某一年龄班的自我意识教育教学活动设计，并写出教案。
2. 见习、实习时观摩并记录以幼儿自我意识为内容的教育活动或者环境创设。

第十三单元
幼儿社会环境与社会规范活动设计与指导

第一课　幼儿社会环境与社会规范活动概述

一、社会环境与社会规范认知的发展

对社会环境和社会规范的认知,有利于幼儿的社会交往和对社会的适应。幼儿很早就表现出对社会事物和现象的兴趣,并在此基础上形成认知的需要。幼儿对社会环境的认知遵循着由近到远的发展规律,对社会环境的认知,都会伴随着对这个环境的社会规范的认知。幼儿对社会规范的认知遵循着由易到难、由简单到复杂的规律,其认知主要来源于父母和老师的影响、同伴互动、法律和道德规定。

幼儿对社会环境和社会规范的认知结果,会极大影响幼儿社会性的发展。幼儿在适应社会生活的过程中,必须了解周围的社会环境,接受社会规范的约束。

二、社会环境与社会规范教育的目标、内容

(一) 社会环境和社会规范教育的目标

1. 社会环境的目标

(1) 了解自己的家庭,知道自己的成长与家人的关系,产生热爱家人的情感;

(2) 了解自己的幼儿园,逐步形成集体荣誉感,能为班级、幼儿园做力所能及的事;

(3) 初步认识主要的生活机构和设施及其与自己生活的关系,理解周围不同职业人们的劳动,逐步产生尊重劳动者的情感;

(4) 知道自己家乡的名称,了解家乡的风俗、特产和名胜古迹,逐步确立热爱家乡的情感;

(5) 知道我国的国名、国旗、国歌和国徽,初步了解我国的少数民族和主要的风景名胜,逐渐产生爱祖国的情感。

2. 社会规范的目标

(1) 了解并掌握基本的公共卫生规则,懂得保护环境并形成一定的环保意识;

(2) 了解并掌握基本的公共交通规则和公共场所规则,逐步确立安全意识和公德意识;

(3) 了解并逐步掌握与人交往的基本规则,学会与人交往;

(4) 了解并掌握各种学习活动的规则,学会学习;

(5) 初步懂得正确与错误,形成基本的是非观、爱憎观。

(二) 社会环境与社会规范的教育内容

个体生活于人类社会,需完成从自然人向社会人的发展,适应和创造社会,因此,关于社会环境与社会规范是个体永远需要学习的内容。对幼儿而言,可纳入其学习内容的应是最贴近幼儿生活、最具有启蒙价值的东西,具体应包括以下内容。

1. 社会环境

(1) 家庭。家庭是幼儿十分熟悉的生存环境,父母是幼儿最初的交往对象,同时也是幼儿社会学习的第一任老师。对家庭的了解是社会教育中必有的内容。家庭地址、通信方式(如电话号码)、家庭用品、家庭一般成员的职业以及成员之间的简单关系(如血缘关系)均可成为教育的内容。幼儿对家庭的认知是比较容易的,况且家庭的样式各不相同,因此,绝无必要在认知上费时太多,重点应是激发幼儿热爱、关心父

母及祖辈的情感,引发幼儿对家庭最初步的责任感、归属感。

(2) 幼儿园。幼儿园是幼儿最早接触的家庭以外的社会环境,这方面的教育可为其将来适应更复杂、更广阔的社会生活奠定基础。它是幼儿社会教育课程重要的核心源泉,包括幼儿园的名称、地址、环境设施、班上的同伴、幼儿园老师及其劳动等。可以引导幼儿体验幼儿园教职员工对自己的爱,体验他们劳动的辛苦和与自己的关系,学会尊敬老师,尊重他们的劳动。

(3) 社区与家乡。随着幼儿年龄的增长和生活经验的增加,他们的活动范围不再满足于家庭与幼儿园之间,他们的视野、活动范围已扩展到生活的社区和家乡,比如自己生活的居民小区、街道、居民小组、乡镇、城市等;了解当地的风景名胜、特产等;了解周围的公共设施,如医疗设施、文化娱乐设施、交通设施、公共安全设施等;了解生活服务场所,如商店、市场、银行、邮局等;认识公共场所和服务的常见标志,如安全标志、交通标志等;认识各行各业人们的劳动,知道许多人在为大家服务。对这些内容的教育重点是培养幼儿的认识兴趣,关心周围社会,热爱自己的家乡,理解人与环境之间相互依存的关系,培养其爱护、保护环境的意识。需要强调的是,不能随意扩大认识范围,只可选择幼儿接触过的、能感知到的内容。

(4) 国家。祖国是一个比较抽象的概念,对幼儿来说不易理解。关于祖国的教育,主要是让幼儿认识国旗、国歌、国徽,知道北京是祖国的首都、自己是中国人等内容,引导幼儿初步形成热爱祖国的情感。

2. 社会规范

(1) 家庭生活规范。家庭也是一个小社会。在家庭中,家庭成员需要遵守生活规范:家庭中的卫生规范,如早晚刷牙、睡前洗脚、饭前便后洗手、勤洗澡、剪指甲、勤换衣服、按季节增添衣服等;家庭中的饮食规则,如定时定量吃饭、不挑食偏食、不暴饮暴食、饭桌上的礼节等;作息规则,如按时睡觉起床、不无节制看电视玩游戏等;安全规则,如不摸电器和插座、不给陌生人开门、不玩火、不攀爬阳台、知道常用的紧急电话等;还有接客、待客规则等。

(2) 幼儿园。幼儿园是幼儿集体活动的场所,幼儿应遵守幼儿园的集体活动规则。幼儿园中的游戏规则,如按游戏规则玩游戏、安全游戏、合作、谦让等;学习规则,如注意力集中、积极发言、自己整理学习用品等。

(3) 公共场所活动规则。幼儿接触社会必然要走进公共场所,在公共场所必然要有公共行为规则,教育幼儿遵守公共行为规则(最简单的,如不大声吵闹、不乱扔杂物、不破坏公物等)、乘车规则(上下车有序、不将头和手伸出窗外等)、交通规则(遵守红绿灯、走人行道等)。这方面的学习几乎是幼儿步入社会的预演,通过学习,幼儿会逐步感受到自己和他人、个人与社会的关系,形成公共道德印象和简单的行为习惯,逐渐萌发社会小公民的意识。

在幼儿园社会教育活动中,围绕幼儿社会环境与规范培养的教育活动有:

小班:我爱幼儿园;快乐游戏;我的东西在哪里;不打扰;垃圾找家;轻轻地;红绿灯。

中班:在家在园一个样;为集体做事真光荣;公共场所不吵闹;环保小卫士;今天我值日;参观图书馆。

大班:我的家乡美;班级规则我们定;物品归类整理好;生活中的标志;环境保护靠大家;垃圾回家。

三、社会环境与社会规范教育对幼儿发展的作用

(一) 有利于幼儿了解和适应所生活的环境

通过与周围环境、事物的接触,形成对整个生活环境的认识,知道一些公共场所、设施的作用和服务,以及为我们生活带来的影响,如"超市是可以购物的,医院是看病的,消防车是救火的"等,这些对幼儿社会化起着基础性作用。

(二) 有助于幼儿树立正确的是非观

是非观是幼儿形成道德认识、道德判断的重要前提和主要内容。幼儿了解和接受了社会规范,就知道了哪些行为是正当的、合法的、美的、善的,哪些行为是不正当的、非法的、丑的、恶的,从而自己作出正确的

行为选择,并且对别人的行为作出正确的评价。随着幼儿思维的发展以及理解水平的提高,对社会规范的掌握就会更加概括、系统,所形成的是非观也就更加稳定、完整。

第二课 社会环境与社会规范活动的设计与指导

一、社会环境与社会规范培养的组织指导

(一) 集体活动中进行社会环境和社会规范的教育

幼儿对社会环境和规范的认知是一系列较复杂的心理活动,具有自身的特点和发展规律。因此,教师可以有计划有目的地组织幼儿进行社会环境和社会规范的教育活动。比如:大班社会活动"我的家乡美",引导幼儿了解自己的家乡,热爱家乡;小班社会活动"不打扰",引导幼儿认识在别人休息或做事时不打扰的社会规范。

(二) 游戏中进行社会环境和社会规范的教育

游戏是幼儿认识社会环境、学习社会规则的重要途径。在幼儿的游戏中,他们通过与同伴的互动进行社会规范的学习,比如,在玩"争当警察的游戏"中掌握各种交通规则。同时,幼儿在游戏中可以了解社会环境中的各种机构,比如角色游戏中幼儿可以进一步了解一些生活中的常设机构(医院、理发厅等)。

(三) 在环境和一日生活中渗透社会环境和社会规范教育

幼儿的学习具有无意识性,可通过环境和一日生活渗透进行教育。比如:组织幼儿参观社会机构,鼓励家长带幼儿外出旅游,丰富幼儿对社会环境的了解;抓住幼儿园日常生活的细节,教育幼儿什么是对的,什么是错的,使幼儿遵守规则(如卫生规则、礼貌待人等)。

二、社会环境与社会规范活动的设计与实施

社会环境与社会规范教育活动是一种引导幼儿认知社会环境、掌握社会规范的社会教育活动。对幼儿来说,对社会环境的认识,伴随着对环境中社会规范的认知。同样,幼儿对社会规范的掌握,也是在社会环境中进行的,因此对社会环境和社会规范的认知,两者之间是互为关联,不能截然分开的,社会环境和社会规范教育活动的设计,一般可以根据以下框架来进行。

(一) 运用多种方式引出主题

这也是导入环节,教师可以采用多种方式引出主题,可以是直接告知幼儿,如参观某一社会环境;也可以通过观看图片、讲故事等方式来激发幼儿的兴趣。

(二) 引导幼儿感知认知对象

活动导入后,教师应引导幼儿对新的认知对象进行初步的认知,形成对新的认知对象的初步印象。其中,观察是幼儿认知社会环境和社会规范的重要方式,因此,在社会环境和社会规范教育活动中,教师应善于利用观察的方法,引导幼儿感知新的认知对象。例如"逛菜市场"活动中,教师应带领幼儿到菜市场进行实地观察,引导幼儿观察菜市场里摆放的都是什么蔬菜,他们是怎么摆放的。再如,在活动"遵守规则"中,教师可以请幼儿观看相关录像,引导幼儿观察在电梯口人们是怎么上下电梯的,幼儿园小朋友是怎么照哈哈镜的,遵守规则对人们的生活有什么作用等。

(三) 组织幼儿自由表达、表现自己的认知体验

在幼儿对新的社会环境和社会规范有了初步的认识和了解之后,教师应提供机会和条件,让幼儿自由表达和交流自己对新的社会环境和社会规范的认知体验,进一步加深幼儿的认知,如"逛菜市场"活动,参观结束后,教师可以组织幼儿讨论交流,说说自己在菜市场的见闻和感受。"遵守规则"活动中,幼儿观看相应场景后,教师应组织幼儿交流自己对规则的认识。

(四) 引导幼儿正确认知社会环境和社会规范

在幼儿讨论交流的过程中,教师应用符合时代要求的社会规范来引导幼儿,用自己对社会环境的认识来影响幼儿。当幼儿对社会环境和社会规范的认知发生冲突时,教师应对幼儿进行合理而积极的引导。如对"你看到菜市场的哪些不文明行为?""坐电梯能不能拥挤,进电梯的人和出电梯的人怎么进出?"等问

题,当幼儿争论不休时,教师要对幼儿合理引导,启发幼儿思考,从而找到正确的答案。

（五）组织幼儿体验、练习相应的社会环境和社会规范

在活动最后,教师还可以创设相应的情景,引导幼儿体验相应的社会环境,实践练习相应的社会规范,巩固幼儿对社会环境和社会规范的认知。如"遵守规则"活动中,教师可创设相应场景,让幼儿扮演相应的角色,模拟练习遵守规则。

三、社会环境与社会规范教育活动案例

遵守交通规则(大班)

案例　　　　　　　我是社区一分子(中班)①

活动目标

1. 会观察幼儿园周边的环境,知道社区的相关资源。
2. 爱护周边的环境,不乱扔垃圾。

活动准备

一次性手套若干,垃圾袋若干。

活动过程

一、告诉幼儿活动内容,提出外出参观要求

师：今天,我们要参观我们生活的社区。在参观的过程中,小朋友要用心观察社区为我们的生活提供了哪些便利的服务并记下来。在活动结束时,比比谁记得最多。我们都是社区的一分子,因此,在参观社区时要做一回"小清洁工",为社区做力所能及的事情。不过,在参观时,小朋友要紧跟着老师和小组长,不得擅自离开队伍;遇到事情时要及时和老师讲;参观一些室内场所时,不要大声讲话,以免吵到别人。

二、沿途参观

沿途边走边引导幼儿观察、了解书报亭、小超市、卫生服务站、健身器材、社区居委会等相关资源与人们生活的关系。

三、在社区绿化小广场休息

组织幼儿玩"清洁工"的角色游戏,发给每人一个纸袋收集废弃物。

四、回园路上读标语

引导幼儿读读社区标语,如"社区是我家,美化靠大家""保护环境,从我做起""同在蓝天下,共爱一个家"等。

五、活动小结

和幼儿进行总结性的谈话,让幼儿明白活动的目的,使活动更有效。

活动延伸

1. 结合幼儿参观的感受,开展"我美丽的社区"绘画活动,让幼儿用画笔表达自己对社区的热爱之情。
2. 让幼儿在自己家庭所在的社区里争做"文明小卫士"。

 思考与练习

1. 幼儿社会环境与规范的目标和内容有哪些?
2. 简述社会环境与规范对幼儿发展的作用。
3. 简述幼儿社会环境与规范的培养指导。

---

① 伍香平.幼儿园优秀社会活动设计65例[M].北京：中国轻工业出版社,2013：93-94.

赛证真题

一、单项选择题

1. 儿童认为规则是由有权威的人决定的,不可以经过集体协商改变。这说明儿童的道德认知处于( )。
   A. 习俗阶段　　　B. 他律道德阶段　　　C. 前道德阶段　　　D. 自律道德阶段

2. 实施幼儿园德育最基本的途径是( )。
   A. 教学活动　　　B. 亲子活动　　　C. 阅读活动　　　D. 日常生活

3. 汪老师平时对幼儿的大声喧哗、随地乱扔果皮的行为熟视无睹,有人参观或检查时才提出要求。该教师的做法( )。
   A. 体现了宽容待生的教育要求　　　B. 体现了严慈相济的教育原则
   C. 忽视了幼儿良好习惯的养成　　　D. 影响了幼儿学习成绩的提高

4. 教师在组织规则游戏时,发现有孩子开小差。教师应采取的措施是( )。
   A. 点名批评,制止这种行为　　　B. 继续游戏,完全视而不见
   C. 大发雷霆,把幼儿赶出活动室　　　D. 轻拍幼儿,提醒幼儿集中精力

5. 幼儿园环境创设中,使用易于识别的生活行为规则标识图,其最主要的目的是( )。
   A. 美化环境　　　B. 便于幼儿看图说话
   C. 便于幼儿认识各种符号　　　D. 便于幼儿习得生活技能和行为准则

二、论述题

论述如何做好幼小衔接工作。

三、活动设计题

大班下学期,李老师发现幼儿普遍对小学的学习生活不够了解,一些幼儿对上小学有些担心。于是,教师准备开展"我要上小学"主题活动,希望通过多种形式的活动,增进幼儿对小学生活的了解,帮助幼儿进一步做好入小学的心理准备。请根据李老师班级的情况,设计"我要上小学"的主题活动。

要求:(1) 写出主题活动的总目标。
　　　(2) 围绕主题设计三个子活动。写出其中一个子活动的具体活动方案,包括活动名称、目标准备和主要环节。
　　　(3) 写出另外两个子活动的名称、目标。

实训任务

1. 以"人多请排队""我的家乡美"为主题设计社会环境和社会认知方面的教学活动(年龄班自定)。
2. 在幼儿园或分小组在校内组织设计教学活动。

第十四单元 幼儿人际交往活动设计与指导

人际交往能力的发展,是幼儿社会性发展的重要组成部分,影响到幼儿一生的发展。学前阶段对幼儿进行人际交往教育,不仅有利于幼儿与社会成员的交往,也有利于幼儿的社会适应能力的发展。《纲要》明确指出:培养幼儿乐意与人交往,学习互助、合作和分享。教师要引导幼儿参加各种集体活动,体验与教师、同伴共同生活的乐趣,培养对他人、社会亲近合作的态度,学习初步的人际交往技能。因此,幼儿园要为幼儿提供人际交往的机会和条件,促进幼儿人际交往能力的发展。

第一课 幼儿人际交往活动概述

一、幼儿人际交往的特点[①]

幼儿人际关系是通过相互作用的过程表现出来的,这是一个从简单到复杂、从不熟悉到熟悉、从低级到高级的发展过程。按照交往的对象来说,包括与成人的交往和与同伴的交往。与成人的交往主要是家长和老师,表现在其受控制性、模仿性(家长、老师);与同伴的交往主要发生在日常生活和游戏中,表现在平等、协商、合作、分享、逐渐去自我中心。

不同年龄段的幼儿,在与同伴交往中表现不同。小班幼儿喜欢与人交往,有与其他小朋友一起活动的愿望,会简单的协作游戏,更多的幼儿处于独立游戏;开始懂得与人分享;对父母有很强的依恋,对常接触的人能形成亲近的情感;因为自制力差,常不能与人友好合作,同伴交往还不稳定,具有随机性。

中班幼儿人际交往能力明显提高,对他人能关心、同情、友好、助人、合作行为明显增多;自制力增强,能以他人的要求调控自己的行为;对消极的社会行为更加敏感;同伴间的交往开始稳定,交往对象上有明显的指向性,更加多元化。

大班幼儿人际交往更加主动,在与同伴交往中实践、练习各种积极的交往方式,运用、掌握为社会和他人所许可的社会行为,发展社会交往能力和社会适应能力;重视成人和同伴的看法并希望被接纳,开始自觉、有意识地控制自己的情绪和行为;同伴间分化程度稳定,对同伴的偏爱程度更加明显。

二、幼儿人际交往教育活动的目标和内容

(一)幼儿人际交往教育活动的目标

(1)了解父母、老师、同伴和其他社会成员,逐步学会同情、关注他人并乐于帮助他人,形成爱父母长辈、老师和同伴的情感。

(2)能积极地与他人交往,学会合作、交往、分享和谦让的基本社会技能。

(3)了解自己所在的集体,逐步适应并喜欢集体生活,初步产生对集体的关心喜欢之情。

(4)初步具备诚实、勇敢、守纪的基本品质,形成乐观开朗的性格。

(二)幼儿人际交往教育活动的内容

人际交往是人类社会生活的必然,通过人际交往,人才能逐渐从生物学意义上的自然人成为适应社会生活的社会人。幼儿也是在人际交往中,逐渐获得社会性,只是幼儿人际交往的范围很小,交往的程度很

[①] 杨晶晶.幼儿人际关系的特点和培养[J].新课程学习,2012(3):150-151.

浅,所以交往获得的结果具有很大的后续性,即交往产生的作用不是立即全部体现出来,而是成为后面的经验。对幼儿而言,人际交往的内容主要有两类。

1. 与成人交往

父母的名字、职业、亲子之间的情感是人际交往教育选定的最初内容,了解父母和亲人的工作,感受生活中父母和亲人对自己的爱,懂得爱父母和亲人,并懂得用一定的表达方法表达自己对他们的感谢和爱。随着幼儿活动范围的扩大,与家庭以外的成人交往也越来越多,比如进入幼儿园,老师的姓名、师生的情感成了新的教育内容,关心、理解老师及其他工作人员的工作,知道他们的工作都是为幼儿服务的,懂得感谢和尊重他们的服务。同时了解其他公共场所服务的人们的劳动,知道他们的劳动给大家带来的方便,尊重他们的劳动成果。

2. 与同伴交往

除了与成人的交往,幼儿在家庭中(多子女家庭)及走出家庭所进行的交往主要是与同伴的交往。同伴主要有两种:随机而遇的同龄玩伴、伙伴;幼儿园中的同班、同园伙伴。同伴由于身心特点的相似,更具有交往的平等性和体验的共鸣性。他们彼此支持,相互模仿学习,因此,同伴的姓名、性别、体貌、爱好、特点,与同伴交往的规则和技能(如礼貌、协商、分享、轮流等),都成为幼儿社会教育的内容。目前多数幼儿(尤其是城市幼儿)的生活环境中缺乏与同伴交往的机会和条件,幼儿与同伴交往的欲望、经验和技能均存在相应的缺失和问题,应引起社会教育的重视。

在幼儿园社会教育活动中,围绕幼儿人际交往培养的教育活动有:

小班:我会讲礼貌;班级的伙伴;有礼貌的好娃娃;我爱爸爸妈妈;学做小客人;大家一起玩。

中班:老师我爱你;我能和你一起玩吗;对不起,是我错了;我的好朋友;帮助小班小朋友;我的家人。

大班:我乐意分享;你赢了,我输了;团结友爱;关心生病的好朋友;大家合作才能赢;轮流玩。

三、人际交往对幼儿发展的作用

(一) 交往促进幼儿的语言发展

语言是人类表达思想、进行交际的工具。而幼儿的交往方式是以口头语言为主体的交往方式。所以,交往活动有利于幼儿学习交往语言。比如,在"娃娃家"的游戏中,幼儿想要获得一个角色"妈妈",她就必须通过讲出自己的愿望和想法,让她的同伴认可,才能达到心愿。在日常生活中,我们不难发现,越是善于交往的孩子,其语言表达能力越强,而交往能力差的孩子,则显得不善言辞。

(二) 交往促进幼儿自信心的形成与发展

现代心理学研究表明:幼儿3岁时想交朋友,他们所萌发的社会性欲望是相当强烈的,愉快的交往经验可以提高幼儿的自信心,而自信心的增强又会增强交往主动性,两者相互促进,形成良性循环。在日常生活中,幼儿一旦通过与他人的接触、交往,建立履行符合准则的行动,将体会到满足感。如幼儿在一起玩时,谁想出了好的点子、好的游戏时,就会得到同伴的拥戴和尊敬,大家会为他欢呼,为他鼓掌,这时他的心里是非常自豪和满足的,而一个不善于和同伴交往的人是很难获得这样的体验的。因此,孩子喜欢交往是走向自信的第一步。

(三) 交往促进幼儿的社会化发展

美国一位幼教专家说过:"一个人与同事、家人及熟悉的人们如何相处,往往取决于他童年是如何与其他小朋友相处的。"幼儿的交往能够促进幼儿社会认知和良好社会行为的发展,如幼儿在一起玩耍时,逐渐分辨出分享、谦让、合作等行为会得到大家的认可,不讲理、霸道的行为得不到同伴的欢迎,这样的体验有利于帮助幼儿形成基本的道德观念,并在实践中形成良好的社会行为。幼儿的交往能够促进幼儿社会情感的发展,如在幼儿园与老师的交往,使幼儿消除了焦虑感,产生爱老师、尊重老师的情感,在与同伴的交往中,萌发集体荣誉感。[①]

第二课　人际交往活动的设计与指导

一、人际交往活动的组织指导

培养幼儿人际交往能力是形成幼儿社会性的一条重要途径。幼儿只有在与同伴、成人的友好交往中,

---

① 朱春芳.浅谈幼儿交往的重要性[J].广西师范学院学报,2011,32(S1):273-274.

才能学会在平等的基础上协调各种关系,才能正确地认识和评价自己,形成积极的情感,为将来正常进入社会,更好地适应未来生活打下基础[①]。

(一) 为幼儿的交往提供机会与条件

给孩子提供与同龄人交往的机会,让孩子在与他人的交往中体验到快乐,学会分享与合作,并及时对孩子在交往中出现的问题给予指导和帮助。目前,由于独生子女的增加,孩子与同伴接触的机会逐渐减少,接触较多的是父母及祖辈,家长除了引导幼儿经常与爷爷、奶奶或者外公、外婆等进行交往,还应创造经常同亲戚朋友、邻居交往的机会,放手让孩子去与同龄孩子交朋友,帮助孩子建立自信心。

(二) 让幼儿自己学习游戏规则

畅通交往的一个核心要素就是交往双方共同遵守彼此达成默契的规则。虽然看起来小朋友间的玩耍很随意,但实际上其中也有彼此默认的规则。比如,各自拿出自己的玩具彼此交换着玩,角色扮演游戏中小朋友轮流当领导者等。教师要尽量让孩子在游戏中自己学习这些规则,必要时给予其引导和帮助。

(三) 让幼儿学习自己化解冲突

孩子之间在交往或者游戏时,经常会发生冲突,这恰恰是提升孩子交往能力的好机会。此时,教师不要马上介入,而应观察冲突双方的反应,给他们足够的时间和空间,让他们自行解决;如果真的很难自我化解,教师也不要强行要求某一方按自己的意愿行事,而是可以作为一位旁观者启发性地向他们建议几种解决的办法,让他们自己选择。万万不可一见哭闹,就不分青红皂白地加以指责,或强行将冲突双方分开,这样会使幼儿失去宝贵的学习机会。

二、人际交往教育活动的设计与实施

人际交往活动是指教师创设一定的情境和条件,引导幼儿学习某种人际交往能力的教育活动。教师要为幼儿创设人际交往的机会和条件,培养幼儿正确的交往态度,帮助幼儿掌握相应的交往技能,逐渐学会与人友好相处,共同生活。幼儿人际交往教育活动设计的基本框架大致如下。

(一) 创设人际交往的情境

活动的开始,教师要创设人际交往的情境来激发幼儿的兴趣,引出人际交往的主题,一般可以通过听故事、看图片、情景表演、音乐等方式。如活动"我爱爷爷奶奶",教师可以通过歌曲《好娃娃》的欣赏,激发幼儿思考"为什么要照顾爷爷奶奶?你还从什么地方看出他们老了?"从而引出该如何爱爷爷奶奶的活动主题。

(二) 引导幼儿学习人际交往技巧

帮助幼儿掌握一定的人际交往技巧是人际交往教育活动的重要目标,所以教师要以各种方式向幼儿传递正确的人际交往技巧,这也是人际交往教育活动中非常重要的环节。介绍人际交往技巧可以采用两种方法:一是直接呈现法,就是让幼儿直接接触人际交往,如面带微笑,使用礼貌用语,并让幼儿感受到这种交往技巧能够给人带来快乐,从而使他们愿意使用交往技能。二是间接呈现法,就是指教师通过呈现一些反面事例,让幼儿进行思考讨论,逐步引出人际交往的技巧。如活动"大家一起玩",教师可以让幼儿先观看挂图故事,然后组织幼儿讨论:兰兰一个人玩快乐,还是大家一起玩快乐?你喜欢一个人玩还是和大家一起玩?当你不小心碰到了别人或者碰坏了别人搭好的积木时,你该怎么办呢?最后,总结出大家一起玩才快乐,当碰到别人时要道歉的人际交往方法。

(三) 组织幼儿运用人际交往技巧

人际交往教育活动的核心环节在于幼儿能运用这些交往技巧。所以,在活动最后,教师要提供各种条件和机会,让幼儿学习使用这些人际交往技巧,帮助幼儿掌握所学的人际交往技巧的具体运用。组织幼儿运用人际交往技巧,老师可以采用讨论法,例如学习交往技巧后,组织幼儿讨论怎么使用、在哪些场合使用等;可以采用角色扮演法创设一些交往的情景,让幼儿按正确的人际交往技巧进行表演。如活动"大家一起玩",在学习玩具大家一起玩的技巧后,可以组织幼儿进行一起玩玩具,体会大家一起玩的快乐,并运用在玩中解决冲突的技巧,如"对不起"的礼貌用语。

---

① 范小红.从小抓起 培养幼儿的人际交往能力[J].教育科研论坛,2007(7):34.

三、人际交往活动案例

"朋"心合力（大班）①

活动目标

1. 了解毕业典礼的意义，小组商讨分工，合作制订毕业典礼方案。
2. 运用简单的符号、图文等形式分工合作绘制毕业典礼方案并进行表述。
3. 积极参与毕业典礼方案设计，体验与同伴合作完成任务的成就感。

活动准备

经验准备：幼儿对图表方案设计的形式有基本的了解。

物质准备：毕业典礼视频片段；不同的时间、地点、人物图片；每组一张毕业典礼方案设计表、一支记号笔、花若干。

活动过程

一、以毕业典礼片段视频导入，激发幼儿活动兴趣

1. 观看哥哥姐姐毕业典礼视频，初步了解毕业典礼的意义。

师：我们一起看一段视频，看看这些小朋友在做什么？

2. 幼儿讨论，分享自己的看法。

小结：他们在举行毕业典礼。毕业典礼意味着他们要离开幼儿园进入小学，用表演节目这样一个隆重的仪式来和幼儿园告别。

二、提出任务，幼儿设计自己的毕业典礼方案

1. 了解开展毕业典礼前的准备工作。

师：再过不久，你们也要毕业了，今天我想请你们来设计自己的毕业典礼。我们首先要做活动方案。在设计方案之前，我们先来说一说开展毕业典礼前需要准备什么。

小结：如果想要顺利开展毕业典礼，我们要制订清晰的方案，这样才能使活动圆满完成。

2. 展示毕业典礼方案表，幼儿了解方案表具体内容。

师：每组都有一份毕业典礼方案表，一起来看这里的闹钟，你认为它代表什么？房子呢？……（幼儿依次了解表格内容）

3. 小组商讨，分工合作设计自己的毕业典礼方案。

师：每个小组先商讨、构思要怎么设计方案，然后分工合作进行绘制，最后一起分享你们的方案。哪组小朋友最团结、合作得最好，设计出最完整、最合理、最精彩的方案，我们把手中的花献给哪一组。

4. 小组自主设计毕业典礼方案表，教师巡回指导。

三、小组分享毕业典礼方案，并献花投票

师：通过合作，你们设计出了丰富的毕业典礼方案。每组方案都是大家集体的智慧，都有不同的设计想法，期待今后都有被采用的机会。让我们为今天的团队合作鼓掌吧！

活动延伸

1. "六一"马上要到了，教师可以请幼儿设计自己的六一儿童节。
2. 亲子互动：在日常生活中，家长可以尝试让幼儿自己设计双休日的活动安排。

思考与练习

1. 幼儿人际交往的目标和内容有哪些？
2. 简述人际交往对幼儿发展的作用。
3. 简述幼儿人际交往的培养指导。

---

① 郑州市金水区第六幼儿园路梦教师执教。

赛证真题

一、单项选择题

1. 幼儿园促进幼儿社会性发展的主要途径是（　　）。
   A. 人际交往　　B. 操作练习　　C. 教师讲解　　D. 集体教学

2. 在角色游戏中，教师观察幼儿能否主动协商处理玩伴关系，主要考察的是（　　）。
   A. 幼儿的情绪表达能力　　B. 幼儿的社会交往能力
   C. 幼儿的规则意识　　D. 幼儿的思维发展水平

3. 建立良好幼师关系的前提是（　　）。
   A. 传授丰富的知识　　B. 尊重理解幼儿
   C. 不批评幼儿　　D. 满足幼儿的一切需求

4. 东东经常欺负别的同学，有一天他又把琪琪惹哭了。张老师很生气，对东东说："如果你是我的儿子，我恨不得打死你。"张老师的行为（　　）。
   A. 可以理解，因为有些孩子的行为确实令人生气
   B. 可以理解，因为批评也是一种教育
   C. 不恰当，应该先了解孩子问题发生的原因
   D. 不恰当，因为东东毕竟不是他的儿子

5. 梅梅和芳芳在娃娃家玩，俊俊走过来说："我想吃点东西。"芳芳说："我们正忙呢！"俊俊说："我来当爸爸炒点菜吧！"芳芳看了看梅梅说："好吧，你来吧。"从俊俊的社会性发展来看，下列哪一选项最贴近他的最近发展区？（　　）
   A. 能够找到一个自己喜欢的玩伴
   B. 开始使用一定的策略成功加入游戏小组
   C. 在4~5名幼儿的角色游戏中进行合作性互动
   D. 能够在角色游戏中讨论装扮的角色行为

二、简答题

简述影响在园幼儿同伴交往的因素有哪些。

三、论述题

论述积极师幼关系的意义，并联系实际谈谈教师应如何建立积极的师幼关系。

四、材料分析题

幼儿园只有一架秋千，幼儿都很喜欢。大二班在户外活动时，胆小的诺诺走到正在荡秋千的小莉跟前，请小莉把秋千让给他玩。小莉没理他，诺诺就跑过来向老师求助："老师，小莉不让我玩秋千……"对此，不同的教师可能会采取下面不同的回应方式。教师A牵着诺诺的手走到小莉面前，说："你们的事情我知道了，我现在想看小莉是不是懂事的孩子。小莉，你已经玩了一会儿了，现在能不能让诺诺玩一会儿呢？"小莉听了后，把秋千让给了诺诺。教师B："你对小莉怎么说的呢？"诺诺："我说'我想玩一会儿'。"想到诺诺平时说话挺没底气的，教师就说："是不是你说话声音太小了，她没有听清楚呢？你现在去试试大声地对她说'我想荡秋千，我已经等了很久了！'如果这样说还没有用，你就回来，我们再想别的方法……"

问题：请分析上述两位教师回应方式的利弊，并说明理由。

五、活动设计题

中班下学期，陈老师发现，班上仍有一些幼儿会抢别人的玩具，他们的理由是"我喜欢这玩具，我要玩"。请设计一个教育活动，解决上述问题，要求写出活动名称、活动目标、活动准备及活动过程。

实训任务

1. 根据所学，为中班幼儿设计一个"好东西要分享"的教学活动。
2. 根据教学活动案例"大家一起玩"，进行模拟试教。

第十五单元 幼儿多元文化活动设计与指导

第一课 幼儿多元文化活动概述

一、多元文化教育的内涵

（一）文化与多元文化

文化是一个概念，不同的人对文化有不同的看法。文化是相对的，不同的地方有不同的文化习俗。文化还是平等的，没有高低贵贱之分。同时，文化也在不断演化。从空间范围来看，文化可以分为本土文化、外来文化；从文化形态看，文化可以分为艺术形态、生活形态、组织形态、社会形态、语言形态、礼节形态。其中生活形态和组织形态对幼儿教育的影响最密切。因此文化是指凝聚在一个民族的世世代代和全部财富中的生活方式之总和，它包括衣食住行等物的制作方式，待人接物、举止言谈等交际方式和风度，以及哲学、宗教、道德、法律、文学艺术、风俗传统等。

在人类文明和文化发展的初期，任何一个社会、群体都处在没有联系的状态中，各自的文化没有比较、交流和碰撞，随着社会和人类文化的不断发展，文化在不同群体交往中逐渐打破地域的限制，不断交流、融合。所以说，多元文化是指社会内部多种文化并存的状态。

（二）多元文化教育

当今世界，任何一个民族都不可能单纯地生活在自己的民族文化中，而是生活在世界多元文化的背景下。社会发展的全球化趋势拓宽了人们的视野和活动范围，国家之间的交流互动越来越频繁，社会日益多元化。要使幼儿在这样的环境中成长为具有责任感的世界公民，能够成功而又幸福地生活，我们的学前教育就应该主动应对多元的文化环境和文化价值选择，为幼儿打下理解和接纳多元文化的基础。而建立这个基础的最佳途径，就是在幼儿园开展多元文化教育活动[1]。《纲要》中指出："充分利用社会资源，引导幼儿实际感受祖国文化的丰富与优秀，感受家乡的变化和发展，激发幼儿爱家乡、爱祖国的情感；适当向幼儿介绍我国民族和世界其他国家、民族文化，使其感知人类的多样性和差异性，培养理解、尊重、平等的态度。"

多元文化教育旨在帮助幼儿初步了解、认同本民族文化，在此基础上，从小树立包容、理解、尊重和珍惜其他民族的文化，从中吸取精华部分，以便获得参与未来多元文化社会所必需的价值观念、情感与态度、知识与技能，继而具有和平共处、维护文化平等和社会公平的粗浅意识与信念[2]。

值得注意的是当前我国的学前教育课程主要是以汉族文化为主，少数民族文化没有得到充足的反映，优秀的外国文化更是缺乏。由此导致幼儿既缺乏对民族文化的理解、接纳，也缺乏对世界文化的了解、判断、选择和认同。与此同时，幼儿园的民族文化教育大多数是有关民族文化知识的灌输，忽视让幼儿感受和理解民族文化的特色及其折射出的民族精神，更加忽视在多元文化中对幼儿进行比较、鉴别、创新等能力的培养。

二、多元文化教育的内容和目标

（一）多元文化教育的目标

（1）初步感受具有代表性的社区文化。

---

[1] 张明红.学前儿童社会教育[M].上海：华东师范大学出版社，2008：145.
[2] 陈世联.幼儿社会教育[M].海口：南海出版公司，2009：79.

(2) 了解我国的主要人文景观及重大历史事件,产生对社会历史的兴趣。
(3) 了解我国主要的传统节日、风俗习惯和民间艺术,对祖国的传统文化产生兴趣。
(4) 知道我国是一个统一的多民族国家,了解一些少数民族的风俗文化。
(5) 初步了解世界著名的人文景观及优秀的艺术作品,产生对世界文化的兴趣。

(二) 多元文化活动的内容

多元文化包括民族文化和世界文化。

1. 民族文化

传统节日——春节、清明节、端午节、中秋节等;少数民族的节日——傣族的泼水节、回族的开斋节、蒙古族的白节等;爱国主义节日——国庆节、建军节等;民间艺术——泥人、刺绣、青花瓷、国画、剪纸等;传统文化——汉字、诗词、戏剧、武术、音乐等;民间习俗,如婚嫁等。此外,还包括少数民族的名称、服饰、风俗习惯、饮食特色、历史传说等。

2. 世界文化

了解不同国家和民族的人的特点,如肤色、语言、生活习惯、风俗人情等,理解并尊重各国、各民族的差异。如国外的传统节日——元旦、情人节、复活节、万圣节、圣诞节、感恩节等;世界节日——三八妇女节、六一儿童节等;国外的"文学作品"——适合幼儿的童谣、儿歌、童话故事等。

在幼儿园社会教育活动中,围绕幼儿多元文化培养的教育活动有:

小班:认识国旗;过新年了。

中班:十二生肖;有用的筷子;过年啦;家乡的美食。

大班:我是中国娃;我当小旗手;团团圆圆过中秋;九九重阳节;我爱首都北京;台湾、香港和澳门;祖国是个大家庭。

三、多元文化教育对幼儿发展的作用

对幼儿进行多元文化教育是必要的,也是必需的,具有重要的社会价值和个体价值。①

(一) 培养幼儿尊重人的尊严和权利

幼儿在接触不同文化的过程中其敏感性、接受力会逐步增强,并意识到每一个人都是平等的。我们的幼儿教育有义务从小教给孩子一定的人文和民主的价值,让他们知道各种歧视的负面影响,从小培养起他们尊重、包容不同文化背景的人。

(二) 培养幼儿接受和欣赏本民族文化和文化差异

多元文化教育能使幼儿对本国的生活方式、文学艺术、文化传统产生深刻的印象,为自己的语言、文化、社会背景感到骄傲和自豪。我国是个多民族国家,各民族特有的礼仪习惯、音乐、美术、民间工艺反映各民族的风俗习惯、地理特征,从小对幼儿进行多元文化教育,有助于加深幼儿,尤其是少数民族幼儿对本民族文化的认识和情感,同时满足少数民族幼儿的需要,促进民族团结。

(三) 拓宽幼儿视野,培养幼儿对世界的责任感

国际21世纪教育委员会认为,多元文化教育能使幼儿有更多的机会触及人类群体各民族、各大洲的文化,"通过对世界的进一步的认识来了解自己和了解他人"。同时,今天的人类面临着许多全球性的问题,如人口增长、移民问题、生态条件、资源和物理环境、政治发展、科学技术、法律、卫生、国际国内冲突等。多元文化教育有利于培养幼儿的全球意识和责任感。

第二课 多元文化活动的设计与指导

一、多元文化培养的组织指导

培养幼儿的多元文化意识是幼儿园教育适应时代要求的必然选择。而幼儿园实施多元文化教育的实

---

① 徐秋霞.浅谈幼儿园的多元文化教育[J].课程教材教学研究,2007(1):14-15.

质是让幼儿在逐渐把握本民族文化特色、形成对本民族文化的归属感的同时,能以客观、公正、开放、包容的态度对待外来文化,培养其初步的文化认知感与判断力[1]。

(一) 在五大领域教学中融入多元文化教育

把多元文化的教育内容融入五大领域教学中,让幼儿以主题的形式进行学习,学会分享共同的文化,支持不同的文化。如我们可以时间顺序编制节日庆典主题,尝试向幼儿介绍不同国家庆祝同一节日的不同形式,目的是培养幼儿积极的情感,理解和尊重来自不同种族或民族的文化。

(二) 在环境中渗透多元文化教育

在环境中渗透多元文化教育,如在活动室布置中国京剧脸谱、国画、中英文问候语标牌,在班级走廊里悬挂各国国旗,在玩具柜上摆放地球仪,在图书角摆放不同文字版本的图书、杂志和音像资料,在表演区投放各种不同风格的服饰、头饰,在音乐区投放东西方的各种乐器及音带等。

(三) 在一日活动中渗透多元文化教育

将多元文化教育适时融入幼儿的每日生活之中,如在入园、离园时引导幼儿观察拥有不同文化背景的家长和孩子道别、相见时使用的不同语言与行为,并适时引导幼儿与这些家长问好;每天午饭后,给孩子们10分钟时间,开展专门的民间游戏活动;在餐饮活动中引导幼儿通过使用不同国家的饮具、餐具,制作和品尝不同国家的食物,学会尊重不同饮食传统所代表的文化。

二、多元文化教育活动的设计与实施

多元文化教育活动主要是引导幼儿了解我国各民族和世界其他国家、民族的文化,使其感知人类文化的多样性和差异性,培养其理解、尊重、平等的态度。这一类活动的设计可大致按照以下框架进行。

(一) 创设相应情景,引出活动

幼儿园社会文化教育活动大致可通过布置场景、创设情境等直观方式直接导入活动。如活动"中国丝绸",可以通过展览中国的不同丝绸制品,组织幼儿参观,从而引出活动的主题。节日活动"欢欢喜喜过中秋",可以通过幼儿园的环境布置、音乐以及幼儿亲身感受到的周围气氛来导入。

(二) 引导幼儿感知体验各种社会文化

此环节主要目的是引导幼儿了解各种文化,对该社会文化有一个初步的认知。组织幼儿了解社会文化的方式可以多种多样,可以通过观看视频的方式来了解并对比,如民族国家、民风民俗、传统文化、异国风情等内容的活动;可以用观察、品尝等方式来获得感知,如饮食特产内容的活动;还可以通过交流讨论等方式来拓展认知节日文化的活动,如"你知道春节都有哪些习俗吗?"

(三) 组织实践活动引导幼儿感受乐趣,加深对社会文化的体验和认识

在感知社会文化的基础上,通过实践活动引导幼儿感受乐趣,加深对社会文化的体验和认识。如活动"中国丝绸",可以组织幼儿进行丝绸制品的服饰表演,从而加深对中国丝绸的感受。"好吃的饺子"活动可以组织幼儿动手做饺子,感受其中包含的文化和乐趣。

三、多元文化教育活动的案例

快乐的中秋节(大班)[2]

活动目标

1. 知道中秋节的来历及有关文化,进一步加深对传统节日的了解。
2. 能大胆地表现、讲述收集的信息,产生对传统文化的兴趣。
3. 乐于与同伴交流、分享,体验集体过节的快乐。

活动准备

1. 嫦娥奔月的动画故事、中秋节的相关环境创设。

---

[1] 马春玉.幼儿园多元文化教育浅探[J].学前教学研究,2007(6):45-46.
[2] 河南省幼师毕业生技能大赛作品,2010年.

2. 活动前教师与幼儿一起准备的月饼、中秋节相关信息和各地过中秋节的文化。

活动过程

一、欣赏动画——引出主题

让幼儿观看嫦娥奔月的动画故事(展示动画),激发幼儿的兴趣和求知欲望,唤起幼儿对中秋佳节的遐想,进而引出中秋节。

二、师幼交流——丰富经验

引导幼儿说一说:"过中秋节时,大街上都有什么变化?""你和爸爸妈妈一起过中秋节时都做些什么?"(让幼儿在观察、回忆中体会过中秋节的情感,产生对传统文化的兴趣)

进一步提问:"你们还知道其他地方的人都会用什么方式来庆祝中秋节吗?"请小朋友向大家展示和讲解自己收集到的信息。

幼儿展示的基础上,教师展示相关图片,补充并小结。

三、品尝月饼——分享快乐

幼儿一起品尝月饼(放一段喜庆的音乐)。

引导幼儿对同伴、老师说一说祝福的话,共享节日的快乐。

四、许下心愿——祝福团圆

师:中秋节快要过完了,让我们一起许下中秋节的心愿吧!(全班幼儿闭上眼睛许愿并分享)

活动延伸

家园共育:鼓励幼儿和家人一起制作中秋节贺卡,并与同伴互相赠送。

思考与练习

1. 幼儿多元文化的目标和内容有哪些?
2. 简述多元文化对幼儿发展的作用。
3. 简述幼儿多元文化的培养指导。

中班"过春节"

赛证真题

活动设计

题目:主题活动——中班"过春节"(素材可扫二维码查看)

要求:根据主题素材与年龄段,设计一课时(30分钟左右)集体教学活动的教案。教案格式完整规范,语言清晰、简洁明了,目标设计、内容选择、方法运用等符合幼儿年龄特征和领域特点。

实训任务

1. 收集关于"端午节"的由来、童谣等文化资料,设计一个中班社会活动"快乐端午节",并写出教案。
2. 将设计的"快乐端午节"教学活动分小组组织实施。

科　　学

核心理念

　　幼儿的科学学习是幼儿在解决实际问题的过程中发现和理解事物本质和事物间关系的过程，主要包括科学探究和数学认知。幼儿在对自然事物的科学探究和运用数学解决实际生活问题过程中，不仅获得丰富的感性经验，充分发展形象思维，而且在感知具体事物基础上初步尝试归类、排序、概括、抽象，逐步发展逻辑思维能力，为其他领域的深入学习奠定基础。

　　幼儿科学学习的核心是激发探究欲望，培养探究能力。成人要善于发现和保护幼儿的好奇心，充分利用自然和实际生活机会，引导幼儿通过观察、比较、操作、实验等方法，学会发现问题、分析问题和解决问题，帮助幼儿不断积累经验，并运用于新的学习活动，形成受益终身的学习方法和能力。

　　幼儿思维发展以具体形象思维为主，应引导幼儿通过直接感知、亲身体验和实际操作进行科学学习，不应为追求知识的掌握而对幼儿进行灌输和强化训练。

——《3—6岁儿童学习与发展指南》

第十六单元

幼儿科学教育概述

21世纪,随着科学技术的迅速发展,随着人们对科学和科学探究本质的认识日益深化,科学教育已经从传统的科学教育走向了现代的科学教育。如何提升国民的科学素养,如何对幼儿进行科学启蒙教育,已经成为学前教育工作者关注的一个话题。

但是,幼儿园科学教育的实践面临了许多问题,如有的老师或因科学知识匮乏,或因没有找到有效的教学方法,对科学教育怀有一种恐惧;有的老师或因科学活动材料准备比较麻烦,而干脆省去了幼儿动手操作的探究活动,将幼儿的"做"科学变为了教师的"讲"科学。这些问题的存在,与幼儿教师科学知识储量不够有关,但更主要的是教师对幼儿科学教育内涵、特征及意义理解不到位,没有树立正确的教育观念。

第一课 幼儿科学教育内涵

一、科学与幼儿科学

(一)什么是科学

提到科学,人们可能首先想到的是物理、化学、生物、天文地理等学科知识,或者是科学家们穿着白大褂在实验室进行研究的情景。但对于科学是什么,人们没有一致的看法,也很难下一个确切的定义。随着科学自身的不断发展,人们对科学的认识也日益深刻和趋于全面。

1. 科学是知识体系

从静态层面看,科学是知识体系,这是我们一般理解的科学。广义的科学是关于自然、社会和思维的知识体系。狭义的科学是揭示自然的本质和规律的知识体系,即自然科学。幼儿园课程中的"科学教育"探究的是自然科学领域的问题。

2. 科学是探索过程

从动态的角度去分析,科学又是一种动态的活动,是真理性知识的一个生产过程。随着人们对科学本身的认识不断深化,人们逐渐发现仅仅把科学定义为知识体系是远远不够的,应该用动态的观点去解释科学,把科学看作是获取知识、探索自然奥妙的认识活动和过程。现代动态科学观认为,"科学的本质不在于已被人们认识的真理,而在于探索真理"。

3. 科学是看待世界的一种态度

科学不仅是知识和过程,它还是一种看待世界(包括对科学活动本身和科学知识本身)的基本态度和方法。科学态度包括实事求是、不主观臆断、一丝不苟、精益求精、谦虚谨慎、善于合作,有高度的责任感和坚强的意志品质等。

综上所述,科学的内涵包括科学知识、科学过程和方法、科学态度三个基本要素。科学的本质在于探究,科学过程的核心在于探究,科学态度的核心也在于探究精神。科学知识,正是科学探究的具体结果。

(二)什么是幼儿科学

幼儿科学不像成人的科学那样深奥抽象,而是那些经常接触到的、周围世界中的各种事物和现象。幼儿对周围的事物怀有强烈的好奇心,他们总是在与周围的环境接触中了解和认识这个世界,他们所感兴趣的是一些看来浅显和天经地义的事物。例如,天为什么会下雨?星星会掉下来吗?我的影子为什么有时长,有时短?小鸟为什么能飞在天上?小蜗牛有嘴巴吗?蚂蚁喜欢吃什么呢?……这些问题都是幼儿关注的内容。

幼儿学习科学开始于对周围世界和自身的好奇心,并由此而产生对周围事物的探索。幼儿对物体都想看看、摸摸、摆弄两下,通过对物体的观看、触摸和摆弄等,感知物体属性,发现它们与周围环境的相互作用关系,获取直接经验,以语言、非语言的形式表达和交流。在此过程中,发现问题并提出问题,通过自己的探索,找出问题的答案。例如,在幼儿接触、探索水的过程中,他们通过与水的接触、感知、操作,发现关于水的各种经验:水是透明的,水会流动且从高处往低处流,水能渗透到沙土等其他物质中,水的浮力会使物体漂浮,水可以进入空气中(蒸发),水的形态可以转化等。他们还能联系原有经验,发现有各种各样的水(清水、污水)、水有各种用途等。幼儿就是在这样的与材料、环境的相互作用中,感知了物体的属性,获取了有关周围环境的直接经验,进行了思考,运用了观察、表达、分类等多种方法,激起了进一步探索的兴趣。

二、幼儿科学教育内涵

(一) 科学教育

科学教育是一种以传授基本科学知识为手段(载体),以素质教育为依托,体验科学思维方法和科学探究方法,培养科学精神与科学态度,建立完整的科学知识观和价值观,进行科研基础能力训练和技术应用的教育。以期培养具有科学素养的合格公民,发展社会生产力,改良社会文化,让科学精神和人文精神在现代文明中交融贯通。

(二) 幼儿科学教育

幼儿科学教育是指幼儿在教师的引导下,通过自身的活动,对周围的自然界进行感知、观察、操作、发现,以及提出问题、寻找答案的探索过程。幼儿科学教育的实质是幼儿的科学探索活动。

幼儿科学教育是科学启蒙教育,是引导幼儿主动学习、主动探索的过程,是支持幼儿亲身经历探究、体验科学精神和探究解决问题的过程,是使幼儿获得有关周围世界及其关系的感性认识和经验的过程,是从小培养幼儿的科学素养的过程。幼儿科学教育的核心价值是使幼儿乐学、会学,培养他们获取知识的兴趣和能力。

三、幼儿学习科学的意义

科学教育已经成为人类文明进步的资源和动力,幼儿园的科学教育是整个科学教育体系的奠基阶段。早期科学启蒙教育对幼儿个体发展的意义体现在以下三个方面。

(一) 科学教育有利于发展幼儿的好奇心和求知欲

好奇心是幼儿学习的原动力,幼儿园开展科学教育活动,为幼儿创设了丰富的物质和心理环境,通过丰富多样的活动可以激发幼儿的好奇心,发展他们对科学的兴趣。

(二) 科学教育能使幼儿积累科学经验,增强探究技能

幼儿科学教育为幼儿提供了与各种自然现象或物体相互作用的机会,使幼儿获得了广泛的早期科学经验。这些经验的获得为幼儿将来理解抽象的科学知识奠定了基础,成为引导幼儿通向科学世界的桥梁。

在科学教育活动中,在教师的指导下,幼儿学会提出问题,然后通过观察、实验、操作等方式进行科学探究、记录、表达和交流,最终获得科学的结论。幼儿不仅是获得了一些科学经验,更重要的是他们学会了一种科学的思维方式。科学的思维方式和科学的探究技能,不仅是学习科学知识所必需的,也是理解周围世界所必需的,将会影响到幼儿终身的学习。

(三) 科学教育能促进幼儿的良好个性品质的发展

科学教育给幼儿以直接接触和探究客观世界的机会,让幼儿有机会通过亲身经历的探究活动获取知识,可以使幼儿在获取知识的同时萌发好奇心,获得快乐。科学教育活动还可以培养他们良好的生活习惯和学习习惯,使其学会与同伴合作和交往,使他们的积极性、主动性、创造性、独立性、自信心等良好个性品质得到发展。

第二课 幼儿学习科学的特点

一、幼儿学习科学的一般特点

（一）幼儿有着强烈的好奇心和探究欲望

好奇心是对周围环境中新异刺激的积极反应倾向。幼儿有着与生俱来的好奇心和探究欲望，每个孩子都是天生的科学家。幼儿的好奇心主要表现为以下两个方面。

1. 爱提问题

好奇好问是幼儿的特点，尤其是从3岁左右开始，幼儿会向家长、老师或熟悉的成人问个没完。例如，天空为什么是蓝的？地球在动，为什么我却感觉不到呢？吹出的泡泡为什么是彩色的？为什么会有风？……幼儿所关心的这些现象，绝大多数都是最基本的科学问题。

2. 喜欢动手操作

幼儿园的孩子喜欢动手探索事物之间的因果关系。听完了有趣的故事，为了知道收音机里谁在说话，他们会设法打开；为了弄清楚玩具汽车里是不是有小司机在驾驶，他们常常会动手将玩具汽车打开……这样的探究热情绝不亚于科学家。

（二）幼儿获得的知识是一种经验层次的知识

虽然幼儿很早就表现出了对世界的好奇、探索和思考等探究性活动。但是幼儿的思维还依赖于具体的动作和表象，还不能进行抽象的逻辑思考。幼儿所理解的科学知识，并不是成人所认为的抽象、概念化的科学知识，而是具体的科学经验，是经验层次的知识。

例如：一个3岁的孩子推动一个圆形的物体让它滚动。"所有的物体都滚动"就是他所建构的理论。当他再次推动一个方形物体，物体滑动了，但不是滚动。于是他把自己的想法改为"圆形物体滚动，方形物体滑动"。

经验层次的知识，是通过幼儿操作，以自身的感觉器官直接接触周围世界所获取的直接经验和具体的事实。这种复杂理论的发展是以经验为基础的，这些经验推动了新理论的建立与形成。

（三）幼儿学习科学具有自我中心的特点

这里所说的自我中心，并不是道德意义上的自私，而是指幼儿由于知识经验的缺乏和思维的局限性所导致的现象。他们往往难以站在客观的立场上考虑问题，而是从主观愿望出发，或赋予万物以灵性，认为万事万物都是有生命的。例如：

> 斯科特（Scott）说："昨晚当我走进厨房时，我女儿卡特（Carta）在那里。她把所有的椅子都放倒在地上。我问她'你在干什么，卡特'，她回答说'它们在睡觉'。"
>
> 罗思安妮（Roseanne）则说："真的很可爱！"
>
> 斯科特回答道："我搞不清楚她究竟在做什么。"

在情感方面，幼儿容易移情，也容易受感染。他们经常以自己的情感代替别人的情感，甚至以自己的情感理解动植物的情感。

在认知方面，幼儿往往站在主观的立场上考虑问题。幼儿把人类的动机赋予物体：把椅子放倒在地上是因为它要睡觉；球停止滚动是因为它累了；电闪雷鸣是因为云生气了……

在社会方面，由于幼儿不能从别人的立场考虑问题，因此也很难有真正的交流和讨论。

幼儿的自我中心状态也不是一成不变的。小班幼儿的自我中心现象比较明显，随着年龄的增长，这种状况也逐渐得以克服。

（四）幼儿学习科学以具体的形象为主

幼儿的思维特点是以具体形象思维为主，这就决定了他们的认知也局限于具体形象的水平。由于幼儿对事物及其关系的认识和解释只是根据具体接触到的表面现象来进行，所以很多时候幼儿对事物的认识不能抓住本质特征。例如"幼儿眼里的新方法"，一名幼儿认为自己有很多种使小电珠亮的方法：①用一节电池；②用两节电池竖起来；③用两节电池再加一节没有电的电池；④用两节电池横着放。

二、各年龄段幼儿学习科学的特点

(一) 3~4岁幼儿学习科学的特点

1. 处于不分化的混沌认识状态

形形色色、复杂多变的客观世界,在刚入园的小班幼儿头脑中,往往是一片不分化的混沌状态,他们对一些物体的现象分辨不清,常常指鹿为马。例如,有的认识柳树后,把其他的树也叫作"柳树";有的把树干叫作木头;有的把绿草、绿叶叫作"绿花"。因此他们常爱向成人提问:"这是什么?""那是什么?"

2. 认识往往带有模仿性,缺乏有意性

3~4岁的幼儿不仅不会有意识地围绕一定的目的去认识某一事物,并且还不善于根据自己的所知、所见、所闻来表达自己的认识,调节自己的行为,而是爱模仿别人的行为。例如,别人说小灰兔是小白兔,他也说是小白兔;别人摇小树苗,他也跟着去摇小树苗;一个小朋友说是爸爸帮自己做的小实验,全班小朋友基本都说是爸爸帮自己做的。

3. 认识带有明显的拟人化倾向

3~4岁幼儿由于感知受自我中心的影响,常以自己的生活体验去理解科学现象,以自身的结构去理解物体的结构,对有生命的和无生命的事物分辨不清,认识带有明显的拟人化现象。例如,看到皮球从积木上滚下来就说:"它(皮球)不乖。"指着四条腿的动物说:"它有两只手,两只脚。"

4. 认识带有表面性和片面性

3~4岁幼儿的认识容易受到情绪的影响,其注意力往往容易集中在具有鲜艳色彩、会发出悦耳声音、能动的、他喜欢的事物上。因此他们一般对动态事物的兴趣高于静态事物,对他不感兴趣的事物或特征,似乎视而不见,这就必然使其认识带有表面性和片面性,影响其对事物的主要方面和主要特征的认识。

(二) 4~5岁幼儿学习科学的特点

经过一到两年的幼儿园生活以后,4~5岁幼儿对科学的兴趣有明显的加强,此时幼儿以具体形象思维为主。因此,4~5岁幼儿在学习过程中表现出以下一些特点。

1. 好奇、好问的特点

随着身心的发展,4~5岁幼儿比3~4岁幼儿显得更加活泼好动、好奇好问,对大自然表现出浓厚的兴趣,什么都想去摸摸、看看。会学习运用感官去探索、了解新事物。在向成人的提问中,不但喜欢问"是什么",而且还爱问"为什么"。

2. 初步理解科学现象中的表面现象和简单的因果关系

一般4~5岁幼儿,已能从直接感知到的自然现象中理解一些表面的和简单的因果关系。例如,知道了"种了花,不浇水就要死""因为鸟有翅膀,所以能飞"。但是他们还难以理解科学现象中内在的和隐蔽的因果关系。因此,对于4~5岁幼儿,认识物体与科学现象,易受其大小、形状、颜色和活动等外部的而非本质特征的影响,做出错误的因果判断。例如,认为"树摇了,所以刮风了""火车会动、会叫,它是活的东西"。

3. 开始根据事物的表面属性、功用和情境进行概括分类

在已有感性经验的基础上,4~5岁幼儿开始能对具体事物进行概括分类,但概括的水平还很低。其分类的根据主要是具体事物的表面属性(如颜色、形状)、功用或情境等。例如,在利用图片进行分类时,幼儿把苹果、梨、桃归为一类,认为"能吃,吃起来水很多";把太阳、卷心菜归为一类,认为都是"圆的";把玉米、香蕉、小麦归为一类,认为都是"黄颜色的";把太阳、公鸡分为一类,认为"太阳一出来,公鸡就喔喔叫"。可见,4~5岁幼儿对事物的概括分类,具有明显的形象性和情境性的特点。因其不能从事物内在的本质和属性上进行抽象概括,所以就不能正确地按客观事物的分类标准进行概括分类。

(三) 5~6岁幼儿学习科学的特点

1. 可以初步理解科学现象中内在的、隐蔽的因果关系

5~6岁幼儿已经开始能够从内在的、隐蔽的因果关系来理解科学现象的产生。例如,在解释乒乓球从倾斜的积木上滚落时说:"乒乓球是圆的,积木是斜的,球放上去就会滚。"说明已能从客体形状与客体位置之间的关系,即"圆"与"斜"的关系中寻找乒乓球滚落的原因。但由于科学现象中的因果关系比较复杂,即使到了5~6岁,对不同科学现象中因果关系的理解水平也不可能一致,而且对日常生活中不熟悉的复杂的因果关系也还很难理解。

2. 能初步根据事物的本质属性进行概括分类

随着抽象逻辑思维的发展,通过有目的的教育,5~6岁幼儿开始能够根据事物的本质属性,按照客观事物的分类标准进行初步的概括分类。例如,把具有坚硬的嘴,身上长有毛、翅膀和两条腿,人们饲养的鸡、鸭、鹅归为禽类;把身上长有皮毛、四条腿,如人们饲养的猫、兔、猪等归为家畜类。但是,到了5~6岁,仍不可避免地会出现一些概念外延上的错误。例如,有的孩子只能把家畜、家禽概括为动物,而把昆虫排斥在动物之外,认为昆虫是虫子,不是动物。

思考与练习

1. 什么是科学?什么是科学教育?什么是幼儿科学教育?
2. 幼儿学习科学的一般特点是什么?各年龄段幼儿学习科学的特点分别是什么?

赛证真题

单项选择题

1. 下列不宜作为幼儿科学领域学习方式的是( )。
   A. 直接感知　　B. 实际操作　　C. 亲身体验　　D. 概念解释
2. 青青的妈妈说:"那小孩嘴真甜!"青青问:"妈妈,您舔过她的嘴吗?"这主要是反映青青( )。
   A. 思维的片面性　B. 思维的拟人性　C. 思维的生动性　D. 思维的表面性
3. 午餐时餐盘不小心掉到地上,看到这一幕的亮亮对老师说:"盘子受伤了,它难过得哭了。"这说明亮亮的思维特点是( )。
   A. 自我中心　　B. 泛灵论　　C. 不可逆　　D. 不守恒
4. 菲儿把一颗小石子放在小鱼缸里,小石头很快沉入缸底。菲儿说:"小石头不想游泳,想休息了。"从这里可以看出,菲儿思维的特点是( )。
   A. 直觉性　　B. 自我中心　　C. 表面性　　D. 泛灵论

实训任务

1. "某幼儿把从地上捡到的花瓣泡在水里想让花瓣长大。"谈谈假如你是孩子的老师,你会怎么做呢?你为什么这样做?
2. 以小组为单位,针对"幼儿学习科学的一般特点"选择其中的任意两条,谈谈如何运用到将来的教育实践当中去。请结合具体实例说明。
3. 以小组为单位搜集幼儿科学教育的相关理论自主学习,并在小组内分享交流。

第十七单元
幼儿科学教育的目标和内容

第一课　幼儿科学教育的目标

幼儿科学教育目标包括以下四个层次：幼儿科学教育总目标、各年龄段目标、单元目标和教育活动目标。

一、幼儿科学教育总目标内容及分析

《纲要》中明确规定了幼儿园科学领域的总目标，其内容如下：
(1) 对周围的事物、现象感兴趣，有好奇心和求知欲；
(2) 能运用各种感官，动手动脑，探究问题；
(3) 能用适当的方式表达、交流探索的过程和结果；
(4) 能从生活和游戏中，感受到事物的数量关系并体验到数学的重要和有趣；
(5) 爱护动植物，关心周围环境，亲近大自然，珍惜自然资源，有初步的环保意识。

上述 5 条目标中，第 1 条和第 5 条是关于科学情感和态度方面的目标，第 2 条和第 3 条是科学方法和技能方面的目标，第 4 条是数学教育的目标。

（一）科学情感和态度方面的目标

科学情感和态度目标是幼儿科学教育的重要目标，培养幼儿对科学、对自然的积极情感和态度，将影响其一生。

1. 对周围的事物、现象感兴趣，有好奇心和求知欲

这是科学领域的第 1 条目标。好奇心是幼儿认识事物的原动力、内驱力，幼儿天生就具有好奇心，他们喜欢提问，喜欢接触一切新奇的事物。但是幼儿的好奇心是自发的好奇心，而且需要后天社会环境的强化，才会保留下来，进而发展成为对科学的好奇心和求知欲。反之，幼儿的好奇心就会慢慢地被磨灭。所以，保护和发展幼儿的好奇心，激发其求知欲是幼儿科学教育中极为重要的任务。

与好奇心相联系的是幼儿对科学的兴趣。兴趣是科学探索和学习的强大动力。幼儿最初的科学兴趣就是对新奇事物的好奇，但这种好奇是表面的、不稳定的、容易波动的。随着幼儿在科学活动中得到满足，他们的科学兴趣也逐渐变成内在的、稳定的、持久的倾向。在科学教育中培养幼儿科学兴趣的目标，就是使幼儿对事物外在的、表面的兴趣，发展成为对科学活动过程的理智兴趣。

2. 爱护动植物，关心周围环境，亲近大自然，珍惜自然资源，有初步的环保意识

这是科学领域目标中的第 5 条，在建立人和自然的和谐关系，在世界环境问题日益严峻的形势下，提出这一目标具有深远的意义。科学教育不仅要让幼儿形成对自然界的探究兴趣，还要萌发幼儿对自然的责任感，让幼儿从小就关爱生命，尊重自然，引导幼儿发现自然的美，学会欣赏自然的美，培养幼儿真、善、美的完整个性。

（二）科学方法和技能方面的目标

1. 能运用各种感官，动手动脑，探究问题

在幼儿科学教育中，科学方法的掌握比单纯知识的获得更为重要。只有掌握了科学方法，他们才可能运用这些方法去寻找尚未知晓的知识，探求各种问题的答案，才能真正成为自主、主动的科学探索者。

《纲要》"科学"领域目标第 2 条强调幼儿"能运用各种感官，动手动脑，探究问题"，正体现了科学方法方面的目标。《纲要》揭示了科学方法的实质在于探究问题。而幼儿科学探究的实质就是通过他们的各种

感官、动手操作和动脑思考,来寻求问题的答案。

(1) 观察

"能运用各种感官"指的就是运用感觉器官对周围的事物进行观察。感觉器官是幼儿吸收外界信息的重要通路,观察是一种有目的、有计划的感知活动,是幼儿认识周围世界的基础。在幼儿观察的过程中,幼儿获取了各方面的信息,极大地丰富了科学经验,为初级科学概念的形成、思维的发展作了准备。

(2) 动手操作

"能运用各种感官,动手动脑,探究问题",其中的"动手"指的就是动手操作。在幼儿的科学教育活动中,无论是科学发现活动,还是科技制作活动,都离不开幼儿的动手操作。所以这里所说的动手操作有两种类型:实验操作和技术操作。

实验操作是指在科学活动中,以行动、操作或其他方式验证其发现、推论或预测是否正确的过程和方法。技术操作则是指在科技制作活动中,运用工具或材料,对客观对象或材料进行操作加工或制作新产品的过程。

(3) 动脑思考

"能运用各种器官,动手动脑,探究问题",其中的"动脑"指的就是动脑思考解决问题。思考泛指幼儿的思维活动,它贯穿于幼儿学习科学的过程中。作为科学方法之一的思考,指的是幼儿获取科学知识所必需的思维加工技能。幼儿的思维以形象思维为主,他们虽然还不能进行完全的逻辑思维,但可以在具体形象和表象基础上思考事物和事物之间的关系,甚至进行某种程度的推理。

2. 能用适当的方式表达、交流探索的过程和结果

《纲要》"科学"领域目标第 3 条是"能用适当的方式表达、交流探索的过程和结果"。表达作为一种技能,在科学活动中是必不可少的信息交流手段。在科学教育中,不仅要让幼儿学习科学,还要让幼儿学习将自己科学探索的过程和结果进行表达与交流。通过探究操作,每个人都有自己不同的感受、体验和发现,或者有一些处于半意识状态的东西,通过思考和适当的方式表达形成想法,通过交流梳理头脑中的信息,明晰所发现的事物特征和关系,以及自己的探究过程。幼儿通过表达和交换信息,使感知周围世界的第一印象在头脑中形成表象,又转换为语言或其他方式表达出来。这里适当的方式包括学习用准确有效的语言及适当的表征方式(动作、表情、手势、体态)进行表达、交流(做法、想法、发现、情绪),学习运用各种手段记录与展示自己的科学活动结果等。

(三) 科学知识方面的目标

虽然在《纲要》中并没有非常明确地提出知识方面的目标,但是作为科学教育的必然结果,知识经验的获得已经蕴含在科学领域的其他目标中。例如,在《纲要》"科学"领域第 3 条指出"能用适当的方式表达、交流探索的过程和结果",这里所说的结果,即应该包括知识的结果。又如在《指南》"科学探究"中的目标 3 提出"在探究中认识周围事物与现象"。所以关键不是给不给知识的问题,而是给幼儿什么样的知识和怎么给的问题。

1. 获取广泛的科学经验

所谓的经验,是与具体的事物和现象联系在一起的,离开了具体的事物就不可能获得。科学经验是指幼儿在科学探索活动中,通过他们的亲自操作,以自身的感觉器官直接接触周围世界,所获取的具体事实和第一手的经验,这些经验因其是有关自然事物与现象的,因此就命名为科学经验。幼儿的科学经验包括幼儿对事物形状特征的认识,对科学现象的理解。幼儿通过不断地与周围环境接触,在他们脑中就储存了丰富的信息,留下了生动的表象。这些有关周围世界的信息和表象,就是幼儿获取的初始科学经验。

幼儿的初始经验是幼儿学习科学的基础,也是他们今后学习抽象的科学概念、科学定义的最初入门。通过回忆、联系已有经验,可以加深对科学概念、科学定义的理解,因此,科学经验为今后幼儿学习抽象符号和系统的科学知识做好了准备。

2. 在感性经验的基础上形成初级科学概念

概念是对事物本质的抽象认识,是对具体事物概括的结果。初级的科学概念是指幼儿在获得感性经验的基础上,对同类事物外在的、明显的共同特征的概括,是一种概括化的表象。它既区别于具体的经验,也区别于真正的抽象概念。幼儿对任何事物抽象的认识,都是建立在对具体事物的概括的基础上的。幼儿已形成初级的科学概念,能把他们已获得的具体、丰富的,但又是片断、孤立的科学经验归纳、概括,并以

简化的方式把具体的信息转化为概念性的认知结构,储存在大脑中,因而容易保持和记忆。同时,形成初级的科学概念可以增加幼儿所学知识的适用性和迁移价值,并促进幼儿智力的发展,特别是有利于幼儿的具体形象思维向抽象逻辑思维的过渡。

要全面把握幼儿科学教育的目标关系,这三个目标是一个你中有我、我中有你的完整整体,而且相互依赖,不能截然分开,任何一方面都不可或缺。科学经验、概念是科学学习的载体,离开了科学知识而学习,科学探究也就成为不可能;科学情感态度是科学学习的动力系统,它推动着幼儿积极学习;而科学方法则是探究活动中的核心,也是幼儿终身学习的武器。

二、幼儿科学教育年龄段目标

幼儿各年龄段的科学教育目标是根据科学教育总目标的要求,结合不同年龄幼儿的特点制定的。《指南》中科学探究部分从科学情感态度、科学过程与方法、科学经验三个角度提出了各年龄段目标,内容见表2-17-1至表2-17-3。

表2-17-1 目标1 亲近自然,喜欢探究

3～4岁	4～5岁	5～6岁
1. 喜欢接触大自然,对周围的很多事物和现象感兴趣 2. 经常问各种问题,或好奇地摆弄物品	1. 喜欢接触新事物,经常问一些与新事物有关的问题 2. 常常动手动脑探索物体和材料,并乐在其中	1. 对自己感兴趣的问题总是刨根问底 2. 能经常动手动脑寻找问题的答案 3. 探索中有所发现时感到兴奋和满足

表2-17-2 目标2 具有初步的探究能力

3～4岁	4～5岁	5～6岁
1. 对感兴趣的事物能仔细观察,发现其明显特征 2. 能用多种感官或动作去探索物体,关注动作所产生的结果	1. 能对事物或现象进行观察比较,发现其相同与不同 2. 能根据观察结果提出问题,并大胆猜测答案 3. 能通过简单的调查收集信息 4. 能用图画或其他符号进行记录	1. 能通过观察、比较与分析,发现并描述不同种类物体的特征或某个事物前后的变化 2. 能用一定的方法验证自己的猜测 3. 在成人的帮助下能制订简单的调查计划并执行 4. 能用数字、图画、图表或其他符号记录 5. 探究中能与他人合作与交流

表2-17-3 目标3 在探究中认识周围事物和现象

3～4岁	4～5岁	5～6岁
1. 认识常见的动植物,能注意并发现周围的动植物是多种多样的 2. 能感知和发现物体和材料的软硬、光滑和粗糙等特性 3. 能感知和体验天气对自己生活和活动的影响 4. 初步了解和体会动植物对人类的贡献	1. 能感知和发现动植物的生长变化及其基本条件 2. 能感知和发现常见材料的溶解、传热等性质或用途 3. 能感知和发现简单物理现象,如物体形态或位置变化等 4. 能感知和发现不同季节的特点,体验季节对动植物和人的影响 5. 初步感知常用科技产品与自己生活的关系,知道科技产品有利也有弊	1. 能察觉到动植物的外形特征、习性与生存环境的适应关系 2. 能发现常见物体的结构与功能之间的关系 3. 能探索并发现常见的物理现象产生的条件或影响因素,如影子、沉浮等 4. 感知并了解季节变化的周期性,知道变化的顺序 5. 初步了解人们的生活与自然环境的密切关系,知道尊重和珍惜生命,保护环境

三、幼儿科学教育单元目标

幼儿科学教育的单元目标一般有两种,一种是"时间单元",是在一段时间内(如一个月或一周)内要达到的目标,相当于"月计划"或"周计划"中的科学教育目标。另一种是"主题活动单元",是一组有关联的科

学教育活动全部结束后要达到的目标。

四、幼儿科学教育活动目标

幼儿科学教育活动目标是指在进行一次科学教育活动前制定的目标,它是结合幼儿科学教育总目标和年龄段目标,并结合具体的教育活动内容的特点,以及幼儿的特点制定的具体的、可操作的目标。

例如,科学活动"物体的沉与浮"活动目标:
1. 通过探索实验,初步感知不同物体在水中的沉浮状况不同。
2. 能用"↑""↓"符号记录结果,表示上浮和下沉,并能对其分类。
3. 能用完整的语言描述自己在实验中的操作和发现。
4. 对物体的沉浮现象感兴趣,乐意参与整个探究活动。

第二课　幼儿科学教育的内容

一、《纲要》对幼儿科学教育内容的表述

《纲要》中提出了幼儿园科学教育的内容,该部分说明了为实现教育目标,教师应该做什么、怎样做。具体内容如下:

(1) 引导幼儿对身边常见事物和现象的特点、变化规律产生兴趣和探究欲望。

(2) 为幼儿探究活动创造宽松的环境,让每个幼儿都有机会参与尝试,支持、鼓励他们大胆提出问题,发表不同意见,学会尊重别人的观点和经验。

(3) 提供丰富的可操作的材料,为每个幼儿都能运用多种感官、多种方式进行探索提供活动的条件。

(4) 通过引导幼儿积极参加小组讨论、探索等方式,培养合作学习的意识和能力,学习用多种方式表现、交流、分享探索的过程和结果。

(5) 引导幼儿对周围环境中的数、量、形、时间和空间等现象感兴趣,建构初步的数概念,并学习简单的数学方法解决生活和游戏中某些简单的问题。

(6) 从生活或媒体中幼儿熟悉的科技成果入手,引导幼儿感受科学技术对生活的影响,培养他们对科学的兴趣和对科学家的崇敬。

(7) 在幼儿生活经验的基础上,帮助幼儿了解自然、环境与人类生活的关系。从身边的小事入手,培养初步的环保意识和行为。

以上的教育内容,除了第5条是关于数学教育的内容外,其他6条涉及的教育内容大致可以分为以下三个方面:

(1) 了解自然环境及其和人们生活的关系;
(2) 探究身边事物、现象的特点及其变化规律;
(3) 感受科学技术及其对生活的影响。

二、幼儿科学教育的具体内容范围

(一) 了解自然环境及其和人们生活的关系

1. 自然界中常见的动植物

(1) 能说出常见动植物的名称,通过饲养、护理等方式观察、发现其典型的外部特征。例如,通过观察,幼儿可以认识到猫身上长有毛,体型不大,它还有四肢、尾巴,脚底部有厚实的肉垫,还会喵喵叫,等等。

(2) 知道动植物的主要用途,了解动植物的生活习性。知道动物以独特的行为方式寻找食物、建构住所、躲避危险等,如蜘蛛是通过结网的方式捕获食物的;植物虽然不会运动,但是它们也呈现出一定的行为模式,如大多数的植物会呈现向光性,向有光的方向生长。

(3) 观察和初步发现动植物的生长、变化的规律,了解生命体的周期性。生物都将经历一定的生命周期,包括诞生、生长、成熟、繁殖和死亡。在日常生活中,幼儿会有一些种植植物、饲养动物的经验,利用这些经验可以让幼儿感受到生命的历程以及不同动植物生命周期的长短与生长细节的不同。

(4) 探究和认识动植物的多样性。认识动植物的多样性是对幼儿进行生命科学教育的重要内容。幼儿要能够理解动植物是多种多样、千差万别的:动物中,有大的、有小的,有凶猛的、有温顺的,有多毛的、有皮肤光滑的,有会生蛋的、有会生"小宝宝"的,有爬的、有跳的、有飞的……植物中,有高大的树、低矮的树,还有矮小的草,有各种各样的叶子,也有各种各样的花和种子,等等。

2. 自然界中非生命物质

(1) 水

水是生命之源。幼儿从小就喜欢玩水,但是不一定清楚水的重要性。因此,幼儿对水的认识,应该包括两个方面:一是对水的物理性质的探索,二是对水的生态意义的认识。

关于水的物理性质,可以让幼儿在玩水的过程中,感受水是无色、无味、透明的,但无须用语言描述;探索一些和水有关的物理现象,如水向低处流,水有浮力(有的东西在水中浮起来,有的东西在水中沉下去等),水能溶解一些物质等。让幼儿探索固态、液态和气态的水以及相互变化的现象。

关于水的生态意义主要包括让幼儿了解自然界中各种水源——江、河、湖、海等;了解自然界中水对人和动植物生存的重要性。例如,通过实验、讨论等活动让幼儿认识水对于生命的重要性;结合幼儿的生活经验让他们懂得要节约用水,保护水源的洁净。

(2) 空气

空气也是生命所不可缺少的物质,但是由于它比较抽象,缺乏具体的形象供幼儿探索,因此幼儿较难理解。对于幼儿来讲要让他们体会到空气就在我们的周围,虽然我们看不见、摸不着,但它却是真实、客观存在的,人们的生存离不开它。可以通过探索空气的流动(风)、充气等和空气有关的现象以及空气的污染现象来增强幼儿对空气的感性体验。

3. 人类与自然环境的关系

自然生态环境的教育,特别要体现人与自然的和谐关系。应该培养幼儿从小懂得人和自然环境中的事物是朋友的关系,从小关注周围的环境,保护周围的环境。

人与自然环境关系的教育,应该渗透和体现在认识自然界中的动、植物和非生物的内容中。比如,在观察小草时,要引导幼儿和小草交朋友,关心和爱护小草的生长。在探索土壤时,让幼儿认识到土壤和人的关系,知道要珍惜宝贵的土壤。

除了以上的教育外,还可以适当介绍周围生活环境的污染状况及其危害。比如大气污染、水污染、噪声污染和生活垃圾的污染等,和幼儿讨论环境污染的危害。也要介绍人类保护环境的行动,以及幼儿可以参与的环境保护的行动,并带领幼儿参加力所能及的实践活动,如植树、捡塑料袋等。

(二) 探究身边事物、现象的特点及其变化规律

1. 天气、气候和季节

让幼儿观察和了解气候和季节现象,对于认识自己所生活的环境,主动地适应环境,以及保护身体的健康都有重要的意义。但是,理解气候和季节现象也有一定的困难。这主要表现在,他们很难直接探索这类现象发生的原因和全部过程,如云、雨的形成等。而像四季更替这样的变化,由于延续的时间太长,幼儿的理解也存在一定的困难。所以,幼儿有关气候和季节现象的学习内容,主要是熟悉可见的现象及其和人类、动植物的关系,重在积累这方面的经验,培养幼儿对自然环境的关注。结合具体的天气,引导幼儿观察和探索气候与季节的变化,包括:

(1) 观察和感受不同情形下风的不同;

(2) 观察并记录晴天、阴天、雨天等不同的天气现象,以及小雨和大雨等的不同;

(3) 观察空中的云及其运动和变化,特别是不同天气时云的变化;

(4) 观察和探索不同季节常见的天气现象,如冬常见的天气现象——冰、雪、雾、霜等,夏天常见的天气现象——雷雨、彩虹等;

(5) 认识四季的名称,观察其变化,观察并了解各个季节的典型特征,包括常见的天气、气温的变化,人类生活及动植物的变化等,初步了解季节变化和人类及动植物的关系,人们如何适应季节变化等。

2. 物理现象

（1）力和运动

① 通过实验、操作感受力的大小，探索、发现力与运动的关系及不同大小、方向的力和运动的关系。

② 通过实验探索各种力（地球引力、摩擦力、浮力等）的现象。如地球上的所有物体都要受到地球的引力，都会落到地面上；不同的物体放在水里沉浮状况不同；物体在不同光滑程度的平面上，运动的快慢会不同；等等。

③ 通过玩跷跷板、天平、平衡架等，探索平衡的条件，体验力的平衡。

④ 探索各种机械，发现它们的作用。

⑤ 探索各种自然力（如风力和水力），了解人类对它们的利用。

（2）声音

在我们的周围存在各种各样的声音。幼儿自出生就能对外界的声音做出反应，声音是幼儿最初了解世界的重要信息来源。可供幼儿探索的有关声音的内容如下：

① 注意并辨别各种声音，如自然的声音、人的声音、机器的声音等，了解各种声音所代表的意义。

② 通过游戏、实验等探索各种能产生声音的物体和能产生声音的方法。

③ 探索各种声音的不同，如声音的大小和音调的高低。

④ 通过游戏、实验等方式探索声音的传播。

⑤ 了解噪声的产生及其危害。

（3）光

光是自然界中普遍存在的现象，和人类的生活密切联系。幼儿可探索的光的现象有：

① 认识各种光源（自然的、人造的）以及它们的不同，了解光的重要性。

② 探索和发现光的反射与折射现象。

③ 通过游戏、实验探索光和影子的关系。

④ 通过实验探索有关颜色的现象，如颜料的混合和色光的叠加等。

（4）热和温度

幼儿对于热的生活经验比较多，可以结合幼儿的日常经验，让幼儿探索以下内容：

① 感受有的物体冷、有的物体热，学习用温度计测量物体的冷热程度。

② 感受、发现热的物体会变冷，冷的物体会变热，探索物体由热变冷，由冷变热的方法。

③ 知道天气有冷有热。讨论夏天怎样散热，冬天怎样取暖和保暖，并了解几种取暖或散热的产品。

（5）电

幼儿可以学习的电的内容有：

① 通过游戏、实验探索摩擦起电的现象。

② 初步了解生活中电的来源，知道电是发电厂通过电线输送来的。

③ 初步了解干电池也能够产生电，在游戏或实验中探索干电池的用途。还应告诉幼儿，废旧的干电池有毒，不能随便丢弃。

④ 探索各种家用电器的功能，初步了解电在日常生活中的应用。

⑤ 向幼儿介绍安全用电的常识。

（6）磁

尽管幼儿并不理解磁究竟是什么，但是磁的现象由于其带有神秘和魔幻般的色彩，自古以来就吸引着幼儿的好奇心。让幼儿探索磁的现象，对于激发幼儿的好奇心和探索科学的愿望是很有好处的。幼儿可以学习的磁的内容有：

① 探索各种大小和形状的磁铁，发现磁铁具有吸铁的性质。

② 通过游戏或实验感受磁力的穿透性。探索磁铁隔着一些其他物体，不与铁直接接触，在一定范围内仍然能够吸引铁。

③ 探索不同的磁铁、同一磁铁的不同部分磁力的大小不同。

④ 通过游戏、实验，探索磁铁与磁铁之间的吸引与排斥的现象。

⑤ 通过玩指南针或磁针，探索指南针指南的现象。

⑥ 探索磁铁在生活中的应用,寻找哪些地方用到了磁铁。

3. 化学现象

在日常生活中有趣的、安全的、简单的化学现象较多,可以将这方面的内容纳入幼儿科学教育中来。例如,观察土豆、苹果等用刀切开后,过一段时间后会发生什么样的变化;发现食物放置久了会发霉;探索手脏后用香皂洗手的过程;在节日来临的时候,带领幼儿观察、欣赏五颜六色的焰火;体验喝过碳酸饮料后会不停地打嗝;了解如何除去茶垢;酸奶是牛奶经过发酵而制成的;等等。

4. 天文现象

幼儿从小就对神秘的天空有着探索的兴趣。他们想知道太阳公公落山以后在哪里休息,星星为什么会眨眼睛……但他们无法直接探索遥远的天体,同时局限于思维的水平,很难理解那些抽象的天文知识,于是就会产生很多离奇想象。

在幼儿园阶段,不必向幼儿解释各种抽象的天文知识,而是要通过幼儿能够直接观察到的天文现象,使其获取相关的经验。比如:① 观察天空中的太阳(注意不能用肉眼直接观察);② 通过实验让幼儿体会到太阳能带来光和热,是人、动物、植物生长所必需的;③ 观察并记录月相的变化等。如果幼儿对更多的天文知识感兴趣,也可以引导他们从图书等其他途径来获取知识。

(三) 感受科学技术及其对生活的影响

生活在现代社会中的幼儿,他们无时无刻不在接受现代科学技术的影响,享受现代科技成果。同时也会产生好奇,如:为什么电话能传来远处的声音? 电视机里为什么会出现图像? 等等。他们渴望探索、了解现代的科学与技术。此方面内容包含两方面:一是向幼儿介绍生活中常用的或常见的技术;二是幼儿亲身体验和经历的技术活动。具体内容范围如下。

1. 认识日常生活中的科技产品

可以让幼儿探索认识现代家用电器,初步学习简单的使用方法,并体会它们在家庭生活中的作用。探索观察常见的各种交通工具,如自行车、摩托车、汽车、轮船、飞机等,比较它们的优缺点,并体会它们和人们生活的关系。探索各种科技玩具,可以让幼儿玩各种玩具:拖拉玩具、机械玩具、惯性玩具、电动玩具等,体会玩具的发展。还可以让幼儿了解常见的科技产品的发展、进步,体会它们与人们生活的关系。

2. 学习使用简单的工具

学习使用生活中常用的工具,了解工具的用处。如让幼儿尝试使用小剪刀、小锤子、榨汁机、订书机等。这不仅发展了幼儿的操作技能,更使其获得了技术实践的机会,并在实践中认识了工具的用途。

3. 探索完成简单的科技小制作

在幼儿探索科学现象的基础上,学习运用工具和材料制作简单的科技玩具,如制作风车、不倒翁等。幼儿完成一个科技小制作和探索一个科学现象是不同的经验。他们不仅获得了亲手制作的经历,还获得了一些具体的操作技巧。这也是一种对技术的直接体验。

4. 了解、熟悉科学家的故事

可以向幼儿介绍他们熟悉的科学家的故事。如,进行探索物体下落的活动时给幼儿讲牛顿的故事,也可以请附近的科学家来讲故事。这实际上是一种科学价值观的启蒙。可以激发幼儿热爱科学的情感和对科学家的崇敬之情,以及科学创造的欲望和运用科学为人类造福的愿望。

上述内容提供的是幼儿科学教育活动的一个大的范围,是"可以"对幼儿进行的教育内容,而非"一定"要进行教育的内容,在实际运用的过程中,教师要根据幼儿的认知特点选择与把握,同时也可根据各地具体情况充实和丰富幼儿科学教育的内容。

思考与练习

1. 幼儿科学教育目标包括四个层次,分别是什么?
2. 简述《纲要》中科学领域的领域目标。
3. 什么是科学经验? 什么是初级科学概念?
4. 幼儿园科学教育的内容范围包括哪些?

赛证真题

单项选择题

1. 科学活动中,教师观察到某幼儿能用数字、图表整理自己观察到的现象,该幼儿最可能的年龄是( )。
   A. 6岁　　　　　B. 5岁　　　　　C. 4岁　　　　　D. 3岁

2. 《幼儿园教育指导纲要(试行)》中的教育目标较多使用"体验""感受""喜欢""乐意"等词汇,这表明幼儿园教育强调( )。
   A. 知识取向　　　B. 情感态度取向　　C. 能力取向　　　D. 技能取向

3. 小班幼儿观察植物时,下列哪条目标最符合他们的发展水平?( )
   A. 能感知周围的植物是多种多样的
   B. 会观察记录植物生长变化的过程
   C. 能察觉植物的外形特征与生存环境的适应性关系
   D. 能发现不同类植物之间的差异

4. 教师在区角中投放了多种发声玩具,小班幼儿在摆弄这些玩具时( )。
   A. 能概括不同声音产生的条件　　　B. 对声音产生不同的兴趣,感受不同的声音
   C. 能描述出玩具是怎么发声的　　　D. 能描述不同玩具的发声特点

实训任务

利用所学的制定活动目标的相关理论知识,分析下列教育活动目标的制定是否合适?为什么?

案例1:小班科学活动"可爱的小鸡"

活动目标:
(1) 知道小鸡是从蛋里孵化出来的;
(2) 指导幼儿按照从头到脚的顺序观察小鸡;
(3) 画出小鸡的各种动态。

案例2:中班科学活动"有趣的磁铁"

活动目标:
(1) 通过探索,知道磁铁"同名磁极相互排斥、异名磁极相互吸引"的原理。
(2) 培养幼儿的动手操作能力和科学探究能力。
(3) 能根据磁铁的基本原理,探索出各种玩法。

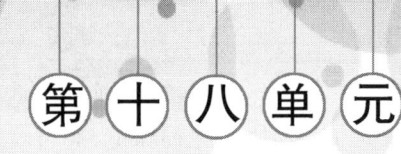

第十八单元 幼儿科学活动设计与指导

幼儿园科学教育活动的内容非常广泛,对于不同内容的活动,有着不同的学习对象和学习方式。为了凸显不同类型活动的特点,在此我们主要学习了解幼儿园四种类型的科学教育活动:观察类、实验类、技术制作类以及讨论交流类科学教育活动。不同活动其设计与组织指导有很大差别,在接下来的四节我们将分别介绍这四种类型的科学教育活动设计与指导。

这里所说的四种类型仅是以该类活动为主的较为典型的该类科学教育活动。各种活动都不是孤立进行的,而是相互配合、相互辅助的,观察中有实验,实验中有观察,还可以在观察、实验的基础上进行科技制作。在实际的活动中,教师可以以这四种类型的活动为基础,结合具体活动内容的具体实际,加以灵活地综合应用。

第一课 观察类科学活动的设计与指导

一、观察类活动概述

观察是一切科学活动的基础,没有观察,就没有科学。观察是人类认识世界的重要途径,人类对客观世界的认识是从感知觉开始的。人们通过感知活动,认识了客观事物的外部特征,并在认识新事物时,把新事物同化于已有的认知结构中,人们就是这样来理解周围世界的。

（一）观察类活动的含义

观察是知觉的一种特殊形式,它是从一定的目的和任务出发,有目的、有计划、比较持久地认识某种现象的知觉过程,是知觉的高级形态。观察是人类对客观现实认识的主要形式,通过观察,可以探索物体的特性,某种现象的发展过程或所发生的变化。

在幼儿园观察类科学教育活动中,就是指教师有目的、有计划地组织和启发幼儿运用多种感官,去感知客观世界的事物与现象,发展幼儿的科学认知、培养科学情感、形成科学态度、训练科学方法的一种科学启蒙教育活动。观察活动渗透于科学实验、分类与测量、讨论与交流、科技制作等各类活动之中,各种科学活动中都离不开观察。

（二）观察类活动的意义

幼儿在出生时就能通过各种感知获得大量的外界信息,但这些信息往往是零碎的、片断的,而只有通过有目的的、持续的观察活动,才能比较完整、精确、深刻地反映客观世界。幼儿的观察能力是在不随意知觉的基础上逐渐形成和发展起来的。随着年龄的增长,幼儿的观察力也不断提高,主要表现为有意性和精确性越来越强。

1. 观察丰富了幼儿的科学经验

观察活动为幼儿提供了直接与周围世界接触的机会,使幼儿获得最直接、最具体的反映客观事物的经验,把幼儿带入学习科学之门。幼儿通过观察不断发现大自然的奥秘,发现新问题、提出新问题,进而激发幼儿探索大自然的兴趣,不断积累经验,为形成科学概念奠定了基础。

2. 观察能激发幼儿对周围世界的探索兴趣

幼儿在观察周围世界时,还会发现并提出许多问题,并努力去探索问题的答案。如"为什么我的影子有时长有时短?""吹出的泡泡为什么会是彩色的?""小蝴蝶撒尿吗?""小蜗牛有嘴巴吗?"等,从而促进幼儿探索周围世界的兴趣及探索能力的发展。

3. 观察能发展幼儿的感知能力

在观察过程中,幼儿经常运用各种感官与自然环境接触,通过视觉感知物体的外部特征,通过听觉感知物体发出的各种不同的声音,通过味觉品尝物体的各种味道,通过嗅觉感受各种物体散发的气味,通过触觉感受各种物体的质地等。同时,观察可提高幼儿感官的综合活动能力,从而培养幼儿运用感官主动探索周围世界的能力。

> 例如,你可以询问幼儿在来园的路上所观察到的天气情况,然后带幼儿到户外进行观察。可以提问:"你感觉天气怎样?你看到了什么?听到了什么?闻到了什么?"请幼儿特别留意某些天气方面的指示物,如云、雨、露珠或雪、水坑、人们的穿着、幼儿园里飘动的红旗或树枝与树叶的飘动等。坚持每天观察,并让幼儿说说天气的变化情况。

在这个活动中,在观察时幼儿要运用到多种感官。例如:感觉天气怎样,要运用到视觉和触觉;听到了什么,要运用到听觉;闻到了什么,要运用到嗅觉。

4. 观察能促进幼儿智力的发展

观察是一种复杂的心理活动过程,不仅能提高各种感觉器官的机能,还可以锻炼大脑皮层,促使幼儿智力发展。在观察活动中,幼儿积极交流信息、发现和思考问题、促进语言的积极化,发展了语言表达能力;幼儿在丰富感性认识并进一步形成概念的过程中,逐步学会比较、分析、综合、概括,从而促进思维能力的发展。

(三) 观察类科学活动的分类

在幼儿园科学教育活动中,常用到个别物体和现象的观察、比较观察、长期系统性观察。

1. 个别物体的观察

一般通过这种观察,要求幼儿获得有关个别物体和现象的以下信息。

(1) 观察物体的形状、颜色和大小;物体发出声音的高低;物体散发的不同气味;物体的软和硬、粗糙和光滑、轻和重,以及弹性、黏滞性、光度、湿度等不同特征;某些物体的味道等。例如在小班的"气味瓶"科学活动中,教师提供有各种气味的物品供幼儿观察,以发展其嗅觉。

(2) 观察个别物体的外部结构和功能两者之间的关系。如观察仙人掌的叶片退化成针刺状,它是为了减少水分的蒸发;观察汽车前后的转向灯,它是用来提示人们"注意,我要转弯了!"注意交通安全。

(3) 观察个别物体相对的静止状态和运动状态。引导幼儿观察事物的静态,容易看清事物的形态结构,但观察活动往往欠缺生动活泼,常处于呆板机械的状态。而在观察动态活动中,不仅可看到它们结构的功能,还可使观察活动更生动、对形态结构观察得更深入细致。如在静态观察中,观看图中的鸭子,提问:"鸭子的脚是什么样的?"而在动态视频观察中,则可提问:"鸭子是怎么走路的?它是怎么划水的?你能不能模仿一下呢?"从而使观察变得生动而有趣,而且还观察到鸭蹼的功能。

(4) 观察个别物体的存在与周围世界的关系。如通过挖蚯蚓的活动,幼儿学会了寻找、观察和捉蚯蚓的方法,既激发了幼儿探索的兴趣,又知道了蚯蚓的外形特征、生活环境和习性以及与人类的关系等。

2. 比较观察

比较观察指幼儿对两种或两种以上的自然物或自然现象、科技产品进行观察和比较,使幼儿在观察中更准确地认识自然物,并进行分析和比较,为概括分类奠定基础。通过观察,要求幼儿:

(1) 学会以两种物体的相应部分和整体性比较观察。在比较观察中发现自然物和科技产品的相似处与不同处。如幼儿园中班观察橘子和柚子,从两者的外部形状、颜色、大小以及内部的形状、颜色、大小、味道等相应部分,分别比较出它们的相似与不同。

(2) 要求幼儿以一种认识过的物体与新的观察对象进行比较观察。如幼儿观察过小鸡,在观察小鸭时,就可引导幼儿对小鸭和小鸡的外部形态、叫声、喜爱的食物、所具有的本领等进行比较。

(3) 在比较观察中,挑选出同类物,并进行分类。

> 例如,用不同质地(如丝、灯芯绒、毛巾布、粗麻布、人造毛皮、的确良等)的织物各剪出两个正方形,以形成两套材料。让幼儿触摸其中的一套,并说出每种织物的感觉(是柔软的、毛皮的、光滑的还是粗糙的)。将另一套材料放入一个不透明的袋子中,当幼儿熟悉了各种织物的手感之后,教师出示一种织物,请幼儿将手伸进袋子里,凭触觉找出与之配对的织物。

(4) 对两种新的自然物或科技产品进行比较观察。例如,比较手机和固定电话两种科技产品有何异同。

3. 长期系统性观察

长期系统性观察是指幼儿在比较长的时间内,对某一物体或现象进行观察。在幼儿园中,系统观察活动一般用于观察动植物的生长、发育过程。例如中班观察活动"种子发芽",大班观察活动"小蝌蚪变青蛙""饲养蚕宝宝"等。长期系统性观察有利于培养幼儿观察的持久性、观察的兴趣和初步的唯物主义世界观。长期系统性观察并不是天天去观察某一自然物,而是根据具体活动的目标确定观察的时间。

个别物体的观察、比较性观察和长期系统性观察,在具体的科学教育活动中是密切联系的,有时对个别物体的观察往往还要进行长时间的观察,而在长期系统观察中又往往需要把观察对象作前后对比,因此在观察活动中,可结合使用,不可机械分割。

二、观察类活动设计

(一) 内容的选取

1. 选取的方式

观察类教育活动内容的选取一般有以下三种方式,一是从幼儿园科学领域的课程中选取。二是从偶发性的幼儿非常感兴趣的内容中选取。例如下雨前幼儿在室外观察到的蚂蚁搬家,雨后观察到的蚯蚓、彩虹;教室里出现的不速之客毛毛虫;初冬的早晨,突然起了大雾等都可以作为活动的内容。三是教师结合当地资源和幼儿园的实际情况,从幼儿的生活经验和兴趣、爱好入手,选定活动内容。

2. 注意事项

(1) 观察内容应符合幼儿认知发展水平,即根据不同年龄段幼儿认知发展的不同水平,选择合适内容。例如小班幼儿以观察个别物体和现象为主,下学期可以开始尝试进行简单的比较性观察,学习运用各种感官观察物体的外部特征和简单现象,以获取感性经验。中班以比较观察为主,培养幼儿比较观察两种或两种以上自然物和自然现象的方法。长期观察由于时间比较长、要求比较高,常常需要进行记录、操作等活动,所以在大班开展此类活动比较多。

(2) 观察内容要考虑合适的季节和时间。在观察动植物时,要在合适的季节和时间选择合适的观察对象,特别是要选取一些生物节律比较明显的动植物、自然现象作为观察对象。例如"动物的冬眠"科学活动应选择在冬天,"认识荷花"的活动应选择在夏天等。

(二) 目标的制定

观察类科学活动涉及的主要教学目标有:
- 对物体和现象的观察能力;
- 对观察结果的表达技能;
- 对有关观察对象的科学认识。

观察类科学活动更为具体的目标可参照表 2-18-1[①]思路制定。

表 2-18-1 观察类科学活动目标

项目	教学目标	适用年龄段	例 举
观察技能	运用多种感官感知事物特征	小班或以上	运用多种感官感知橘子的主要特征。(小班:酸甜的橘子)
	比较观察不同的对象	中班或以上	通过观察,比较手机和固定电话的相同点、不同点。(中班:认识手机和固定电话)
	有顺序地观察事物的特征	中班或以上	从上而下观察"一串红",并从颜色、形状、气味等方面感知"一串红"的特征。(中班:"一串红")
	长期系统地观察事物	中班或以上	观察了解蚕宝宝、蝌蚪的形态变化。(中班:蝌蚪的变化;大班:蚕宝宝)
	观察事物的变化和现象的发生	小班或以上	观察春天周围环境的变化。(中班:春姑娘来了)

---

① 张俊.幼儿园科学教育活动指导[M].北京:人民教育出版社,2011:115.

续 表

项目	教学目标	适用年龄段	例 举
表达技能	运用语言大胆讲述自己在观察中的发现	小 班	—
	运用完整的语言讲述并交流自己在观察中的发现	中班或以上	—
	用图画、数字等多种方式记录自己观察的结果	中班或以上	用在纸条上做标记的方法来测量、记录种子的发芽情况。（中班：蒜苗长高了）
有关观察对象的科学认识	认识观察对象的显著特征	小 班	观察小鸡小鸭的显著特征。（小班：小鸡和小鸭）
	认识到观察对象的多样性	小班或以上	在观察的基础上，知道不同的水果有不同的颜色，同种水果也可以有不同的颜色。（中班：水果宝宝）
	认识到观察对象的不同和相同之处	中班或以上	观察各种种子，探索种子的不同生长部位。（大班：种子藏在哪里）
	探寻观察对象的变化规律	大 班	在观察的基础上探寻种子发芽和水分的关系。（大班：种子成长的秘密）

（三） 材料的准备

活动材料是开展观察类科学活动的重要环节，是实现活动目标的关键。观察类科学活动材料的准备需根据观察对象、观察目的来综合考虑，在准备材料时，应注意以下四点。

1. 要尽可能提供实物

观察类活动的材料准备应提供实物，提供实物是幼儿观察活动成功的前提，可以使幼儿的观察得到最真实的效果。在无法提供实物的情况下，我们可以利用图片、视频、挂图、照片等。例如，小班科学活动"小鸡和小鸭"，农村幼儿园一定要提供实物，而城市幼儿园准备小鸡和小鸭确实有困难的，可以提供相关图片、视频等。

2. 提供的材料应具有典型性

在准备材料时，还必须考虑其准备的典型特征，通过观察鲜明特征，能直观感受到突出事例，就能使幼儿的脑中形成表象，从而获得科学经验。例如，鱼的品种很多，像金鱼、锦鲤、热带鱼等，有的鱼的外形特征、颜色与生活中常见的已相去甚远。让幼儿观察时，特别是在进行集体科学教育活动时，就应该提供具有一般典型特征的鱼，像鲤鱼、鲫鱼等。幼儿掌握了一般特征后，再让幼儿了解鱼还有许多种类，可以让幼儿观赏多种不同的鱼。

3. 要考虑材料的数量

材料的准备应避免两类误区，一是材料准备不丰富，不能满足探索需要。例如中班在"好玩的石头"中，由于教师提供给幼儿的材料仅有鹅卵石，每人不足两个，这样单调的材料，不能让幼儿体验到石头的丰富多彩与好玩。二是材料过多，容易分散幼儿的注意力。例如在中班活动"哪些东西吸水"中，教师准备了十多种需要探索的材料呈现在幼儿面前，使中班幼儿无法在活动中一一尝试，造成幼儿只沉浸在简单的玩水的快乐中，忽略了要探索的主题。

4. 材料的准备应尽量取得家长的理解与支持，充分发挥幼儿、家长的积极性

"家庭是幼儿园最重要的合作伙伴"，教师要尽可能争取家长的理解、支持和主动参与，家园共同寻找材料，激发幼儿的兴趣和求知欲。如大班科学活动"哪块岩石是我的"，在活动前请家长星期天带幼儿到公园游玩时，帮助幼儿寻找、收集不同的岩石。

（四） 过程的设计

1. 个别物体观察活动设计

活动过程是整个活动的核心部分，一般个别物体的观察活动的设计思路是：出示观察对象→幼儿自由观察→表达交流→教师引导观察→表达交流→经验拓展→活动结束→活动延伸。

（1）活动开始（活动导入）

导入活动时，教师可以设置游戏情景或问题情境，激发幼儿观察的兴趣和热情；也可以用简短的语言直接引出观察对象,明确观察的目的。教师可以根据实际观察对象采用不同的方式导入主题,使幼儿集中精力,为后来的观察做好准备。

例如,在大班科学活动"不一样的指纹"中,教师引导幼儿观看黑猫警长通过犯罪嫌疑人留在犯罪现场的指纹破案的视频短片来创设情境,提出问题:"黑猫警长是如何破案的?指纹真的这么神奇吗?你想了解自己的指纹吗?"激发幼儿探索的兴趣和热情。

在小班科学活动"小鸡和小鸭"中,教师开门见山:"今天我们班来了位小客人。我们把它请出来好吗?它是谁呢?"直接引出观察对象。

(2)活动进行

活动进行是整个观察活动的重点,是实现观察类活动目标的主要部分。教师要有目的、有次序地引导幼儿对观察对象进行探究、发现。

① 先让幼儿自由观察。幼儿观察的特点是往往先注意色彩鲜艳和能动会响的物体,教师可以利用幼儿的兴趣,让其自由无序地观察,然后再机智地引导他们有序地观察。这样多次相似而不同的观察对象,按照同一观察顺序进行训练,幼儿会有意识地按照一定顺序对物体或现象进行观察,逐渐掌握观察方法。

② 引导幼儿按一定顺序,多角度、全面有序地观察。在幼儿自由观察、交流表达之后,教师应根据观察对象的外部特点,有目的、有计划地按一定顺序进行观察,如从上到下,从左到右或从右到左,从整体到局部,从局部到整体,从明显特征到不明显特征,从外到里等按顺序有层次地仔细观察。

例如,观察植物的顺序可按根—茎—叶—花—果实,也可按果实—花—叶—茎—根;观察动物可按头—身—尾—四肢;观察水果可按外—里;观察岩石可以从显著特征到不明显特征,从整体到局部。观察顺序不是机械的、一成不变的,可以根据具体情况灵活处理,但不能杂乱无章地观察。

③ 善于运用提问,引导幼儿的观察逐步深入进行。对于幼儿来讲,他们的观察往往是由对周围环境的好奇或偶然的兴趣而引起的,带有极大的无意性。如何使幼儿无意、自发的感知转化为有目的的观察,有赖于教师在活动中适时、积极的提问与参与,用提问引发观察逐步深入进行。

所设计的问题应能创造一种激发幼儿全力投入观察的环境,真正起到启发作用,并且所提问题要与幼儿的感知、思考、回忆、已有经验相联系,并与表达、交流形成观察的全过程。

④ 鼓励幼儿善于运用语言表达、交流观察之后的发现。在观察活动中要给幼儿留出足够的时间和空间,不要急于求成,越俎代庖。在观察过程中,要让幼儿充分表达自己的观察结果,尊重幼儿科学合理的或不符合常规的每一个发现。

⑤ 经验拓展。在前面的活动中,幼儿通过观察、交流、整理等,获得了对观察对象基本特征的经验认识,为了让幼儿形成更为完整的、丰富的经验,教师可以补充一些有关观察对象其他方面的、幼儿无法直接观察到的信息。例如大班科学活动"认识泥鳅"中,在幼儿已观察了解了泥鳅的外部特征后,还可以让幼儿进一步了解泥鳅身上的鳍有什么作用,它喜欢吃什么,它喜欢生活的环境等。

(3)活动结束

活动结束时,可由教师在幼儿表达、交流信息的基础上做出小结,巩固加深幼儿获得的印象。还可以采用做游戏及画出所观察的动植物,或朗诵儿歌、诗歌及猜谜语,或以唱歌、跳舞等方式结束。

(4)活动延伸

延伸是指目标的进一步延展,活动扩展到集中教学活动之外进行的。

例如,观察活动"我的岩石",其活动延伸为:科学区角活动玩游戏,找出和自己岩石相似的一块,并和自己的同伴相比较,说说你的岩石和同伴的有没有相同的地方,以及哪些地方不同。

2. 比较性观察活动设计

比较性观察的设计思路一般是先按照一定的顺序完整观察其中的一个物体,然后对事物各个相应部分按顺序比较观察另一个物体。在比较观察时,一般是先从事物的不同点开始进行,然后再比较事物的相同点。因为事物的不同点易被观察到,而事物的相同点却是要经过比较、概括才能找到。

应围绕活动目标,引导幼儿比较观察事物的本质特征,不要纠缠于一些非本质的细枝末节的特征。

3. 长期系统性观察活动设计

长期系统性观察可采用集体活动的形式进行，也可以在其他时间，如晨间活动、散步、户外活动时进行。此类活动的设计要注意培养幼儿逐渐习惯于从发展的、相互联系的角度看待事物和现象，培养幼儿学会用自己的方式进行记录。

三、观察类活动指导

（一）教师要有持续培养幼儿观察能力的意识

前面我们讲到的观察类教育活动的设计指的都是专门的集体的科学教育活动，是目前我国幼儿园采用的最主要的活动形式。而实际上教师必须为幼儿创造尽可能多的观察机会，必须把观察渗透到每日计划的各个方面，有持续培养幼儿观察能力的意识，帮助幼儿逐步发展、增强、深化和掌握他们的观察能力。以下方法可供参考。

例如，在今天来园的路上，你看到了什么？

> 在开学初每次来园之后你都与幼儿交流这个问题。你将会注意到，随着时间的推移，班里的孩子们反响会越来越大。因为当人被要求去观察时，他们就将注意力投向了观察，并真正去观察。

又如，在今天来园的路上，你看到哪些一直在你身边而你却从未注意过的东西？

> 在开学后的两三周开始提问这个问题。你将会注意许多一直在你身边而你却从未注意的东西。发现这些东西会让人很惊讶：为什么我们以前就没有注意它们呢？关键就在于观察。当我们寻找某物时，较之我们不注意时，我们会更注意观察事物。

如上述这样，教师每天都有意识地让幼儿观察一些现象，把观察活动渗透到每日的生活中，作为生活中的一部分，这样经过一段时间的训练之后，幼儿的观察意识、观察能力将会大大提高。

（二）引导幼儿利用多种感官参与活动

在安全、卫生的前提下，能听的让幼儿听一听，能闻的让幼儿闻一闻，能摸的让幼儿摸一摸，能尝的让幼儿尝一尝。只有让幼儿在看看、听听、闻闻、尝尝、摸摸中，尝试多方面的感受，才能对观察对象获得更全面、更深刻的认识。因此，应给幼儿提供机会，学习综合使用各种感官，多侧面、多层次、多角度地观察对象。

> 例如，在观察小蝌蚪，看到小蝌蚪的形状时说："啊，头好大，还有长尾巴呐！"当小心翼翼地把小蝌蚪放在手中时说："啊！滑溜溜的，凉凉的，哎呀！好痒好痒。"

（三）教给幼儿观察的方法

幼儿的观察往往以个人的兴趣和已有的经验，以及客观事物鲜艳的色彩、异样的外形结构或活动的局部为转移，想看什么就看什么，表现出明显的缺乏顺序，从而导致观察中的混淆、遗漏和不全面。因此教师应教给幼儿相应的观察方法，教师可以用语言指导幼儿的观察角度（如近距离观察或远距离观察）、顺序（如先上后下）及方法，让幼儿运用多种感官，成为主动积极的观察者。但教师的语言不能代替幼儿的观察，应尽可能地让幼儿自己活动、自己观察。教师则按照事物存在的客观状态，让幼儿学习有顺序的观察方法，即自上而下或自下而上，自左而右或自右而左，以及由外向里或由里向外等来观察客观事物。

（四）指导幼儿学习做观察记录

观察记录活动是在教师指导下，由幼儿以绘画、表格等形式，记录观察的自然物、自然现象和实验调查结果。它是幼儿观察活动的一个方面，也是一种表达方式。通过观察记录活动，能引起幼儿对周围事物的关注和兴趣，培养他们观察的目的性、持续性和精确性，并学习观察记录的方法。

观察记录的内容是多方面的，可以对动植物的生长变化进行记录，也可以对天气变化做记录，还可以对实验的结果进行记录。观察记录的形式也是多种多样的。可以是绘画，也可以是表格等。教师应鼓励幼儿进行观察记录。通过记录，不仅能巩固他们对大自然细心观察的习惯，同时记录活动形象丰富，需动手动脑，还能培养他们对周围事物和大自然的兴趣。

四、观察类活动案例

苹果大聚会(小班)

活动目标
1. 能够运用多种感官感知苹果的外部特征和内部结构。
2. 知道不同苹果的颜色、大小、味道不同。
3. 乐于参与探索并能大胆表达自己的探索过程和结果。

活动准备
布袋、小刀、榨汁机各一个;三种颜色(红、青、黄)的大盘子每组各一个;苹果、纸杯每个幼儿一个。

活动过程
一、以"摸摸看"游戏方式导入活动,激发幼儿兴趣
1. 提问:小朋友们,今天老师带来了一个神奇大魔袋,请小朋友们上来隔着袋子摸一摸,猜猜看里面是什么东西?
2. 幼儿触摸并猜想。
3. 揭示谜底。
师:你的猜想对吗?请小朋友把手伸进去,拿出来一个,看一看是什么东西呢?(苹果)

二、感知苹果的外部特征
师:用小手摸一摸苹果,你有什么感觉呢?跟你隔着袋子摸出来的感觉一样吗?
师:用小鼻子闻一闻,它是什么味道的?
师:看一看你手中苹果的颜色和其他小朋友的一样吗?都有什么颜色呢?它是什么样子的?
师:现在你可以把苹果放到桌子上和你的伙伴比一比谁的大,谁的小。
师:请小朋友根据手中苹果的颜色,把它放到三个不同颜色的大盘子里,给苹果找一个家。

三、感知苹果的内部结构
1. 出示削好的果皮。
师:请小朋友看一看,这是苹果的什么呢?
2. 出示削过皮的苹果。
师:苹果宝宝把外衣脱掉了,我们看一看里面是什么呢?它的果肉是什么颜色呢?
3. 教师切开苹果,让幼儿初步感知二等分的感性经验。
师:我把苹果从中间切开,会怎样呢?
师:看一看,切开后里面有什么呢?
4. 教师提出问题,让幼儿猜测。
师:红苹果中有籽,青苹果和黄苹果里有没有呢?(幼儿猜测)
5. 教师切开验证。

四、幼儿品尝苹果
1. 教师把苹果切开,发给幼儿品尝。
师:苹果吃起来是什么味道呢?
2. 让幼儿了解吃苹果的好处。
教师:谁知道吃苹果有哪些好处呢?
3. 榨果汁,请幼儿品尝。
师:苹果除了可以直接食用,还可以怎样吃呢?
师:原来苹果有那么多吃法,现在老师就用榨汁机把苹果榨成鲜美的果汁,请小朋友品尝。
(教师使用榨汁机,小朋友观看过程,品尝果汁)

五、师幼共同小结
教师和幼儿共同对本次活动进行梳理、总结。

活动延伸
渗透在美术领域,请幼儿画苹果并为苹果涂色。

第二课　实验类科学活动的设计与指导

一、实验类科学活动概述

（一）实验类科学活动的含义

1. 幼儿科学实验的含义

科学实验是在人为控制条件下，利用一定的仪器和设备，通过操纵变量来观测相应的现象和变化的方法，能够排除干扰因素，揭示事物的因果关系。

幼儿科学实验是指教师或幼儿在人为控制的条件下，利用一些材料，通过简单的演示或操作，引起某种自然现象的产生和变化，帮助幼儿观察、发现某一现象产生的原因，了解事物间的联系，学习科学的一种方法。幼儿科学实验和成人的科学实验不同，有其自身的特点。

2. 幼儿科学实验的特点

（1）实验内容是生活中常见的，在幼儿原有的知识经验基础上所能接受的科学现象。这些科学现象对幼儿来讲是新的发现，但实验所产生的结果是成人早就有了结论的科学知识和概念。

（2）实验用的材料比较简单、容易收集，一般不用专门的实验设备和特定的实验室。操作方法简单，实验活动时间短，能较快地观察到实验的结果和变化。

（3）实验趣味性强，往往和游戏相结合。幼儿的实验常采用游戏的形式，他们在十分有趣的活动中生动活泼地进行科学探索。

（二）实验类科学活动的价值

1. 有利于培养幼儿探索科学的兴趣

由于幼儿亲自参与实验，亲身探索科学的奥秘，顺应了幼儿好奇、好问、好动等心理特点。操作实验能满足幼儿的需要，引起兴趣，激发其学习科学的内部动机，并且在实验过程中得到愉快的情绪体验。例如在"磁铁能够隔着其他物体吸住铁制品"的实验中，幼儿把卡片做的小姑娘（卡片下面别有曲别针）放到塑料托盘上，在塑料盘下面移动环形小磁铁，小姑娘随着磁铁的移动，在托盘上变换各种姿势翩翩起舞。实验中，幼儿感受到了无形的、神奇的磁力，从而产生了极大的兴趣与好奇，并积极主动建构自己获得的新的科学经验。

2. 有利于幼儿理解科学现象

实验过程中，幼儿综合运用各种感官，从各个角度接触材料，在自身与物体的相互作用的过程中，观察实验中科学现象的产生与变化，获得了第一手资料，从而进一步理解科学现象，形成简单的科学概念。如大班的科学实验"一个变许多"就是让幼儿通过摆弄玩耍两面镜子，发现能使一个物体变成许多，从而初步感知镜子对光的反射作用。

3. 能让幼儿体验到科学探究的本质

实验中，幼儿亲身经历了探索科学的全过程，通过真正的"做中学"，幼儿学会发现问题、提出问题、解决问题。例如在中班科学实验"沉与浮"中，在活动之前，先让幼儿根据已有的经验猜想哪些材料在水中会沉下去，哪些会浮上来。然后通过操作实验一一验证。幼儿通过观察、实验操作到最后得出科学结论，掌握了运用科学方法获取科学知识的探究过程。

总之，科学探究是幼儿学习科学的核心，而科学实验是幼儿进行科学探究的主要形式。不过也要认识到，幼儿科学实验的过程不同于其自发的科学探究，它是在教师不同程度、不同方式指导下的探究过程。

（三）实验类科学活动的分类

实验类科学教育活动大致分为两类：教师演示实验和幼儿操作实验。

1. 教师演示实验

教师演示实验是指由教师操作实验的全过程，幼儿观察实验的过程、现象、变化和结果的一种形式。此类实验应用于幼儿操作是有一定困难的，或者有所需仪器设备不足等情况。

有时教师演示实验也可以作为幼儿操作实验前的演示示范，先由教师演示实验，然后幼儿按照实验的要求和规则进行实验操作，并进一步观察，获得发现。教师在幼儿实验前进行演示的优点是：能够使幼儿明确实验的要求和规则,掌握实验的要点,便于教师组织活动。但是教师的演示有时会限制幼儿的想法,不能充分体现幼儿的自主探究学习。

2. 幼儿操作实验

幼儿操作实验是指幼儿亲自动手操作并参与实验的全过程。一般内容比较简单,又带有游戏性质的实验,适合幼儿亲自动手操作并完成实验。例如颜色混合的实验、利用放大镜观察物体的实验、磁铁吸铁的实验、磁力具有穿透性的实验等,这类实验因为是幼儿自己动手操作,所以在操作过程中他们能够充分摆弄材料、仪器,近距离地观察实验过程中的现象和变化,还可以反复操作、多次尝试,从而满足了幼儿的好奇心,所以幼儿积极性很高。因此,在条件许可下教师应尽可能让幼儿有进行实验操作的机会。

二、实验类科学活动设计

(一) 内容的选取

幼儿科学实验内容广泛,凡是幼儿在生活中接触到的、幼儿感兴趣的、通过实验能理解的客观事实和现象,均可作为实验活动的内容。教师可根据教育要求结合各园的具体情况,自行设计一些有趣的科学实验。以下所举例子可作参考。

1. 植物生长实验

如关于植物生长需要什么样的环境,在种子发芽实验中,让幼儿知道种子发芽需要适量的水、阳光、适宜的温度和充足的空气。

2. 动物实验

关于动物的生活习性、动物喜欢的环境,如"蚂蚁喜欢吃什么"的实验中,可以让幼儿通过实验探寻蚂蚁的生活习性。再如"蚯蚓翻土"的实验,可以让幼儿了解蚯蚓的生活和土壤的关系。在进行有关动物的实验时,切记不能伤害小动物的生命。

3. 物理实验

幼儿园可做的物理小实验很多,如沉浮实验、磁铁实验、摩擦起电实验、小电珠亮起来实验、光和影的实验、颜料的混合实验、色光的叠加实验、声音的传播实验等。

4. 化学实验

出于安全的考虑,幼儿园科学教育中的化学实验基本上都是教师演示的实验。不过,可以选择一些简单、安全、有趣的化学实验,让幼儿探索操作。比如碘与淀粉产生变色反应的实验、食物发霉实验等。

(二) 目标的制定

一般来说,实验类科学活动的任务是通过幼儿亲自动手,摆弄、操作实验对象,以发现事物的变化及相互联系。通常实验类科学活动涉及的主要教学目标有"科学好奇心""科学探究能力"。在进行活动设计时,可以参照表2-18-2[①]提出的更为具体的目标。

表2-18-2 实验类科学活动目标的制定

项目	教 学 目 标	适用年龄段	例　　举
科学好奇心	注意到新异的事物或现象	小班或以上	注意到有些东西放在水里总会浮起来。(小班:沉浮)
科学好奇心	愿意探究新异的事物或现象	中班或以上	发现物体在水里会出现沉浮现象,愿意用不同的物体来进行实验。(中班:沉浮)
科学好奇心	对新异的事物或现象提出问题并进行探究	大班	提出有关沉浮现象的问题或自己尝试解决有关沉浮的问题。(大班:沉浮)
科学探究能力	通过自己的观察、操作获得发现	小班或以上	能通过观察发现不同物体在水中的沉浮状况。(小班:沉浮)
科学探究能力	能对问题作出假设并用自己的实验来加以检验	中班或以上	根据自己的经验预测不同物体在水中的沉浮变化,并通过实验加以检验。(中班:沉浮)

---

① 张俊.幼儿园科学教育活动指导[M].北京:人民教育出版社,2011:124.

续表

项目	教学目标	适用年龄段	例　举
科学探究能力	能根据已获得的资料进行合理推断,得出结论	中班或以上	在实验的基础上总结哪些物体在水里是沉的、哪些是浮的。(中班:沉浮)
	能根据过去的经验或逻辑推理进行解释和预测	大　班	能根据过去已有的经验来解释"潜水艇"的沉浮变化。(大班:潜水艇的秘密)

(三) 过程的设计

在这里我们提倡采用探究式方法开展实验类科学教育活动。《指南》中明确提出:"幼儿科学学习的核心是激发探究兴趣,体验探究过程,发展初步的探究和解决问题的能力。"探究既是科学学习的目标,也是科学探究的方法。由于实验是为了对假设进行检验,更具有结构性,所以实验活动是最能反映科学方法的活动,也是较高认知层次的探究活动。科学实验能让幼儿经历整个探究过程,对于发展幼儿的探究能力具有非常重要的作用。

一个完整的科学探究活动一般要经历五个阶段:提出问题,猜想预测,设计并进行实验,记录分析信息,表达交流。在这里我们以探究问题的一般过程为导向来谈一下实验类科学活动过程的设计。

1. 活动开始(活动导入)

活动的开始实际上就是探究活动的第一个阶段。

阶段一:确定探究主题,提出问题。

幼儿真正的主动探究问题和学习是从意识到有"问题"开始的。幼儿有了疑问并产生想寻求答案的愿望,主动探究才进入真正的准备状态。因此在活动开始,教师要创设适宜的探究情境,明确探究的问题,激发幼儿浓厚的活动兴趣和强烈的求知欲,使幼儿比较迅速地将注意力集中到活动上来。一般来说,可以通过以下方法导入实验类科学活动:

(1) 以"魔术"导入;

(2) 以创设问题情境导入;

(3) 以操作材料导入;

(4) 以生活中某一常见的科学现象导入;

(5) 以教师的演示实验导入;

(6) 以谜语、儿歌、故事、影像资料导入等。

例如,在中班科学活动"磁铁的好朋友"中,教师以表演魔术"三枚硬币竖着立起来"(铁盒子里面装有磁铁,让硬币竖着立在铁盒上)导入,创设问题情境:"老师是如何做到的? 我的盒子里有什么秘密吗? 磁铁除了能吸引一元硬币之外,还能吸引哪些物体呢?"幼儿的注意力一下子被吸引,兴趣油然而生,情绪高涨,表现出极大的好奇与不解,为顺利开展活动,完成活动任务,实现活动目标做出了很好的铺垫,开了一个好头。

2. 活动的展开

活动的展开是活动过程设计的主要部分,也是最重要的部分,整个活动的大部分内容都集中在这一环节,占去总活动时间的绝大部分。在这里,幼儿要经历探究过程的二、三、四、五阶段。

(1) 阶段二:进行猜想预测

在明确了探究的问题之后,教师应鼓励幼儿对问题的答案进行猜想。猜想是对将要发生的事情所做的最佳预测,猜想是"做科学"的关键。通过猜想预测的方式,幼儿才能学会把实际情况与他们认为会发生的情况进行比较,而不仅仅是没有任何思考地接受所发生的事实。如果幼儿的猜想预测与所发生的情况一致,将会强化幼儿原有的经验和认知结构;如果幼儿的猜想预测与实际发生的事情有出入或者相反,那么幼儿的头脑中就会产生需要解决的问题。而这个问题往往会在更深入的探究中得以解答,这就是科学的本质。

幼儿在进行猜想预测时,教师要积极调动幼儿的原有经验,支持和鼓励幼儿运用自己的原有经验进行充分的猜想。需要特别注意的是,教师要引导幼儿有依据地进行推论,而不是瞎猜乱想。猜想可以是口头上的表述，也可以以记录表的形式记录下来。

操作前的猜想可以大大增加幼儿操作的目的性，使幼儿更加专注，同时也非常符合科学真正发现的过程：提出问题—作出假设—验证假设—得出结论。有利于培养幼儿良好的科学精神和习惯。

(2) 阶段三：进行实验

教师应鼓励幼儿按自己的想法做，尝试着自己解决问题，幼儿只有猜想，没有解决问题的尝试过程是无法获得主动学习和发展的。当幼儿想到"迎春花泡在水里能长大"时，他便拿来容器，把小花放在里面，接上水，每天观察，期待着小花长大。这是幼儿按自己的想法解决问题的方式。

幼儿的多种尝试是其排除无关因素，找到关键因素，最终解决问题的过程。幼儿对原有认知结构不断进行"修正"，通过在新的场合下来验证自己的已有认知，超越原有的认识，达到新的认识。

在幼儿进行实验和观测时，教师不要干预太多，但要给予必要的帮助：保持必要的沉默，倾听幼儿的想法，观察幼儿的做法，思考和判断幼儿的需要及已经达到的水平；要为幼儿提供材料上的支持和帮助；在幼儿发生情感危机或遇到挫折时给予必要的安慰、支持、鼓励、引导和帮助。

(3) 阶段四：记录、分析信息

把获得的信息进行整理和分析，这是科学研究中很重要的步骤。随着实验和观察的进行，在不同的阶段教师要鼓励和指导幼儿用适宜的方式记录活动信息。幼儿可以用图画、符号、表格、简单的文字等多种适宜的方式，记录活动的过程和关键步骤。记录的形式可以是个人记录、小组记录和全班记录。教师要指导幼儿把握好记录的时机和内容，以免错过重要信息。在实验和观察结束后，幼儿要尝试着将记录的信息进行整理，用适当、简明的形式把数据、信息转化成证据。培养幼儿对事物的客观描述，对事实的尊重，使结论建立在事实之上。

(4) 阶段五：表达和交流

幼儿要组织自己的想法，并设法向别人说明，或是设法说服别人，这是一个重要的思维过程。把事实和探究过程描述、表达出来，有助于幼儿澄清和明晰各种关系，以及养成爱思考的习惯。教师要让每个幼儿都敢于表达自己的观点，无论他的观点正确与否。在这个阶段，教师的作用是倾听、鼓励并重复幼儿的关键陈述；发现并引导幼儿关注自身探究结果的矛盾和不一致。发现并引导幼儿关注同伴间的差异、矛盾，使他们懂得每个人都可以对同伴和老师提出质疑，但争论必须以观察到的事实为依据。

3. 活动的结束或延伸

活动结束是整个活动的最后环节，教师要通过这一环节使本次活动圆满结束，同时使幼儿在探究活动中所经历的过程、掌握的方法、了解的知识经验在活动中得以延伸。它对实现整个教学目标的落实有着重要作用。活动的结束，没有固定的格式和规定，应根据教学内容与过程的具体情况来进行设计。以下通过小结方式供参考：

① 通过幼儿的讨论交流后，由教师对实验过程、方法和现象做一小结，使幼儿获得清晰而完整的认识。

② 让幼儿对自己在探究活动中的收获和存在的问题进行自我小结和评价。

③ 提出要求，让幼儿将本次活动中获得的经验应用于生活，或提出生活中某种相关联的现象，让幼儿去继续探索，使活动得到延伸。

在整个探究活动设计中，应注意以下三点。

(1) 明确探究环节，做到层次递进

教师要缜密地思考，把握探究活动过程中各个环节的逻辑关系，明确探究点，清楚重点、难点。从科学性和幼儿特点出发引导幼儿在操作实验中先做什么，后做什么，遵循事物发展变化的科学规律，层次递进。

(2) 确定组织形式

各环节的探究实验要根据具体内容和幼儿现有的水平采取不同的组织形式。哪些实验操作为教师演示实验，幼儿集体观察探究；哪些实验需要教师先演示，而后幼儿再进行操作；哪些实验教师只需讲清楚操作规则即可，教师都要根据实际情况，灵活地把握。

对于幼儿探究实验来讲，是以个人为单位进行还是小组为单位进行，或是小组和个人相结合进行，都需要根据活动内容、活动材料、幼儿实际情况来综合考虑。在活动形式上应在条件允许的情况下，最大限度地让每个幼儿都能积极参与实验操作，以"最佳效果"为基本设计原则。

（3）精心设计提出的问题

亚里士多德说过："人的思想是从疑问开始的。"教师应通过启发性、诱导性、开放性等多种问题来引导幼儿探究活动。问题要有针对性，难易要适度，充分考虑幼儿的心理特征、智力水平和现有的经验；问题的设计要有层次，要由浅入深，层次递进。

> 例如，在证实空的杯子里有空气的实验中，教师用铁锤和钉子在罐子底部打一个洞。
> 教师："如果罐子底部有东西，我们能够将它从洞中推出来吗？我们来试试。"
> 幼儿探究实验：将罐子倒着拿，并慢慢地压入水中。请幼儿将小脸贴在洞口上。
> 教师："你能够感觉到某种东西正在冲击洞口吗？那是一股气流吗？"
> 教师："罐子里真的有东西吗？……那是一些我们看不到的东西吗？"

另外，在实际的探究活动中，教师要根据幼儿的回答情况及时调整所要提问的问题。

三、实验类科学教育活动的指导

（一）教师演示实验的指导

1. 要做预备性实验

实验前，教师要做预备性实验，即先将实验进行几遍，以便妥善安排实验过程中每个环节的时间，检查实验仪器和材料的情况，考虑呈现实验材料的顺序和时间。避免活动时发生意外而影响实验效果。

对于幼儿操作实验，教师事先也要反复操作，以便发现操作中容易出现的问题，明确操作中的注意事项及操作的难点。

2. 要保证每个幼儿看清楚演示过程

教师要注意幼儿座位的摆放，操作材料或仪器的大小、放置的位置、高度等，根据幼儿的年龄特点，逐步出示仪器或材料，不要一下全部出示，以免分散幼儿的注意力。

3. 演示与讲解、提问紧密结合

教师在演示时，动作要熟练，操作速度要尽量放慢。并且要边演示边讲解，讲解要简明，提问要富有启发性。启发幼儿在观察的基础上思考问题，使幼儿在观察实验的过程中，同样始终处于积极参与、探索和求知的状态之中，确保实验过程中教师和幼儿的双边互动。

（二）幼儿操作实验的指导

1. 为幼儿提供必要的材料

一方面，幼儿操作材料比较简单，尽量用一些玩具、日用品或废旧材料代替，但是无论用什么材料，都要方便幼儿操作。另一方面，要根据实验内容为幼儿准备相应数量的材料，人手一份或每小组一份。

2. 交代实验规则及注意事项，保证幼儿安全

实验规则及注意事项对保证幼儿实验成功起着重要作用，所以在实验开始前，教师一定要交代清楚实验规则和注意事项。在实验过程中，也应及时指导幼儿遵守规则，以保证实验成功。有必要的话，教师可以先做演示，示范后再让幼儿来做。教师应根据实验内容和幼儿实际情况，给予幼儿不同程度的指导。

3. 幼儿的实验操作和集中学习、交流互动在活动空间上要分开

根据幼儿年龄特点，他们很容易被提供的材料所吸引，所以只要条件允许，尽量把活动导入部分和实验前教师的演示实验，或实验前教师要讲的规则、注意事项，以及做完实验后集中讨论交流跟幼儿的实验操作在活动空间上分开。一般采用先集中讲解后分开操作，再集中交流总结的方式进行。另外如果有两个或两个以上的操作实验，实验材料要依次呈现摆放，并且在做下一个实验时，一定要把上一个与该实验无关的材料收起来，这样才能保证不分散幼儿的注意力。

4. 给予幼儿充分的实验时间

实验类科学活动比其他活动需要更多的时间，幼儿在实验中需要操作、理解和学习，充分的时间能够保证幼儿反复进行实验活动，并在操作过程中探究、发现、提出问题和自己找出答案。所以，实验不能机械地限定时间，而是要让幼儿用自己的方式进行操作，以达到实验效果。

四、实验类科学活动案例

落下来(大班)

活动目标

1. 能够通过实验,发现不同物体下落时的形态、速度不同,获得关于重力的感性经验。
2. 能仔细观察,并用自己的方式记录不同物体下落的状态。
3. 探索使同一个物体下落快慢不同的方法。
4. 对物体下落现象感兴趣,乐于大胆探索和实验。

活动准备

轻重不同的各类小物品若干(手帕、纸杯、羽毛、树叶、纸片、塑料瓶、丝巾、纸盘、羽毛球、塑料片等,数量保证每名幼儿至少两个)。

活动过程

一、谈话导入

师:小朋友,如果我手里拿着一块手帕,一松手,它就会怎么样?(掉下来)今天我们研究的问题就和落下来有关系。

提问:你平时见过什么东西落下来?它们下落时是什么样子的?

幼儿表达后,教师评价总结。

二、幼儿探究实验:不同的两个物体同一高度、同时下落,有什么不同?

师:请你们拿两种东西(可以随便选择),同一高度、同时放下,比较一下,会有什么不同?

1. 讲解实验要求。

师:做这个实验有个要求,两只手拿到东西后要同一高度、同时松手让物体下落。

提问:什么是同一高度?同时是什么意思?哪位小朋友来给大家解释一下?

幼儿解释后,教师示范、强调总结。

2. 讲解记录要求。

师:这次实验还有一个要求,小朋友做完试验后,用你的方式把它记录下来。(出示记录单并讲清楚记录要求)

3. 幼儿自主选择物品,探索实验。

师:请小朋友到后面拿两样东西(可以随便选择),然后找一个空的地方,开始自己的实验。

提醒个别幼儿按照实验要求进行实验,同时提醒幼儿可以选择不同的物品进行多次尝试。

4. 幼儿用自己的方式记录。

教师观察幼儿的记录情况并进行个别指导(提醒幼儿先画物品,然后画出下落时样子和速度)。记录完成后,将幼儿的记录单贴在黑板上。

5. 表达交流实验结果。

教师请一名幼儿当小老师,其他幼儿看着小老师的记录表对实验记录进行提问,也可以上前讲述自己的记录方式。

教师小结:不同的物体下落的样子不同,下落的速度也不一样。

三、幼儿探究实验:同一个物体,如何使它下落的快慢不同?

1. 提问:如何让你、我手里一样的手工纸,下落的快慢不同?
2. 幼儿尝试探索。
3. 教师和幼儿比赛。

四、活动结束

师:苹果熟了,它就会怎么样?有一位小朋友和你们一样,觉得苹果熟了,就会落下来。这么简单的事情肯定没有那么简单。他就像你们一样,观察、比较、尝试、记录、研究,然后他就成了一位

大班科学活动"落下来"

大科学家。这位大科学家是谁呢?以后老师讲给你们听。

活动延伸

给幼儿讲科学家牛顿的故事。

(上海市徐汇区科技幼儿园　袁晶晶)

第三课　技术制作类科学活动的设计与指导

当今社会,科学技术已经渗透在生活的方方面面,幼儿无时无刻不在接受现代科学技术的影响,享受现代科学技术的成果,自觉或不自觉地加入对现代科技产品的操作和对科学技术的探索认识之中,由此便开始了幼儿"做科学"的历程。枯燥的知识消失了,熟悉、有趣、贴近生活的技术制作可以调动幼儿的积极性,从而将幼儿的日常感知上升为知识和能力。

一、技术制作类活动概述

(一) 技术制作类活动的含义

技术制作类活动是指学习制作产品、使用科技产品或掌握某些工具的操作方法、技能的科学活动。它是幼儿了解技术、体验技术的重要手段,随着技术教育在幼儿园越来越受重视,技术制作类活动的开展也越来越普遍。

(二) 技术制作类教育活动的意义

(1) 在技术制作活动中,幼儿能够获得对技术的直接经验。例如,让幼儿学习运用工具和材料,制作简单的科技玩具,如小风车、小水车、不倒翁、小陀螺等,甚至制作一些有用的东西,如"土电话"、小乐器等。他们亲历"技术设计"的过程,对技术的本质有了初步的经验。

(2) 技术制作活动能加深幼儿对有关科学现象的理解,获得科学经验。例如,幼儿通过制作"不倒翁"玩具,在制作过程中思考"不倒翁为什么不倒,怎样制作才会让不倒翁不倒",比单纯的科学探索活动中玩不倒翁所获得的经验要丰富得多。

(3) 技术制作活动还能让幼儿获得一些具体的制作和操作技巧,培养幼儿的操作技能,并能使幼儿动手操作的能力得到提升。

(三) 技术制作类活动的分类

1. 幼儿对科技产品和常用工具的认知

根据目标要求的不同又可分为感受-操作、运用-操作两种。

感受-操作是让幼儿充分接触和感受运用技术产品。例如,认识并正确操作各类玩具、家用电器等,满足他们渴望了解"技术"的愿望,培养幼儿关注科技的兴趣。

运用-操作是让幼儿学习使用工具。例如,正确使用小剪刀、订书机、双面胶、生活工具等,让幼儿了解工具的用处。

2. 针对幼儿开展的科技小制作活动

又可分为模仿-制作、设计-制作两种。

模仿-制作是通过开展小制作活动让幼儿按固定的步骤学习制作。例如,制作降落伞、潜望镜、小风车等。

设计-制作是让幼儿独自进行简单的科技创作。例如设计并制作石膏玩具、不倒翁、小陀螺等。

二、技术制作类活动设计

(一) 内容的选取

确定合适的内容是开展活动的开始,关系到技术制作活动的价值能否实现,是促进幼儿积极愉快地获得发展的决定因素。幼儿园的技术制作活动,主要涉及两种不同的类型:一种是技术的使用,一种是制作。因此,内容的选择也可以分为以下两种。

1. 使用技术类

技术对于幼儿来说,还仅限于对他们身边的事物的具体的操作。使用技术就是在学习使用简单工具的活动中掌握基本的操作技巧,让幼儿成为技术产品的受用者。以下内容可供参考:"有用的工具""厨房小用具""有了它们真方便""我们的好帮手"。

2. 制作类

制作类活动就是指幼儿利用简单工具或材料进行的科技制作。科技制作的内容很广泛,选择时应考虑到:幼儿是否感兴趣、幼儿是否有能力完成、制作材料是否容易收集等问题。以下内容可供参考:"有趣的不倒翁""小风车""小陀螺""小水车""小老鼠进笼子"等。

(二) 目标的制定

技术制作类活动涉及的最重要的教学目标是培养技术制作能力。技术制作能力是指幼儿运用工具或材料,对客观对象或材料进行操作加工或制作新产品的能力。可以把它细化为更为具体的目标,详见表2-18-3[①]。

表2-18-3 技术操作能力教学目标

项目	教学目标	适用年龄段	例举
技术操作能力	能正确使用简单的工具	小班或以上	大胆使用镊子,探索它的结构、功能和正确的使用方法(中班:有用的镊子)
	能利用各种材料按照程序进行操作或制作	中班或以上	能按照固定的程序制作小风车(大班:制作小风车)
	能自行设计并开展科技小制作	大班	能选择合适的材料设计并制作不倒翁(大班:制作不倒翁)

(三) 活动材料的准备

1. 制作的原材料尽量是半成品

由于幼儿的制作能力相对较弱,一般来说,他们还难以独立完成一个制作任务。教师可根据不同年龄幼儿的特点,为其提供相应的半成品,既保证幼儿能有一个成功的结果,又要让其拥有制作的经验。

材料选择列举:

(1) 有趣的不倒翁。可选用塑料蛋形糖盒或塑料球形药盒和橡皮泥。塑料蛋形糖盒和塑料球形药盒,因其结构是分两截插合在一起的,可以合拢,也可以打开,便于幼儿操作并观察。也可以用开有适当大小孔的乒乓球,但是材料的准备相对较麻烦一些。

(2) 小风车。可选用教师剪好的正方形色卡纸、大头图钉和带橡皮的铅笔。由于大头图钉很容易插入橡皮中进行固定,所以操作起来方便了许多。

(3) 小陀螺。可选用剪好的圆形硬纸卡片(圆心处标有记号)和火柴棒。

(4) 小水车。可截取胡萝卜、黄瓜等各一段,上面插上剪好的塑料片,中间穿过一根竹签,小水车就制成了。

(5) 手指玩偶。可以用教师切好的黄瓜头或胡萝卜头做玩偶的头;在黄瓜头或胡萝卜头底下中心处插一根半截的小牙签作为玩偶的身体;在黄瓜头或胡萝卜头两端对称的地方斜向下插两根完整的牙签,下面插上两个大小相同的橡皮泥球,一个有趣的手指玩偶就做成了。把半截牙签立到自己的手指上,随意晃动小玩偶,它总是稳稳地立着不倒,非常好玩。

2. 制作的材料可具有选择性

教师提供不同的材料能激发幼儿的探究兴趣。有的材料看似多余,但它能够使幼儿在操作对比中获得有关制作的更为深刻、丰富的科学经验。例如在"做不倒翁"的活动中,教师可提供不同的填充材料,例如橡皮泥、小米、沙子、棉花等,让幼儿探索用哪一种填充材料是最好的。这样幼儿对"不倒翁为什么不

---

① 张俊.幼儿园科学教育活动指导[M].北京:人民教育出版社,2011:137.

倒,怎样制作才会让不倒翁不倒"会有更深刻的思考和认知。

(四) 设计思路

1. 学习使用科技产品和工具

主要目的是引导幼儿学习现代科技产品的操作方法和日常生活用具、常见工具的使用方法。此类活动通常采用"教师演示讲解产品的用途—示范操作使用步骤—幼儿尝试操作—共同讨论交流—正确操作"的模式。即先让幼儿在观察了解操作对象的用途、操作方法的基础上,然后尝试性进行操作,在不断的试误中总结,经过讨论交流,最终掌握正确的操作。也可根据具体操作内容,结合幼儿实际,教师不做演示操作,在交流讨论不同的操作方式的基础上帮助幼儿分析错误操作的原因,总结正确的操作。

2. 科技小制作活动

主要目的是通过幼儿的制作活动进一步发现科学现象,体验其中蕴含的道理,同时掌握制作的技巧。这类活动的设计通常可采用两种模式:模仿-制作式、设计-制作式。

对于模仿-制作式,通常采用"出示成品、进行演示—示范讲解操作步骤—按固定程序操作—讨论交流—展示分享"的设计思路,即先由教师演示操作过程,然后幼儿分步动手模仿实践,师幼共同交流,最后制作完成作品。例如大班制作活动"小风车",需要教师先分步骤示范讲解,然后幼儿按照固定的程序完成制作。

对于设计-制作式,通常采用"教师出示成品、进行演示—幼儿观察、思考如何制作—幼儿探索制作—检验效果、进行修改—展示、交流分享"的设计思路。这种类型,不需要教师分步示范讲解,幼儿在教师的指导下,独立完成作品的创作和制作过程,给幼儿更多的探索机会,教师应注重操作前的启发引导和操作后的交流讨论。

三、技术制作类教育活动指导

(一) 使幼儿明确制作的目标和评价标准

在技术制作活动中,教师可以出示、演示已制作好的成品,让幼儿明确制作的目标和评价标准,知道自己要做什么,教师也可以向幼儿讲解或演示制作的步骤和方法,让幼儿知道怎样做。不过,应注意不能以教师的演示替代幼儿自己的操作,活动过程应该以幼儿自己的操作为主。

(二) 让幼儿自己探索制作的方法和技巧

在科技制作活动中,也要给幼儿自主探索的空间。即要让幼儿自己去尝试,通过个人的经验(即使是失败的经验)来学习,而不是把制作的技能技巧、注意事项都灌输给幼儿,否则幼儿的探索制作就变成了机械的训练。

(三) 教师应引导、帮助幼儿顺利完成作品

教师应关注幼儿在活动中的表现,引导幼儿个性化地完成制作。当幼儿在操作中遇到困难或问题时,应及时给予恰当的帮助,促使其主动想办法解决问题并完成作品,特别是对动手能力较弱的幼儿应给予更多的帮助。

(四) 在分享、交流中体验快乐,完善作品

活动结束的阶段让幼儿相互交流,可以使幼儿根据自己的想法和做法梳理强化自己获得的新经验,也可以让幼儿谈谈自己在制作过程中遇到的问题和困难,谈谈自己是如何想办法解决的。分享和交流是技术制作类活动不可缺少的重要环节,同时幼儿通过与同伴交流,思考自己作品的不足之处,在教师引导式的评价中,完善调整自己的作品。

四、技术制作类活动案例

小老鼠进笼子(大班)

活动目标

1. 通过制作和操作活动,了解视觉暂留现象。
2. 能用手腕快速地来回搓动筷子,产生"老鼠入笼"的视觉效果。
3. 愿意尝试,不怕困难。

活动准备

物质准备：各种视觉暂留卡片（教师准备）、白板纸、一次性筷子、笔、双面胶。

经验准备：幼儿会使用双面胶粘贴物体。

活动过程

一、出示视觉暂留卡片，激发幼儿创作兴趣

1. 今天老师为小朋友带来了一些有趣的卡片，我们先来欣赏一下。

教师分别出示4组视觉暂留相关卡片，让幼儿猜猜看，如果老师搓动下面的铅笔，让卡片来回快速转动，会出现什么情况呢？

2. 教师提问：这4组卡片看上去有什么共同点吗？（幼儿思考）

3. 小朋友们想不想也来创作一个呢？

二、以"故事"创设问题情境，引发幼儿思考如何创作

1. 创作之前呢，老师先给小朋友讲一个小故事：农民伯伯家里种了许多粮食，这天早上发现粮食都被小老鼠偷吃了（出示小老鼠卡片），农民伯伯很着急，心想要是把小老鼠关在笼子里就好了（出示笼子卡片），你们愿意帮助他吗？

2. 可是怎样才能把小老鼠关进笼子里呢？老师这有一只小老鼠和一个笼子的卡片，怎样才能让我们看上去将老鼠关进笼子了呢？

3. 幼儿思考交流如何制作。

三、幼儿动手操作

1. 在幼儿交流讨论如何制作的基础上，教师强调总结：

① 先取一张纸画上小老鼠，再取一张纸画上笼子；

② 然后将一次性筷子放到两张卡片中间，用双面胶固定粘好；

③ 搓动筷子玩一玩，看看你有什么发现？

2. 幼儿探索操作。

四、讨论交流在探索操作中的发现

1. 教师提问：你在制作的过程中有没有遇到什么问题？你是如何解决的？或者有什么问题还没有解决？

2. 幼儿交流讨论。

3. 教师提问：你在玩的过程中还有什么有趣的发现？

引导幼儿交流在手腕转动时，老鼠就进了笼子，而转动一旦停止老鼠就出笼了。

活动延伸

今天回家之后，有兴趣的小朋友可以发挥自己的想象来创作，比如，老虎进笼子，苹果跑到苹果树上等。也可以把你的想法告诉你的爸爸妈妈，让他们来帮忙。做好后还可以拿到班里来让老师和小朋友欣赏。

第四课　交流讨论类科学活动的设计与指导

一、交流讨论类活动概述

《纲要》中明确指出："能用适当的方式表达、交流探索的过程和结果。"幼儿园教育中的交流讨论，属于科学活动和语言活动的有机结合。在语言活动中，一般侧重于通过交流讨论类活动，来发展幼儿的口语表达能力等；而科学教育中的交流讨论类活动，旨在帮助幼儿厘清思路、解决认知冲突，调整自己的观念，以促进对科学概念的理解。

(一) 交流讨论类科学活动的含义

交流讨论是指幼儿在亲自探究与收集资料、整理资料的基础上,通过交流讨论等手段,获取科学知识的一种科学教育活动。交流讨论类活动不是一种直接的科学探究活动,但它仍是幼儿获取科学知识的一种非常重要的手段。此类活动常与其他方式结合使用,是幼儿园科学教育活动中较为普遍的活动类型。

幼儿园科学教育活动应引导幼儿养成尊重他人、学会倾听、善于交流的良好习惯。教师应鼓励幼儿发表意见和提问,把交流讨论渗透到各类科学教育活动中。例如,我们可以结合散步和采集活动,和孩子一起讨论所看到的自然事物,通过交流,让幼儿感知树木,讨论树的各个部分,交流花卉、灌木和树木的名字及其相互关系,让幼儿搜集各种植物并讨论它们是哪里来的。还可以结合参观和旅游等活动,和孩子一起讨论、总结所见所闻等。

(二) 交流讨论类科学活动的意义

1. 交流讨论类科学活动中的信息量大,能充分满足幼儿的求知欲

在活动中,每位幼儿都会介绍自己通过各种渠道获得的各种信息,故信息量大。在科学探究活动后,每个幼儿也都有自己的感受、体验和发现。交流讨论有利于幼儿将自己的探究过程以及头脑中获得的信息条理化、系统化,使幼儿获得的知识加深、巩固与扩展,帮助幼儿明晰所发现的事物特征及关系。

2. 有利于发展幼儿获得间接经验的能力

由于交流讨论类活动通常都是在事先收集资料的基础上进行的,所以有利于从小激发幼儿信息收集意识和培养幼儿收集信息的能力。

3. 有利于培养幼儿的语言表达能力

这类活动一般采用集体讨论的活动形式进行,使幼儿能用自己的语言表达自己的探究过程,并用语言表达自己对科学、自然、环境的兴趣和热爱,使幼儿从语言使用的过程中感受到获得科学知识的乐趣。从对探索过程与结果的表达交流中,幼儿逐渐懂得学习语言的意义和重要性。

4. 有利于发展幼儿的思维

知识是在探究活动之后,在讨论中形成的。集体的交流能使幼儿零散、模糊、易混淆的经验提升为全面、细致、深入的经验。而讨论则给幼儿一个整理自己头绪与思路的机会,幼儿要组织自己的想法,并设法向别人说明或是设法说服别人,这是一个重要的思维过程。在这个过程中,幼儿将学会更有逻辑、更严密的思维,这也是科学教育的目标之一。

交流讨论活动作为一种集体研讨性的学习活动,它要求幼儿具备一定的思维能力和语言表达能力,交流讨论才具有一定的意义。所以,该类型活动更多地运用于中班、大班幼儿的活动中。

(三) 交流讨论类科学活动的分类

按照幼儿知识经验准备的途径不同,可以把交流讨论类活动分为两大类:直接经验型和间接经验型。

1. 直接经验型

直接经验主要是指幼儿通过实验操作和观察参观获得的直接认识的信息,又称为第一手资料。

2. 间接经验型

间接经验主要是幼儿自己或在成人帮助下,通过收集资料、教师设疑提问、幼儿集中讨论等几种方式获得的信息,又称为第二手资料。

二、交流讨论类活动设计

(一) 活动课题的选取

由于交流讨论类科学活动不是以操作、探索活动展开,因此在确定内容时应选择幼儿感兴趣的、能接受的,与幼儿生活经验密切联系的内容。

1. 选择课题注意事项

从众多科学教育活动中选择课题,一要考虑是否适合运用交流讨论的方式开展,二要围绕所选取的课题内容,考虑能不能保证让幼儿比较容易收集到相关信息和资料,并能够理解和接受这些信息和资料。避免选择难度太大,不适合幼儿年龄特点的内容,如克隆技术、转基因食品、宇宙空间等。

2. 在幼儿身边寻找课题

选择一些幼儿熟悉的课题,可以使他们有话可说、思维活跃、踊跃发言,进而大大扩展他们的视野。比如,在现代社会中,科技产品正在迅速进入人们的生活,也正在成为幼儿身边所熟悉的事物,有关现代科技在生活中运用的事例到处都有。因此,我们可以把科技产品作为讨论交流的内容。如"多种多样的取暖器""各种各样的手机""认识交通工具"等。

以下课题可供参考:中班交流讨论类活动课题举例——废旧电池,冬天的取暖器,保护环境,动物怎样过冬;大班交流讨论类活动课题举例——保护水资源,手机,动物尾巴的用处,各种各样的豆制品。

(二) 活动目标的制定

在交流讨论类科学教育活动中,主要通过幼儿在实验操作、观察参观、资料收集等的基础上,围绕某一主题进行表达交流以达到分享知识经验的目的。通常交流讨论类科学教育活动涉及的重要教学目标有:表达交流技能;资料收集与整理技能;科学知识和经验。

在进行活动设计时可以提出更为具体的目标,详见表2-18-4①。

表 2-18-4　交流讨论类科学活动目标的制定

项目	教 学 目 标	适用年龄段	例　　举
表达技能	运用语言大胆讲述自己的观点,愿意与同伴交流讨论	中班或以上	能大胆、流利地表述自己的观点(大班:保护水资源)
	倾听、理解和评价他人的观点	中班或以上	愿意倾听他人的发言,养成倾听和交流学习的习惯(中班:动物的尾巴)
	借助图画、表格、动作、形象等方式表达	中班或以上	能够通过游戏、绘画等方式,表达对动物的喜爱的情感(中班:动物怎样过冬)
资料收集与整理技能	了解资料收集与整理的途径和方法	中班或以上	通过不同的途径收集有关动物尾巴的资料,在看看、说说、问问、画画的过程中交流对动物尾巴的认识(中班:动物的尾巴)
科学知识和经验	丰富有关讨论主题的科学经验	小班或以上	认识常见动物的尾巴,并了解几种常见动物尾巴的妙用(中班:动物的尾巴)
	学习在鉴别信息的基础上构建自己的科学知识	小班或以上	根据所获得的信息了解高速公路上的设施及其功能;通过讨论了解高速公路的行车规则(大班:认识高速公路)

(三) 活动材料的准备

在幼儿园科学探究活动中,我们更倡导让幼儿尽可能亲身通过实验操作、观察参观等活动获得直接经验。而有些活动,幼儿只能通过以收集资料的方式积累间接知识经验。对于此类科学活动,大多是在活动之前围绕主题收集到各种信息。为了便于幼儿交流和讨论,必须将收集到的信息转化为图片或视频等比较直观的材料,也可将调查的结果制成表格或记录。

那么交流讨论类科学教育活动材料应该如何准备呢?以下方法可供参考。

1. 收集或制作图片

由于交流讨论类科学活动一般难以在活动中呈现出实物,收集的信息又往往比较抽象,因此,教师必须在活动之前将要交流讨论的内容制作成图片。可以简单绘制,也可以拍摄成照片展示,还可以收集现成的图片资料。如"动物的尾巴"活动,教师将幼儿与家长一起收集的有关动物尾巴的资料布置成展区,供幼儿参观和讨论学习。

2. 收集或制作相关视频

利用现代教育技术手段为交流讨论类活动做准备,也是幼儿园经常运用的方法。有些活动内容需要实际场景的呈现,仅用图片或照片已不能满足幼儿的需要。如"垃圾的回收"活动,让幼儿观看环卫工人回收、处理垃圾的一系列过程,不仅能提高幼儿对活动的兴趣,而且对垃圾的处理方式、处理过程认识更加直观、具体,并且使幼儿萌发如何更好回收、处理垃圾的探究的种子。

---

① 张俊.幼儿园科学教育活动指导[M].北京:人民教育出版社,2011:132.

(四) 活动过程的设计

交流讨论科学教育活动不同于操作性的科学探究活动,同时也区别于单纯的语言讲述类活动。它是建立在幼儿直接或间接经验的基础上的科学交流学习活动。因此按照幼儿知识经验准备的途径不同,可以把交流讨论类活动的设计思路大致分为以下四种。

1. 实验操作—交流讨论式

这是指在幼儿动手操作的基础上开展的交流讨论活动。这类活动要求幼儿在亲自动手实验操作的过程中,用尽可能多的词语、尽可能准确的语言来表述真实的探究过程。教师引导幼儿交流操作过程、讨论自己的发现,相互分享操作结果。

2. 观察参观—交流汇报式

这类活动通常让幼儿观察探究对象,或外出参观获取直接经验,在此基础上再进行汇报交流,分享经验。外出参观时,为了便于幼儿的交流,可以采用绘画拍照、摄像等形式将第一手资料记录下来,在集体讨论时可利用其再现幼儿的经验。

3. 收集资料—共同分享式

幼儿的科学知识储备越多,各种直接、间接经验越多,交流就越激烈,讨论也就越深入。因此,资料的收集在交流讨论类活动中具有重要作用,是幼儿交流经验、讨论归纳、建构知识的前提和基础。

而对于有些活动,幼儿只能通过收集资料的方式积累间接知识经验。如中班"动物的尾巴"活动,幼儿在生活中获得的直接经验较少,教师可事先准备一些图书图片资料、多媒体资料,也可提供一些收集资料的途径和方法。建议幼儿在家长的指导下通过网络查找有关资料,然后在集体活动中和大家分享。

4. 设疑提问—集中研讨式

在科学领域中,幼儿科学活动的有效性取决于幼儿的"问题意识"。通常情况下,能否使幼儿产生疑惑、提出问题是组织这类活动的基础。这些问题最好是来自幼儿,而不是成人。比如:"小动物们是如何过冬的?""蜗牛有嘴巴吗?""蚂蚁最爱吃什么?它们是如何搬运食物的?"

这类活动,可首先让幼儿对感兴趣的问题进行个别探究,提出自己的看法和理由,并在此基础上再进行集中深入讨论,使不同的观点进行"碰撞"。在讨论中,幼儿听取别人的意见,用事实说明问题,学会从不同角度看问题。活动的目的不在于让幼儿得出一个正确的结论,而在于让他们经历不同观点之间相互交流的过程。

三、交流讨论类科学活动的指导要点

(一) 建立"民主"课堂,避免"一言堂"

传统的常识教法往往把谈话变成灌输科学知识的课堂。而科学交流讨论类教育活动决不能再变成教师的"一言堂"。

教师要营造一个民主平等、宽松自由的交流氛围,使幼儿想说、敢说、喜欢说、有机会说。教师不要预设结论,不要急于告诉幼儿结果,要限制自己说话,把充足的时间和机会留给孩子。对幼儿的讨论,及时做出反应并多加鼓励与支持。即使感到幼儿的回答是错误的,也不要急于否定、纠正、下结论,而应巧妙地启发幼儿运用已有的经验再思考。对于幼儿来说,既要鼓励他们大胆讲述自己的经验,又要培养他们尊重他人、善于倾听的习惯,使交流讨论成为真正的"社会建构"学习。

(二) 采用多种方法、形式交流讨论

教师应利用多种方法表现活动的内容,特别是用艺术的手段表达对科学的认识,使交流的形式丰富多彩,而不致成为知识的堆积。比如可以进行艺术表演、作品或图画展览、游戏等。另外,讨论的形式也应多样化,如集体讨论、分组讨论、借助图片(网络、音像)讨论、创设场景讨论、不同观点辩论等。

交流讨论过程中,既要面向全体,又要照顾个别幼儿的需要;既要引导幼儿围绕主题讨论,又要及时拓展主题。

(三) 鼓励幼儿善于表达并注意保存讨论结果

幼儿园应创设阅览室或阅读区,给幼儿准备丰富、适合阅读和理解的幼儿读物,并给幼儿阅读的时间和自由,能在阅览室自由查阅。幼儿收集来的资料可以用其熟悉的方式表达,如绘画、泥塑、折纸、照片、录音来表达,也可以适当运用一些简单的表格。大班的孩子可出现简单少量的文字,而且文字一般不独立存在,它与图片、照片和表格呼应,以引发幼儿对文字的关注和兴趣,懂得文字也能表达意义。

幼儿资料的保存有不同的方式。可展示在墙面上,可保存在幼儿个人或小组的记录本中,从而使环境成为一个活动教育环境,但切忌追求数量和形式。展示在墙面上的常常是一种集体智慧的结晶,这些信息往往是在幼儿个人记录基础上抽取出的具有普遍意义的关键性信息资料,常常是幼儿在某一阶段的探究活动结束后,在广泛分享、交流和达成共识后的阶段性小结。

(四) 充分利用多媒体教学手段

可以将图书、图片等静态资料与动画、情景等动态资料相结合,利用网络、音像等视听媒体进一步丰富幼儿的知识经验,扩大幼儿的眼界。

四、交流讨论类活动案例

手机(大班)

活动目标

1. 能用连贯、完整的语言表达自己收集到的手机信息,体验分享的快乐。
2. 能大胆表述对未来手机的设想,提高想象力。
3. 了解手机的用途,体验现代科技产品给我们生活带来的便利。

活动准备

课前幼儿收集有关手机的信息,教师做成展板;教师准备一段录像。

活动过程

一、谈话导入

1. 谈话:昨天小朋友和爸爸、妈妈一起收集了许多关于手机的信息,看,这些就是你们收集的信息。大家走上来看看,和你的同伴说一说你收集的是哪一种。
2. 幼儿自由参观。

二、围绕主题表达交流

1. 提问:你收集到了哪些有关手机的信息?请你先和旁边的好朋友交流一下,好吗?
2. 幼儿自由讲述,教师巡回指导。
3. 请个别幼儿讲述。

三、了解手机的相关知识

1. 幼儿分步了解手机的用途、手机的发展史、手机的机型、品种等。
2. 讨论:是不是任何地方都能用手机呢?在什么时候、什么地方不能用手机?

四、交流讨论,手机有没有给我们的生活带来不好的一面呢?

1. 抛出话题:你认为手机有没有给我们的生活带来不好的影响?
2. 请个别幼儿讲述。
3. 教师播放录像,师幼共同了解手机给我们的生活带来的弊端。

五、设想未来的手机

1. 抛出话题:假如请你来设计手机,你准备设计一部怎样的手机?
2. 幼儿以小组为单位,自由交流。
3. 请个别幼儿回答。

活动延伸

区角活动时,幼儿设计自己的手机。

思考与练习

1. 简述观察类活动的内涵、意义以及分类。
2. 简述观察类活动设计的内容、要求以及组织指导要点。

3. 简述实验类活动的内涵、意义以及分类。

4. 简述实验类活动设计的内容、要求以及组织指导要点。

5. 关于幼儿园技术制作活动的材料准备,谈谈你是如何理解"制作的材料尽量是半成品"和"制作的材料可具有选择性"的,并举例说明。

6. 简述交流讨论类科学活动的意义。

赛证真题

1. 某幼儿园的院子里有几种高大的树,也有一些比较低矮的灌木。请你结合院子里的这些资源,设计一个题为"幼儿园的树木"的中班主题活动方案(含3个子活动),尝试写出主题活动的总目标,并设计一个科学活动作为其中的一个子活动,包括子活动的名称、目标和主要环节。

2. 请根据下列素材设计一个大班科学活动,要求写出活动名称、活动目标、活动准备、活动过程。

大班的胡老师为幼儿提供了各种吹泡泡的工具,有吸管、铁丝绕成的圈,塑料吹泡泡棒等,让幼儿在户外活动时自己吹泡泡玩。幼儿在吹泡泡的时候,有的能吹出很大的泡泡,有的只能吹出小泡泡,有的能一次吹出好多个泡泡,有的一次只能吹出一个泡泡……

结果有的幼儿得意,有的幼儿沮丧。针对上述现象,胡老师打算组织一个科学的教育活动,以引发幼儿深入探究的兴趣,并使幼儿了解不同吹泡泡工具与吹出的泡泡之间的关系。

3. 设计一节中班科学教育活动,让幼儿感知和发现植物的生长过程和基本条件。

要求写出设计思路、活动名称、活动目标、活动准备和活动过程。

实训任务

1. 根据教师分配的科学活动类型,自主选择活动课题(年龄班自定)完成活动方案的设计。要求包括活动名称、活动目标、活动准备、活动过程和活动延伸。

2. 以小组为单位,互评以上自主设计的活动方案,然后根据小组提出的建议进行修改。

3. 以小组为单位,依据上述修改后的活动方案进行模拟教学。然后每组推选出一个代表在全班进行模拟教学,并集体研讨。

第十九单元 幼儿数学活动设计与指导

第一课 数学与幼儿数学学习

数学是幼儿园科学领域教育的组成部分，是幼儿园课程内容之一。认识数学及学科特点，了解幼儿学习数学的心理特点、意义，是对幼儿实施数学教育的基础。

一、数学是什么

恩格斯称："数学是研究现实世界的空间形式和数量关系的科学。"它产生于现实生活中的具体事物，又区别于具体事物。数学与一般自然科学的区别就在于它研究的不是具体事物本身的特性，而是事物与事物之间的抽象关系，即数、量、形等。数学与具体事物既有区别，又有密切的关系，因此，数学具有两重性，即抽象性和现实性（或应用性）。

二、数学知识的特点

（一）高度的抽象性

任何科学都有抽象性，数学也不例外。但是数学的抽象要远高于其他科学的抽象："数学的抽象，是对物体、现象、生活的一个方面的抽象化，即只保留量的关系而舍弃一切质的特点，只保留一定的形式、结构而舍弃内容，得到的是纯粹状态下的以抽象形式出现的量与量的关系，它是一种思想材料的符号化、形式化的抽象。"[①]数学知识的抽象性为幼儿的数学学习带来了一定的困难。

（二）严密的逻辑性

数学知识不仅有抽象性的特点，而且还有逻辑性的特点。例如，幼儿对5支铅笔这一知识的获得不是通过直接感知，而是通过一系列动作的协调，包括手的动作和口的动作的协调。首先是手的动作和口的动作相对应，这就涉及对应的逻辑关系；其次是序的协调，幼儿口中数的数是有序的，而点物的动作也应该是连续而有序的，既不能遗漏，也不能重复；最后，还需将所有的动作合在一起，才能得到物体的总数，这又涉及包含关系。这些都是数学逻辑性的体现。数学知识的逻辑性的特点，决定了幼儿对数学知识的学习不是一个简单的记忆过程，而是一个逻辑的思考过程。

（三）广泛的应用性

因为数学知识具有高度的抽象性，因而使得数学具有广泛的应用性。我国著名数学家华罗庚先生曾经说过："宇宙之大，粒子之微，火箭之速，化工之巧，地球之变，生物之谜，日用之繁，无处不用数学。"这句话生动地说明了数学应用的广泛性。

人们的日常生活离不开数学，生活中的很多问题都可以归结为数学问题。数学提供了一种量化的方法，可以帮助人们认识世界、解决社会生产和日常生活中遇到的各种问题。就以幼儿为例，他们也需要经常用到计数、等分、排序等数学方法解决游戏和日常生活中的问题。数学是科学研究的基础和工具。在科学研究中，需要借助数学的工具，通过定量化的实验，精确地揭示自然界中事物之间的关系。幼儿进行科学探究活动时，也会用到数字、统计等数学知识和方法来记录探索的结果。

[①] 周春荔，等.数学学科教育学[M].北京：首都师范大学出版社，2000：46.

三、幼儿学习数学的心理特点

幼儿期以具体形象思维为主,5~6岁初步抽象逻辑思维才开始发展。数学知识的抽象性、逻辑性,使得幼儿数学概念的学习和获得过程比较复杂。对幼儿进行数学教育需建立在对幼儿学习数学心理特点的了解之上。

(一) 幼儿学习数学开始于动作

> **案例1** 中班张老师正在组织数学活动"认识6",她呈现一组一组数量是6的卡片,让幼儿计数。她观察到有的幼儿数的时候伴随点头动作,有的悄悄伸出手,数一个数伸出一个手指头。张老师默默地笑了,她知道这几个幼儿计数的外部动作还没有内化。

皮亚杰提出的"抽象的思维起源于动作"的观点,在幼儿数学教育中被广为接受。上述案例中,有的幼儿计数时,还要借助点头、伸手指头的外部动作。他们表现出的这些外部动作,实际上是协调事物之间关系的过程。随着他们计数能力的熟练及思维的发展,外部动作会消失。在幼儿学习某一数学知识的初期阶段,特别需要外部的动作。因此,在数学学习中,要给幼儿摆弄实物的操作机会。

(二) 幼儿数学知识的内化需要借助表象的作用

> **案例2** 大班李老师正在组织"球体和圆柱体"的教育活动。在幼儿玩了球和圆柱体之后,她出示了一张挂图,画面内容是:两个球体摆起来,圆柱体侧面放在球体上。她问道:"小朋友,它们能站稳吗?""不能,球会滚下来""圆柱体也能滚动"……

表象在幼儿数学学习中起一定的作用。幼儿对数学知识的理解开始于外部动作,但是要把它们变成头脑中抽象的数学概念,还有赖于内化的过程,即在头脑中重建事物之间的逻辑关系。表象起到帮助幼儿完成这一内化的作用。上述案例中,幼儿玩过球和圆柱体之后,知道球能滚动、圆柱体侧着放也能滚动,李老师在此基础上,让幼儿观看图片,借助表象,加深对球体和圆柱体特征的认知。

需要注意的是,不能把表象的作用无限夸大。如只让幼儿观看实物、图片,教师讲解,让幼儿在头脑中"印下"数的表象、加减的表象,这样的做法是错误的。应在幼儿操作的基础上,引导幼儿观察实物或图片及其变化,鼓励他们将其转化为头脑中的具体表象。这样,不仅能帮助幼儿在头脑中重建事物之间的逻辑关系,也有助于幼儿抽象思维能力的发展。

(三) 幼儿对数学知识的理解建立在多样化的经验和体验基础上

> **案例3** 大班韩老师在数学区投放了操作几何体的多种材料。如用橡皮泥塑制几何体、给积木贴上六个彩色的面、看图用积木拼搭造型等。

数学知识是抽象的,它的获得需要摆脱具体事物的其他无关特征。幼儿数学概念形成的过程中所依赖的具体经验越丰富、越充分,他们对相关数学概念的理解就越有概括性。上述案例中,韩老师正是考虑幼儿学习数学的这一心理特点,让幼儿在操作中获得关于几何体特征的多样化经验。

(四) 符号和语言是幼儿获得抽象数学概念的关键

> **案例4** 中班黄老师在幼儿学习数量分类时,给幼儿提供了1~5的点子标记卡,让幼儿看标记进行分类。幼儿分类时,她鼓励幼儿边操作边说:4只小鸭放到4个点子的盘子里,5支铅笔放到5个点子的盘子里……分类结束后,黄老师提问:"你为什么这样分?"促使幼儿表达分类结果:如它们都是4个,所以放在一起。

数学概念具有抽象性的特点,幼儿学习数学,最终要从具体的实物中摆脱出来,形成抽象的数学概念。而幼儿学习数学时在头脑中保存的具体经验,要使之变成概念化的知识,则需要符号体系的参与。符号的作用在于给幼儿一种抽象化的思维方式,如加减运算符号、数的组成中的分合号。在幼儿的数学学习中,"标记"是一个具有抽象意义的符号。它既带有形象性,又不是一个具体的形象,而是对它所代表的所有具体形象的抽象,如数字点卡、分类标记等。让幼儿接触标记,理解标记的抽象意义,有助于帮助他们理解抽象的数学概念,培养幼儿思维的抽象性。

语言在幼儿数学学习过程中也很重要。语言是思维的工具,幼儿在数学活动中用语言表达其操作过程和结果,能够对他们的动作实行有效的监控,并提高其对自己动作的意识程度,从而有助于动作内化的过程。此外,让幼儿用语言讲述操作的结果,能促使幼儿思维从动作水平上升到表征水平。

(五) 幼儿数学概念的巩固有赖于练习和应用活动

> **案例5** 中班孙老师发现班上幼儿"把两组物体变相等"的作业单错误率很高,她知道这是因为大部分幼儿判断物体数量受知觉的支配。她并不着急,而是组织幼儿玩"比比谁的东西多"的游戏。一组幼儿手中是数量不同的桃核,一组是数量不同的杏核。幼儿在比的过程中,发现小杏核看起来小,其实数量有时是多的。

幼儿数学知识的掌握是一个持续不断的过程。幼儿用自己已有的认知结构内化外部世界,同时建构新的知识。幼儿不断与环境相互作用的过程,是他们不断尝试新策略,练习和检验新获得的策略,并在应用中巩固新策略的过程。因此,应给幼儿提供大量练习和应用的机会。上述案例中,当老师发现班上大部分幼儿未建立数的守恒概念时,就给予幼儿更多的练习机会,促使幼儿改变认知策略。

四、幼儿学习数学的意义

为什么要对幼儿进行早期数学启蒙教育,这是幼儿数学教育的另一个重要的理论问题。

(一) 幼儿期是数学能力发展的敏感期,是数学启蒙教育的关键期

蒙台梭利经过对幼儿的大量观察研究,发现了"数学敏感期"。幼儿数学逻辑能力的萌芽出现在"秩序敏感期"(1~3岁),此间幼儿对事物之间的排列顺序、分类、配对表现出特殊的兴趣。数字、几何图形及测量敏感期则出现在4岁左右,这个时期幼儿表现出强烈的学习数学的愿望。在数学教育的关键期,为幼儿提供符合其年龄特点的数学教育,幼儿的数学能力会得到迅速发展。

(二) 对幼儿进行数学教育是其生活和正确认识世界的需要

幼儿和成人一样生活在现实世界中,他们在认识客观事物、与人交往、解决生活中遇到的有关问题时都要接触到数学。例如,"请给老师拿3块积木""做操时向左弯弯腰,向上举举手"。这就需要幼儿具有数的概念及空间方位概念。再如,某幼儿在幼儿园学习平面图形,当他看到妈妈切的蛋糕时非常惊讶地喊道:"三角形。"可见,向幼儿进行初步的数学教育,既是幼儿生活的需要,又是其认识周围世界的需要。

(三) 数学教育能促进幼儿抽象思维能力和逻辑推理能力的初步发展

数学本身所具有的抽象性、逻辑性以及在实践中广泛的应用性等特点,使得数学教育在促进幼儿思维发展方面具有独特的价值。"为发展思维而教"是数学教育的重要价值之一。

幼儿掌握粗浅数学概念和学习简单的运算,需要他们把感知到的材料,经过一番分析与综合、抽象与概括、判断与推理的过程,由感性认识逐步上升到理性认识。在这个过程中,促进了幼儿的智力发展,尤其是逻辑思维能力。

数学将具体的事物和问题加以模式化,使之成为抽象的问题,帮助幼儿透过具体的、表面的现象,看到事物本质的、共同的数学特征。正因为如此,学习数学可以发展幼儿的抽象思维能力。

(四) 数学教育有助于促进幼儿良好学习品质的形成,以更好地适应小学阶段的学习

学习品质主要指学习态度、学习行为习惯等与学习密切相关的基本素质,是在幼儿期开始出现与发展,并对幼儿现在与将来的学习都具有重要影响的基本素质[①]。

良好的学习习惯指能较专注地进行学习、能坚持完成学习任务,同时能控制自己的行为、遵守活动

---

① 李季湄,冯晓霞.《3—6岁儿童学习与发展指南》解读[M].北京:人民教育出版社,2013:120.

规则。数学活动带有较明确的任务性,而且数学操作活动具有一定的规则、要求和评判标准,其学习活动的结果一般是确定的,也就是说幼儿可以知道自己作业的"对与错"。数学学习的上述特点,在培养幼儿的任务意识和规则意识、激发幼儿的学习动机方面具有优势,这些对幼儿适应小学阶段的学习具有重要意义。

思考与练习

1. 数学知识具有什么特点?
2. 幼儿学习数学的心理特点是什么?
3. 简述幼儿学习数学的意义。

第二课 幼儿数学教育的目标、内容与原则

一、幼儿数学教育的目标

(一) 数学教育总目标的内容

总目标是幼儿数学教育的最终目的。《纲要》中科学领域目标第四条提出:"能从生活和游戏中感受事物的数量关系并体验到数学的重要和有趣。"《指南》中科学领域"数学认知"提出三条目标:① 初步感知生活中数学的有用和有趣;② 感知和理解数、量及数量关系;③ 感知形状与空间关系。

结合《纲要》《指南》关于数学教育目标的精神,将幼儿数学教育总目标具体化为以下四个方面。

1. 对周围环境中的数学现象和问题感兴趣,有好奇心和求知欲,喜欢参加数学活动和游戏

该目标指向幼儿对数学的情感和态度。兴趣、好奇心、求知欲是幼儿学习的内部动力。幼儿阶段的数学教育首先是培养幼儿对数学的兴趣和主动探索的愿望,使幼儿感受到数学是有趣的,在生活中是有用的,愿意学习数学。这是幼儿终身学习的动力。

2. 感知和理解数、量及数量关系,感知形状与空间关系

该目标是关于幼儿数学知识的目标,指明了幼儿应获得的数学知识的性质以及幼儿怎样获得数学知识。

幼儿期所学的数学知识包括数、量、形状、时间、空间等方面。目标中所用"感受""体验""感知"等词汇,指明幼儿所学的数学知识,应该是在具体感性经验的基础上所形成的初步数学概念。例如,《指南》中对幼儿学习加减运算提出的要求是"借助实际情境和操作(如合并和拿取)理解加减的实际意义""能通过实物操作或其他方法进行 10 以内的加减运算",这些要求都体现了幼儿数学知识的获得应建立在幼儿的操作体验的基础上。

3. 学习用简单的数学方法,解决生活和游戏中某些简单的问题,能用适当的方式表达、交流探索问题的过程和结果

该目标是关于数学能力的目标,提出要培养幼儿解决问题的能力及交流表达的能力。

解决问题的能力是指在事先并不知道具体方法的情况下,能运用自己已有的经验进行尝试和探索,想办法解决问题。在解决问题的过程中,幼儿的数学经验得到扩展和提升,解决问题的能力得到发展。

交流表达的能力是指能用数学语言和符号表达、交流探索的过程和结果。这实际上是幼儿将其在操作、探索过程中的感受、体验外化和具体化,加深幼儿对数学现象、数量关系的感受和体验,并在交流中相互学习,共同建构数学知识。

4. 会正确使用数学活动材料,能按规则进行活动,有良好的学习习惯

该目标是技能方面的目标。在数学学习中,幼儿只有掌握一定的操作技能,学会正确使用操作材料,才能获得对数学关系的感知和认识。在数学教育中应培养幼儿良好的学习习惯,如"静心学习、细心学习、认真学习、善于思考"等。还要培养幼儿能按规则进行活动、能探索解决问题的办法、能与别人合作进行游

戏等习惯。在教育实践中,要全面贯彻总目标的精神,不能有所偏废。

(二)幼儿数学教育的年龄段目标

幼儿数学教育的年龄段目标是总目标的具体化,反映了对不同年龄幼儿数学能力发展的要求。具体内容如表 2-19-1 至表 2-19-3 所示。

表 2-19-1　目标 1　初步感知生活中数学的有用和有趣

3～4 岁	4～5 岁	5～6 岁
1. 感知和发现周围物体的形状是多种多样的,对不同的形状感兴趣 2. 体验和发现生活中很多地方都用到数	1. 在指导下,感知和体会有些事物可以用形状来描述 2. 在指导下,感知和体会有些事物可以用数来描述,对环境中各种数字的含义有进一步探究的兴趣	1. 能发现事物简单的排列规律,并尝试创造新的排列规律 2. 能发现生活中许多问题都可以用数学的方法来解决,体验解决问题的乐趣

表 2-19-2　目标 2　感知和理解数、量及数量关系

3～4 岁	4～5 岁	5～6 岁
1. 能感知和区分物体的大小、多少、高矮、长短等量方面的特点,并能用相应的词表示 2. 能通过一一对应的方法比较两组物体的多少 3. 能手口一致地点数 5 个以内的物体,并能说出总数。能按数取物 4. 能用数词描述事物或动作。如我有 4 本图书	1. 能感知和区分物体的粗细、厚薄、轻重等量方面的特点,并能用相应的词语描述 2. 能通过数数比较两组物体的多少 3. 能通过实际操作理解数与数之间的关系。如 5 比 4 多 1;2 和 3 合在一起是 5 4. 会用数词描述事物的排列顺序和位置	1. 初步理解量的相对性 2. 借助实际情境和操作(如合并或拿取)理解"加"和"减"的实际意义 3. 能通过实物操作或其他方法进行 10 以内的加减运算 4. 能用简单的记录表、统计图等表示简单的数量关系

表 2-19-3　目标 3　感知形状与空间关系

3～4 岁	4～5 岁	5～6 岁
1. 能注意物体较明显的形状特征,并能用自己的语言描述 2. 能感知物体基本的空间位置与方位,理解上下、前后、里外等方位词	1. 能感知物体的形体结构特征,画出或拼搭出该物体的造型 2. 能感知和发现常见几何图形的基本特征,并能进行分类 3. 能使用上下、前后、里外、中间、旁边等方位词描述物体的位置和运动方向	1. 能用常见的几何形体有创意地拼搭和画出物体的造型 2. 能按语言指示或根据简单示意图正确取放物品 3. 能辨别自己的左右

(三)数学教育活动目标

幼儿数学教育活动目标是指在进行一次数学教育活动前制定的目标,通过分析具体教育活动内容及幼儿的特点,将数学教育总目标落实在每个教育活动中。

二、幼儿数学教育的内容

《纲要》中科学领域内容与要求第五条指出:"引导幼儿对周围环境中的数、量、形、时间和空间等现象产生兴趣,建构初步的数概念,并学习用简单的数学方法解决生活和游戏中某些简单的问题。"幼儿数学教育内容包括数、量、形、时间和空间等部分。幼儿的数学学习和其逻辑思维发展密不可分,逻辑关系是数量关系、空间关系的学习基础。因此,一些数理逻辑经验也是幼儿数学学习的一部分内容。

(一)具体内容

1. 分类、对应和模式

分类是把一组物体分成各具共同属性的几组;对应是指在两个集合的元素之间建立关系;模式是指按一定的规律变化的顺序,有重复变化的模式和不重复变化的模式。分类、对应和模式这些内容为幼儿建构

类、序及对应的心理运算结构奠定基础,是幼儿学习数学概念的心理基础。

2. 数、计数和数的运算

数:认识10以内的自然数和0,数的基数、序数意义、数序及相邻数、理解数的大小关系和数差关系;学习数的组成、数字的认读、书写及在生活中的运用。

计数:口头唱数、手口一致地点数物体并说出总数、按群计数。

数的运算:学习10以内数的加减运算,加减运算在生活中的应用,如认识人民币的不同面值,了解元、角、分之间的兑换关系,编口头加减应用题。

3. 量与测量

比较物体量的差异,如大小、长短、粗细、高矮、厚薄、宽窄、轻重、远近等。

简单的测量,如长度、重量、温度等的测量和估计,测量手段在生活中的应用。

4. 几何图形

对常见平面图形和立体图形的识别、命名、建构、比较和区分;对平面图形之间、平面图形和立体图形之间关系的认识,如对几何图形进行分解和组合,运用图形进行拼图、拼搭造型。

5. 时间和空间

初步建立时间概念,如时间顺序和时间的长短;时间顺序与事件的次序关系,时间长短与事件持续的关系;学习表达时间的词语,如白天、黑夜、早晨、晚上、昨天、今天、明天、一星期七天的名称及顺序,知道钟表的用途,会看整点、半点并用数字表示。

初步建立空间方位概念:如上下、前后、里外、左右空间方位;能按指定方向进行运动。

(二) 幼儿数学教育内容的编排依据

幼儿数学教育内容的编排体现出较强的阶段性和顺序性。编排依据如下。

1. 幼儿数学概念和技能形成的发展规律

幼儿数学概念和技能的形成、发展有独特的发展规律和内在的逻辑与时间上的顺序。例如,幼儿认识空间方位,是按照先上下、再前后、再到左右的顺序发展,而且是以自身为中心过渡到以客体为中心。因此,须根据某年龄段幼儿的数学概念发展水平编排数学教育内容。

2. 数学知识本身的系统性

数学是一门系统性强、逻辑严密的学科。幼儿所学数学内容虽然粗浅,也应注意数学知识的逻辑性和系统性。前面的内容为后面打基础,后面的内容是前面的发展和提高。以10以内序数的学习内容为例,可以先让幼儿学习5以内的序数,然后再学习10以内的序数。

此外,因数学各部分知识之间的内在联系十分紧密,在安排教育内容时,要加强数学各部分知识之间的有机联系和配合。如数、量、形的相互联系,幼儿学习图形时,既可以让幼儿数一数图形有几条边、几个面,幼儿学习数的时候,如选用一些小的几何形体让幼儿点数,则又可以使幼儿积累关于几何形体的感性认识。

(三) 实施数学教育内容的要求

数学教育内容的实施是指教师根据教材内容及本班幼儿的实际情况确定数学教育活动的具体内容。实施数学教育内容要注意以下两点。

1. 根据本班幼儿数学能力水平,恰当选编数学教育活动内容

幼儿园教材中的数学教育内容,指出各年龄班幼儿应该学习的内容和可能达到的发展水平,为教师确定教育要求提供参考。但是,教师应结合本班幼儿实际情况确定具体教育活动内容。如某小班老师了解到本班幼儿口头唱数能力发展较好,基本能口头数到20,就在幼儿的基础上提出进一步的要求。

2. 关注生活中幼儿感兴趣的数学问题,纳入数学教育内容中

幼儿数学教育内容编排虽然具有系统性的特点,但不应将教育内容书本化、正规化、封闭化。教师不仅仅从教材上选取教育内容,也可以将幼儿感兴趣的数学问题作为数学活动的内容。

三、幼儿数学教育的原则

幼儿数学教育的原则,是指在对幼儿进行数学教育时应遵循的基本准则与规范。它根据幼儿数

学教育的目标、教育规律,在总结教育实践经验的基础上加工、提炼而来,是实现数学教育目标的保障。

(一) 密切联系生活的原则

密切联系生活的原则是指将现实生活视为幼儿学习数学的源泉和途径。具体要求如下。

1. 数学教育内容贴近幼儿的生活

首先,教师要考虑活动的内容和幼儿已有的知识经验的联系。此外,在集体教育活动中,注意创设生活情境。例如,幼儿学习数字的用途时,教师创设了为"娃娃家"设计门牌号、电话号码的情境。在幼儿建构数学知识的同时,发展幼儿应用数学的意识和能力。

2. 从生活中寻找数学活动的材料

材料是数学活动的载体,生活中的物品可用于幼儿的数学活动。如石子、果核等可以用来数数;易拉罐、饮料瓶、包装盒可以用于叠高、认识形体、辨别大小。生活中的物品不仅能引发幼儿探究数学的兴趣,更能让幼儿体会到"数学就在身边"。

3. 在生活中引导幼儿学数学、用数学

首先,教师要让幼儿在真实的生活场景中获得数学经验。如以认识时间为例,早晨来园时可以让幼儿记录天气日志,感知星期、月的顺序。此外,教师要重视培养幼儿运用数学的方法解决问题的能力,引导幼儿在生活中用数学。例如,某大班教师发现班上智力区的玩具摆放杂乱无章,就引导幼儿制作标记卡,学习分类摆放,使幼儿运用分类的方法解决生活中的问题。

(二) 发展幼儿思维结构的原则

发展幼儿思维结构的原则是指数学教育不应只是着眼于具体数学知识和技能的学习,而应指向幼儿的思维结构的发展。具体要求如下。

1. 明确数学知识学习和思维结构建构的关系

皮亚杰研究发现,幼儿思维的发展表现为思维结构的发展。数学知识的学习和幼儿思维结构的建构是相辅相成的,即具备了相应的思维结构,才能够学习、理解具体的数学概念和知识。例如,当幼儿的思维结构中还没有形成抽象的序列观念时,他们就不可能用逻辑的方法给不同长短的木棒排序。反之,学习、理解具体的数学概念和知识,也有助于其思维结构的建构。这是数学知识的抽象性和逻辑性决定的。

2. 实现幼儿数学知识技能的学习和思维结构的同步发展

教师在引导幼儿学习数学知识和技能的同时,应考虑幼儿思维结构是否得到了发展。某些时候,幼儿掌握数学知识只是一种表面现象,但其思维结构并未得到发展。例如,某一小班幼儿不能完成将两组物体对应排列的任务,但他通过模仿同伴学会了说"一样多"的词。实质上他并未获得一一对应的逻辑经验,其思维结构未得到发展。在数学教育中,教师不要把重点只放在让幼儿记住或学会了数学知识和方法,而应让幼儿通过探索活动,实现思维结构的发展。

益智区数学材料

(三) 让幼儿操作、探索的原则

让幼儿操作、探索的原则,是指要让幼儿通过自己的活动建构数学认知结构。数理逻辑知识不可能单通过教师的讲解和演示"复制"到幼儿的头脑中。《指南》科学领域指出:"幼儿的思维以具体形象为主,应注重引导幼儿通过直接感知、亲身体验和实际操作进行科学学习,不应为追求知识和技能的掌握,对幼儿进行灌输和强化训练。"具体要求如下。

1. 以操作法为数学学习的基本方法

操作能够给予幼儿在具体动作水平上协调和理解事物之间关系的机会。操作活动还为幼儿内化数学概念、理解数的抽象意义提供了基础。在不断操作的基础上,幼儿的外部动作逐渐内化,最终转变为头脑中的思考。

2. 将数学学习视为幼儿主动探索的过程

数学活动,是幼儿在教师的支持引导下自主获取知识和提高能力的过程。教师应启发幼儿积极探索、发现数学关系,自己获取数学经验。让幼儿边活动、边动脑进行分析、综合、比较、抽象、概括,从而找到解决问题的方法。教师"教"的作用,一方面体现在为幼儿提供与材料、人相互作用的环境;另一方面,教师起着点拨、组织和概括的作用。

(四) 重视个别差异的原则

重视个别差异的原则,是指在数学教育中,应考虑幼儿的个别差异,让每个幼儿在原有水平上得到发展。相比其他领域来说,幼儿在数学思维能力、数学学习态度、学习方式、发展速度等方面存在较大差异。具体要求如下。

1. 恰当运用教育教学策略,促进幼儿在原有水平上得到发展

在教育内容和要求方面,既要面向全体幼儿又要兼顾个别差异。如对数学能力较强的幼儿可以提出更高活动要求,对数学能力较弱的幼儿提出相对低的活动要求。

在教育活动形式方面,多提供小组学习和个人学习的机会。如要重视数学区活动的开展;在集体教学中,采用小组活动的形式,提供难度不同的材料供幼儿选择和操作。

在数学活动过程中,观察幼儿的差异表现并采取适宜的方法指导。如对于缺乏概括抽象能力的幼儿,可引导其总结概括,并适当加以点拨和启发。对于经验不足、缺乏概括材料能力的幼儿,则可单独提供一些操作练习机会,增加其学习经验。

2. 树立差异性评价和多元评价观

教师应尊重幼儿在数学学习中发展水平、学习速度、学习方式等方面的差异,不在幼儿间做横向比较,不用固定答案衡量幼儿。评价时不仅仅关注数学认知,幼儿学习数学的兴趣、学习习惯、合作交流能力都是评价的重要内容。

(五) 兴趣性原则

兴趣性原则是指在数学活动中要充分调动幼儿学习的积极性,使幼儿乐于参与数学活动并产生愉快的情绪体验。数学知识抽象性、逻辑性的特点使得成人必须考虑幼儿数学学习的趣味性问题。具体要求如下。

1. 提供难易适度的教育内容

教育内容是影响幼儿学习数学兴趣的因素之一。太难或过于简单的内容都会让幼儿产生厌烦情绪。如某教师让4岁的幼儿学习按二维角度判断物体的排列次序,超出了幼儿的认知水平。活动中,幼儿干脆放弃了操作任务。

2. 采用游戏的方式组织活动

游戏的方式非常适合幼儿活泼好动及思维具体形象的特点,能有效激发幼儿的学习兴趣。有规则的数学游戏是幼儿非常喜爱的一种形式,教师可以运用这种形式让幼儿学习并巩固数学知识。如让幼儿区分几何图形,可以做"图形宝宝"找家的游戏。此外,可以通过创设游戏情境,调动幼儿学习的积极性。如小班幼儿认识"5以内数数"的活动中,教师创设了"小兔子过生日"的情境,通过数朋友送给小兔的礼物及幼儿送小兔礼物等情节,幼儿轻松、愉快地掌握了5以内数数。

 思考与练习

1. 幼儿数学教育的内容包括哪些?
2. 举例说明贯彻密切联系生活原则的要求。
3. 举例说明贯彻重视个别差异原则的要求。
4. 结合数学教育总目标的精神分析下面的案例。

案例 程程是个四岁半的男孩,妈妈让他报了一个儿童"珠心算"培训班,过了几周,程程能算出20以内的加减。但妈妈发现程程脾气变得急躁,晚上让他做老师布置的题,他却用笔在本子上戳来戳去,到了周六早上不是说肚子疼,就是哭闹一场。

 实训活动

1. 阅读幼儿园教材中的数学教育内容编排,在小组内交流。
2. 观看一节幼儿园数学教育活动录像,分析该教育活动贯彻了数学教育的哪些原则。

第三课 分类、对应和模式的教育

分类、对应和模式是幼儿数学学习的重要内容之一,是幼儿逻辑概念和数学概念发展的基础。

一、分类活动

(一) 什么是分类

分类指的是把物体分成各具共同属性的几组,分类后的每一组物体用数学的概念来说就是一个集合。

(二) 分类在幼儿数学学习中的意义

分类不仅是科学方法之一,在幼儿数学学习中,也具有重要作用。

1. 分类促使幼儿感知集合并逐步形成具体物体的集合概念

分类的过程即幼儿感知集合的过程。在分类时,幼儿将一个个物体加以区分和归并,促进其对集合中每个元素的感知。当幼儿把具有共同属性的物体归并在一起时,就对这一具体物体的集合有所感知。

2. 分类对发展幼儿的计数能力,形成数概念有促进作用

分类是计数的基础,要确定某类物体的数量,须先将这类物体与其他物体区分开来。如让幼儿在一组积木中拿出4块红积木,在其会计数的前提下,要先把红积木看成一类,然后从中数出4块。分类活动能促进幼儿对整体(集)和部分(子集)关系的认识,这正是幼儿掌握数的组成和加减运算的基础。

3. 分类能促进幼儿思维能力的发展

分类活动需要幼儿先辨认(观察、比较),找出物体的相同点和不同点(这个过程是分析的过程),然后把具有相同特点的物体归并在一起(这个过程是综合的过程)。分类过程即幼儿思维积极活动的过程。

(三) 分类的教育内容与要求

表2-19-4呈现了分类的教育内容与要求,其中涉及的分类形式有四类。

表2-19-4 分类的教育内容与要求

小 班	中 班	大 班
1. 根据范例和口头指示从一堆物体中分出一组物体 2. 按物体的某一特征(名称、颜色、大小、形状等)进行分类	1. 能按物体的内部特征(如用途、功能等)、数量关系进行分类 2. 能按物体两个外部特征(颜色、形状、大小、长短、粗细、高矮等)分类 3. 初步学习对物体进行多角度分类	1. 进一步学习对物体进行多角度分类 2. 能对物体进行层级分类,体验集和子集的包含关系

1. 按物体的一个特征分类

这是幼儿最先掌握的一种分类形式。其内容由易到难顺序如下:名称、颜色、形状、大小、长短、高矮、粗细、数量、用途、功能等。

2. 按物体的两个特征(二维)分类

即同时依据事物的两个特征进行分类。例如,在一组图形卡片中,将红色大图形放在一起。此种分类形式能发展幼儿思维的灵活性,促使幼儿思维"去中心化"。

3. 多角度分类

指对一组物体可以按多种标准进行分类,一个物体可以划分到不同的类别中,也可称为多重分类。多角度分类有助于培养幼儿思维的灵活性和发散性,使幼儿获得一组物体整体不变,部分有多种组合的认识,是幼儿学习数的组成、图形关系的感性基础。

4. 层级分类

指在蕴含多种不同特征的物体中,按照逻辑的思考确定不同的特征,有序、分层进行逐级分类。幼儿在操作层面体验集合的包含关系,有助于幼儿建构类包含的逻辑观念。

(四) 分类活动的设计与指导

1. 根据分类活动内容提供适宜的操作材料

常用的分类材料有小的实物、卡片、自然物等。另外,可提供便于幼儿摆放材料,体现分类结果的分类学具,如分类盒(图2-19-1①)、分类板、标记卡(图2-19-1②)等。

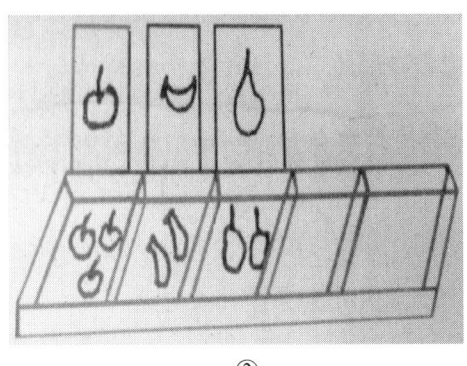

① ②

图 2-19-1 分类学具

2. 对幼儿的分类活动进行指导

分类活动前,引导幼儿观察材料,明确分类标准。年龄小的幼儿可由教师提出分类标准,如教师说:"请小朋友把红色的圆片放在一起,把绿色的圆片放在一起。"对于中、大班的幼儿,可以让他们自己确定分类标准。如教师说:"这些东西有什么不同,可以怎么分?"

分类时,教师观察幼儿操作情况,加强个别指导。分类后,组织幼儿交流讨论分类结果。教师要提出:"你是怎样分的?""三角形多,还是图形多?"诸如此类的问题,促使幼儿用语言表述分类结果。此外,也可以让幼儿说一说分成了几类,每一类有几个。

二、对应活动

对应是指在两个集合的元素之间建立关系。如,幼儿将相关的物体进行匹配;用一一对应的方法进行两个集合间的比较。

(一) 对应在幼儿数学学习中的意义

对应是幼儿较早得到发展的数学概念之一,它为各种逻辑思维的发展奠定了基础。

1. 对应有助于幼儿准确感知集合中的元素

小班幼儿最初对集合元素的感知模糊、笼统。通过对应的学习,促使幼儿感知集合中的每一个元素。

2. 对应活动有助于幼儿进行数量比较

幼儿学会用对应比较的方法判断两组物体的数量,有助于幼儿建构一一对应的逻辑观念,为以后学习计数做准备。

(二) 对应的教育内容与要求

表 2-19-5 对应的教育内容与要求

小 班	中 班
1. 根据物体的特点、关系寻找相关物体,将相关物体相匹配 2. 能用一一对应的方法比较两个集合元素的多、少和一样多 3. 初步理解并运用"一样多""不一样多""多些""少些"等词语	1. 根据某个物体的特点、关系寻找与之匹配的多个物体 2. 初步理解二维排列中的行、列的意义

(三) 对应活动的设计与指导

1. 相关联物体的匹配活动

(1) 提供具有一定对应关系的实物或图片,如钥匙和锁、茶壶和茶杯、牙膏和牙刷(如图2-19-2)、厨师和炒勺、医生和听诊器等,材料中的物体形象应是幼儿所熟悉的。

图 2-19-2 有对应关系的图片

（2）引导幼儿观察物体属性，讨论物体间的相关关系。教师应让幼儿领会成为一对好朋友的物体应该是具有一定关系的物体，然后让幼儿用对应的方法将实物或卡片匹配。

（3）幼儿操作进行匹配。

（4）教师检验小结。

2. 对应比较两组物体数量的活动

（1）教幼儿学习用重叠对应比较和并放对应比较的方法比较两组物体的数量。重叠对应比较比并放对应比较容易一些（见图 2-19-3、图 2-19-4）。先让幼儿体会一样多的数量关系，然后体会不一样多的数量关系，一般是多 1 或少 1。

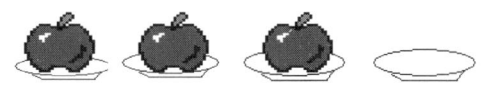

图 2-19-3 重叠对应比较

图 2-19-4 并放对应比较

（2）鼓励幼儿讲述多、少、一样多的数量关系。操作完后，通过提问让幼儿表述数量关系。启发幼儿思考要使不一样的物体一样多，除了用"增加"的办法外，还可以用"去掉"的办法。

三、模式活动

模式是指按一定规律排列的颜色、形状、声音、身体动作等，模式具有重复性和可预测性。

按照模式组成的基本单元划分，可分为重复式（如 AB-AB-AB，ABB-ABB-ABB）；滋长式（如 12-122-1222）；循环式（如春-夏-秋-冬，日出-日落）；变异式（如红-蓝-黄，红-蓝-绿，红-蓝-黑）。

按照组成模式的载体不同划分，可分为实物模式（如实物、动作、声音等实体的形式呈现）和符号模式（即通过字母、数字、文字等抽象的符号系统表达，如数列 0、1、2、3、4、5、6……）。

（一）模式在幼儿数学学习中的意义

1. 促进幼儿逻辑思维能力的发展

一方面，幼儿在进行模式的识别、扩展、描述等活动时，需要对模式结构进行分析、综合、比较、抽象和概括；另一方面，幼儿寻找、发现模式，能抓住事物的本质和规律，预测和推断事物的发展过程，这是思维逻辑性的集中体现。

2. 提高幼儿解决问题的能力

幼儿识别模式，可视为一个信息组织加工的过程，可以促进幼儿分类、组织、整合信息能力的发展。

（二）幼儿模式能力的发展

幼儿 3 岁以后就表现出对周围环境中的简单模式的辨别能力，包括对模式中事物的基本特征和排列规律的辨别。随后，幼儿能在模式复制的基础上对模式的排列规律进行一定的预测，具体表现在能在已有模式排列的基础上运用同样的元素接续完成现有模式排列。最后，幼儿能够在没有任何模式示范的情况下创造自己的模式，或更进一步，能用不同的形式来表现运用抽象符号表示的模式。

(三) 模式的教育内容与要求

表 2-19-6　模式的教育内容与要求

小　　班	中　　班	大　　班
1. 学习辨认和描述简单的物体排列规律 2. 学习按规律间隔排列物体	1. 学习按多种规律排列物体，如 ABBABB，ABCABC…… 2. 学习依据物体排列规律推导出空缺处应排列哪一个物体	1. 能发现事物简单的排列规律，并尝试创造新的排列规律 2. 学习运用多种形式表征物体排列规律 3. 学习从一种表征形式转化为另一种

(四) 模式活动的设计与指导

1. 根据幼儿模式能力发展，循序渐进设计活动内容

可参考以下由易到难的顺序设计活动内容：

(1) 识别模式。请幼儿观察一组物体的排列规律，说一说物体是怎样排列的。

(2) 复制模式。给幼儿提供一个按某种规律排列的范例，在识别的基础上模仿着排列出来。

(3) 扩展模式。给幼儿提供一个范例，让幼儿按照范例的规律接着排列下去。

> **案例**　　　　　　　　　　"接下去排什么"(4~5岁)
>
> 目标：探索发现一组图形的变化规律，并用语言表述出来，确定某一位置上的图形。
>
> 准备：每个幼儿各种几何图形卡片若干，操作图每组若干张。
>
> 过程：出示一组图形，引导幼儿观察（如图 2-19-5）。
>
>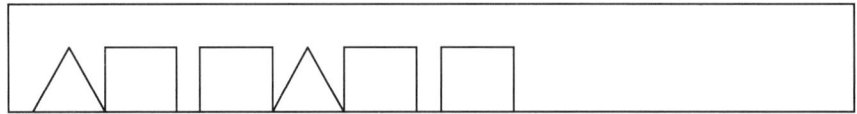
>
> 图 2-19-5　扩展模式操作卡
>
> 图形是按什么顺序排列的？继续排下去，应放一个什么图形？

(4) 填补模式。出示中间有空缺的一组物体，让幼儿从中发现排列规律，并进行填空（如图 2-19-6）。这种方式需要幼儿有一定的判断、推理能力，难度比较大。

(5) 创造模式。幼儿自己设计、创造某种排列规律。

图 2-19-6　填补模式操作卡

2. 从幼儿生活经验出发，帮助幼儿理解模式

模式的学习，要注意使幼儿真正理解模式。应从观察生活中有规律排列的事物入手帮助幼儿理解规律。如和幼儿一起发现和体会按照一定顺序排列的队伍整齐有序，观察环境中有序排列的图案等。

3. 让幼儿获得关于模式的多种体验

提供具有重复性旋律和词语的音乐、儿歌和故事，让幼儿体验模式。例如，让幼儿用身体动作创造模式，让幼儿用声音创造模式（如咚咚锵-咚咚锵-咚咚锵）。鼓励幼儿尝试设计有规律的花边图案或按某种规则进行搭建活动。

四、模式教育活动案例

活动案例

分类、对应和模式区角活动

"开火车"(小班)

活动目标

1. 理解ABAB的模式排列,能一一间隔地排列物体。
2. 乐于动手操作,体验数学活动的乐趣。

活动准备

1. 画有火车头的铁盒盖。
2. 磁片若干(方、圆两种形状,或6~8片红绿两种颜色的卡片,每组一筐)。

活动过程

一、玩"开火车"的游戏,导入活动

教师当火车头:"呜……我的火车就要开了,谁来乘火车?"

二、通过玩游戏,感知ABAB的模式排列

1. 教师邀请幼儿,边说边邀请一名女孩上车,然后是一名男孩,再请一名女孩,然后男孩……(重复四五位小朋友)。"司机"问:"现在该请谁上车?"引导幼儿从中观察发现一一间隔。邀请八九名幼儿后,火车出发(在教室转一圈)。

2. 变换排列再次玩游戏。

这次先男孩再女孩,一边排队一边请幼儿说:一个男孩、一个女孩、一个男孩、一个女孩……火车出发。

3. 幼儿分组玩游戏,加深对ABAB模式排列的认识。

幼儿分为数列火车,一名幼儿当小司机,确定女孩男孩的上车顺序;一个跟一个乘火车;检查是否是一一间隔排列。火车出发。

三、操作活动——图形宝宝乘火车

1. 每位幼儿都当小司机,开着自己的铁皮盖火车。
2. 观察图形宝宝有什么不同,例如:红宝宝、绿宝宝、圆宝宝、方宝宝等。
3. 帮图形宝宝上车找座位。
4. 火车进站:停在展示板的模拟车站上,一起检查图形宝宝是否按照一一间隔的方法找到自己的座位。

活动延伸

在数学区提供水果、动物等磁片,幼儿继续玩乘火车游戏。

 思考与练习

1. 解释下列概念。

   二维特征分类　多角度分类　层级分类

2. 分类在幼儿数学学习中的意义是什么?
3. 什么是模式?由易到难的模式学习内容包括哪几种?
4. 比较两组物体数量的对应比较方式有哪两种?

习题答案

赛证真题

活动设计题

幼儿用扑克牌比大小、搭房子,徐老师希望培养幼儿的数学能力,请帮助徐老师用扑克牌为大班幼儿设计2个数学游戏。

要求:写出活动的设计意图、名称、活动目标、活动的准备和活动的过程。

> **实训任务**
>
> 思考在生活中有哪些对幼儿进行对应、分类、模式教育的时机,在班级中分享交流。

第四课 数概念的教育

建构10以内初步数概念,是幼儿数学教育的主要内容之一。幼儿掌握数概念是一个比较复杂、长期的过程,其发展具有阶段性和顺序性。

一、幼儿数概念发展概述

(一) 幼儿计数能力的发展

计数是将要数的具体集合的元素与自然数列里从"1"开始的自然数,建立起一一对应。它是一种有目的、有手段、有结果的活动。计数的目的是要确定物体的数量。只要不遗漏、不漏数,数到最后一个元素所对应的那个数就是数数的结果,即总数。

计数不是数概念,但幼儿数概念的发展离不开计数,幼儿计数水平的高低代表着幼儿数概念发展水平。以下从两方面予以说明。

1. 计数内容方面

(1) 口头数数。口头数数是指口头按顺序说出自然数的能力,也称为背诵式数数。口头数数发展较早,2岁左右的幼儿在成人的影响下就能记住一些数词。3岁幼儿能按顺序背诵数词,且有以下特点:一般只会从1开始按顺序数,不会从任意数开始,一干扰就不会数了,过程中常出现脱漏数字或循环重复数字的现象。5岁后,幼儿能从中间任意一个数往下数,但是逢9到10常发生错误。幼儿口头数数能力发展较快,3~4岁能数到20,5岁后能数到50~100,但幼儿口头数数能力个体差异很大。

(2) 按物点数。按物点数即用手逐一指点物体,同时有顺序地说出数词。按物点数需将数词与物品对应。3岁以后才发展起来。幼儿初学时常出现手口不一致的现象,如手点得快说得慢,或说得快点得慢,随着年龄的增长,幼儿点数时不对应的情况明显减少。

(3) 说出总数。幼儿说出总数的发展要稍晚于按物点数。3岁左右的幼儿能按物点数,当问一共有几个时,有的幼儿不回答,有的幼儿随便说出一个数词,也有的幼儿会伸出手指头比画物体的数目。能说出总数,表明幼儿理解了数的实际意义,把最后说出的数词作为所数过的一群对象的总体来把握,这是幼儿在直观形象思维基础上出现的最初的数抽象。

(4) 按群计数。按群计数即计数时不以某个物体为单位,而是以数群为单位,如两个两个地数,五个五个地数。这表明数对幼儿来说具有更加抽象的性质。幼儿已能将代表一个物体群的数作为一个整体去把握,而不需要用实物和逐一计数确定物体群的数量。这种能力在5岁以后逐步发展起来。

2. 计数动作方面

计数活动的动作包括手的动作和语言的动作。其发展过程如下。

动作水平上点数—视觉的点数。年龄小的幼儿,在数物体时都伴随着自发地用手指向物体的动作。手的动作随其年龄增长逐步地内化。后来外部动作消失,通过用眼睛对物体的逐一注视即可。

有声的语言动作—无声的默数。幼儿开始学习计数,要大声说出数词,后发展到只动嘴皮轻声数,最后达到在心里默数。

(二) 幼儿基数与序数概念的发展

一个数当用来表示集合中元素的个数时叫作基数。一个数当用来表示集合中元素的排列次序时叫作序数。

幼儿基数概念3岁以后开始发展,当幼儿能按物点数、说出总数时,即初步理解了基数。幼儿在3岁半到4岁之间形成基数概念。4岁后,幼儿按物点数的数目范围迅速扩大。幼儿基数概念形成的标志是能按数取物。

幼儿序数概念发展要晚于基数,4岁以后发展起来。因为要理解序数,需要幼儿能一一对应点数物体,有给物体或数目排序的经验,还要掌握数的顺序。3岁幼儿没有次序观念,不能区分基数和序数。例如,当问到这是第几个时,3岁幼儿常不回答,或者随便说个数。4~5岁幼儿的序数概念发展较快,多数能指出5个以内物体的排列次序,但是还有少数幼儿对基数和序数产生混淆。

(三) 幼儿对数的守恒的掌握

数的守恒指的是一组物体的数目不因其体积大小、排列形式等的改变而改变。

在幼儿数概念形成和发展过程中,会出现这种现象:幼儿能手口一致按物点数、说出总数,但是在判断物体数量时,会受到物体大小或排列疏密的干扰。例如,幼儿认为5只大皮球比5只小皮球数量多。

皮亚杰认为数量的守恒本身并不是数概念,而是一个逻辑概念。但幼儿只有掌握了数的守恒原理,才能发展数概念。因此,理解和掌握数的守恒是发展幼儿数概念的不可缺少的组成部分。3岁半以前很少有幼儿达到数的守恒,4岁以后达到守恒的人数逐渐相应增加,6岁以后大多数幼儿能掌握。

(四) 幼儿数序概念的发展

数序是指每个自然数在自然数列中的位置及与相邻两数之间的大小关系。幼儿最初在口头数数的时候记住了自然数的顺序,但是幼儿建立起抽象数的顺序和数的大小关系发展得要晚一些。3~4岁的幼儿只能看着实物,在对应的基础上,依靠数数来比较数的大小。如问4岁幼儿4个和5个哪个多,幼儿大都不知道。有的幼儿提出要求说:"你得拿出东西让我数数。"4~5岁幼儿约有半数能比较10以内数的大小。5岁半以后,一般都能顺利地比较10以内数的大小。

(五) 幼儿认识数的组成的发展

数的组成又称数的分合,指一个数(总数)可以分成几个部分数,几个部分数又可以合成一个数(总数)。幼儿学习数的组成主要涉及将一个数分成两个部分数,理解总数与部分数之间的分合关系。

4岁半以前的幼儿不能理解数的组成和分解;5岁以后能初步理解数的组成;6岁幼儿接近基本完成,完全会分解、组成的人数逐渐增多;7岁半的幼儿大部分已能掌握数的分解、组成。

二、幼儿数概念教育活动的内容与要求

表 2-19-7 数概念的教育内容与要求

小 班	中 班	大 班
1. 会手口一致地点数5以内的物体,并能说出总数 2. 按实物范例和指定的数目取出相等数量的物体,学习一些常用量词	1. 会正确点数10以内的物体并说出总数 2. 能不受物体的大小、形状和排列形式的影响,正确判断10以内物体的数量 3. 感知和体验10以内相邻两数的数差关系 4. 学习10以内序数,理解序数含义,会用序数词表示物体在序列中的位置;能从不同方向判断物体在序列中的位置 5. 认识数字1~10。会用数字表示物体的数量,认识数字在生活中的用途	1. 会10以内的数倒着数,能注意生活中运用顺数、倒数的有关事例 2. 感知和体验10以内的相邻数,了解其数差关系 3. 会按群计数 4. 学习10以内数的组成,体验总数和部分数间的等量关系,部分数间的互补、互换关系 5. 正确书写10以内的数字

三、幼儿数概念教育活动的设计与指导

(一) 认识基数的教育

1. 教幼儿按物点数,说出总数

按物点数,说出总数是引导幼儿理解自然数基数含义的基本方法。如教幼儿认识5,可以提供5个苹果、5个碗等数量是5的东西让幼儿数。对不同年龄幼儿应提出不同的计数要求,以促进幼儿思维抽象性的发展。

(1) 要求小班幼儿手口一致点数,说出总数

教师指导幼儿用右手食指从左到右(或从上到下)地点数一个物体说出一个数词,掌握正确的点数方式。当幼儿对说出总数感到困难时,教师可在点数至最后一个物体时,用手指围绕所点过的物体画一个圈,和幼儿一起说出总数。

(2)培养中班幼儿目测数群及顺接数的能力

如对一组物体数量(如画着6个苹果的图片)进行速认,让幼儿说出总数,而不需要经过逐一计数。顺接数即对于一组物体数量,幼儿先记住一组数群,然后接着往下数。

(3)培养大班幼儿按群计数的能力

如学习2个2个地数,5个5个地数。提高大班幼儿的计数速度,发展幼儿的数群概念。

2. 进行实物、点子、数字的匹配操作活动

实物卡片有具体的形象,点子卡片是由具体向抽象过渡的桥梁。卡片上的点子对幼儿来说是具体的,但点子又具有一定的概括性和抽象性。数字是抽象的符号,通过图2-19-7就可以看到它们的关系。

在教幼儿认识10以内数基数的含义时,往往运用这三种抽象程度不同的卡片设计操作活动。如看点子(数字)摆出相应数量的实物,给数量卡配数字,点子卡片与实物卡片匹配、接龙等。

3. 进行数的守恒教育,加深幼儿对基数的理解

在认识基数教育中,渗透数的守恒教育。一是通过让幼儿数不同排列形式的物体来感知数的守恒,二是设计数的守恒的操作活动。

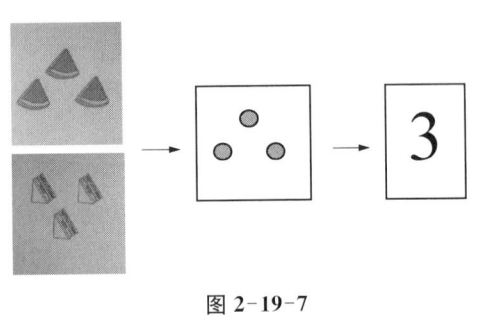

图 2-19-7

案例 1　　　　　　　　　　　**一 样 多**

李老师给每个幼儿提供了8个小雪花片,请幼儿把雪花片排成不同的样式。有的幼儿摆成花朵状,有的排成一竖排,有的排成一个圆形。然后,请幼儿点数,使幼儿体会数量不会因排列形式、空间位置的不同而发生变化。

(二) 认识序数的教育

在教育内容方面,要由易到难进行设计。如先认识第1到第5,再认识第1到第10;先学习一维角度判断物体的次序和位置,再学习二维角度判断物体的次序和位置。

1. 创设直观情境,使幼儿初步理解序数的含义

如呈现一组物体,先明确总数,然后确定每个物体在序列中的位置。教师提出如"什么东西在第几""第几是什么"之类的问题,使幼儿理解序数指的是顺序,指的是人(或动物)排的位置是第几或物品所处的位置是第几个。

2. 教幼儿从不同的方向判断物体排列次序

从不同方向判断物体的排列次序有助于幼儿思维灵活性的发展。教师要注意两点:一是应让幼儿明确从什么方向开始数;二是通过对"从不同方向数,物体所处的位置一样不一样"问题的讨论,使幼儿感知序数的方向性和相对性。

3. 在操作活动和游戏活动中感知序数

关于序数的操作活动和游戏活动很多,下面呈现一个游戏活动案例。

案例 2　　　　　　　　　**游戏"第几个玩具不见了"**

玩法:呈现一组玩具(5~6个),让幼儿依次判断第几个是什么玩具。然后要求幼儿闭上眼睛,收起来1个后,请幼儿睁开眼睛说出第几个、什么玩具不见了。

---

4. 学习区分基数和序数

幼儿基数概念和序数概念有时会发生混淆。可以通过组织与基数和序数相联系的活动,使幼儿区分基数和序数。例如下面这个"钱盒子游戏"[①]。

---

① 张慧和,张俊.幼儿园数学教育[M].北京:人民教育出版社,2004:190.

案例 3   钱盒子游戏

玩法：老师让每个幼儿取一个纸制投盒物（可以教幼儿折叠一个纸盒并剪出一个槽口而成），让幼儿每人取 5~10 个雪花片，每次投一个，一边投一边数"1、2、3、4……"，投完以后请他们说一说自己的盒子里有几个雪花片。能回答出有几个雪花片的幼儿已能区分基数与序数，而需要掀开盒子重新数一遍的幼儿还未理解序数。

（三）认识数序的教育

中班幼儿数概念发展的一个关键经验就是运用序的概念排出 10 以内的自然数列，理解数列中数的顺序和数差关系。教育活动内容可以遵循"从整体到局部的设计思路"，即先引导幼儿从整体上感知 10 以内自然数数列入手，然后再学习比较 3 个数的大小和位置关系。

1. 认识 10 以内数列的活动

认识 10 以内的数列活动，要通过幼儿的操作建构数的序列。提供如下思路的材料，让幼儿排列、体验数列中的等差关系。

（1）数字阶梯、珠梯

幼儿摆阶梯、穿珠子，排列好后，配上数字。然后说一说：第二列比第一列多 1，发现其规律是后面一列比前面一列多 1。

（2）点卡排序

提供如图 2-19-8 的材料，让幼儿把点卡按从小到大的顺序排列并配上数字。说一说：2 个比 1 个多 1 个，3 个比 2 个多 1 个……

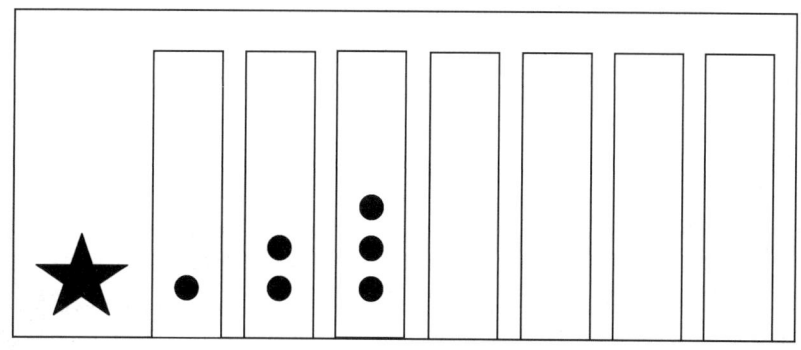

图 2-19-8 点卡排序材料

2. 认识相邻数的活动

（1）通过三组实物进行比较，理解相邻数的含义

比较时，注意以中间实物为中心，和两边的比较。通过提问启发幼儿：3 的前面是几？3 的后面是几？3 比 2 多几？3 比 4 少几？

（2）发现规律，举一反三

幼儿学习了几个数的相邻数后，教师应引导幼儿发现规律，运用规律。如学习了几个数的相邻数后，启发幼儿找出规律：一个数前面的相邻数比它少 1，后面的相邻数比它多 1。然后，根据这个规律，启发幼儿找出其他数的相邻数。

（3）在操作、游戏活动中练习

如游戏"找朋友"，发给幼儿每人一张数字卡，如要求拿数字卡片 5 的幼儿找朋友，拿数字卡片 4、6 的幼儿就要分别站在该幼儿的左边和右边。

（四）认识数的组成的教育

数的组成实质上是数群和子群之间存在着的等量关系、互补关系、互换关系的反映。学习数的组成不仅促进幼儿思维能力的发展，而且为学习加减运算奠定基础。

1. 操作为先,体验为主

幼儿掌握数的组成需经历从具体到抽象的认知发展过程。应从分合实物开始,使幼儿获得分合数的动作体验后,让幼儿观察、讲述分合过程。

> **案例 4　　　　　　　　学习"2 的组成"活动片段**
>
> 准备:每个幼儿 2 个塑料苹果,一张记录纸
>
> 过程:教师发给幼儿 2 个塑料苹果,明确总数后,要求幼儿把 2 个苹果分在两个盘子里。分好后,请幼儿说说自己是怎样分的。幼儿说:2 个苹果分在两个盘子里,一个盘子里有 1 个苹果。
>
> 向幼儿介绍分合符号,认识 2 的分合式,读作:2 可以分成 1 和 1,1 和 1 合起来是 2。

"分两份"是学习数的组成的方法之一,教师可以举一反三,引导幼儿学习 3、4 等数的组成。

2. 学习记录,进行表征

在幼儿具备了一定的数组成知识经验后,让幼儿操作探索某个数的组成形式,学习记录分合结果。

> **案例 5　　　　　　　　学习"5 的组成"活动片段**
>
> 准备:操作盒每人 1 个,记录单每人 1 张
>
> 过程:教师让幼儿按数卡上的数拿出相应个数的小实物分成两份放在操作盒并列的两格里。幼儿每次拿 5 个分两份,直到出现重复的方法为止,并在作业单上记录结果。要求幼儿看操作盒和自己的记录讲述 5 可以分成几和几,几和几合起来是 5。

3. 回归规律,提升概念

(1) 体验互换关系。分成的两个部分数,位置可以互换,总数不变。幼儿理解了数的组成的互换关系可以直接帮助他们提高思维的灵活性,并且也能够为他们在今后学习加法的交换律时提供理解的基础。如提供"扑克配对"这种思路的操作材料,两边的扑克牌可以换位置,合起来是一个总数。幼儿操作体验两边的数位置变了,合起来还是总数。

(2) 体验互补关系。总数分成的两个部分数,其中一边增加 1,另外一边就减少 1。幼儿在确定另一个部分数到底是增加还是减少时,必须以总数不变为条件,幼儿只有理解了两个部分数在总数不变的前提下而此消彼长或彼消此长后,才能真正从类包含关系的意义上来理解减法的意义,并获得可逆性思维的发展,形成数学思维的运算结构。如移动珠子,做记录(如图 2-19-9)的操作活动有助于幼儿理解互补关系。

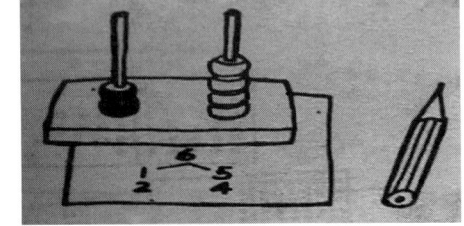

图 2-19-9　移动珠子操作材料

4. 多种形式,练习巩固

(1) 操作练习。数的组成操作练习方式多样,如操作活动分点卡(见图 2-19-10)、操作活动"盖房顶"(见图 2-19-11)。此外,还可以给幼儿提供书面填空作业单,让幼儿填写数的分合式。

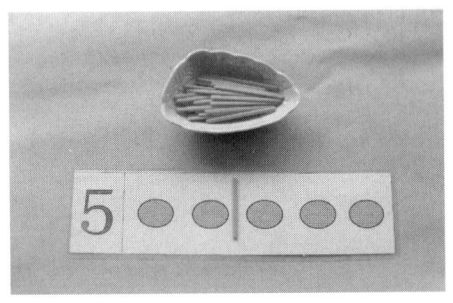

图 2-19-10　分点操作材料

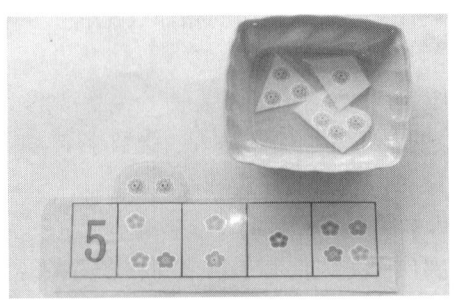

图 2-19-11　"盖房顶"操作材料

(2) 游戏活动。练习组成的游戏很多,下面列举一种。

案例 6　　　　　　　　举 卡 片 游 戏

幼儿每人一套 1~10 的数字(或点子)卡片,教师问:"6 可以分成 3 和几?"幼儿举起 3 的卡片。也可以教师举起一张卡片(总数),幼儿同时举起两张卡片,两张卡片上的数合起来是总数。

数的组成教育目标在于帮助幼儿理解和掌握总数与部分数的三种关系及分合的有序性。要重视思维方法和解决问题能力的培养,在幼儿理解了三个关系以后再来学习描述数的组成的语言。教师不要把幼儿会背组成式作为教育的重点。

(五) 认识 1~10 数字的教育

1. 正确认读数字

一是让幼儿认准字形,二是读准发音。可以通过数字歌、拼数字等活动让幼儿认识数字。此外,创设有数字的环境,使幼儿经常看到数字。

2. 理解 1~10 数字的含义

幼儿理解数字可以用来表示物体的数目,才算真正理解了数字。通过设计一些数字与数量对应的操作活动有助于幼儿理解数字的含义,如"看图圈数字"(如图 2-19-12)等。

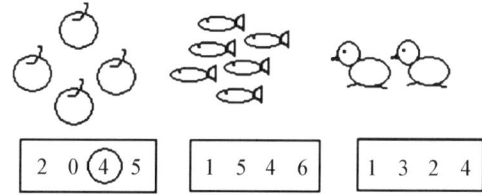

图 2-19-12　看图圈数字

3. 认识数字在生活中的用途

《指南》指出,应让幼儿感知和体会有些事物可以用数来描述,对环境中的各种数字有进一步探究的兴趣。例如:钟表上的数字告诉人们时间,日历上的数字告诉人们现在是几月几号星期几,超市里的数字告诉人们价格,天气预报中表示气温的数代表冷热等。教师可以设计如"包装袋上的数字""我家的电话号码""生活中的数字"等教育活动,使幼儿感受到数字在生活中的作用。

4. 学习书写数字

日常生活中,幼儿会遇到怎么写自己的年龄、电话号码的问题,这时让他们练习写数字的非正式活动就产生了。有的幼儿可能喜欢模仿着写钟表、日历上的数字,教师应该鼓励并适时地提供帮助。4 岁半以后的幼儿可以随意在大的纸上表征数字。正式书写数字应在大班开始。一旦教幼儿在田字格里书写数字,就要教幼儿怎样下笔和注意笔画顺序,并注意培养幼儿良好的书写姿势。

四、序数教育活动案例

对号入座(大班)

活动目标

1. 在座位图和模拟影院游戏中能根据二维坐标找到相应的位置,了解电影票上两个数字表示的意思。

2. 初步掌握看二维坐标找位置的方法。

3. 能较仔细地观察二维坐标,感受数字在生活中的作用。

活动准备

1. 自制电影票每人一张,二维坐标板每人一个。

2. 教学课件(座位图片、电影票图片等)。

活动过程

一、创设"找座位"的情境,导入活动

师:小朋友看下自己手中的电影票上有什么?你能根据数字找到自己的位置吗?

幼儿根据所持票上的数字寻找自己的座位。

二、初步了解电影票上数字表示的意思

师：你是怎样找到位置的？先看什么？再看什么？

师：票上有几个数字？看一看自己的票上有哪两个数字？

第1个数字代表什么意思？第2个数字代表什么意思？

小结：前面的数字代表的是排，第几排；后面的数字代表的是号，第几号。

请幼儿说一说自己的票是第几排、第几号。

三、播放座位图，幼儿学习从二维角度判断位置的方法

师：请小朋友看一看座位图，说一说数字表示的意思。

1. 引导幼儿观察横排座位数字1~10。
2. 引导幼儿观察纵排数字1~10。
3. 呈现一张电影票图片（2排5号），让幼儿说一说两个数字代表的意思。

四、运用操作法，进一步掌握从二维角度判断位置的方法

1. 请幼儿拿出二维坐标板，在上面画出2排5号的位置。提问：你是怎样找这个位置的？

请个别幼儿到前面展示自己画的位置，并讲一讲判断方法。

请幼儿思考自己画的位置是否正确，并进行调整。

2. 呈现另一张电影票图片（5排2号），在上面画出5排的位置。

引导幼儿区分2排5号和5排2号的区别。

请个别幼儿到前面展示自己画的位置并说一说判断方法。

3. 通过自己调整、同伴互助、教师引导的方法帮助个别幼儿掌握判断位置的方法。

五、游戏《看电影》

师：今天我们学习了找座位的方法，知道了第几排和第几号。今天就请小朋友看一场真正的电影。礼堂门口处有红色电影票，请小朋友取一张红色的票入场，找准自己的位置。

1. 幼儿取红色的电影票入场，教师作为检票员查票，帮助幼儿。
2. 播放《黑猫警长》动画片，结束活动。

活动延伸

观察真正的电影票（数字涉及两位数），在后续活动中进一步学习。

（活动方案及优质课由郑州市金水区新建幼儿园江冰玉老师设计并执教）

五、数概念区角活动案例

"数概念"材料玩法演示

活动案例

认识6（中班）

小兔拔萝卜（中班）

材料功能：巩固基数概念，按数取物。

材料投放：草地背景图一幅，5~10数字卡，萝卜卡片若干。

幼儿操作：取一张数字卡粘贴在背景图上，然后取数字卡所表示的萝卜数量粘贴在背景图上。

单数与双数（大班）

材料功能：区分10以内单数、双数。

材料投放：写有10以内数字（数字随机分散排列，每张上的数字可以是1~10，也可以是3~9，2~8等）的纸板（B5纸大小）若干张，彩色小皮筋圈若干。任务卡4张（卡片上写有单数或双数字样），放在摸箱中。

幼儿操作：在摸箱中取一张任务卡，如要求单数，就用彩色皮筋圈出所有的单数。再取任务卡换一张纸板继续操作。

翻卡片（大班）

材料功能：学习6的分合，体验部分数间的互补关系。

材料投放：6张小卡片（一面有熊猫图案，另一面纯色），6的分合记录纸一张。

幼儿操作：将6张小卡片纯色朝上排成一横排。从左边开始翻卡片，翻出一张熊猫头朝上的，在记录纸上用数字记下6分成1和5，再翻一张卡片，记录下6分成2和4，依次翻卡片记录。

思考与练习

1. 简述幼儿计数能力的发展过程。
2. 什么是基数？简述怎样让幼儿认识基数。
3. 举例说明什么是数的守恒。
4. 什么是序数？简述怎样教幼儿认识序数。
5. 简述如何进行相邻数教学。
6. 列举幼儿体验自然数列的等差关系的操作活动。
7. 什么是数的组成？数的组成中包含哪几种数量关系？

赛证真题

一、单项选择题

1. 桌面上一边摆了三块积木，另一边摆了四块积木，教师问："一共有几块积木？"从幼儿的下列表现来看，数学能力发展水平最高的是（　　）。
   A. 把前三块积木和后四块积木放在一起，然后一个一个点数
   B. 看了一眼三块积木，说出"3"，暂停一下，接着数"4,5,6,7"
   C. 左手伸出三根手指，右手伸出四根手指，暂停一下，说出7块
   D. 幼儿先看了三块积木，后看了四块积木，暂停一下，说出7块

2. 芳芳数积木，花花问她有几块三角形，芳芳点数："1,2,3,4,5,6,6个三角形。"花花又给她四块，问她现在有多少块三角形积木。芳芳边点数边说："1,2,3,4,5,6,7,8,9,10,我有十块啦！"就数学领域而言，下列哪一条最贴近芳芳的最近发展区？（　　）
   A. 认识和命名更多的几何图形
   B. 默数、接着数等计数能力
   C. 以一一对应的方式数10以内的物体，并说出总数
   D. 通过实物操作进行10以内加减法的运算能力

3. 下列幼儿行为表现中数概念发展最低的是（　　）。
   A. 按数取物　　B. 按物说数　　C. 唱数　　D. 默数

二、材料分析题

材料：教师为小班制作了一列"小火车"（见图2-19-13），在每节车厢上分别贴了不同品种与数量的"水果"标签，要求幼儿能按标签投放"水果"。雪儿看看标签，然后往不同的车厢装进与标签品种一样的"水果"，每节车厢都装满了"水果"。莉莉看着标签，并用手点数标签上的"水果"，嘴里还念着数字，然后拿出相应品种和数量的"水果"放进车厢。民民看看标签，就取出相应品种和数量的"水果"放进车厢，然后看着车厢里的"水果"，自言自语道："嗯，都放对了。"

图2-19-13　水果"小火车"

问题：（1）根据上述三名幼儿各自的表现分析其数学能力发展的水平。
　　　（2）该材料对教育的启示是什么？

实训任务

1. 从下列课题中任选一个，设计一个教学活动方案，将设计的教案在小组内进行试教，并推选代表在班级试教。

"认识序数1～5"（中班） "6的组成"（大班） "生活中的数字（中班）"

2. 结合见习、实习，测查班上若干名幼儿，调查其在口头数数、按物点数方面的发展状况，测查前做好准备（如指导语、材料等），测查时做好记录并写出分析报告。

第五课　10以内数的加减教育

数的加减实际上是对数量关系的一种运用，幼儿在生活中会遇到很多与加减有关的问题。幼儿学习10以内的加减，可以增进对周围事物的数量关系的理解，提高解决问题的能力。

一、幼儿加减运算概念的发展

（一）发展历经动作水平加减—表象水平加减—抽象水平加减

1. 动作水平加减

指幼儿以实物或图片等直观材料为工具，借助合并、分开等动作进行的加减运算。如成人口述：草地上有两只兔子（呈现教具），一会又跑来一只兔子（呈现教具），草地上一共有几只兔子？这是具体水平的加减，幼儿可以凭借观察，用计数的方法算出得数。幼儿动作水平加减发展较早，4岁左右的幼儿就能进行小数目的加减。

2. 表象水平加减

指不借助直观的实物，而依靠在头脑中呈现的物体表象进行加减运算。在其初级阶段，幼儿还要借助图片等静态形象进行运算，以后才能逐渐脱离具体的形象，依靠应用题中熟悉的生活情节唤起表象的积极活动，来理解数量关系并运算。运用表象进行加减，是幼儿学习加减的主要手段。5岁以后，幼儿处于表象水平加减阶段。

3. 概念水平加减

指直接应用抽象的数概念进行加减，无须依靠实物的直观作用或以表象为依托。如成人口述或呈现加法试题"3＋2＝？"，让幼儿进行运算。6岁左右，随着幼儿数群概念的发展，逐步达到概念水平加减。

（二）发展历经逐一加减到按群加减

1. 逐一加减

即幼儿用计数的方法进行加减运算。这种方法分为两种水平：一是先将物体合并在一起，再逐一计数它们一共是几个的方法。减法是将先要减去的物体取走，再逐一计数剩下的物体数算出得数。这种加减的方法实际上是用的计数的方法，运用的不是数群概念。二是采取顺接数和倒数的方法。

2. 按群加减

即幼儿依靠抽象的数概念进行加减运算，这时幼儿已能把所说的数或数字作为一个整体去把握，进行抽象数群之间的加减运算。

二、幼儿学习加减运算的特点

（一）学习加法比减法容易

加法是合并，减法是加法的逆运算，幼儿学习减法相对滞后的原因主要有以下三个方面。

第一，受生活经验的影响。幼儿生活中接触加法较多。

第二，受运算方法的影响。幼儿一般运用顺接数和倒数的方法计算。加法运算时，用顺着数的方法来解决，减法运算时，得用倒着数的方法计算。

第三,减法的数群关系比较复杂。加法是把两个数群合并为一个新数,在第一加数与第二加数之间无须进行比较,仅在判断"和"的正确性才涉及三个数群的关系。减法开始就需要对被减数与减数两个数群进行比较,然后又涉及被减数、减数与差三个数群的关系。

(二) 理解和掌握应用题比算式容易

应用题是根据日常生活中的实际问题,用语言表达数量关系的题目。应用题的结构包括情节和数量关系两个部分,数量关系中包括已知条件和未知条件。应用题既符合幼儿思维借助于具体形象的特点,又能引导幼儿顺利掌握10以内的加减算式运算,是幼儿学习加减需依托的形式。

三、10以内加减运算的教育内容与要求

加减运算主要是大班幼儿教育的内容与要求,具体可见表2-19-8。

表2-19-8 加减运算教育内容与要求

大　　班	1. 初步理解加法和减法的含义 2. 认识运算符号及加减算式并知道算式表示的含义,会做横式运算 3. 会解答和自编简单的口头加减应用题

四、10以内数的加减教育活动设计与指导

(一) 学习10以内数的加减

1. 创设直观情境,理解加减含义

教师列举幼儿在生活中遇到的事件,口述应用题,如"今天午餐时,亮亮吃了3个包子,明明吃了2个包子,他们共吃了几个包子?",或呈现情境——"桌子上有3辆玩具汽车,我送给小朋友1辆,桌子上还剩下几辆?",还可以利用一些动态的图片,帮助幼儿理解加减含义。

2. 让幼儿在操作中体验加减运算的含义

如教师提供塑制小动物(鸭子、兔子等),幼儿根据各自的想法摆放动物,然后讲述操作结果。幼儿在操作中获得了加减运算的动作图像,这是幼儿建立加减运算概念的基础。

3. 学习列加减算式

在幼儿操作的基础上,教师引导幼儿用算式表示。例如:草地上先跑来2只兔子,用数字2表示,后又跑来1只兔子,用数字1表示,一共是几只兔子? 用什么符号表示合起来呢? 这是加号(出现"+"号),这是什么符号(出现"="号)? 表示什么意思? 这个算式2+1=3是加法算式,怎样读? 让幼儿边看式子边说一说算式表示的意思。

学习减法算式可以参考以上方法。此外,要借助各种实物图片让幼儿分析、理解数量关系,并学习看图列算式(如图2-19-14)。

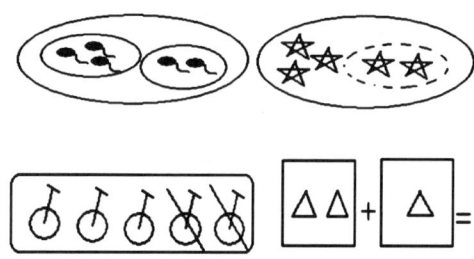

图2-19-14 加减实物图

4. 迁移组成经验学习加减

运用组成经验学习加减,可以提高幼儿的运算速度,使幼儿尽快达到抽象水平的加减运算。幼儿在学习加减运算的过程中,不会主动运用组成的经验来学习运算,需要教师的引导。如学习8的加减,先让幼儿记录8的分合式,再根据分合式列出8的加减算式。

(二) 自编简单的口头加减法应用题

1. 帮助幼儿了解并掌握应用题的结构

教师先引导幼儿讨论应用题的结构,使幼儿明确:应用题要讲一件事情,有两个数,这两个数说的是一样东西,最后还要提一个问题。

2. 提供一定的编题条件,让幼儿练习编题

(1) 提供事件和数量。例如,让幼儿看图编题,看情景表演(幼儿或教师表演)编题。图片和情景表演都含有事件与数量,幼儿只需按应用题的结构来描述就行。如图2-19-15中教师将减法应用题设计为三

图 2-19-15 减法应用题实物图

幅图,第一幅图表示的是事物原有的数量,第二幅图表现的是该事物数量的变化过程(减少),第三幅图是一个问号。幼儿通过独立地观察、讲述三幅图的内容,感知和理解应用题中的数量关系及应用题的结构。

(2) 提供事件。例如,要求幼儿编卖东西的应用题,幼儿只需思考两个数就行。

(3) 提供数量。例如要求幼儿根据一道算式编题,算式给出了已知数量,幼儿只需思考事件即可。

3. 创造性编题

创造性编题即不提供编题的任何条件,让幼儿完全根据自己的生活经验和知识编题。幼儿在编题时会出现所讲事件违背生活事实的情况,教师注意加以引导。

五、10 以内加减区角活动案例

"加减法"材料玩法演示

5 的加法(大班)

母鸡下蛋(大班)

材料功能:将具体实物加减与抽象算式建立联系,学习 10 以内加减。

材料投放:母鸡、鸡蛋模型,记录卡,笔。

幼儿操作:按自己的想法取放相应数量的鸡蛋,并将算式记录在卡片上。

破译手机号码(大班)

材料功能:练习 10 以内的加减。

材料投放:投放 11 张卡片,每一张上面写一道算式并在卡片左侧上方标上序号。11 张卡片上算式得数为一个手机号(可把手机号设为幼儿园老师的号码)。

幼儿操作:幼儿按照卡片序号一张一张算出卡片上得数并记录下来,做完 11 道试题后得到手机号。教师帮幼儿拨打号码,接听电话的教师鼓励幼儿。

开奖(大班)

材料功能:复习 10 以内加减,能准确、快速地进行计算。

材料投放:加减算式每人 10 道,1~10 数字卡片一套,放在摸箱中。

幼儿操作:两人一组。每人先看自己有哪些算式,算出每道题目的得数。一名幼儿在摸箱中摸出一张数字卡,如数字 5,则为中奖号码。每名幼儿找出得数为 5 的算式,找到相应算式即中奖。同伴相互检查。一轮结束后,重新摸出一个数字卡继续操作。

思考与练习

1. 简述幼儿加减运算能力的发展。
2. 简述如何教幼儿学习自编应用题。

赛证真题

活动设计题:阅读下面材料,进行活动设计。

材料:老师发现,大班的孩子们在玩买卖的游戏时,不管物品的价格多少总是随意地付款和收款。比如:3 元钱的东西,孩子们总是会拿 1 元、5 元、10 元的代钱币付钱;有的幼儿不计算总和,不管多少钱都随意给钱,收款的幼儿也随意收下。

问题:针对幼儿这一问题,设计教育活动计划。要求写出设计思路、活动名称、活动目标、活动准备和活动过程。

实训活动

结合见习、实习,测查大班若干名幼儿,调查其在加减运算方面的发展状况。测查前做好准备(呈现一组10以内的加减运算试题),观察幼儿运算水平并做好记录。

第六课 量概念的教育

一、有关量的基础知识

量是物体和现象所具有的可以定性区别或测定的属性,如长度、面积、体积、重量、时间、温度等。量可以分为不连续量(分离量)和连续量(相关量)。不连续量是用计数方法得到的量,如"多少"。连续量是用测量得到的量,如长度、重量、时间、温度等。

量的计量就是把要测定的量同一个作为标准的同类量进行比较。用来作为计量标准的量叫计量单位,如米、千克。用一个计量单位来计量一个量,结果得到这个量含有计量单位的若干倍,这个数值就叫作这个量的量数。

以自然物为量具(器)进行的测量称为自然测量,如用小棒测长度、用绳子测量树干的粗细。

二、幼儿对量的认知特点

(一) 幼儿对一般量的认知特点

幼儿从出生起认识事物时,就已接触到物体量的特征。但这种认识在早期带有很大的局限性,主要表现为缺乏分化和不精确。3~4岁幼儿一般能感知物体的大小和长短差异,也能用相应的词汇来表示。但对于其他量的差异还不能认识,也不会用相应的词语来表示。如对高矮、粗细、宽窄等量的差异,都笼统地说成是"大"与"小"。此年龄段幼儿对量的认识不具有相对性,把物体的量看成是物体的绝对特征,而非比较的结果。

4~5岁幼儿感知量的精确性有了很大提高,能比较精确地区分出粗细、宽窄、厚薄、轻重,并能用相应的词语表达这些量,能判断相等量,但缺乏对物体量守恒的认识。能按照递增或递减的顺序进行简单的量的排序,排序能力有了明显发展。实验证明,4岁幼儿已有80%能完成3根小棍的排序,35%能完成5根小棍的排序,但是对10根小棍的排序有较大困难。5岁幼儿,能排3个物体的达到100%,能排5个物体的已达80%,排10个物体的有55%能完成。这时幼儿的排序还依赖于感知和尝试错误,而不是运用逻辑关系认识量的关系。

5~6岁幼儿能够正确地认识并用相应的词汇描绘物体量的各种特征,精确性有了较大提高,较好理解了量的相对性。他们逐渐在逻辑的基础上理解量的序列关系,包括可逆性、传递性、相对性。能够正确地排序,并不再受知觉范围的局限,有的还学会排序的策略。他们开始学习测量,但幼儿对于测量的方法技巧还难以掌握,独立、正确地完成测量任务还有许多困难。

(二) 幼儿对时间的认知特点

时间是物质运动变化过程的持续性和顺序性,和空间一样,是物质的存在形式。时间也是客观存在的一种量,是数学研究的对象。时间具有以下几个特点。

流动性。时间是连续不断地、均匀地流动着,它和物质的运动相联系。

不可逆性。时间始终按一个顺序发展,即"时光不可倒流"。今天过去,即不会再来。

抽象性。时间没有直观的形象。人们通过某种媒介来认识、测量时间。这种媒介可以是自然界的周期现象,如昼夜的交替、季节的变化等;也可以是肌体内部的一些有节奏的生理活动,如饿了、心跳的节奏;还可以是测量时间的工具,如钟表等。

幼儿认识时间是时间知觉问题,是客观事物运动和变化的延续性与顺序性在意识中的反映。幼儿掌握时间呈现以下发展特点。

1. 对时间顺序的认识由近及远,由短周期向长周期发展

幼儿最先认识的是一日之内三个较大的时间单位,即早晨、中午、晚上,然后认识一周之内的时序,最后是对一年之内季节的认识。"一天"作为自然现象来说,周而复始地进行着,早、中、晚都有明显的时间参照物;人们也是以一天24小时为周期来调节生命活动,这种直接的生活经验,使幼儿对一天的时序容易形成时间表象。星期一、星期二……形成不了自然现象规律性变化,也没有明确的时间参照物,幼儿认识起来困难一些。幼儿对季节之间的变化顺序认知较晚,因为季节周期较长。

2. 先认知时序的固定性,然后认知时序的相对性

幼儿最初认识理解一日之内早晨、中午、晚上的时序之后,认为早晨总是第一,而不理解早晨对于昨天晚上来说,又是第二的概念。他们把时序看成孤立、静止和固定的。随着年龄的增长,逐渐理解时间顺序的相对性。

3. 对时序的理解以自身的生活经验为时间关系的参照物

时间没有直观形象,幼儿会把时间与具体的事件联系起来。如太阳出来了,妈妈上班了,这就是早上;天黑了,小朋友睡觉了,就是晚上。生活活动,作息制度,日月运行是幼儿认知时序的重要参照物。

4. 时间词语的发展与对时序的认知呈现出从不同步到统一结合的变化过程

幼儿开始使用时间词汇时并不理解它们的含义。如一个4岁孩子表达自己过生日的愿望时说:"明天我过生日。"其实他的生日还有很长时间才到,这说明幼儿对时间词语与时序认知的不同步。随着认知的发展,幼儿对表示时间的词有了理解,进一步获得时间相对性的理解,最后达到词语与时序认知相统一的水平。

三、幼儿量概念的教育内容与要求

表2-19-9 量概念教育内容与要求

年龄班	量的比较	排序	自然测量	感知时间
小班	1. 能区别大小、长短差别明显的物体并正确运用词汇 2. 能在4个以内物体中找出并说出最大(最长)的和最小(最短)的物体	能对大小、长短差异明显的4个以内物体进行正逆排序	—	初步理解早上、晚上(白天、黑夜)的含义并正确使用词汇
中班	1. 能区别并说出物体的粗细、厚薄、高矮等 2. 能从五六个大小、长短、高矮、粗细、厚薄不同的物体中找出等量的物体	能按物体量的差异(粗细、厚薄、高矮等)和数量多少进行7个以内物体的正逆排序。感知、体验量之间的相对关系	—	1. 理解昨天、今天、明天的含义,知道它们之间的关系,正确使用词汇 2. 初步体验时间与事件顺序的关系
大班	—	能按物体量的差异和数量多少进行10个以内物体的正逆排序,感知量之间的可逆、传递、双重关系	会用自然测量的方法比较物体量的差异,能正确表达测量结果	1. 认识钟表,知道表示时间的单位,学习看整点和半点 2. 认识一周各日的名称及顺序 3. 了解时间与事件顺序的关系,时间与生活、生命的关系,建立初步的时间观念

四、幼儿量概念教育活动的设计与指导

(一)感知和比较量的特征的活动

1. 让幼儿运用各种感官感知比较

幼儿对物体量的认识首先是通过各种感官感知物体量的特征,因此在比较物体的量时,要让幼儿通过

目测、触摸(手提)的方法体验物体的大小、长度、重量等方面的特征。

2. 教幼儿掌握正确的比较方法

用重叠和并放的方法来比较。如让幼儿比较两个圆片的大小时,把小圆片放在大圆片上面,从而清楚地看到大小的区别;比较小棒的长短时,并放在一起把一头对齐。

3. 鼓励幼儿用语言描述比较结果

幼儿感知和区分物体量的特征时,要求幼儿准确运用"大小、长短、粗细"来描述。还要用语言描述比较结果,如"黄球大、红球小""黄球比红球大,红球比黄球小"等。小班幼儿对使用"比"这个字感到困难,只要说出"大小、长短"等词汇即可。

(二) 排序活动

1. 什么是排序

即将两个以上的物体根据某种特征上的差异排列成序,如按物体的大小、长短、高矮、粗细、厚薄、宽窄等排序。例如把物体按从窄到宽的顺序排列;反之,也可以将物体按从宽到窄的顺序排列。相对于前者,后者可称为逆向排序(如图2-19-16)。

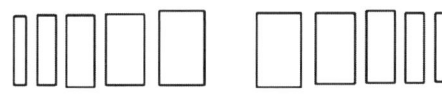

图2-19-16 宽窄正逆排序

2. 排序在幼儿数学学习中的意义

排序对幼儿学习数学知识和促进幼儿抽象逻辑思维都有积极的作用。排序时,幼儿加深了对物体量差异的比较和认识,在按照物体数量进行排序时,能够进一步理解数的序列。排序有助于发展幼儿的序列观念,理解序列中的传递性和可逆性,促进幼儿抽象逻辑思维能力的发展。

3. 排序活动指导

(1) 让幼儿明确排序的标准

教师可以提出要求,也可以让幼儿看标记排列。

案例　　　　　　　　　　　排一排(3~4岁)

目标:引导幼儿根据物体的大小排序。

准备:幼儿自备4个大小不同的球、橡皮泥团。

过程:

1. 请幼儿拿出球、橡皮泥团(3个)。

请幼儿比一比、说一说这三个球、橡皮泥团,谁最大?谁最小?谁不大不小?

先按从小到大,再按从大到小的顺序给球、橡皮泥团排队,鼓励幼儿说它们一个比另一个大,或一个比另一个小。

请幼儿将物体排好队后,从中间往两边比,说一说中间的一个比前边的一个大(或小),比后边的一个小(或大)。

2. 请幼儿拿出球、橡皮泥团(4个)。

请幼儿先从小到大,再按从大到小排队,教师巡回指导。

(2) 引导幼儿体验序列中的互逆、双重、传递等逻辑关系

在幼儿进行排序的过程中,教师要提出问题引发幼儿的思考和讨论。例如,5岁幼儿按长短把小棒正、逆排序后,教师问:"你两次排的有什么不同?"幼儿说出小棒可以从短到长排列,也可以从长到短排列,它们是相反的(体验可逆性)。可对5~6岁的幼儿提出"你怎样知道黄棍比绿棍长?"的问题(体验传递性)。

(三) 自然测量活动

1. 幼儿学习测量需具备的心理基础

幼儿理解计量的心理准备包括三个基础观念的形成:第一,要能够很好地理解和运用数概念来表示物体的数量;第二,要有长度守恒和距离守恒的观念;第三,要能理解计量就是把一个整体单位划分为许多相等的小单位。

2. 自然测量活动指导

(1) 提供测量活动的场所和工具材料。

(2) 在幼儿操作的基础上,引导幼儿掌握测量方法。开始可以让幼儿在被测量的物体上摆放量具,而后数一数有几个量具。这种方法直观一些,能帮助幼儿掌握测量方法,进一步让幼儿学习作记号的测量方法,以掌握测量的动作要领。

(3) 教幼儿对测量结果进行记录。给幼儿提供记录单,让幼儿学习记录测量结果。

五、认识时间教育活动的设计与指导

(一) 与幼儿进行关于时间的谈话

教师利用各种机会引导幼儿体验时间,并通过谈话让幼儿感知体验早晨、白天、晚上和黑夜等时间。与幼儿谈话可以是个别谈话,也可以是集体谈话。谈谈今天的活动,今天的打算,昨天的事情;也可以把明天的事情布置下去,以引发幼儿对明天的感受和体验。

(二) 在常规活动、节日活动中引导幼儿感知时间

1. 通过天气记录认识时间的顺序性

在记天气日志的活动中,让幼儿说一说"今天是星期几?今天的天气情况如何?"一周时间结束后,让幼儿总结一下本周天气情况。久而久之,加深了幼儿对今天、昨天、明天和星期的认识,理解了时间的交替和流动。

2. 制作时间画册

让幼儿把每天自己感受最深的事情画下来,写上日期,按顺序制成与时间有关的画册,教师组织幼儿看画册讲述。

3. 生日与节日倒计时

幼儿的生日是哪一天?星期几?本月有哪些节日?让幼儿在日历上做记号,在期待生日、节日到来的过程中感知时间。

此外,活动室可以放置一个钟表和挂一幅日历,适时引导幼儿多次观察,不断地认识到时间的周期性、反复性、不可逆转性和流动性等特点。

(三) 培养幼儿的时间观念

在生活中,教师要有意识地对幼儿提出完成任务的时间要求,培养幼儿的时间观念。如教师对幼儿说:"小朋友现在收拾玩具,过5分钟到外面排队。"然后教师又说:"5分钟到了,请小朋友排队。"另外,可有意识地提出要求以帮助幼儿建立良好的生活常规,如教师说:"小朋友看看几点了,现在我们该干什么了?"在有规律的生活制度里,幼儿能够提高对时间的感知水平。

(四) 引导幼儿理解时间和事件顺序的关系

认识时间的先后关系是幼儿理解时间概念的关键点。认识时间的次序关系对发展幼儿的逻辑思维,特别是形成序列观念非常重要。如让幼儿按照事物、事件发展的顺序排列图片,幼儿理解图片之间的逻辑关系的同时也理解了事情发生的时间先后顺序。像一日生活,用一系列的图片表示"吃早饭""上课""游戏""午饭""午睡"哪个在前,哪个在后。此外,给幼儿讲故事时,也可以突出时间次序,讨论故事的发展顺序。

图 2-19-17 时间顺序排序图

例如:① 请幼儿观察图 2-19-17 中的两组图片,然后按时间顺序编号。

② 请幼儿说一说为什么这样编排。

③ 和幼儿进行时间与顺序的谈话。

时间和什么样的事件顺序有关系?(如时间和动物、植物、人的生长过程有关系,按时间的顺序慢慢长大。时间和人们做一件事情的顺序有关系,先做什么,再做什么,后做什么等)

④ 请幼儿说一说自己星期六将如何度过?

（五）教幼儿认识钟表

钟表是判断时间的工具，幼儿经常有机会看到钟表。大班的幼儿对整点和半点还是能够理解的，教师可以设计认识整点和半点的教学活动。

六、量概念教育活动案例

活动案例

量概念区角活动

比较厚薄（大班）

活动目标

1. 学习辨别厚薄，能正确用词表达；在比较3个以上物体的厚薄过程中，初步理解量的相对性。
2. 能认真观察、按要求进行操作。
3. 乐于思考，体验数学游戏的乐趣。

活动准备

厚薄不同的书，操作单每人一张。

活动过程

一、比较厚薄

1. 出示2本厚薄不同的书。

师：用什么方法能知道哪个厚？哪个薄？（幼儿讨论、回答）

小结：可以用目测、手摸、放在一起比一比的方法比较。

2. 出示2本同样厚薄的书，让幼儿摸一摸、比一比，哪个厚？哪个薄？（幼儿比较后回答：两本书一样厚）

3. 出示3本厚薄不同的书，请幼儿比一比哪个最厚，哪个最薄，并将3本书从厚到薄排序。

二、操作练习

1. 提出操作要求。

引导幼儿观察操作单，请幼儿比较厚薄并在相应的空格内打"√"。

2. 幼儿操作，教师巡回指导。

3. 展示作业单，请个别幼儿说一说什么最厚，什么最薄。

三、游戏——"说相反"

玩法：边做动作，边说相反。例如，一名幼儿用手模仿棉衣的厚度说："棉衣厚。"另一名幼儿边模仿毛衣的厚度边说："毛衣薄。"可以教师和个别幼儿对答，也可以两名幼儿一组对答。

活动延伸

请幼儿在活动室中寻找可以比厚薄的东西，利用餐前、离园前的时间与幼儿交流。

 思考与练习

习题答案

1. 解释下列概念。

   量　自然测量　时间

2. 简述幼儿认知时间的发展特点。
3. 幼儿理解自然测量需具备什么心理基础？
4. 对比小、中、大班排序教育内容与要求，分析其在难度上的不同。
5. 如何对幼儿进行时间教育？
6. 扫码阅读"测量树的粗细"案例，分析幼儿学习自然测量存在的问题并提出教师的指导要点。

活动案例

测量树的粗细

赛证真题

单项选择题

在引导幼儿感知和理解事物"量"的特征时,恰当的做法是( )。
A. 引导幼儿感知常见事物的大小、高矮、粗细等 B. 引导幼儿识别常见事物的形状
C. 和幼儿一起手口一致点数物体,说出总数 D. 为幼儿提供按数取物的机会

实训活动

1. 在幼儿园实习时,选取所在年龄班的几名幼儿,让其进行从短到长的排序操作(小班5根小棒,中大班7根),观察幼儿的排序策略并记录。
2. 为中班幼儿设计一组(3种)投放于数学区的,按粗细、高矮、厚薄排序的操作材料。

第七课 空间与几何形体概念的教育

空间是客观世界物质存在的基本形式。狭义的空间概念即空间方位概念。广义的空间概念包括对各种空间变换关系的认识(如辨别物体在空间中的移位、翻转或旋转变化),以及对大小和形状的认识。

一、幼儿空间概念的教育

(一) 关于空间方位的基础知识

客观物体在空间中均占有一定的位置,并同周围的物体存在着空间上的相互位置关系,这就是物体的空间方位(或空间位置)。空间方位的辨别指人们对客观物体在空间中所处位置关系的判断,用上下、里外、前后、左右等词汇表示。空间方位具有相对性、可变性、连续性的特征。

(二) 幼儿初步空间方位概念的发展和教育内容与要求

1. 幼儿初步空间方位概念的发展

幼儿的空间方位知觉是随着年龄的增长而逐步发展的,具有明显的年龄差异,其发展趋向如下。

(1) 认识空间方位的顺序是"上下—前后—左右"

国内心理学研究普遍认为,幼儿认识空间方位的顺序是先上下、再前后,最后是左右。上下方位一般是以"天""地"为标准确定的,由此确定的人体的"头在上,脚在下"也不会改变。上下方位区别明显,而且不因方向的改变而改变,幼儿容易辨别。前后和左右的方位是有方向性的,而且随定向者自身位置的改变而发生变化,幼儿辨别比较困难,尤其辨别左右比前后更为困难。3~4岁幼儿能够辨别上下,并开始学习辨别前后。

(2) 以自身为中心向以客体为中心过渡

我们在判断空间方位时,会采取两种参照系:以主体(自身)为参照,判断客体相对于主体的空间位置关系;以客体为参照,判断客体之间相互位置关系。幼儿在辨别空间方位的过程中要经历以自身为中心逐步过渡到以客体为中心的定向过程。

幼儿最初以自己的身体为参照系认识空间方位关系。他们首先把不同的方向与自己本身的一定部位相联系:如上面是头,下面是脚,前面是脸,后面是背,右手是右边,左手是左边,是以自己身体定向为出发点的。后再以自身为中心确定相对自己的客体的位置,如"我前面有黑板,后面有桌子"。这种判断实质上仍是以自身为中心的位置定向。后幼儿逐步过渡到以客体为中心确定空间位置,如"桌子上面有书"。幼儿以客体为中心辨别上下、前后容易些,但是辨别左右比较困难。5~6岁幼儿以客体为中心辨别左右比较困难。因为幼儿必须首先在自己头脑里将身体进行180度的转弯,想象着自己站在客体的位置上才能确定出哪边是左,哪边是右,这对幼儿来说很不容易。

(3) 认识空间方位的区域逐渐扩展

幼儿最初只能够区分距离比较近的,正对着自己的前面、后面、左面、右面的物体的方位,对于方位偏

斜的物体位置,不能做出判断。随着年龄的增长,幼儿能够区分主体的斜前方、斜后方以及偏左偏右物体的方位。3~4 岁时只能辨别正对着自己的方向,5 岁左右能够辨别离自己身体比较远的物体和稍微偏离上下、前后、左右方向的物体的方位。

2. 幼儿空间方位概念的教育内容与要求

表 2-19-10　空间方位概念教育内容与要求

小　　班	中　　班	大　　班
1. 能区分、说出以自身为中心的上下、前后、里外方位 2. 能判断两个物体之间的明显的上下空间关系	1. 能区分并说出以客体为中心的物体间的上下、前后、里外的空间方位 2. 能按指定的方向(向上、向下或向前、向后)运动	1. 能区分左右方位(区分自己左、右手,自己与物体的左右方位、物体与物体的左右方位) 2. 会向左、向右运动 3. 从不同空间位置观察同一事物,体验空间位置不同,所看图像不同,能确定特定场景中物体的相对位置

(三) 空间方位概念教育活动的指导

1. 正确理解运用方位词

正确理解和运用方位词是认识空间方位关系的基础与前提,教师注意鼓励幼儿用相应的语言来表达空间方位。例如"认识上下",教师请幼儿想一想自己的上面有什么。让幼儿摇摇头,以获得对这些部位的感知,使词的获得建立在直接感知的基础上,突出"上面"这个词。在每次活动中通过提问让幼儿描述自己对空间方位的感知,学习相应的方位词。

2. 以动作、实际行动探索空间关系

幼儿对空间方位的感知、理解,需要通过实际的尝试与体验来获得。

案例 1

① 请一部分幼儿坐在小椅子上,一部分幼儿躲在桌子下,让幼儿讲出自己的位置,如:我坐在椅子上,我躲在桌子下面。

② 幼儿交换位置后,鼓励幼儿描述:我现在在桌子下,我现在坐在椅子上。

③ 布置一个柜子上下都有玩具的情景,请幼儿拿玩具,拿时说一说:我从柜子上拿了什么,我从柜子下拿了什么。

要充分利用幼儿的身体动作,如教师指令:"把皮球举过头顶,把皮球放在下面,用脚踩住皮球。"总之,要以幼儿在实际空间中的移动、观察,体验空间感。

3. 观察、预测和描述物体的空间关系,引发幼儿的冲突与讨论

幼儿对空间概念的理解从根本上说是他们对物体之间关系主动探索的结果,是他们克服自我为中心并学习从别人的立场上思考问题的结果。

案例 2

① 请两名幼儿面对面,侧面向着大家,听指令做动作,伸出右腿或举起右手。两人动作不同时让幼儿讨论到底谁对? 为什么?

② 全体幼儿面对面站成两排,一个对一个,听指令做动作。两人交换位置,做同样的动作。

教师小结:我们会按自己身体区别左右,有时还要学习按别人的身体区别,比如老师面对你们,你们叫我举左手,我该举哪边的手呢?

4. 利用生活场景丰富幼儿空间方位识别经验,引导其运用空间方位解决问题

教师要利用幼儿的生活情境,丰富幼儿空间方位的识别经验。例如,和幼儿一起识别熟悉的场所的位置(超市在家的旁边,邮局在幼儿园前面)。对于大班幼儿,可让其绘制简单的路线图。

二、幼儿几何形体概念的教育

形状是物体的一种空间存在形式,而几何形体是对客观物体形状的抽象和概括,包括平面图形和立体图形(又称几何体)。幼儿认识几何形体,能帮助他们对客观世界中的物体进行辨认,发展空间知觉能力和空间想象力,对于幼儿空间概念的形成具有促进作用。

(一) 幼儿几何形体概念的发展及教育内容与要求

1. 认识几何形体的发展

(1) 形体的感知与词的联系

幼儿认识几何形体在心理上是对图形的知觉,属于空间知觉的范畴。幼儿从感知几何形体的外部特征到能说出图形名称,经历了配对—指认—命名的过程。

(2) 形体与实物形状的联系

国外有资料研究发现,幼儿对几何形体的认识与物体形状的联系方面是这样一个过程:几何形体与实物等同(如将正方形叫手帕)—几何形体与实物作比较(如解释椭圆形像鸡蛋)—几何形体作为区分物体形状的标准(如说明灯管是圆柱体)。

(3) 感知形体的方法

幼儿认识物体的形状不仅是在视觉感知过程中实现的,同时也通过触摸的动作,并借助语言表达来实现。

(4) 幼儿认识几何形体的顺序

幼儿对几何形体的认识是先平面,再立体。研究表明,幼儿对几种常见平面图形辨认的正确率由高到低分别为:圆形、三角形、正方形、长方形。幼儿辨认其他几种形状的正确率从高到低是:半圆形、梯形、菱形、多边形。幼儿在认识立体图形时,易和平面图形相混淆。

2. 认识几何形体的年龄特点

3～4岁幼儿对图形有较好的配对能力。此阶段幼儿只对图形整体有笼统感知,不大会去注意图形的边界和特征。他们不是从特征来认识形状,而是将其和自己日常生活中熟悉的物体相对照,所以,有的幼儿会把圆形说成是"太阳",把三角形说成"小旗"。

4～5岁幼儿认识图形能力进一步发展。有研究认为,4岁是图形知觉的敏感期,幼儿扩展了认识图形的范围,能理解平面图形的基本特征,并根据特征比较不同的图形。他们开始理解平面图形的简单关系,即能对图形进行初步的分、合、拆、拼的转换。对图形拼搭活动表现出很高的积极性和一定的创造性。有相当一部分4～5岁幼儿表现出对图形守恒的能力。

5～6岁幼儿能够理解一种图形的典型特征,并在头脑中形成某个图形的"标准样式",而且能够根据图形的特征进行正确的判断。他们开始认识一些立体图形,图形组合能力有了明显的发展。

3. 幼儿几何形体概念的教育内容与要求

表 2-19-11　几何形体概念教育内容与要求

小　班	中　班	大　班
1. 感知和发现周围物体的形状是多种多样的,对不同的形状感兴趣 2. 能注意物体较明显的形状特征,并能用自己的语言描述 3. 知道什么是圆形、正方形、三角形,能根据图形的名称取出图形并说出名称	1. 在教师指导下,感知和体会有些事物可以用形状来描述 2. 能感知物体的形体结构特征,画出或拼搭出该物体的造型 3. 能感知和发现长方形、椭圆形和梯形等常见几何图形的基本特征,能不受颜色、大小及摆放位置的影响,正确辨认和命名图形,并能分类 4. 初步理解图形之间的简单关系,并能按要求进行拼搭	1. 能指认常见的几何体(球体、正方体和长方体、圆柱体),并能根据几何体的特征进行分类或排列 2. 能区分平面图形和几何体,体验平面图形之间及平面图形和几何体之间的关系 3. 初步知道等分的含义,会把一些几何形体或有规则的物体进行二等分、四等分 4. 能用常见的几何形体有创意地拼搭和画出物体的造型

(二) 几何形体教育活动的设计与指导

1. 认识几何形体的活动

(1) 在实物与抽象图形间建立双向联系

从幼儿生活中常见的实物入手,在感知实物的基础上抽象出图形。幼儿认识了图形之后,引导幼儿从生活和周围环境中寻找相应的物体。具体实物—抽象形体—具体实物,是幼儿认识几何形体的基本方法。在这个过程中幼儿叫出图形名称,就蕴含了一定的感性内容,而不是只记住了空洞的词汇。

(2) 探索发现几何形体的特征

① 通过操作发现图形特征,即让幼儿通过实际触摸、感知等发现图形特征。

案例 3　　　　　　　　好玩的球

① 请幼儿将各种球(乒乓球、小皮球)、茄子、萝卜等玩一玩,转一转,滚一滚。

② 组织幼儿讨论,并帮助幼儿总结:你发现了什么?

例如:有的东西转得快、时间长,有的转得慢、时间短。乒乓球、皮球滚得远,茄子、萝卜滚不远。为什么小皮球、乒乓球、玻璃球滚得远?(幼儿说"特别圆,很光滑"等)

③ 教师小结:这样的东西叫球体。

---

② 通过比较体验图形的特征。

平面图形间的比较。把两种相近的形体放在一起进行比较,可以使被认识的形体特征更加突出、清楚,容易为幼儿感知和掌握。如认识梯形:请幼儿拿出正方形、长方形、梯形卡片,比一比。然后将正方形卡片放在一起,把长方形卡片放在一起。再去说一说剩下的图形有什么特点。

立体图形和平面图形的比较。认识立体图形时要和平面图形比较,以让幼儿体验平面图形和立体图形的不同与关系,发展幼儿空间想象力。如让幼儿把包装盒拆开,数一数有几个面,这些面是什么形状。

(3) 开展形式多样的操作活动,加深对几何形体的认识

几何形体的操作,侧重让幼儿感知图形的特征、图形和图形之间的关系。图形操作的方式有很多,如连点画图、拼图、数图案中图形的数量等,又如制作礼品盒、用橡皮泥塑造几何体、几何体拼搭等。

2. 认识图形关系的活动

(1) 教幼儿进行平面图形的分割与拼合

认识图形间的简单关系是对已知图形的进一步认识,同时在活动中发展了幼儿的空间想象力、判断力、造型能力。

认识图形间的关系需通过对图形的分割与拼合进行。分割指的是将1个几何图形分成2个或2个以上相同或不相同的小图形。拼合是指用2个或2个以上相同或不同的图形拼成一个大图形。

图形的拼合与分割活动应由易到难进行,中班开展比较简单的拼合、分割活动,大班进行难度大的拼合活动,注意渗透整体与部分关系的教育。

(2) 教幼儿进行实物与图形的等分

在大班可开展对几何形体及有规则物体的等分活动。等分是一种特殊的分割,幼儿学习的等分形式有:二等分、四等分。学习的等分方法是:折叠法、切割法。

进行等分活动时,给幼儿提供实物或图形,启发幼儿进行探索性操作。如,给幼儿一张正方形纸,问:"怎样把图形分成一样大小的两张(或四张)?"启发幼儿找出等分的方式。等分后要求幼儿比较分后的纸的大小是否一样,并体会分后的图形比原来的小。给幼儿提供的纸的形状应是多种多样的(圆形、正方形、长方形、三角形、五角星形、心形),不同的形状等分的难易程度不同。此外,等分实物时可以给幼儿提供绳子、纸条、橡皮泥块儿等供幼儿操作。

三、二等分教育活动案例

二等分(大班)

活动目标

1. 学习把图形等分成两份,知道部分小于整体,整体大于部分。

2. 运用二等分知识,合作解决问题,体验成功的喜悦。

几何形体区
角材料设计

二等分

活动准备

1. 材料纸（圆形、正方形、五边形、心形、花形、树形等）。
2. 实物：数量不同的花生、白果、红枣等。
3. 课件：笨熊新传、部分与整体关系图。

活动过程

一、以"小熊分饼"的话题，导入活动

师：狗熊妈妈有两个孩子，一个叫大黑，一个叫小黑。一天，哥儿俩捡到一个香喷喷的圆饼。一个饼，两只小熊怎样吃呢？（幼儿答分开）小熊哥儿俩想请你们帮忙，怎样分成一样大的两份。

二、幼儿操作，初步感知二等分

幼儿一人一张圆形纸试分。然后提问：谁来告诉大家你是怎么分的？怎样证明你分的两份一样大？

三、等分其他图形，理解二等分的含义

师：这里有各种图形，请小朋友想办法把它们分成一样大的两份。

幼儿操作，教师参与小组活动，鼓励幼儿探索图形的各种分法，交流展示图形二等分的方法。先请幼儿讲述正方形二等分的各种分法。

提问：还有谁用不一样的方法把正方形分成了一样大的两份？

教师及时点评，使幼儿看到各组不同的分法。其他图形的交流讨论同正方形。

小结：通过对折，我们把这些图形分成了一样大的两个部分，这就是二等分。

四、感知整体与部分的关系

师：我们刚才用不同的方法把圆形、正方形、心形分成了一样大的两份。请小朋友看看已分出来的一半和原来的图形比，（课件演示）哪个大？哪个小？分出来的一份是原来图形的多少？（一半）

五、解决新问题——等分数量

提供花生、白果、红枣等，让幼儿等分。告诉幼儿，每个材料盒里都有一份八宝饭的配料。座位靠在一起的两个小朋友一起来分一分这些配料，分好后互相检查，看两人的配料是否一模一样。

活动延伸

在生活中引导幼儿运用等分知识解决问题。

思考与练习

1. 简述幼儿认识空间方位的发展过程。
2. 简述幼儿认识几何形体的年龄特点。
3. 什么是图形的分割与拼合？幼儿学习的等分形式有哪两种？
4. 如何对幼儿进行空间方位概念的教育？
5. 举例说明如何在生活、游戏及其他领域活动中渗透空间方位的教育。

实训任务

1. 设计一个教幼儿认识平面图形的教学活动。
2. 为大班设计一组（3种）用于数学区角活动的认识立体图形特征的操作材料。

艺 术

核心理念

艺术是人类感受美、表现美和创造美的重要形式,也是表达自己对周围世界的认识和情绪态度的特有方式。

每个幼儿的心里都有一颗美的种子。幼儿艺术领域的学习关键在于充分创造条件和机会,在大自然和社会文化生活中萌发幼儿对美的感受和体验,丰富其想象力和创造力,引导幼儿学会用心灵去感受和发现美,用自己的方式去表现和创造美。

幼儿对事物的感受和理解不同于成人,他们表达自己认识和情感的方式也有别于成人。幼儿稚嫩的笔触、动作和语言往往蕴含着丰富的想象和情感,成人应对幼儿独特的艺术表现给予充分的理解和尊重,不能用自己的审美标准去评判幼儿,更不能为追求结果的"完美"而对幼儿进行千篇一律的训练,以免扼杀其想象与创造的萌芽。

——《3—6岁儿童学习与发展指南》

第二十单元
幼儿艺术教育概述

第一课 艺术与幼儿艺术教育

艺术是指用形象来反映现实但比现实有典型性的社会意识形态,包括文学、绘画、雕塑、建筑、音乐、舞蹈、戏剧、电影、曲艺等。艺术是人类感受美、理解美、表现美与创造美的重要形式,也是表达自己对周围世界的认识和情绪态度的独特方式。

一、艺术的起源

学者从不同的角度揭示了人类艺术发生的某些条件和根据,多数美学学者都归总为五种主要的学说:模仿说、游戏说、表现说、巫术说和劳动说。下面介绍一下与幼儿艺术教育有相关的三种学说。

（一）模仿说

这是一种关于艺术起源问题的最古老的理论,发轫于古希腊哲学家德谟克里特、柏拉图、亚里士多德等人。这种学说认为:模仿是人类固有的天性和本能,艺术起源于人类对自然的模仿。在古希腊哲学家看来,所有艺术都是模仿的产物。人们通过模仿蜜蜂营巢建造出高耸入云的大厦;通过模仿黄莺学会了唱歌,继而发展了旋律、和声技巧,创造出几臻完美的歌剧交响曲等形式。我国古代也有此观点,《吕氏春秋》中记载伶伦"听凤凰之鸣,以别十二律"。

（二）游戏说

游戏说认为艺术活动或审美活动起源于人类所具有的游戏本能。这种学说的代表人是康德、席勒和斯宾塞。他们认为,人类的生命机体内储存了大量维持生命所必需的能量并有盈余,这过剩的精力需要通过发泄来达到内外平衡,于是便产生了游戏的冲动,这种游戏的冲动就是艺术创造的动机。

（三）表现说

这种学说认为艺术起源于人类表现和交流情感的需要,情感表现是艺术最主要的功能,也是艺术发生的主要动因。持这一理论的主要有英国诗人雪莱、俄国文学家托尔斯泰等,还有欧美的一些现当代美学家。在这种学说看来,原始人所有的艺术只有一个最主要的推动力,那就是他们通过各种艺术来表达他们的情感,从而促成了艺术的发生和发展。

二、艺术的本质

艺术是艺术家借助一定手段和方式对现实生活进行概括和反映。艺术反映社会生活,不是对社会生活的直接描绘,而是艺术家把个人对社会生活的理想、态度、体验等高度概括、提炼,再通过一定的形式表现出来的结果。艺术是按照美的规律创造世界,同时也按照美的规律创造自身的实践活动。因此,艺术美是艺术的核心,艺术的本质是社会生活审美性的主观反映。

三、艺术的基本形式要素

（一）音乐的基本形式要素

音乐的形式美指的是音乐四要素(音高、音强、音值、音色)所表现出来的音响美,以及曲式结构的重复、变化所造成的矛盾、冲突和有机统一的美。音乐的形式要素很多,其中与音乐审美特征联系最为紧密

音乐之美

的有节奏、旋律、音色、力度、曲式等基本的音乐形式要素。

1. 节奏

音乐的节奏是指在音乐中将时值长短和声音强弱不同的音组合在一起,音乐的节奏常被誉为音乐的"骨架"。节奏包括节拍、速度等要素,强弱、快慢、松紧是节奏的决定因素。音乐节奏的快慢可表现出不同的情感,通常快的节奏令人快乐、激动、兴奋,慢的节奏使人情绪稳定。如表现进取、激动的心情,音符时值要短,音与音之间的连接就要紧凑;而表现沉思、抒情、忧伤等情绪时,音符的时值就要长些,音与音之间的连接就要更加松弛。人对节奏的感受具有对称感,即把节奏信号归纳为对称的模式,在时程分割上是均匀对称的,如人行走时双脚交替落地以及呼吸时发"强—弱"交替的响声,这种听觉中枢的节奏对称感属于下意识的行为。在音乐中,人们有时觉得二拍子的进行曲"一强一弱"有规律地推动前进,三拍子的圆舞曲"一强两弱"有种悠扬摇荡的感觉等,这就是音乐节拍传递出来的不同感受。

2. 旋律

旋律也被称为曲调,指经过艺术构思而形成的若干乐音的有组织、有节奏的和谐运动。构成旋律有两个基本要素,即旋律线和节奏。在连续的曲调进行中,由于音高的走向而形成各种直线的或曲线的进行,这些进行类似画面中线条的伸展或起伏,故称为旋律线。旋律线可以表达音乐的情感,影响欣赏者在音乐体验中的情绪状态。如上行的旋律线暗示着紧张、激动,下行的旋律线则暗示着松弛,如果旋律线趋近平缓,则会产生宁静的气氛。观察旋律线注意从整体出发,并要结合其他音乐要素综合考虑。

3. 音色

音色是指乐器或嗓音的音质。音色有着特别的表现力,是音乐中极为吸引人,并能直接触动人类感官的重要表现手段。每一种音色都有着特殊的意味,人声中的女高音嘹亮柔美,男高音挺拔高亢,女中音浑厚温暖,男中、男低音庄重坚定,童声则清脆悦耳。乐器的音色种类更为丰富,小提琴抒情歌唱,大提琴深沉醇厚,双簧管优美甘甜,小号高昂嘹亮,长笛柔和流畅等。每件乐器都有自己独特、丰富的音色,其演奏常常使听者与某种情感信号相联系。作曲家常常通过音色的对比塑造鲜明、生动的艺术形象。在音乐童话《彼得与狼》中,作者运用各种乐器的特殊音色和性格化旋律的对比,成功地塑造出小鸟、小鸭、猫、大灰狼、老爷爷、彼得等艺术形象,使幼儿易于感知。

4. 力度

力度是指音乐的强弱程度。力度的变化对音乐形象的塑造起着重要的作用。一般来说,力度强的音乐往往反映情绪的高涨、激动,容易使人兴奋、愉悦,弱的力度往往刻画情绪的低沉、深沉,力度轻柔的则易让人安静,而渐强、渐弱、突强、突弱等力度变化,不仅容易引人注意,更能表现音乐中的形象变化。如力度渐强,造成距离越来越近的恐惧感;力度渐弱,则意味着距离越来越远,有一种距离感。法国作曲家圣·桑的组曲《动物狂欢节》中的《引子与狮王进行曲》,运用了力度变化,两架钢琴从弱到强的和弦演奏,是百兽之王的威武先导,成功描绘了狮王由远及近的情境,给欣赏者十分直观、生动的感觉体验。①

5. 曲式

曲式是指乐曲与歌曲的基本结构形式。曲调在发展过程中形成各种段落,根据这些段落形成的规律性,而找出具有共性的格式便是曲式。曲式有很多种,正如大的宫殿有大的结构,小的屋舍有小的形式一样。下面就介绍六种幼儿园音乐教育中常见的曲式结构。

一部曲式:是完整的曲式中规模最小的结构。可以由一个乐句、两个乐句、三个及三个以上乐句组成。一般有比较明显的终止式,能够表达一个完整或相对完整的乐思。

单二部曲式:包括两个部分,每个部分都由一个乐段组成。在一般情况下,两个部分的音乐材料上有对比并有着一定的联系,用图示表示为 AB。

单三部曲式:由三个部分组成,每一部分基本上都是一个乐段。单三部曲式分为两种,第一种是有再现的单三部曲式,即第三部分是第一部分的重复或变化重复,用图示表示为:ABA;第二种是没有再

---

① 程英.幼儿园音乐教育[M].福州:福建人民出版社,2013:6-7.

现的单三部曲式,即第三部分不重复第一部分,用图示表示为：ABC。

循环曲式：在两个或两个以上段落组成的乐曲中,主题反复两次或两次以上,中间插入其他部分,用图示表示为：ABAB……,ABCABC……

回旋曲式：由在曲式中占有首要意义的主部和各个不同的插部交替出现而构成。主部至少乐曲中出现三次,插部至少有两个。因此,回旋曲式至少必须具有五个部分。如：A（主部）B（第一插部）A（主部）C（第二插部）A（主部）……A（主部）。

变奏曲式：由基本主题的初步陈述及其若干次变化重复或展开所构成的曲式。如：A（主题）A′（第一变奏）A″（第二变奏）A‴（第三变奏）……

（二）美术的基本形式要素①

美术的基本形式要素主要包括造型、色彩和构图。

1. 造型

造型是美术作品的最基本元素。造型的含义可以从广义和狭义两个层面来理解。广义指一切艺术形象的塑造；狭义指美术创作中对物体外部形象特征的把握与刻画,主要体现在绘画、雕塑、建筑艺术、工艺美术等艺术种类中。

艺术造型的基本要素来自生活,但不是对生活的复制。就造型的表现形式而言,可分为具象造型和抽象造型两种形式。具象造型又可分为写实造型和变形造型：写实造型指忠实客观地描绘事物真实面目的造型,客观物象基本上按照我们日常所见的样子被反映出来；变形造型则是运用夸张、省略等方法,表现人对事物的主观认识和情感。尽管变形造型反映的对象与我们日常所见不同,但我们仍可以认出它们是处于"似与不似之间"的艺术形式。

2. 色彩

色彩是美术作品中情感的语言要素。在绘画造型艺术中,凡是以色彩为重要表现手段的艺术品,都必须通过色彩配置,形成一定的对比,以引起观赏者的注意；同时又必须通过作者的艺术处理,使这种对比达到调和,从而产生较好的艺术效果。对比的方式有许多种,最基本的对比可以从色彩的三要素中的任何一方单独形成,如红与绿、橙与蓝等色相的对比；黄与青黄、浅绿与深绿的明度对比；鲜蓝与灰蓝、鲜黄与灰黄的纯度对比。这些艺术处理也可以从三方面综合形成,如鲜艳的柠檬黄与橄榄绿布置,就同时兼具有色相、明度和纯度的对比。另一种对比是冷暖的对比：如红、橙、黄色因使人联想到温暖,一般称之为暖色；绿、青、紫能使人联想到凉爽和寒冷,故称之为冷色。红与绿、橙与青、黄与紫又称互补色,它们的并置可产生强烈的对比。色调在一幅画中起着色彩支配作用,它在表现作品主题和意境上起着很重要的作用。

3. 构图

构图是美术创作不可或缺的要素,是指创作者在一定空间范围内,对自己要表现的形象进行组织安排,形成形象部分与整体之间、形象之间的特定的结构、形式。或者说,构图是艺术的形式和结构,包含全部造型因素与手段的总和。

进行美术作品构图可以分为两个步骤。首先,要确定构图的形式线和基本线,如分割画面的线条、表现画面形象主体组合的基本形状。这些形式线和基本线成为构图的主要构成形式因素。其次,要探求构图所运用的形式美法则,如对称、重复、对比、比例、节奏等。

四、幼儿园艺术教育

艺术教育是指在艺术性的教育氛围里,教育者采用艺术性的教育教学方法,向受教育者施加以艺术为内容的教育影响,使受教育者具备基本的艺术审美素养,从而为受教育者的全面发展发挥出自身特有功能的活动②。幼儿园艺术教育是指根据幼儿艺术发展特点,在幼儿园中实施的、有目的、有计划地培养幼儿对艺术的兴趣,获得初步的艺术知识,发展幼儿艺术能力的教育活动过程。

---

① 唐燕.幼儿园教育活动设计与实施[M].上海：华东师范大学出版社,2013：327.
② 郭声健.什么是艺术教育[J].中国音乐教育.1996(1)：8-9.

第二课 幼儿艺术教育的作用与特点

一、幼儿艺术教育的作用

(一) 艺术教育促进幼儿审美愉悦与审美能力的发展

幼儿艺术教育能够有效地促进幼儿感知美和表现美的情趣。艺术是人类审美意识中最集中、最典型、最概括的表现形式,用艺术培养幼儿完善的审美心理结构具有不可忽视的作用。色彩鲜艳的图画、悦耳动听的歌曲、活泼愉快的舞蹈、妙趣横生的表演、变幻奇特的动画片等,都能唤起幼儿的美感。幼儿艺术教育以符合幼儿形象思维特点的直观、感性的方式直接感染幼儿,使幼儿得到精神上的满足与快乐,逐渐形成欣赏美、热爱美的心理倾向。

审美能力是指人们认识美、评价美的能力。审美能力包括审美感知力、审美想象力和审美理解力。审美能力决定了主体审美活动能否开展及开展的程度。审美感知力主要是指对色彩、音响、形体等艺术形式因素敏锐的识别力。审美想象力是指主体在感受艺术形式的同时,在自身生活经验的基础上,融入联想、想象,感受艺术作品所表达的内容和情节。审美理解力是指理解艺术所表达出的思想感情。幼儿在听音乐的时候,不仅感知到音乐的音高、节奏等音乐形式要素的变化,还能积极感受音乐作品所表达的内容与情感,并在情感上产生共鸣。例如:老师组织幼儿倾听用小提琴演奏的《摇篮曲》时,就可以有意识地引导幼儿在感受音乐旋律特点的同时,使之感受到音乐的优美和宁静,体验作品所唤起的如诗如梦般的美好感觉,进而产生许多联想:周围很宁静,小宝贝要睡觉了,妈妈在轻轻地唱着歌;窗外有月光,有花香,风儿在轻轻地吹;夜深了,天空中的星星在眨着眼睛;等等。

(二) 艺术教育促进幼儿艺术表现与创造能力的发展

幼儿的艺术表现与创作是指他们在头脑中形成审美心理意象,利用艺术的形式语言、艺术的工具和材料将它们重新组合,创作出对其个人来说是新颖独特的艺术作品的能力。加德纳先生在他的《艺术与人的发展》中指出,"在幼儿那里,差不多每一个孩子到了四至七岁时,在有合适环境的鼓励下,都是极富创造性的"。这就说明幼儿的艺术表现与创造是自发性的,也就是说,幼儿生来具有艺术潜能,自由哼唱和涂鸦活动几乎发生在每一个适龄幼儿的身上。在游戏中,幼儿常常会自发地用唱歌或舞蹈来进行信息的交流与情感的表达。就幼儿的艺术作品而言,他们可以表现出许多打破成人有关艺术创作的条条框框,出现一些在成人看来既可笑又非常可爱的形象。这种超常规的、独特的形象,体现出幼儿大胆的想象和创造力,带有明显的个人色彩。而艺术本身自由和不受客观规律限制的特点,为幼儿的表现与创造能力的发展提供了可以自由驰骋的广阔天地。优秀的老师往往能提供自由、宽松和充满创造气氛的环境;肯定和接纳幼儿独特的表现方式;给予幼儿情感支持,尊重并分享幼儿的创造;适当地向幼儿提供一些探索性解决问题的思路,传授一些创造性解决问题的方法;等等。

(三) 艺术教育促进幼儿身心全面和谐发展

艺术教育对于幼儿发展来说除有其本体的审美作用和表现作用,还有衍生的作用,这主要是指通过艺术活动使幼儿获得其他领域发展所需的态度、能力与知识技能,从而获得多方面的发展。艺术教育可以让幼儿在其他领域活动中利用绘画、歌唱、舞蹈、戏剧等艺术的方式来表达自己对该领域的探索及对探索结果的理解。例如:艺术活动中幼儿的右脑的音乐和图形感知、空间知觉等方面的机能得到发展,同时左脑的语言学习、分析等能力也得到发展,进而使幼儿的大脑协同运作能力得以最优发挥;艺术能让人放松和愉悦,人在愉快时,血液中可以产生有利于健康的物质,起到调整体内的平衡状态的作用,促进身体健康;随着音乐作品的节奏来做运动,能让幼儿对体育锻炼更有兴趣;在语言讲述时,运用图画的方式,可以更直观地帮助幼儿理解文学作品的意义和情感表现;在艺术作品的欣赏中,幼儿能更直观地获得有关社会生活与社会文化的知识;艺术活动还能够给幼儿提供大量的人际交往和合作交流的机会,促进幼儿与他人以及社会环境之间的相互理解、交往与合作。

幼儿艺术教育的特点

二、幼儿艺术教育的特点

（一）审美性

幼儿艺术教育强调的是艺术的审美本质。3～6岁幼儿审美能力的发展，是开展艺术教育活动的基本依据。在艺术教育活动中，应把握幼儿的审美特点，以审美感知的培养、审美情感的激发为出发点，遵循将审美的特殊性贯穿于感受、表现和创造等活动形式之中。为了实现艺术教育的审美特点，教师应为幼儿选择富有审美趣味和意境的艺术作品和材料；在设计艺术活动时，应注意从艺术本身的审美特点出发，使内容、形式和方法相适应，唤起幼儿的审美情感和体验；同时，应营造良好的审美环境。

（二）游戏性

游戏是由幼儿的内在需要引发的愉快活动，对幼儿的发展具有特殊的价值。幼儿的游戏与艺术活动是统一、未分化和融为一体的，幼儿的游戏中包括了艺术的萌芽。可以说，幼儿的艺术是从幼儿的游戏里直接发展而来的。例如：一个孩子最初可能是因为生气而跺脚，但过了一会，他对自己的跺脚行为产生了兴趣，觉得好玩，于是重复这个动作，并修改它们，动作变得越来越自由和优美，渐渐转变为如舞蹈一般的活动；幼儿在玩泥巴的最初阶段，只是用手感受着泥巴的自然属性，慢慢地开始拍打、抓揉，在不断的探索中偶然出现了造型，并逐步改进，最终形成了泥塑作品。这些自发的艺术活动给幼儿带来了极大的愉悦，形成了积极的艺术态度。在艺术兴趣的驱动下，幼儿主动投入到艺术活动之中。正因为游戏性使艺术活动最接近幼儿的天性，最易引发和维持生动活泼的学习气氛，所以教师应该努力将游戏和玩耍的成分自然地渗透在整个艺术教育情境之中，从而使幼儿能自觉自愿、快乐地投身于艺术学习之中。

（三）整合性

幼儿艺术教育的整合符合幼儿身心发展规律。幼儿发展心理学的研究表明：早期幼儿的经验是一个尚未分化的整体。霍斯曼在《艺术与学校》一书中指出：一个不需要增加学习时间、教师数量和设备，却能扩充艺术课程的方法，就是使整个艺术教育课程一体化。就像语言教学能把听、说、读、写综合起来一样，艺术教学也可以把视觉艺术、听觉艺术和触觉艺术等融为一体。[1]

幼儿艺术教育的整合性有两层含义，即艺术领域内的整合、艺术与其他领域活动的整合。艺术领域内的整合指的是幼儿艺术教育中艺术领域内各分支学科（音乐、美术、舞蹈、文学、戏剧等）间的整合。艺术与其他领域活动的整合指的是艺术与幼儿园其他领域教育建立联系，以促成幼儿人格的全面发展。

思考与练习

1. 艺术的本质是什么？
2. 艺术的形式要素包含哪些方面？
3. 简述幼儿园艺术教育的作用。
4. 简述幼儿园艺术教育的特点。
5. 结合艺术教育的本质和作用对案例"多多学琴"进行分析。

多多学琴

实训任务

1. 从音乐情绪、内容和形式要素三方面分析音乐《小手爬》《野蜂飞舞》《啤酒桶波尔卡》《茉莉花》。
2. 从美术情绪、内容和形式要素三方面分析民间艺术"泥泥狗"、徐悲鸿的《奔马》、凡·高的《星月夜》。

---

[1] 郭声健.艺术教育论[M].上海：上海教育出版社，2001：162.

第二十一单元 幼儿艺术能力的发展

第一课 幼儿音乐能力的发展

音乐能力是指人们在从事音乐欣赏、演唱、演奏、创作等音乐实践活动中所表现出来的本领和个人的音乐感、节奏感、音乐听觉表现等个性心理特征。主要包括两方面：音乐感受力和音乐表现力。音乐感受力是音乐听觉能力和节奏感的综合，即幼儿在教师的引导下通过聆听，分辨音的高低、长短、强弱、音色、曲式等形式要素特征，进而感知、领会、想象、思考音乐形象和内容，在感情上引起共鸣的能力。音乐表现力是指在音乐感受能力的基础上把自己对音乐的理解和感受通过自己的声音、动作等方式表达出来的能力。

幼儿在不同发展阶段，在音乐欣赏活动、歌唱活动、韵律活动、演奏活动中的音乐能力各有不同，下面将从这四个方面进行阐述（参见表2-21-1至表2-21-4）。

一、幼儿音乐欣赏能力的发展

表2-21-1 各年龄阶段幼儿音乐欣赏能力

项目	3～4岁	4～5岁	5～6岁
倾听	1. 自发倾听生活中的各种声音，并能主动分辨和描述 2. 能自发地倾听音乐	1. 能听出音色、音区、速度、力度、节奏的变化 2. 能听出乐段、乐句间的重复和变化	能感受较为复杂的器乐曲的结构、音色等
理解	1. 理解歌曲的歌词内容，能借助想象和联想来理解乐曲的内容 2. 能理解性质鲜明的音乐情绪	1. 能区分音乐的不同情绪 2. 能感受舞曲、进行曲、摇篮曲等乐曲的不同风格和特点	1. 对音乐情绪、情感的理解更加细腻和富有个性 2. 能初步理解音乐的曲式结构
创造性表现	1. 能用身体动作表达对音乐的理解，并尝试与别人不同 2. 能用简单的语言表现音乐	能用表情、绘画对音乐进行表现	能用更丰富的形式对音乐进行表现

二、幼儿歌唱能力的发展

表2-21-2 各年龄阶段幼儿歌唱能力

项目	3～4岁	4～5岁	5～6岁
歌词	能较完整地再现短小的歌曲（8小节），并有意识地记歌词	能较完整地再现篇幅较长的歌曲（20小节以内）的歌词	能较完整地再现较复杂的歌曲的歌词
音域	$d^1 \sim g^1$	$c^1 \sim b^1$	$c^1 \sim c^2$
节奏	四分音符、八分音符 $\frac{2}{4}$拍 $\frac{4}{4}$拍	二分音符、附点音符 $\frac{3}{4}$拍	切分节奏、弱起 $\frac{6}{8}$拍

续　表

项目	3～4岁	4～5岁	5～6岁
音准	走音、说歌	有伴奏情况下,基本唱准旋律	能掌握大三度、小三度、纯四度、纯五度的音程
呼吸	肺活量小、呼吸较浅	能按乐句和情绪的要求换气	气息保持时间延长,能较自然地换气
声音表情	能用速度、力度、音色的变化来表现歌曲的情绪和内容	能较细致地表达出歌曲的情感	能通过音乐要素的对比变化,表现出不同的情绪情感体验
合作协调	1. 能在音色、力度等方面调节自己的声音和集体保持整齐统一 2. 能掌握简单的对唱和接唱	1. 初步会用自然好听的声音与集体保持一致 2. 能初步听前奏、间奏进行歌唱	1. 有较强的合作意识和能力,会自觉监控自己的声音与集体保持协调 2. 能掌握轮唱、二声部合唱等合作的歌唱表演形式
创造性表现	能用替换歌词的方法进行字数相等歌词创编	能进行部分歌词（词组、短语等）的创编	即兴地哼唱自己创编的简短小曲

三、幼儿韵律能力的发展

表2-21-3　各年龄阶段幼儿韵律能力

项目	3～4岁	4～5岁	5～6岁
动作	1. 模仿性强,喜欢模仿动作 2. 不移动的单纯上肢或下肢动作,简单的上下肢配合的动作	1. 较多地掌握移动动作 2. 能在乐句之间变换动作	1. 可接受有一定难度的舞蹈动作与其动作组合 2. 自如地变换上、下肢动作的速度及幅度
随乐能力	1. 会自发地跟着音乐拍手、跺脚、扭动 2. 动作能随音乐的变化而改变	1. 能较明显地区分各种音乐节奏的特点 2. 动作更加放松,更有节奏感和均匀性	1. 能够用动作对较复杂的附点、切分等节奏做出反应 2. 能用动作反映音乐的音色、速度和力度
合作协调	1. 能通过做相同的动作或"镜面动作"的方式来与同伴相互协调 2. 能找到较空的、合适的空间进行活动	1. 能主动用动作与同伴进行合作、交流 2. 集体活动中能与伙伴共享空间不发生碰撞	1. 能用动作、表情和眼神与同伴交流 2. 照顾到小组与小组间的空间和谐
创造性表现	能用动作表现音乐、表达自己的情感、表现事物等	开始用基本动作和模仿动作进行创编	用较丰富的动作语汇创造性地表现音乐

四、幼儿演奏能力的发展

表2-21-4　各年龄阶段幼儿演奏能力

项目	3～4岁	4～6岁
乐器操作	1. 能掌握一些主要用大肌肉动作来演奏的乐曲。如：串铃、铃鼓、碰铃、圆弧响板、大鼓等 2. 愿意探索同一乐器的不同演奏方法 3. 能初步学会按需要调整演奏力量	1. 能逐步学会使用小肌肉动作演奏乐器。如：用振臂的方法演奏串铃、沙球；用手指捏奏的方法演奏圆弧响板等 2. 能熟练掌握熟悉乐器各种不同的演奏方法 3. 能按需要控制、调整用力方式和用力强度,奏出所需要的音量和音色

续 表

项目	3~4岁	4~6岁
随乐能力	1. 初接触打击乐活动时，幼儿的随乐意识和随乐能力都很差 2. 3岁末，能够基本合拍地随乐演奏，并具备了初步的随乐意识	1. 能自如地用简单的节奏跟随音乐齐奏，还能初步学会用两种以上不同节奏型跟随音乐合奏 2. 能看指挥手势的即兴变化随乐演奏
合作协调	1. 演奏时，能整齐地开始和结束 2. 能理解简单的指挥手势，并按指挥意图做出反应	1. 多声部合奏中能主动关注整体音响的协调 2. 能迅速理解各种指挥手势并积极准确地做出反应
创造性表现	1. 能够为熟悉的、性质鲜明的音乐形象选择比较合适的乐器和演奏方法 2. 用不同的音色表现乐段和乐句结构	1. 能掌握一些最基本的节奏型，并用不同的音色配置方案表现这种节奏型 2. 运用节奏、音色、速度、力度进行创造性表现的热情和能力增强

第二课 幼儿美术能力的发展

美术能力的发展是开展幼儿美术教育的基础。幼儿美术能力的发展一般可以从美术欣赏能力、绘画能力和手工能力三个方面进行阐述(参见表2-21-5至表2-21-7)。

一、幼儿美术欣赏能力的发展

表2-21-5 各年龄阶段幼儿美术欣赏能力

本能知觉期(0~2岁)	感知形象期(2~7岁)
对颜色和形状的视觉偏爱完全出于生理性的本能直觉。（颜色方面偏爱纯度高、亮度高的色彩，形状方面偏爱清晰复杂、对比鲜明的轮廓外形）	1. 对作品内容的感知先于对作品形式的感知 2. 能够初步感知作品的形式审美特征(线条与形状的感知；色彩的认知和感受；空间构图的感知；作品风格的感知)

二、幼儿绘画能力的发展

表2-21-6 各年龄阶段幼儿绘画能力

项目	涂鸦期(1岁半~3岁)	象征期(3~5岁)	图式期(5~7岁)
线条造型	1. 无意涂鸦：不规则与偶然性 2. 控制涂鸦：直线、斜线、曲线、锯齿线等 3. 命名涂鸦：线条符合与具体形象有一定的联系	造型由几何图形(符号)和线条组合而成。典型代表"蝌蚪人"	1. 线条流畅，造型轮廓清晰 2. 能表现出物体的基本特征，注意物体细节的表现
色彩	依据喜好或偶然选择色彩	依据自己的喜好和简单的色彩搭配知识选择色彩	能注意到物体的固有色，选用色彩趋于现实
构图	—	罗列形象，无刻意安排	1. 注意物体大小比例 2. 能用垂直与水平关系作画 3. 能用基底线表现空间位置 4. 形象之间有一定相互联系
构思	—	1. 造型的目的性不明确 2. 一形多义	1. 有明确的构思 2. 尝试表现情节或事件

三、幼儿手工能力的发展

表 2-21-7　各年龄阶段幼儿手工能力

无目的活动期(2~4岁)	基本形状期(4~5岁)	样式化期(5~6岁)
1. 无明确表现意图 2. 对不同质地的材料感兴趣，并在玩的过程中体验造型 3. 满足于操作的过程	1. 有一定表现意图 2. 从手掌动作发展到手指动作，塑造形象更加丰富 3. 注意动作的结果	1. 有强烈的表现欲望 2. 能借助一定的物体进行有细节的物象造型 3. 能够比较熟练地使用各种手工技能(揉、搓、捏、挖、粘、连接、编织、扎、染等)

> **思考与练习**
>
> 1. 想一想，作为一名幼儿园教师为什么要熟识幼儿艺术能力的发展特点？
> 2. 简述幼儿音乐能力的发展。
> 3. 简述幼儿美术能力的发展。

第二十二单元
幼儿艺术教育的目标与内容

第一课　幼儿艺术教育的目标

一、《幼儿园教育指导纲要(试行)》艺术领域总目标[①]

《纲要》明确规定了我国幼儿园艺术教育的总目标：
(1) 能初步感受并喜爱环境、生活和艺术中的美；
(2) 喜欢参加艺术活动，并能大胆地表现自己的情感和体验；
(3) 能用自己喜欢的方式进行艺术表现活动。

《纲要》艺术领域目标的价值取向以情感为本，从人体审美角度来看待艺术对幼儿的重要性，不再注重知识与技能的传授，而更加注重幼儿情感的培养和自我表达与精神创造的满足。艺术教育不仅要引导幼儿关注艺术中的美，还涵盖了环境与生活中的美，要引导幼儿在社会环境与生活中发现美、感受美、表现美。为能达到这一目标，《纲要》中还列出了幼儿园艺术教育的教育要求与指导要点。

教育要求：
(1) 引导幼儿接触生活中美好的事物和感人事件，丰富幼儿的感性经验和情感体验；
(2) 引导幼儿欣赏艺术作品，激发幼儿表现美和创造美的情趣；
(3) 提供自由表现的机会，鼓励幼儿大胆运用不同的艺术形式表达自己的经验、感受和体验；
(4) 指导幼儿利用身边的物品和废旧材料制作各种玩具、工艺装饰品，体验创造的乐趣；
(5) 为幼儿创造展示自己作品的条件，引导幼儿相互交流、理解和欣赏。

指导要点：
(1) 艺术是幼儿的另一种表达认识和情感的语言。幼儿艺术教育应在引导幼儿接触生活中的美好事物、丰富幼儿的感性经验和情感体验的基础上进行；
(2) 艺术活动是一种情感和创造性活动。幼儿在艺术活动过程中应有愉悦感和个性化的表现。教师要理解并积极鼓励幼儿与众不同的表现方式，注意不要把艺术教育变成机械的技能训练。

二、《3—6岁儿童学习与发展指南》艺术领域分年龄阶段目标[②]

《指南》艺术领域分为感受与欣赏、表现与创造两个子领域，四方面核心经验目标，共 31 条各年龄阶段目标，并对每一核心经验提出了教育建议(参见表 2-22-1 至表 2-22-4)。

(一) 感受与欣赏

表 2-22-1　目标 1　喜欢自然界与生活中美的事物

3～4 岁	4～5 岁	5～6 岁
1. 喜欢观看花草树木、日月星空等大自然中美的事物 2. 容易被自然界中的鸟鸣、风声、雨声等好听的声音所吸引	1. 在欣赏自然界和生活环境中美的事物时，关注其色彩、形态等特征 2. 喜欢倾听各种好听的声音，感知声音的高低、长短、强弱等变化	1. 乐于收集美的物品或向别人介绍所发现的美的事物 2. 喜欢模仿自然界和生活环境中有特点的声音，并产生相应的联想

[①] 中华人民共和国教育部.幼儿园教育指导纲要(试行)[M].北京：北京师范大学出版社，2001：7-8.
[②] 中华人民共和国教育部.3～6岁儿童学习与发展指南[M].北京：首都师范大学出版社，2012：58-64.

【教育建议】

1. 和幼儿一起感受、发现和欣赏自然环境和人文景观中美的事物。如：

- 让幼儿多接触大自然，感受和欣赏美丽的景色和好听的声音。
- 经常带幼儿参观园林、名胜古迹等人文景观，讲讲有关的历史故事、传说，与幼儿一起讨论和交流对美的感受。

2. 和幼儿一起发现美的事物的特征，感受和欣赏美。如：

- 让幼儿观察常见动植物以及其他物体，引导幼儿用自己的语言、动作等描述它们美的方面，如颜色、形状、形态等。
- 让幼儿倾听和分辨各种声响，引导幼儿用自己的方式来表达他对音色、强弱、快慢的感受。
- 支持幼儿收集生活和自然中喜欢的物品，并和他们一起欣赏。

表 2-22-2　目标 2　喜欢欣赏多种多样的艺术形式和作品

3～4 岁	4～5 岁	5～6 岁
1. 喜欢听音乐或观看舞蹈、戏剧等表演 2. 喜欢观看绘画、泥塑或其他艺术形式的作品	1. 能够专心地观看自己喜欢的文艺演出或艺术品，有模仿和参与的愿望 2. 欣赏艺术作品时会产生相应的联想和情绪反应	1. 艺术欣赏时常常用表情、动作、语言等方式表达自己的理解 2. 愿意和别人分享、交流自己喜爱的艺术作品和美感体验

【教育建议】

1. 创造条件让幼儿接触多种艺术形式和作品。如：

- 经常让幼儿接触适宜的、各种形式的音乐作品，丰富幼儿对音乐的感受和体验。
- 和幼儿一起用图画、手工制品等装饰和美化环境。
- 利用传统节日和民间庆典的机会，带幼儿观看或共同参与传统民间艺术和地方民俗文化活动，如皮影戏、剪纸和捏面人等。
- 有条件的情况下，带幼儿去剧院、美术馆、博物馆等欣赏文艺表演和艺术作品。

2. 尊重幼儿的兴趣和独特感受，理解他们欣赏时的行为。如：

- 理解和尊重幼儿在欣赏艺术作品时的手舞足蹈、即兴模仿等行为。
- 当幼儿主动介绍自己看过的或喜爱的舞蹈、戏曲、绘画或工艺品时，要耐心倾听并给予积极回应和鼓励。

（二）表现与创造

表 2-22-3　目标 1　喜欢进行艺术活动并大胆表现

3～4 岁	4～5 岁	5～6 岁
1. 经常自哼自唱，喜欢模仿有趣的动作、表情和声调 2. 经常涂涂画画、粘粘贴贴并乐在其中	1. 经常唱唱跳跳，喜欢参加歌唱、律动、舞蹈、表演等活动 2. 喜欢用绘画、捏泥、手工制作等方式表现自己的所见所想	1. 积极参与艺术活动，有自己比较喜欢的活动形式 2. 能用多种工具、材料或不同的表现手法表达自己的感受和想象 3. 艺术活动中能与别人相互配合，也能独立表现

【教育建议】

1. 创造机会和条件，支持幼儿自发的艺术表现和创造。

- 提供丰富的便于幼儿取放的材料、工具或物品，支持幼儿进行自主绘画、手工、唱歌、表演等艺术活动。
- 经常和幼儿一起唱歌、表演、绘画、制作，共同分享艺术活动的乐趣。

2. 营造安全的心理氛围，让幼儿敢于并乐于表达表现。如：

- 欣赏和回应幼儿的哼哼唱唱、模仿表演等自发的艺术活动，赞赏他独特的表现方式。
- 在幼儿自主表达创作过程中，不做过多干预或把自己的意愿强加给幼儿，在幼儿需要时再给予具体的帮助。
- 了解并倾听幼儿艺术表现的想法或感受，领会并尊重幼儿的创作意图，不简单用"像不像""好不好"等成人标准来评价。

- 展示幼儿的作品,鼓励幼儿用自己的作品或艺术品布置环境。

表 2-22-4　目标 2　具有初步的艺术表现与创造能力

3~4岁	4~5岁	5~6岁
1. 能模仿学唱短小歌曲 2. 能跟随熟悉的音乐做身体动作 3. 能用声音、动作、姿态模拟自然界的事物和生活情景 4. 能用简单的线条和色彩大体画出自己想画的人或事物	1. 能用自然的、音量适中的声音基本准确地唱歌 2. 能通过即兴哼唱、即兴表演或给熟悉的歌曲编词来表达自己的心情 3. 能用拍手、踏脚等身体动作或可敲击的物品敲打节拍和基本节奏 4. 能运用绘画、手工制作等表现自己观察到或想象的事物	1. 能用基本准确的节奏和音调唱歌 2. 能用律动或简单的舞蹈动作表现自己的情绪或自然界的情景 3. 能自编自演故事,并为表演制作简单的服饰、道具或布景 4. 能用自己制作的美术作品布置环境、美化生活

【教育建议】

尊重幼儿自发的表现和创造,并给予适当的指导。如:

- 鼓励幼儿在生活中仔细观察、体验,为艺术活动积累经验与素材。如观察不同树种的形态、色彩等。
- 提供丰富的材料,如图书、照片、绘画或音乐作品等,让幼儿自主选择,用适宜自己表现的方式去模仿或创作,成人不做过多要求。
- 根据幼儿的生活经验,与幼儿共同确定艺术表达表现的主题,引导幼儿围绕主题展开想象,进行艺术表达。
- 肯定幼儿作品的优点,用表达自己感受的方式引导其提高。如"你的画用了这么多红颜色,就像过年一样喜庆""你扮演的大灰狼声音真像,要是表情再凶一点就更好了"等。

华爱华教授在对《指南》的解读中指出:《指南》以幼儿对艺术的积极态度即艺术兴趣,和幼儿艺术能力即审美感受能力与表现和创造能力两个方面的发展为目标。"喜欢自然界与生活中美的事物""喜欢欣赏多种多样的艺术形式和作品""喜欢进行艺术活动并大胆表现""具有初步的艺术表现与创造能力"这四个目标相辅相成,尤其强调幼儿艺术兴趣的养成。因为积极的艺术学习态度是开展艺术活动的内在动力,是艺术感受能力与表现能力的前提,而艺术感受能力和艺术表现与创造能力的提高又进一步加强了幼儿对艺术的兴趣。目标中连用了三个"喜欢"词语进行表述,明确了对幼儿艺术兴趣培养的重要性。而现实误区是重技能,轻感受;重技能,轻表现。一日复一日的绘画技能训练,使得幼儿丧失了艺术兴趣。

《指南》艺术领域从感受与欣赏、表现与创造两个方面,强调让幼儿学会发现和感受自然界与生活中美的事物,让幼儿欣赏多种艺术形式和作品,萌发对美的感受和体验;鼓励和支持幼儿自发的艺术表现和创造,培养初步的艺术表现能力与创造能力。在教育建议方面,着重强调要在日常生活中萌发幼儿对美的感受和体验;要充分理解和尊重幼儿的艺术想象、表现和创造,不用成人的审美标准去评判幼儿,不追求技能训练。

第二课　幼儿艺术教育的内容

一、幼儿音乐教育的内容

幼儿音乐教育的内容主要包括音乐欣赏、歌唱活动、韵律活动和演奏活动四个部分。此外,还有音乐游戏、以音乐为主线的综合艺术活动等多种形式。

（一）音乐欣赏

音乐欣赏是幼儿在聆听周围环境的各种乐音、倾听音乐作品、观赏音乐表演活动中对音乐进行感受、理解和表达的一种审美活动。在幼儿园音乐教育活动中,歌唱活动、韵律活动及演奏活动都包含音乐欣赏的因素,都离不开幼儿对音乐形式要素的感受与理解。因此,音乐欣赏是幼儿进行音乐表现的基础。

（二）歌唱活动

歌唱活动是指运用嗓音进行的艺术表现活动。其中包括:演唱带有曲调和歌词的歌曲、自由哼唱、节奏朗读、说唱表演等。歌唱活动能促进幼儿合理使用嗓音，保护发声器官，运用良好音色的方式有感情地进行歌唱；还能用歌唱的方式自娱自乐和合理地表达自己的情感。

（三）韵律活动

韵律活动指伴随音乐进行的肢体动作的艺术表现活动。主要包括律动和舞蹈两种类型。韵律活动能发展幼儿肢体动作的表现性与协调性；发展幼儿肢体动作的探究能力与创造性表达能力；满足幼儿交往的需要以及与空间环境的互动、协调。

（四）演奏活动

演奏活动是指通过身体乐器和简单打击乐器进行的艺术表现活动。幼儿的身体是一个天然的乐器，幼儿从小就喜欢探究身体发出的各种声音，并尝试创造出各种节奏。而打击乐是最早为人类所掌握的乐器之一，对于主要使用大肌肉动作的幼儿来说，它们是最自然、最简单，也是最容易从中获得快乐的乐器。演奏活动能提高幼儿听辨与用音色和节奏进行表现的能力，发展幼儿探究演奏方式进行自我表达的能力，培养幼儿合作意识与协调能力。

二、幼儿美术教育的内容

幼儿美术活动一般可分为美术欣赏、美术创作两部分。

（一）美术欣赏

美术欣赏活动是在教师的引导下，幼儿通过对自然景物、周围环境中美好事物和美术作品的认识与欣赏，了解对称、均衡、变化等形式美的初步概念，感受其内容美和形式美，体验艺术美的快乐，萌发审美情趣的一种审美活动。

（二）美术创作

幼儿美术创作活动是幼儿运用自己的眼、脑、手，用自己喜欢的方式对外界事物进行视觉操作、心理操作和动手操作，从而提高自己的视觉思维能力、视觉创作能力和操作能力的美术活动。幼儿美术创作活动一般包括绘画和手工两个方面。

绘画活动是幼儿使用笔、纸等绘画工具和材料，运用线条、形状、颜色、构图等艺术形式语言创造出视觉形象的一种教育活动。绘画是幼儿的一种自我表达方式。

手工活动是幼儿使用不同的手工工具和材料，运用折、剪、撕、粘、塑等手段制作出平面的或立体的物体形象的一种教育活动。

思考与练习

1. 简述《幼儿园教育指导纲要》艺术领域的目标。
2. 结合《3—6岁儿童学习与发展指南》艺术领域的内容，分析《指南》中艺术教育的基本理念。
3. 幼儿园艺术教育的主要内容是什么？
4. 案例分析：阅读下面案例，结合《指南》的目标与要求说一说幼儿艺术表现的特点，应如何评价幼儿艺术的作品。

案例1

小班幼儿拿着粗细不同的黑线笔，在纸上画画，当他们无意中画出长线、短线、粗线、细线、转弯的线时，老师带着赞赏的口吻说："哦！这是长长的线，这是雨点的线，这线跑得真快呀……你真行，能画出这么多种线来。"并用鼓励的口吻说："你能画排得很整齐的线吗？""能。""你可以在粗粗的线旁边加上细细的线吗？""可以。"孩子们的回答充满兴奋和信心，他们在"乱画"中思维更活跃，手更灵活。

案例2

小班美术亲子活动中，阳阳拿着笔，看着白纸："妈妈，画什么呀？"妈妈指着不远处的爸爸："就画爸爸吧！"十多分钟后，阳阳兴致勃勃地举着作品："妈妈，爸爸，我画好啦！""那是什么呀？乱七八糟的，黑乎乎的，什么都不像！"爸爸生气地责备起来。阳阳原本兴奋的小脸被伤心和失望覆盖了，妈妈赶紧打圆场："我看看，怎么看不到爸爸啊？"儿子委屈地说："爸爸在抽烟，呛死人了，谁也看不见他！"

案例选自《〈3～6岁儿童学习与发展指南〉案例式解读》

第二十三单元
幼儿音乐活动设计与指导

第一课　幼儿音乐欣赏活动的设计与指导

一、幼儿音乐欣赏活动的设计

幼儿音乐欣赏活动设计的基本流程：选择与分析内容—确定活动目标与重难点—设计辅助材料—设计活动过程—整理活动准备。

（一）音乐欣赏活动的内容

1. 倾听周围环境的各种音响

自然界的各种声音：如风声、雨声、蛙鸣鸟啼声、泉水的叮咚声等。

日常生活中的各种声音：如洗碗声、炒菜声、风扇声、钥匙晃动声、关门声、风吹窗帘声等。

人体发出的各种声音：如拍手、捻指、跺脚等用各种不同的方法弄响自己的身体所发出的声音。

2. 倾听音乐作品

在音乐欣赏活动中，音乐作品可以不受幼儿演唱和动作表达的局限，选材范围可以广泛一些，体裁形式也可以多样一些，有利于扩大幼儿的音乐视野，从较深、较广的范围对幼儿进行音乐教育。供幼儿欣赏的音乐作品有歌曲、器乐曲、戏曲等。

（二）音乐欣赏活动作品的选择与分析

1. 音乐欣赏作品的选择

为幼儿音乐欣赏活动选择音乐作品，总体上应具备审美性、教育性、适宜性、多样性。

审美性主要指音乐作品要有较强的艺术性，音乐形象鲜明，在听觉、视觉等方面都能给欣赏者以审美的享受。

教育性主要指音乐作品的艺术形象应积极向上，有助于陶冶与丰富幼儿的心灵，激发幼儿热爱生活的愿望，熏陶幼儿健康的审美情趣。

适宜性主要指音乐作品所表达的内容、形象与情感，应贴近幼儿的生活，易为幼儿感受与理解。音乐作品的形式应比较简单，结构单纯工整，篇幅较短。其中，为小年龄幼儿选择的音乐作品中歌曲的比例可适当增多，歌词简单明了，主题鲜明，如《打电话》《小燕子》等；乐曲的形象宜鲜明单一，篇幅短小，如《拍球》是描写拍球的节奏与快乐，《大象与小鸟》中的大象与小鸟的音乐形象对比十分鲜明。这些作品，低年龄的幼儿能很快感受、理解与表现。为中、大年龄的幼儿选择的音乐作品可适当增加器乐曲的比例，无标题音乐的比例也可适当增加，音乐的长度可适当增长，且音乐形象可以更加丰富。但是要贴近幼儿生活经验与理解水平，符合幼儿倾听、理解能力的发展水平，如《动物狂欢节》中的许多音乐，描绘了许多可爱、栩栩如生的动物形象，很受中、大年龄班幼儿的欢迎。

多样性是指提供给幼儿欣赏的音乐作品的内容、题材、表现形式、风格应丰富多样，以扩大幼儿的音乐视野，丰富他们听音乐的经验。[①]

2. 音乐欣赏作品的分析

一是对音乐本身的把握，包括音乐的形式和内容两个方面。在了解作品背景和充分倾听音乐的基础

---

① 程英.幼儿园音乐教育[M].福州：福建人民出版社，2013：49.

上,不仅要分析音乐的形式、表现手段,如乐曲中乐器的音色特点、力度速度特点、节奏节拍特点、旋律的行进形态和曲式结构等,还要分析音乐的情感体验和所表现的内容。

二是对作品内涵的教育价值的把握,不仅要求教师有较高的音乐素质,还要有正确的教育观和幼儿观。只有这样,才能较好地为幼儿选择适宜的音乐作品,才能在教育过程中有效地将音乐作品的教育潜力转化为促进幼儿全面发展的动力。

3. 节选改编音乐的方法[①]

(1) 节选片段:选取作品中相对独立的片段。例如:贝多芬第九交响乐第四乐章中的《欢乐颂》主题;海顿第94交响乐第二乐章中的《惊愕》主题;约翰·施特劳斯《拉德斯基进行曲》ABA结构中的A部分;刘铁山等的《瑶族舞曲》中第一乐段的第一主题等。这些片段结构完整,有完满的结束感,形象鲜明生动,长度也比较适中,完全可以满足前述的选材条件。

(2) 压缩结构:删减作品中的某些部分,而保留另一些相对独立的部分。如聂耳的《金蛇狂舞》,原作品的结构是"引子-A-B-A-引子-A-B-A-B-A",现将其中的重复部分删去,就构成了"引子-A-B-A"的新结构,实际上也就是将原曲压缩成了一个单纯的带有引子的单三部曲作品。再如奥尔特的《钟表店》,原作品的结构是"引子-A-B-A-过渡-C-A-尾声"。在为3~4岁幼儿选择音乐时,可以只选其中的"引子-A-尾声";在为4~5岁幼儿选择音乐时,可以只选"引子-A-B-A-尾声";在为5~6岁幼儿选择音乐时,可以将C段中的其他部分删除,仅保留其中的慢板部分,并以这个慢板部分代替原结构中的C段音乐,构成一个新的"引子-A-B-A-C-A-尾声"结构的作品。这些作品经压缩以后,结构变得单纯而清晰,长度也变得较为适中,也就比较容易为学前儿童所接受了。

(三) 确定音乐欣赏活动的主要目标

1. 确定音乐欣赏活动目标应考虑的方面

① 初步感受和理解音乐作品所表达的基本情绪、塑造的音乐形象和主要内容等。

② 初步感受音高、音色、力度、节奏、旋律等多种音乐形式要素表现的意义。

③ 能够对音乐展开联想和想象,并能用自己喜欢的多种方式大胆、自由、富有个性地表现自己对音乐美的感受与体验。

④ 养成良好的倾听习惯,能够在生活中喜欢并主动倾听音乐,不断积累音乐经验。

2. 小、中、大班幼儿音乐欣赏的主要目标

(1) 小班幼儿音乐欣赏的主要目标

- 学会初步感受音乐,积累一定的音乐经验,在老师的引导下能够安静地倾听音乐。
- 初步感知音乐特点鲜明的歌曲和乐曲,理解其基本的内容与情绪。
- 倾听表现单一形象的乐曲,感知音色、力度、速度、节奏、旋律等音乐形式要素的作用。
- 尝试展开简单的联想、想象,并能够用动作、语言等方式对音乐进行表现。

(2) 中班幼儿音乐欣赏的主要目标

- 养成安静、专心地倾听音乐的良好习惯,并能边听边想;能够感知和理解歌曲的内容、基本情绪,以及不同风格。
- 能够感知两首差别明显的音乐形象的乐曲,或比较感知不同性质、不同风格的乐曲。
- 听辨音色、力度、速度、节奏、旋律等多样化的音乐形式要素,并感知乐曲是如何运用这些形式要素进行表达表现的。
- 尝试描绘音乐形象,并用动作、语言、绘画等多种方式进行表现。

(3) 大班幼儿音乐欣赏的主要目标

- 能够初步欣赏音乐和创造性地表现欣赏的感受,要培养幼儿欣赏音乐的情趣和良好的习惯。
- 能够理解、欣赏歌曲的内容和基本情绪与不同演出形式的艺术美。
- 能够通过比较来欣赏不同性质、不同风格的乐曲。
- 能够感受比较复杂情节的乐曲,感受音乐形式要素是如何推进情节、表达情感的。
- 能够想象音乐形象与情节的发展,并能够用舞蹈、戏剧表演、文学、美术等多种方式创造性地表现。

[①] 许卓娅.学前儿童音乐教育[M].北京:人民教育出版社,2010:187.

(四) 音乐欣赏活动辅助材料的选择与使用

受年龄特点和知识经验、音乐经验所限,幼儿在音乐欣赏的过程中一般很难像成人那样仅仅通过安静倾听的方式来获得对音乐的感性体验或理性思考。因此,在音乐欣赏活动中需要使用辅助材料,帮助幼儿更好地感受和理解音乐作品。音乐欣赏的辅助材料一般有动作材料、语言材料、视觉材料。

1. 动作材料

动作材料是指能符合音乐的性质,能反映音乐的节奏、旋律、结构、内容和情感等的身体动作,可以是节奏动作、模仿动作、舞蹈动作,甚至是滑稽动作等。在选择动作辅助材料时,需注意动作与音乐的性质要相符,但不必太强调具体动作的统一性;另外,动作必须简单,使幼儿比较容易表现。如在欣赏圣·桑的《水族馆》时,可以通过模仿动作——小鱼游与快速逃跑的对比,帮助幼儿感受与表现音乐 AB 两段情绪、形式要素的变化。

2. 视觉材料

视觉材料是指形象具体地反映音乐的形象、内容、结构、节奏特点的可视材料,可以是图片、图谱、幻灯片、视频或玩教具等。在选择视觉辅助材料时,需注意提供的视觉材料本身的线条、构图、造型、色彩、形象等必须与音乐的性质相吻合。如在欣赏贺绿汀作曲的《森吉德玛》音乐的 A 段时,提供一幅色彩淡雅、安谧宁静而辽阔的草原风光图;而进入 B 段音乐时,展现一幅色彩热烈、画面富有动感而热闹的牧原赛马图。

3. 语言材料

语言材料是指富有音乐所表达的意境的形象性的有声文学材料,可以是故事、散文、诗歌或儿歌、童谣等。在选择语言辅助材料时,需注意语言材料应与音乐的情感基调相一致,同时应注意文学材料本身的审美性,并能为幼儿所熟悉、理解和喜爱。如欣赏舒曼的《梦幻曲》时,辅以冰波的童话《梨子小提琴》,有利于幼儿更好地感受和理解音乐的意境,达到音乐与情感间的有效沟通与交流。

(五) 音乐欣赏活动活动过程的设计

幼儿园音乐欣赏活动的设计应遵循先感受再表现的原则。为了帮助幼儿更好地感受与表现音乐,进入音乐美好的境界,音乐欣赏的设计模式应逐步多样化。每种模式各有优势,并有与其相适宜的音乐作品类型、幼儿的音乐水平和教师的教学风格,教师应根据具体情况灵活选择,也可交替使用。

1. "整体入手层层深入"模式

(1) 导入,引出主题,萌发欣赏的愿望。

(2) 初次整体欣赏音乐作品。形成个体对音乐作品情绪与内容的整体感性认识和初步印象,并进行交流。

(3) 反复完整欣赏音乐作品。结合辅助材料反复地整体欣赏音乐作品,理解音乐形式要素。

(4) 完整欣赏并表现音乐作品。在充分感受和理解音乐作品后,采用肢体动作、音乐游戏、表演、舞蹈、乐器演奏等各种方式进行表现与表达。

该设计模式注重幼儿对音乐作品整体情绪、形象与内容的感受和理解。"整体入手层层深入"模式适合结构比较紧密、变奏式的音乐作品。教师在使用该设计模式时应注意幼儿对音乐的感受和表现由浅入深,从简单的语言入手到肢体动作、线条、色彩再到韵律动作、表演、游戏、美术创作、乐器演奏等。

案例 1   **音乐欣赏活动"蝶儿双双飞"(大班)**

活动目标

1. 感受乐曲《化蝶》优美抒情的旋律,能随音乐玩蝴蝶找朋友的游戏。

2. 尝试借助图谱分辨乐句,合拍地做蝴蝶飞舞的动作,并会在句尾处与找到的朋友做出表示亲密友好的动作造型。

3. 知道根据空间大小控制自己蝴蝶飞的动作幅度,体验与同伴合作游戏的快乐。

活动准备

经验准备:幼儿已认识蝴蝶,会在《小白船》音乐的伴奏下用小碎步及手臂上下摆动的动作表现蝴蝶飞舞的姿态。

物质准备:小提琴协奏曲《梁山伯与祝英台》节选《化蝶》,红、黄、蓝、绿、紫等不同颜色的圆片粘贴卡若干。

活动过程

一、律动导入

复习律动"蝴蝶飞",回忆蝴蝶飞舞的动作。教师带领幼儿随《小白船》音乐扮演小蝴蝶,做蝴蝶飞的动作进入教室。

师:春天来了,蝴蝶被美丽的春天吸引,飞来采花粉了。(鼓励幼儿按照三拍子的节奏上下翻飞"翅膀")

二、感受乐曲

1. 倾听音乐《化蝶》,尝试借助故事理解游戏情节。

教师讲述"两只蝴蝶"的故事,引导幼儿初次倾听音乐。

师:春天来了,在美丽的花园里,有两只美丽的蝴蝶是好朋友,它们从小一块长大,一块学习,一起游戏,相亲相爱。可是天上的雷公和电母很嫉妒这两只蝴蝶,于是就想用打雷、闪电还有狂风和暴雨将这一对好朋友分开。但是这两只蝴蝶很勇敢,一点也没有被吓倒,始终坚持在一起。这件事情被太阳公公知道了,就赶走雷公和电母,让这一对好朋友永远在美丽的花园里相亲相爱地生活、游戏。有一首好听的音乐说的就是这两只蝴蝶在一起找到朋友、飞舞游戏和相亲相爱的事情。让我们一起来听一听。

2. 再次倾听音乐,借助故事理解游戏情节(前奏找朋友,中间每句乐句时两只蝴蝶结伴飞舞,句末时做个友好、亲近的造型)。

提问:音乐的什么地方告诉你小蝴蝶是在找朋友?什么地方是两个好朋友在一起飞舞、游戏?什么地方是和好朋友一起摆个幸福、友爱的造型?

3. 感受音乐优美抒情的旋律,借助图谱分辨乐句。

(1)出示图谱,再次感受音乐,分辨乐句。

师:有一幅图说的就是"两只蝴蝶"的事情,我们来边听音乐边看图谱,想想,两只蝴蝶一共做了几次飞舞和相亲相爱的动作呢?

(2)教师指图帮助幼儿分辨乐句,并引导幼儿在每一句的句末拍一次手表示要做造型。

(3)两两结伴听音乐做蝴蝶飞的动作,并在乐句句末做友好亲近的造型。

三、玩游戏"两只蝴蝶"

1. 教师创设游戏情境:在美丽的花园里开放着鲜艳的花朵,小蝴蝶们请翩翩起舞和好朋友做游戏吧。

2. 教师引导两名幼儿示范游戏,并提醒幼儿在前奏时找到相同标记的朋友,在乐句结束时和朋友合作摆出造型。

玩法:一半幼儿在场地中间当小蝴蝶休息,另一半幼儿听着前奏边飞边找相同颜色标记的小蝴蝶做朋友。主旋律开始后,两个好朋友随音乐按乐句一下一下地转圈飞舞,在每个乐句句末做一个相亲相爱的造型。

3. 幼儿交流摆放的各种造型,可以调换圆片标记,再次游戏。

2. "局部入手层层累加"模式

(1)导入,引出主题,萌发欣赏的愿望。

(2)从音乐作品中最具特色的片段入手,集中进行感知体验,形成初步的音乐形象。

(3)逐个累加,逐步扩展对音乐的感知体验。

(4)感知、体验整个音乐作品的完整形象和情绪。

(5)在完整欣赏音乐的同时,进行创造性的表达。

"局部入手层层累加"模式适合含有独立而鲜明的主题形象或乐句的音乐作品。

3. "整—分—整"模式

(1)导入,引出主题,萌发欣赏的愿望。

(2) 完整欣赏音乐作品。先形成个体对音乐作品情绪内容的整体感性认识和初步印象,再借助教师提供的辅助材料初步感受和理解音乐作品的形象与内容,并交流自己的感受。最后根据教师对音乐的介绍,形成对音乐情绪与内容的初步认识。

(3) 分段欣赏音乐作品。充分感受和理解音乐的各个细节部分。在每段欣赏后,借助辅助材料感受和理解音乐作品的形式要素,并在教师的引导下适当借助语言、动作等方式表达与交流对作品的理解和想象。

(4) 完整欣赏并表现音乐作品。再次完整欣赏音乐作品,并在教师的引导与支持下创造性地运用语言、动作及图画等方式,大胆地表现自己对音乐的感受与理解。

该设计模式既关注整体又注重细节,组织脉络清晰,教师容易调控幼儿学习的整个过程,幼儿也能从中获得音乐审美经验及相关音乐知识。"整—分—整"模式比较适合音乐作品结构层次清晰、各段落对比较为明显的音乐作品。

4. "一一匹配"模式

(1) 导入,引出主题,萌发欣赏的愿望。

(2) 结合教师出示的非音乐材料,感知、理解将要从音乐中感知和体验到的音乐形象、内容。

(3) 倾听音乐,通过集体探索、讨论,将音乐和非音乐的材料一一相互匹配。

(4) 尝试用表演、游戏等各种表现方式,完整表现音乐作品。

该设计模式中的非音乐材料可以是图片、动作、视频、教具、乐器、游戏等,因此这种模式比较直观生动。"一一匹配"模式适合于音乐形象鲜明的音乐作品,以及年龄较小的幼儿。

案例 2   **音乐欣赏活动"小水滴的仲夏夜"(大班)**

活动目标

1. 初步感受音乐 ABC 的结构,体验乐曲轻松欢快的旋律及有趣的情节。
2. 根据音乐内容自由创编各种身体动作,进行表现。
3. 积极参与音乐活动,并能在活动中愉快进行交流。

活动准备

经验准备:幼儿对水的三态变化有一定的了解。

物质准备:音乐《小水滴的仲夏夜》,表现音乐内容的图片,flash 动画、课件、多媒体设备。

活动过程

一、律动入场

师:水珠宝宝们,看,天黑了,我们要睡觉了。

二、情景导入主题

师:哎呀,天太热了,水珠宝宝们睡不着,他们要找一个凉快的地方,你们猜他们到哪里乘凉了?

师:小水珠们跑到冰箱里凉快了。他们跑到冰箱里后,开始觉得很舒服,可是忽然他们发现自己的身体变硬了,就赶快跑了出来。

师:它们觉得自己身体变硬了,有劲了,会跳了,跑出来会干什么呢?请你们来听一听。

三、倾听与感受

1. 幼儿完整欣赏音乐,教师提问关于音乐的内容。
2. 幼儿看课件欣赏全曲,用语言表达音乐内容。

四、分段欣赏音乐,体验音乐细节

1. 出示音乐情节图片,理解图片内容。
2. 分段欣赏音乐。

欣赏引子部分,选择相应图片。

欣赏 A 段音乐,选择相应图片。

欣赏 B 段音乐,选择相应图片。

欣赏 C 段音乐,选择相应图片。

五、想象与表现,幼儿分组表演
1. 幼儿自由分配角色进行表现。
2. 分享动作经验。
3. 幼儿选择相应的道具(纱巾、铃鼓等),完整游戏。
4. 以故事情境自然结束。

(设计者:河南省郑州市实验幼儿园张莉)

二、幼儿音乐欣赏活动的指导要点[①]

(一) 引导幼儿感受倾听环境中的声音

在我们生活的环境周围,到处都充满着各种音响:虫鸣鸟叫声、狂风呼啸声、雨水滴答声、交通工具声、厨房各种用具发出的声音等,这些音响与人们语言的音调以及民歌都是音乐家音乐语言的重要来源。深受幼儿喜爱的歌曲、乐曲,就有很多是模拟小动物、自然界声响以及交通工具等的象声语汇与音响材料。如果我们从小培养幼儿对生活中的各种声音有敏锐的感觉与细微的辨别能力,就能为他们欣赏音乐作品打下良好的基础。因此,教师应充分利用一切机会,自然地、有意识地引导幼儿倾听生活中的各种声音,丰富幼儿对声音的感性经验、审美经验与艺术表现语汇,逐步培养幼儿具有审美的耳朵、审美的眼睛以及审美的心灵。

(二) 以听觉感知与体验为主,引导幼儿多通道参与音乐欣赏活动

音乐是听觉的艺术,没有声音就没有音乐。音乐正是依靠声音的高低、长短、强弱、音色等基本特性,通过旋律、节奏、力度、速度、音色、结构形式等表现手段来描述客观世界、表达人的思想情感。因此,倾听是音乐欣赏的基础,音乐欣赏应以听觉通道的参与为主。心理学理论告诉我们,人在认识一个具体事物的过程中,开放的感知觉通道越多,人对该事物的认识就越全面、越丰富、越深刻。音乐认识也不例外。所以,教师在音乐欣赏活动中,在幼儿充分倾听、感知与体验音乐的基础上,应创设各种条件,引导幼儿的听觉、视觉、运动觉等多种感知觉共同参与到音乐的感受和体验中,对音乐作品进行全方位、多层面的感知与体验。

(三) 尊重幼儿对音乐进行个性化的理解和表现

艺术是无限开放的。音乐作品的意义不是固定不变的,同一音乐作品,在不同时代、不同场合、不同欣赏者的心中,都会显现出新意义。在幼儿欣赏音乐作品的过程中,每个幼儿都有一套自己的解读,每个幼儿对音乐都有独特的感悟与体会。因此,音乐欣赏活动不再是教师独白、传递信息的过程,而是创设情境,引导幼儿以自己的理解方式去解释信息、师幼共同参与交流碰撞的过程。在引导幼儿欣赏音乐作品、与音乐大师对话的过程中,教师应当拥有生成、开放的教学观,淡化活动过程中的预成性与统一性,克服那种对音乐作品约定俗成的解释和对艺术表演技能的模仿,注重欣赏过程中的再生性与多元性,不以有限的结果去锁定无限的对话进程。

(四) 创设"浸润"式的日常生活音乐环境

"浸润式"音乐欣赏教育就是通过创造良好的音乐环境,让幼儿反复听优美的音乐,使幼儿在潜移默化中理解和体会音乐的美。幼儿园可以在一日生活中贯穿音乐旋律,可在幼儿来园时播放轻声悦耳的音乐,使幼儿一入园就进入一个舒适、愉快的音乐艺术环境,激发幼儿愉快的情感;进餐、吃点心时,播放一些优美、轻松的背景音乐,以增强幼儿食欲,如同给幼儿的食谱增添维生素一样创造愉快的进餐氛围,养成幼儿自然不说话的习惯;体育锻炼时也可配以音乐,用音乐指挥幼儿,激发幼儿的运动愿望,调整活动量,提高锻炼的兴趣;午睡时为了消除幼儿午睡恐惧,播放些轻柔、宁静、抒情、舒缓的音乐,让幼儿安静进入梦乡;在幼儿午睡起床时,可播放清新、悦耳的音乐,唤醒幼儿,让幼儿醒来时有好心情;在幼儿离园期间,可以播放优雅、抒情的音乐,放松幼儿的心情,引发幼儿对幼儿园生活的依恋。

[①] 程英.幼儿园音乐教育[M].福州:福建人民出版社,2013:65.

第二课 幼儿歌唱活动的设计与指导

一、幼儿歌唱活动的设计

幼儿歌唱活动设计的基本流程：选择与分析歌曲—确定活动目标—选择新授歌曲教唱方法—设计活动过程—整理活动准备。

（一）歌唱活动的内容

1. 歌曲

歌曲是用音乐的方式演唱出来的一种文学。在幼儿园中，幼儿不仅可以演唱成人专门为幼儿创作的歌曲，还可以演唱传统的童谣以及由幼儿们自己创作或即兴创作的歌谣。节奏朗诵也是一种艺术语言与音乐结合的艺术表演形式，是既深受幼儿喜爱又易于为幼儿接受的歌唱活动材料。

2. 歌唱的表演形式

不同的歌唱形式可以表达出歌曲不同的演唱效果和艺术感染力。幼儿歌唱的形式主要分为七种。

（1）齐唱，指两个以上的人在一起整齐地唱同一首歌曲，它是幼儿歌唱活动的一种最主要形式。

（2）独唱，指一个人单独地歌唱或独自表演唱。

（3）接唱，指按照一首歌曲的几个乐句，由幼儿分组轮流接唱或者教师与幼儿轮流接唱歌曲。

（4）对唱，指在演唱问答式的歌曲时，由幼儿与幼儿或者教师与幼儿之间各自唱歌曲中的问句和答句。

我爱我的小动物

```
5 6 5 4 3 1 | 3 2 2 3 5 - | 3 3 3  5 5 5  | 3 3 2 2 1 - :||
1.我爱我的小羊，小羊怎样 叫？     咩咩 咩、咩咩 咩、咩咩咩咩 咩。
2.我爱我的小猫，小猫怎样 叫？     喵喵 喵、喵喵 喵、喵喵喵喵 喵。
3.我爱我的小鸡，小鸡怎样 叫？     叽叽 叽、叽叽 叽、叽叽叽叽 叽。
4.我爱我的小鸭，小鸭怎么 叫？     嘎嘎 嘎、嘎嘎 嘎、嘎嘎嘎嘎 嘎。
```

方案一：甲问：⋯⋯⋯⋯⋯⋯⋯⋯⋯⋯⋯⋯乙答：⋯⋯⋯⋯⋯⋯⋯⋯⋯⋯

方案二：甲问：⋯⋯⋯⋯⋯⋯⋯⋯⋯⋯⋯⋯小组（集体）答：⋯⋯⋯⋯⋯⋯⋯

方案三：小组问：⋯⋯⋯⋯⋯⋯⋯⋯⋯⋯⋯⋯小组（集体）答：⋯⋯⋯⋯⋯⋯⋯

（5）轮唱，指两个声部按一定间隔（一小节或者两小节）先后开始唱同一首歌曲，在歌唱结尾处第一声部重复间隔的部分，与二声部同时结束歌唱。

萤火虫

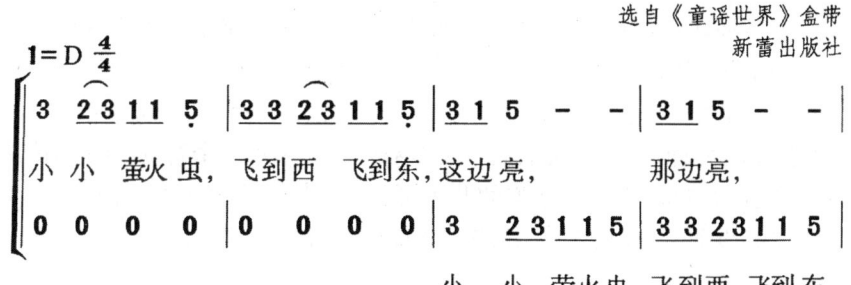

选自《童谣世界》盒带
新蕾出版社

```
‖: 3 3  3 1  5̣ 2 | 1 - - - :‖  3 3  3 1  5̣ 2 | 1 - - - ‖
    好像 许多 小灯 笼。             好像 许多 小灯 笼。
    3 1  5 - - | 3 1  5 - - :‖  3 3  3 1  5̣ 2 | 1 - - - ‖
    这边 亮，      那边 亮，       好像 许多 小灯 笼。
```

（6）合唱，指两个以上声部同时演唱的集体歌唱形式，适宜幼儿的合唱形式一般有以下三种。同声式：是指两个声部的旋律、和声相同，在演唱时一个声部唱歌词，另一个声部用同一旋律唱衬词；或者是一个声部用哼鸣的方式唱旋律，另一个声部按歌曲的节奏朗诵歌词。填充式：是指一个声部唱歌词，另一个声部在歌曲的休止或延长音部分唱适当填充式的词曲。音型伴奏式：主要声部唱原歌词，另一个声部演唱类似"固定音型"的歌曲材料。

（7）歌表演，指一边歌唱一边做身体动作表演。身体动作既可以表现歌词内容、情绪，也可以表现歌曲节奏。

3. 歌唱的简单知识和技能

姿势：身体自然站直，眼睛平视，双肩放松，两臂自然下垂，两脚自然分开。坐着歌唱时不将椅子坐满，不靠在椅背上。

发声：用自然的声音唱歌，下巴放松，嘴巴自然打开。

呼吸：自然吸气，均匀用气，吸气时不耸肩、不出声、不仰脖，按乐句规律来换气。

咬字、吐字：咬准字头，引长字腹，收准字尾。

音准：注意听伴奏唱歌，不大声喊叫，听唱配合，唱准音高，不跑调。

协调一致：与他人唱歌时不突出自己的声音，不抢拍，在音量、音色、节奏等方面保持协调以及声音表情、脸部表情和动作的协调一致。

保护嗓音的知识：懂得自我保护，不大声喊叫唱歌，不长时间连续唱歌，不在剧烈活动中和活动后唱歌，生病时不唱歌，不在空气污浊的环境中唱歌，不迎风唱歌。

不同类型的合唱

歌表演"好孩子要诚实"①

（二）歌曲的选择与分析

1. 歌曲的选择

为幼儿选择的歌曲，总体上应具备审美性、教育性、适宜性以及丰富性与多样性的要求。

审美性是指为幼儿歌唱活动所选择的歌曲，应符合音乐艺术审美的基本要求。一方面，歌曲的旋律应优美动听，能吸引幼儿学唱的兴趣，给欣赏者与演唱者美的享受。另一方面，歌曲的歌词具有艺术美，即歌词或朗朗上口、极具韵味，或优美抒情，或幽默诙谐、富有情趣。

教育性是指为幼儿选择的歌曲应该都是健康向上的，能激发幼儿对生活的热爱与向往，培养幼儿高尚美好的品行。如歌曲《小娃娃跌倒了》，幼儿无论在欣赏歌曲还是在演唱过程中，都能够感受到小娃娃跌倒时难过的心情及小朋友去帮助她后的快乐心情，从而体验到关心、帮助别人的快乐；歌曲《国旗红红的哩》，幼儿在欣赏歌曲时，能够萌发对祖国的热爱之情，在演唱歌曲过程中能够表达自己的爱国情感。

适宜性是指为幼儿选择歌曲，应适合他们歌唱能力的发展水平，并在此基础上逐步促进其歌唱能力的发展。歌曲适宜性包括歌词和曲调两个方面。

歌词的选择有三方面要求：第一，歌词要为幼儿熟悉、理解和接受；第二，歌词结构应相对简单，多有重复，有象声词，有发展余地，满足幼儿自由创编的需要；第三，歌词形象鲜明，易于用动作或游戏表现。

曲调的选择应注意下面四点：第一，音域适合幼儿。第二，歌曲速度适中。一般以中速或中速稍快、稍慢为宜。第三，节奏、节拍简单。第四，旋律相对平稳。第五，结构短小工整。一般小班幼儿的歌曲以 2~4 个乐句为宜，长度一般在 8 小节左右。中大班幼儿的歌曲以 6~8 个乐句为宜，长度为 16~20 小节。第六，词曲关系较简单。4 岁以前的幼儿所唱歌曲大多数是一个字对一个音的，像说话一样；4 岁以后可以逐步掌握一个字对两个音的词曲关系；5~6 岁幼儿还可逐步掌握一字多音的词曲关系。

丰富性与多样性是指歌曲的题材、形式、情绪与风格应丰富多样。

---

① 由郑州幼儿师范高等专科学校学生王湘楠示范。

2. 歌曲的分析

首先是对歌曲本身的分析,包括对歌曲情绪、内容、形式、风格以及演唱技巧等方面的分析。幼儿歌曲的情绪主要有欢快的、优美的、激昂的、悲伤的、幽默的等;幼儿歌曲的形式主要从节奏节拍、速度力度、旋律、符号等方面进行分析;幼儿歌曲的风格有舞曲、抒情曲、进行曲、劳动曲。

其次是对歌曲重难点的分析。在了解本班幼儿现有歌唱能力发展水平的基础上,找出该歌曲的重点与难点,并思考解决、突破的方法与策略。如歌曲《老鼠画猫》的重点是幼儿对歌词内容的理解与记忆,而难点是其中滑音的演唱。教师可以通过故事、提问、讨论等方式,帮助幼儿理解老鼠为什么要把猫的眼睛画小、小爪画少、小腿画短、胡子画翘、牙齿一个也不能要,并通过边唱边画的方式帮助幼儿理解、记忆歌词;同时,教师可以通过范唱、绘画的箭头提示,以及手势等方式,帮助幼儿突破演唱滑音的难点。

再次是歌曲能够促进幼儿能力发展的因素分析:歌唱能力、表演能力、创编能力、合作能力等。

最后是对歌曲内涵的教育价值的把握。

(三) 确定歌唱活动的主要目标

1. 确定歌唱活动目标应考虑的方面

① 能感受、理解歌曲的情绪、内容、形式与意义。

② 喜欢歌唱,并能够初步运用正确的歌唱技巧进行歌唱。

③ 体验不同的歌唱形式,在用歌唱的方式与他人交往时能自然地运用表情与动作。

④ 能以自己独特的方式创造性地进行表现与表达活动。

下面具体呈现小、中、大班幼儿歌唱活动的主要目标。

2. 小、中、大班幼儿歌唱活动的主要目标

(1) 小班幼儿歌唱活动的主要目标

● 初步学习用自然的声音和正确的姿势歌唱。

● 感受歌唱的速度、力度、音色的不同,理解歌曲的情绪、形象与内容。

● 在有伴奏的情况下,能够跟着歌曲的前奏整齐地开始和结束,初步学会表演唱,并能基本完整地唱他们已经熟悉的歌曲。

● 喜欢探索嗓音的各种表现性,能创编无意义的音节或少数歌词。

(2) 中班幼儿歌唱活动的主要目标

● 能够用自然、和谐的声音与正确的姿势歌唱。

● 在教师引导下,能够用不同的速度、力度和音色变化来表现歌曲的情绪、形象与内容。

● 在有伴奏的情况下,能独立而完整地演唱,初步学会接唱和对唱。

● 能进行较复杂的歌曲创编活动。

(3) 大班幼儿歌唱活动的主要目标

● 能够用歌唱的声音和技能进行演唱。

● 能够用不同的速度、力度和音色变化来表现歌曲的情绪、形象与内容。

● 能够独立而完整地演唱,初步学会领唱齐唱、轮唱和简单的二声部合唱。

● 喜欢自发地即兴唱歌,能进行合作性的歌曲创编活动。

(四) 新授歌曲教唱方法

1. 整体教唱法和分句教唱法

整体教唱法是指让幼儿边完整而充分地聆听歌曲作品边整体跟唱,掌握歌曲。使用这种方法学唱新歌,能够使歌曲的意义、内容、情绪保持完整;另外,由于幼儿是整首跟唱,幼儿必须集中注意力去倾听和记忆,这样有利于幼儿主动学习态度的培养。分句教唱法是指教师教一句,幼儿学一句。它通常用于歌曲中的重点和难点乐句或较长乐句的教唱。整体教唱法和分句教唱法各有利弊,教师在活动中要根据歌曲和幼儿的实际情况,选择合适的教唱方法。

2. 理解、记忆歌词的方法:图片、图谱、动作、故事和动画、歌词朗读等

图片、图谱适用于音乐形象鲜明并较为丰富的歌曲,如歌曲《买菜》。

动作适用于易于用动作进行表现的歌曲。如歌曲《小手爬》,幼儿可根据歌词内容用小手伴随歌曲旋律和节奏在身体上做向上爬和向下爬的动作。

故事和动画适用于有一定故事情节的歌曲。如歌曲《蚂蚁搬豆》,教师可创编故事:"一只蚂蚁在洞口看到了一粒豆子。他高兴极了,用力地搬豆子,可是怎么也搬不动,急得他直摇头。后来,他想了想,想出了一个好办法。他回洞请来了自己的好朋友,最后大家一起把豆子抬回了家。"

歌词朗读多用于小班或中大班歌词较为复杂的歌曲,进行歌词朗读时需加入节奏动作或歌词动作。

3. 掌握节奏的方法:语言节奏、声势活动、声模活动、节奏游戏等

语言节奏是指将幼儿生活中常用的词、句按照一定的节奏说出的活动,如按节奏问好、说水果蔬菜的名称以及报餐活动等。

声势活动是指用简单的身体动作发出有节奏的声音的动作。幼儿园常用的声势动作有拍手、拍肩、拍腿、跺脚、弹舌等。声势活动是奥尔夫音乐教育内容之一。

声模活动是指用语音节奏模仿自然界、生活和环境中的各种声音的活动。如各种动物的叫声、交通工具的声音、风声雨声等。

4. 熟悉旋律的方法:整体反复感知、练声曲、音节跟唱等

整体反复感知是指多次完整欣赏歌曲。例如,活动前在一日生活中播放歌曲供幼儿欣赏,或在歌唱活动前开展音乐欣赏活动,也可以在本次活动中的欣赏环节引导幼儿充分感知歌曲。

练声曲是指通过保留歌曲旋律改编歌词的方式,将歌曲改编为练声曲,在练声环节引导幼儿熟悉歌曲旋律。

音节跟唱是指引导幼儿自由创编单音节、双音节或多音节来演唱歌曲旋律,在熟悉歌曲旋律的基础上再演唱歌词。

(五) 新授型歌唱活动活动过程的设计

1. 游戏学习模式

(1) 设计游戏情境,讲解游戏规则。

(2) 教师边歌唱边组织幼儿进行游戏。

(3) 游戏过程中鼓励幼儿接唱个别词句。

(4) 停止游戏,提升幼儿歌唱的准确性与表现力。

(5) 幼儿歌唱,继续游戏。

游戏学习模式是最符合幼儿学习特点的模式,能够较好地激发幼儿主动参与歌唱的愿望与兴趣。这种模式适用于歌曲简单、易于学唱,并有一定游戏性的歌曲。采用这种模式时,教师应注意不能过分强调游戏而忽略歌唱;把握好动静时间分配;避免幼儿因兴奋而大喊大叫的情况出现。

案例 1　　　　　　　　　歌唱活动"两只小鸟"(小班)

活动目标

1. 熟悉歌曲的旋律,用自然、轻柔的声音初步学唱歌曲。
2. 理解歌曲的内容,尝试用肢体动作表现音乐。
3. 在听听、玩玩、唱唱中,体验音乐游戏的快乐。

活动准备

音乐《两只小鸟》,黄色和蓝色小鸟手偶各一,多媒体课件。

活动过程:

一、导入活动

1. 观看 PPT,树叶飘落,播放音乐,你听听谁来了。
2. 欣赏伴奏音乐,说说谁来了。

师:听听看谁来了?(提炼歌词——两只小鸟坐在小树上)

3. 认识两只小鸟的名字。

师:这两只小鸟一样吗?有什么不同?黄色的小鸟有一个好听的名字叫丁丁,和丁丁打个招呼。蓝色的小鸟也有一个好听的名字叫东东,和东东打个招呼。

二、欣赏歌曲,理解歌词的内容

1. 教师边演示小鸟做游戏边范唱歌曲。

师:两只小鸟来到小树上,他们要玩游戏了,我们一起看看、听听他们在玩什么游戏。先让老师变成一棵树,然后请出丁丁和东东。(教师范唱歌曲一遍)

师:他们在玩什么游戏?什么游戏是要躲起来的呢?(捉迷藏)

2. 教师歌唱,小朋友跟随歌曲做游戏。

师:你们会玩捉迷藏游戏吗?

师:我们把小树请出来,把它搬到圆点点上,我们也来捉迷藏。

师:小鸟们,你们想做丁丁还是想做东东?幼儿自愿分成两组。

师:怎么躲就不容易被别人发现呢?

三、学唱歌曲

1. 教师带领幼儿慢速演唱歌曲,并通过教具演示来提示歌词。
2. 幼儿尝试边做手臂动作边演唱歌曲。

四、幼儿戴上手偶边歌唱边游戏

师:你们想不想变成大树和丁丁、东东一起玩捉迷藏游戏呢?

五、活动结束

幼儿听音乐做小鸟飞的动作离开活动室。

2. 感受练习模式

(1) 导入。引出歌曲,激发幼儿学唱的兴趣。

(2) 倾听教师范唱或录音,感受歌曲的音乐形象与歌词内容。

(3) 学唱歌曲,初步掌握歌词、节奏、旋律等基本要素。

(4) 采用不同的组织形式(集体、分组、个别)练习歌曲。

(5) 用学会的歌曲进行表现与表达(表演唱、游戏、加入道具、创编动作或歌词、改变歌唱形式等)。

感受练习模式是最为传统也是广大幼儿园教师较为广泛采用的一种歌唱活动设计组织模式。这种模式主要用于新授歌曲,尤其是当歌曲有一定难度时,如果设计得当,可以减轻幼儿学新歌的困难,使学习新歌变得有趣快乐,提高教唱效率。

乐 谱

一园青菜成了精

案例 2

歌唱活动"一园青菜成了精"(大班)

活动目标

1. 在阅读过绘本《一园青菜成了精》的基础上,初步学唱歌曲。
2. 尝试运用正确的歌唱方式,诙谐幽默地演唱歌曲。
3. 能够与同伴配合,表现歌曲诙谐幽默的情绪。

活动重难点

活动重点:初步学唱歌曲。

活动难点:尝试运用正确的演唱方式,诙谐幽默地演唱歌曲。

活动准备

经验准备:幼儿阅读过绘本故事《一园青菜成了精》。

物质准备:图谱。

活动过程

一、开始部分

师幼念童谣进场。

二、基本部分

1. 学唱歌曲第一段
(1) 教师清唱。
(2) 加伴奏师幼共同演唱。
(3) 幼儿看图谱说歌词。
(4) 幼儿演唱第一段。

2. 学唱歌曲第二段。
(1) 教师出示图谱,分析人物特点。
(2) 幼儿学唱。
(3) 教师提示幼儿用正确的演唱方式,诙谐幽默地演唱第一段和第二段。

3. 学唱歌曲第三段。
(1) 幼儿观察图谱,发现蔬菜的夸张表情。
(2) 教师提示幼儿用正确的演唱方式,诙谐幽默地演唱第三段。
(3) 第一、二、三段连唱。

4. 学唱歌曲第四段。
(1) 教师演唱。
(2) 幼儿找与第一段的相同和不同部分。
(3) 幼儿摆图谱。
(4) 幼儿完整演唱。

三、结束部分

1. 集体表演。
2. 分角色表演。

(中国人民解放军战略支援部队信息工程大学第二幼儿园　韩愈)

歌唱活动"动物猜谜语"(中班)

3. 创编学习模式
(1) 导入。引出歌曲,激发幼儿学唱的兴趣。
(2) 能初步跟唱整首歌曲的一段歌词。
(3) 体验创编的形式与方法。
(4) 迁移已有生活经验,创造性地进行歌唱。
(5) 分享、交流,体验创造的愉悦与成就感。

创编学习模式适用于有一定创编因素的歌曲,如歌词的创编性较强或动作性强的歌曲。活动中,教师应重点引导幼儿迁移歌唱经验和生活体验,通过创编歌词、动作、节奏伴奏、表演形式等各种方式,创造性地表达自我。在创编过程中,教师应鼓励、支持幼儿的创造性表现,从而使幼儿获得快乐、积极的创编体验。

(六) 复习型歌唱活动活动过程的设计

让幼儿学会听前奏、间奏、尾奏,对培养其音乐记忆力、节奏感、控制力等音乐素养很有帮助。在复习歌曲时,可以把它当作导入复习歌曲的手段。小班用弹奏全曲或前奏,让幼儿猜歌名;中班弹前奏或间奏让幼儿回忆,说出歌名;大班弹间奏、尾奏或歌曲中的某一乐句让幼儿说歌名。

复习的方法与新歌练习巩固相似,可以改变组织形式,还可以进行表演唱、加入道具、改变演唱形式、创编歌词、游戏、加入打击乐器等方式演唱歌曲,但由于活动目标不同,对幼儿的要求和教学效果也有很大的差别。

为了让幼儿把握不同音乐情绪的歌曲,丰富音乐知识经验,可以用对比法安排复习内容。如把摇篮曲、进行曲的歌曲先后复习;把圆舞曲、活泼欢快的歌曲先后复习。通过对比演唱,获得不同音乐情绪、不同表现手段的体验,加深幼儿对歌曲的理解。

二、幼儿歌唱活动的指导要点

在歌唱活动中,教师应重视幼儿创造力的培养,幼儿创造性歌唱活动的方式主要有以下四种。

(一) 创编动作

注意事项:① 幼儿即兴创编活动与教师引导创编活动应区别开来。即兴创编是幼儿创编在前,而后教师根据幼儿的创编结果,再给幼儿提供自我完善的机会或参考意见。引导创编是教师引导在前,幼儿提出创编意见,然后教师根据幼儿的意见重新设计。② 创编的动作不宜太多。教师要把握适度,如果让幼儿无限制地创编新动作,会阻碍幼儿享受活动成果,容易造成幼儿创编兴趣的减退和注意力的涣散。避免为创编而创编,偏离教学重点。③ 以"反馈"和相互展示、交流等方式来鼓励、丰富幼儿的创编思路。反馈是指教师用语言或动作将幼儿的创编再现给幼儿,把幼儿创编的成果"放大"后,再展现给全体幼儿,激发其他幼儿的创新思维。④ 教师在创编前要准备一定的动作材料,以丰富幼儿的创编思路。⑤ 以唱为主,创编为辅。

各年龄班的创编要求:小班根据歌词提示创编,合拍做同样、简单的动作;中班根据歌词提示发挥想象创编,自由地舞蹈;大班可将歌曲改编成集体舞的动作,边唱边跳。

(二) 创编歌词

注意事项:① 所选择的歌词内容要简单、多有重复,幼儿有相关的知识经验才能进行歌词创编;② 只教授一段歌词作为创编的样板;③ 编唱时间不宜太长,以使幼儿"余兴未尽",期盼下一次活动;④ 注意集体参与创编和歌唱的密度,以保证大多数幼儿都有动脑、动手、动口参与活动的机会;⑤ 鼓励幼儿积极参与,使创编达到相对完美的效果。

各年龄班的创编要求:小班创编歌词具体形象,多为名词、动词或象声词,替换相同字数的词;中班创编歌词可融入想象,替换字数不等的词或短语;大班可做合作性创编。

(三) 创编节奏

歌唱活动创编节奏为歌曲伴奏的主要形式:拍节拍、拍节奏、拍新创编的节奏、配乐器、配语音节奏或说白。

(四) 创编演唱形式

对于同一首歌,不同的演唱形式能获得不同的歌唱体验,表现不同的演唱效果。引导幼儿为同一首歌创编不同的演唱形式,可以增强幼儿对歌曲的理解,培养幼儿的发散思维能力以及创造性表现能力,提高幼儿的歌唱表现力。教师宜选择那些内涵丰富、适合变换多种演唱方式的歌曲,启发、引导幼儿创造性地进行创编。

第三课 幼儿韵律活动的设计与指导

一、幼儿韵律活动的设计

幼儿韵律活动设计的基本流程:选择与分析韵律材料—确定活动目标—设计活动过程—整理活动准备。

(一) 韵律活动的内容

幼儿韵律活动一般包括两个方面的内容:律动、舞蹈。

1. 律动

律动是运用身体伴随音乐进行的有节奏的动作。它可以分为基本动作、模仿动作和舞蹈动作三种。

(1) 基本动作即幼儿在反射动作的基础上发展的日常生活动作。如:走、跑、跳、拍手、点头、屈膝等。

(2) 模仿动作即幼儿模仿特定事物的外在形态和运动状况所做的身体动作,如:动物的动作,人的劳动与其他动作,自然界的现象,幼儿游戏中的动作。

(3) 舞蹈动作即幼儿表演性动作。对幼儿来说,主要是学习一些基本舞步。如:小班幼儿掌握小碎步、跟点步等,中班幼儿掌握侧点步、踏点步、踵趾小跑步等,大班幼儿掌握进退步、交替步、秧歌十字步等。

2. 舞蹈

舞蹈是指以经过提炼、组织和艺术加工的人体动作为主要表现手段,表达人们的思想感情,反映社会生活的一种艺术形式,幼儿园常见的舞蹈表演形式有以下三种。

(1) 自编舞即幼儿在掌握基本舞步和动作的基础上,根据对音乐的性质、情绪的感受创造性地自编动作,自娱自乐式的一种舞蹈形式。

(2) 集体舞即由许多幼儿一起跳舞,基本上跳同样的动作,有一定的队形,可交换舞伴的一种舞蹈形式。集体舞包括:双人舞、邀请舞、圆圈(单圆圈、双圆圈)集体舞、双排舞等。

(3) 表演舞即带有表演性质的舞蹈形式,可以在平时所学的歌表演或简单的舞蹈动作组合的基础上加工而成,这类舞蹈参加的人数有限,通常在节日活动或文艺演出活动中采用。

(二) 韵律材料的选择与分析

音乐的选择:节奏清晰、结构工整、旋律优美、形象鲜明。音乐的分析:情绪、内容、旋律、结构等方面具有独特性的表现。

动作的选择:从模仿、基本动作到舞蹈动作;动作难度符合幼儿动作发展水平;由易到难,先从单纯的、不移动的、大肌肉的分解动作入手,再逐渐加入复合的、移动的、小肌肉精细动作的学习。动作的分析:动作的类型、动作的难度、动作要领、动作与音乐的结合、队形变化。

道具的选择:增强动作表现力,美观安全,经济实用,操作简单。

(三) 确定韵律活动的主要目标

1. 确定韵律活动应考虑的方面

① 能够感知韵律动作与音乐的关系,尝试用动作语汇创造性地表现自己所感受到的音乐情绪、内容与形式。

② 喜欢参与韵律活动,并在参与中体验到与人合作的快乐。

③ 理解合理使用空间的意义,并自觉地在活动中合理使用空间。

2. 小、中、大班韵律活动的主要目标

(1) 小班幼儿韵律活动的主要目标

- 能够跟随音乐的节奏做单纯、简单的基本动作和模仿动作。
- 能够用动作表现音乐开始与结束,以及音乐的情绪和简单的形象。
- 自然地跟随音乐用动作进行表现,体验韵律活动的快乐。
- 知道选择合适的空间进行活动,初步尝试与他人动作的合作与交流。

(2) 中班幼儿韵律活动的主要目标

- 能够跟随音乐的节奏做复合动作和稍复杂的模仿动作、简单的舞蹈动作。
- 能够用动作表现音乐乐段的变化,以及音乐的情绪、内容和简单的形式。
- 尝试用创造性的动作表现自我。
- 能根据空间调整自己的动作,体验合作、交流的快乐。

(3) 大班幼儿韵律活动的主要目标

- 能够跟随音乐的节奏做舞蹈动作组合。
- 能够用动作表现音乐乐句的变化,以及音乐的情绪、内容与形式。
- 能够合作创编动作进行表现;能够解决空间分配问题,熟练地运用动作、表情与人交流。

(四) 韵律活动活动过程的设计

1. 创编学习模式

(1) 导入,通过回忆生活经验或观察事物、图片、视频等引出主题。

(2) 倾听音乐,感受音乐旋律、节奏并想象音乐形象。

(3) 自由探索,创编身体动作,并进行分享与交流。

(4) 在教师的引导下提升动作,并将动作与音乐进行有效结合。

(5) 大胆随乐进行创造性表现。

创编学习模式的关键是引导幼儿大胆用动作表现音乐,教师的主要作用在于鼓励、启发、引导,在幼儿进行动作表现时教师应尽量使用语言引导,从而降低幼儿动作模式化的问题。这一设计模式适用于律动活动。

案例1

韵律活动"春天的韵律"(中班)

活动目标

1. 感受并尝试表现音乐旋律的美。
2. 尝试创造性地、合作地表现各种花的造型。
3. 通过模仿穿插缠绕,体验同伴间合作的乐趣。

活动准备

经验准备:上一活动丰富了幼儿对花卉的感性知识,并对音乐《茉莉花》的情绪、乐句的分辨进行了学习。

物质准备:音乐《茉莉花》;绢花两枝,花海道具3块。

活动过程

1. 律动《蜗牛与黄鹂鸟》。
2. 欣赏音乐,巩固对乐句的分辨。

师:现在是什么季节?春天到了,柳枝发芽了,绿茵茵的草地上开满了各种各样的小花。上次我们欣赏了一段关于春天的音乐《茉莉花》,下面我们一起再来欣赏一遍,请小朋友在每一句的句尾把自己变成一朵漂亮的小花。

3. 创编一枝花的动作。

(1) 出示一枝绢花,引导幼儿观察它的结构。

师:我们的身体是由哪几部分组成的?看,这是什么?(一枝花)小朋友来看一看这枝花是由哪几部分组成的呢?(花苞、叶子和花茎)

(2) 依次弯曲绢花的头、叶子、茎,逐步过渡到整体,引导幼儿尝试用肢体由最初的模仿到自由创作动作。

师:这枝花发生了什么变化?能不能用你的身体学一学呢?

(3) 听音乐自由创编表演,鼓励孩子用柔美、舒展的动作随音乐自由发挥。

师:现在我们来边听音乐边"开花",请小花们注意每句的句尾一定要把自己变成最漂亮、最可爱的小花。

(4) 创编各种花开的动作。

4. 尝试和同伴用组合身体造型表现两枝花的造型。

(1) 出示两枝花,让两枝花缠绕在一起,请两名幼儿上台表演。

师:刚才一枝花小朋友们表演得非常好,现在又来了一枝花,看两枝花发生了什么变化?谁能来学一学。

(2) 变化两枝花的高低位置,引导幼儿观察模仿。

(3) 两人自由结伴做花来听音乐,引导幼儿做出花的高低层次变化。

5. 引导幼儿尝试配合。

(1) 练习花海抖动,请六名幼儿舞动花海,其他幼儿扮花。

(2) 请两名幼儿扮蝴蝶,其他幼儿扮花,引导幼儿尝试花和蝴蝶合作表演。

(3) 交换角色进行表演,引导幼儿进行各种角色之间的配合。

6. 送花香,自然结束。

(设计者:河南省省直第一幼儿园 王露晗、蒋予红)

2. 感受练习模式

(1) 导入,引出主题,激发幼儿的兴趣。
(2) 教师示范动作。幼儿的队形为弧形或槽形。
(3) 教师讲解动作要领,并用较慢速度带领幼儿学习动作。这一环节教师可用哼唱旋律或钢琴伴奏的方法来控制音乐速度。

(4) 采用不同的组织形式进行反复练习。

(5) 学习队形的变化,在音乐伴奏下进行完整表现。

感受练习模式适用于韵律活动中以基本动作和舞蹈动作的学习为主的活动,教师富有感染力的示范以及生动的语言讲解,能有效提高幼儿学习与记忆动作的速度和效果,提高幼儿的积极性。

案例 2　　　　　　　韵律活动"花之舞"(大班)

活动目标

1. 初步学跳《花之舞》,尝试用动作表现欧洲民间舞蹈。
2. 能根据手腕花的不同颜色,找出双向"S"形穿花队形的规律。
3. 体验快速交换舞伴的快乐。

活动准备

经验准备:幼儿已经熟悉过音乐,并会做身体动作和游戏"捉迷藏"。

物质准备:手腕花人手1朵(腕花戴在左手或右手就可以了);音乐《花之舞》。

活动过程

1. 教师播放音乐,带领幼儿随音乐做身体动作。
2. 教师引导幼儿学习第一、二乐句的舞蹈动作。

(1) 教师示范动作。

师:花儿听了音乐还会跳舞呢!请你们看我是怎么跳的。

(2) 幼儿学习舞蹈动作。

① 练习脚跟点地及侧向跨跳动作。(见图 2-23-1)

② 学习手臂动作和头部姿态。

③ 幼儿边听教师唱曲谱边练习动作。

④ 学习结伴跳舞,并伴随教师唱谱进行练习。

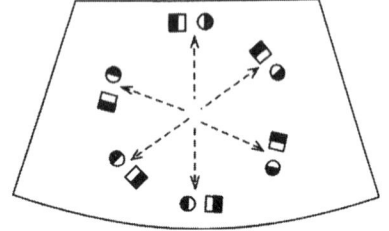

图 2-23-1　单圆圈侧向队形

3. 幼儿尝试随音乐表演第一、二、五、六乐句的舞蹈动作,第三、四、七、八乐句仍做原来拍腿、拍肩的动作。

4. 幼儿学习第三、四乐句的舞蹈动作。

(1) 教师引导幼儿复习"捉迷藏"游戏,寻找"S"形穿花队形的规律。(见图 2-23-2)

师:捉迷藏的游戏是怎么玩的?还记得吗?我们一起来玩玩。

(2) 教师引导幼儿学习和第三位新朋友拍拍手,做结伴开花的动作。

师:都找到新朋友了吗?请你和第三位新朋友拍拍手,一起做开花的动作。

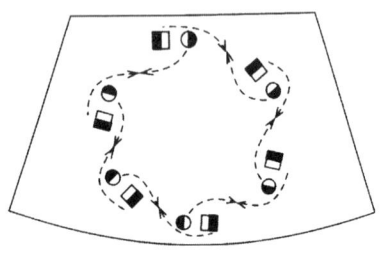

图 2-23-2　S形穿花队形

教师唱曲谱,幼儿练习做动作。

5. 完整跟随音乐表演舞蹈。

(1) 教师边唱曲谱边带领幼儿完整地表演《花之舞》。

(2) 教师带领幼儿完整地表演《花之舞》。

(3) 幼儿尝试自己随音乐完整地表演舞蹈两遍。

(设计者:南京市商业幼儿园李艳宁)

二、幼儿园韵律活动的组织指导

1. 注重培养幼儿的节奏感

韵律活动中,教师可以组织简单且丰富多样的声势活动提高幼儿的节奏感,并且通过图形节奏、柯达伊的节奏读谱帮助幼儿理解节奏的时值,从而引导幼儿更加出色地用动作表现节奏。

2. 丰富幼儿生活经验,注意积累动作语汇

生活中的动作是舞蹈动作的基础,教师应有意识地引导幼儿观察、模仿与提升生活中的各种动作,为韵律活动的学习与创编积累丰富的动作语汇。

3. 尊重幼儿动作的性别差异

目前幼儿园音乐教育存在的一个突出问题就是女性化倾向严重,尤其是舞蹈教学更是"柔性"十足。兰花指、小碎步等女性化的动作充斥着幼儿的韵律活动,使得男孩对舞蹈学习丧失兴趣,严重影响他们的个性成长。因此,在选择韵律活动的内容时应充分考虑幼儿的性别或性格差异,适当选择富有阳刚之气的音乐及动作供男孩学习,如《小小男子汉》《中国功夫》等。在活动内容、形式上,教师应充分考虑幼儿的性别或性格差异,提供给幼儿更多的自主选择空间,如在韵律活动"老鼠嫁女"中,幼儿可以根据个人喜好自主选择喜欢的道具,扮演唢呐手、轿夫、新娘、媒婆等角色。

4. 注意动静交替及活动量的调控

韵律活动中,一次不要学习太多的动作,时间也不能太长,教师要注意调控幼儿的活动量,动静交替,避免过于疲劳。有的教师组织活动时常常忽略了幼儿的活动量,整个活动始终让幼儿站着学习动作或者表演;也有的教师整个活动期间,让幼儿忽坐忽站,幼儿注意力容易分散并且极易疲劳。教师在组织韵律活动时,有时可让幼儿坐着学习或者创编上肢动作,再站起来学习或配合脚步;有时可以让部分幼儿出来表演,其余幼儿观赏学习等。总之,教师应采取多种形式,动静交替,保证幼儿身心舒适地愉快活动。

第四课　幼儿演奏活动的设计与指导

一、幼儿演奏活动的设计

幼儿演奏活动设计的基本流程:选择与分析音乐—确定活动目标—设计配器方案—设计变通总谱—设计活动过程—整理活动准备。

(一) 幼儿演奏活动的内容

1. 幼儿园常用打击乐器

幼儿演奏活动的材料很多,可以是幼儿的身体乐器,也可用专门的打击乐器或自制乐器,以及生活中会发声的各种物品等。幼儿园开展较多的是打击乐器演奏活动,下面逐一介绍幼儿常用的打击乐器。

(1) 铃鼓:用皮革蒙在带有可活动的金属小钹的木制原框上,靠用手敲击或摇晃引起的振动发音。其声音很特殊,既具有鼓的声音,又具有铃的声音。铃鼓可以摇奏,也可以击奏。

(2) 串铃(手摇铃):用金属制成的小铃串在圆形、半圆形或棒形的固定物上,靠敲击、摇晃或抖动引起的振动发音。

(3) 碰铃:一对用金属制成的小铃,各自固定在一个可抓握的柄上,靠相互撞击引起的振动发音。音色清脆明亮、柔和。在打击乐器中属高音乐器,音量也相对较小。

(4) 三角铁:一根弯成等边三角形的圆柱形钢条,用绳子悬挂,靠用另一根金属棒敲击发音。其音色与碰铃的音色相似,但音量比碰铃大,延续音也比碰铃长。演奏时一般是左手提着悬挂三角铁的绳子,右手持棒敲击三角铁的底边。还可以在三角铁的上端快速左右撞击,或在三角铁内快速转动敲击各边。

(5) 木鱼:用木头刻制,类似鱼状,中空,在头部开口,用木制敲棒敲击发音。其声音清亮干脆,几乎没有延续音。演奏时一般是左手握住"鱼的尾部",右手持敲棒敲打"鱼头"的顶部。

(6) 双响筒:一段中间有节的木筒,下端装有握柄,靠敲击引起的振动发音。其声音与木鱼很相似,干脆、清亮,几乎无延续音。与木鱼不同的是,双响筒被节分开的两头各自可发出高低不同的音,一般这两个音大约相差五度。当一下一下地连续敲击时,可发出类似马蹄踏地的声音。演奏时一般是左手持柄,右手持棒。

(7) 响板:由两片贝壳状木块,中间用松紧带相连构成,靠碰击引起的振动发音。其声音与木鱼、双响筒很相似,但由于共鸣腔较小,所以声音也更脆、更亮、更短。演奏时可用单手捏合的方法,使两板撞击发音,也可以将其放在左手手心,用右手向下拍击发音。

（8）沙球：用椰壳或塑料制成的空心球体，内装细小粒状物，腔体全封闭，下端装有握柄，靠摇晃或抖动发音。其声音轻柔，有微弱毛糙感。演奏时一般是双手各持一个沙球，用臂带动手腕上下震动。可左右手依次震动，也可双手同时震动。

（9）蛙鸣筒：一段带有握柄的木制圆筒，筒的表面刻有若干沟槽，靠竹或木制小棒刮、擦发音。用刮擦的方式演奏蛙鸣筒，其音色类似青蛙叫。蛙鸣筒也可用敲奏的方式演奏，音色与木鱼等乐器类似。演奏蛙鸣筒也是左手持蛙鸣筒的握柄，右手持棒。

（10）大鼓：有皮革蒙在筒状的共鸣箱上，靠用鼓槌敲击引起的振动发音。音色低沉，音量较大。敲击的位置不同，可发出不同的音色：击鼓心，音色浓厚且有较长的延续尾音；击鼓边，音色脆、硬且单薄，延续音较短。

（11）钹：一对用铜合金制成的圆盘，中央微凸，靠敲击或摩擦发音。其声音响亮，延续音长，在强奏时音色比较粗糙、刺耳。一般奏法是双手各持一面，相互撞击，或者以边缘相互摩擦，也可以将其中一面悬挂在支架上，用鼓槌敲击。敲击时用力的方法、程度不同，发出的声音就不同。如果不需要过长的延续音，可在敲击后将钹面捂在身体上，或用手将其边缘捏住。

（12）锣：一个用铜合金制成的圆盘，用绳子固定在可抓握的木柄上，靠用锣槌敲击引起的振动发音。一般有大锣、小锣两种：大锣声音低沉，延续音长；小锣声音明亮，也有较长延续音。大锣一般用软槌敲击，敲其中心时，声音柔和，敲其边缘时，声音较粗糙；轻击时声音柔和，重击时声音刺耳。小锣一般用硬槌敲击，轻击时声音清脆明亮，重击时声音尖锐刺耳。演奏时，一般是左手提锣，右手持槌。

（13）自制打击乐器：为了培养幼儿的创造性思维和动手能力，也可充分利用废旧材料自制各种打击乐器，如用塑料瓶装上沙子可制作成沙球，用奶粉桶自制小鼓，用玻璃瓶自制音律钟等。

2. 打击乐演奏的简单知识和技能

（1）乐器的名称和分类

学前儿童应能认识几种主要乐器，知道并记住几种主要打击乐器的名称，能根据乐器的音色给打击乐器分类。如：碰铃和三角铁的音色比较明亮、柔和，通常归为一类；响板、木鱼、双响筒等音色比较干脆、圆润，可以归为一类；铃鼓、串铃等摇动时都有一种颤音的效果，可以归为一类；大鼓、锣及钹音色各具特点，通常归为特色乐器或加强乐器一类。

（2）正确的演奏方法

在集体参与的、多声部的乐器合奏活动中，正确的演奏方法包括：① 用自然、协调的动作来演奏；② 用适中的音量和好听的音色来表现；③ 在演奏过程中，随时注意倾听音乐和其他声部的演奏，使自己的演奏与集体的整体音响相协调一致。

（3）配器

所谓配器，是指在打击乐演奏活动中根据音乐的性质、情绪和风格，选配音响特点与之相适应的打击乐器，选择适当的节奏型，以追求整体音响的协调、悦耳。在打击乐演奏活动中，要让幼儿学习一些有关配器的简单知识和技能。

一是，让幼儿充分了解和掌握各种打击乐器的音响功能及各类打击乐器的音色对比和配合效果。如：高音乐器一般有三角铁、碰铃，中音乐器有响板、木鱼、沙球、铃鼓等，低音乐器有大鼓、钹等。串铃和双响筒两种乐器配合使用，能产生策马奔腾的音响效果；铃鼓、碰铃和三角铁这些能产生延续音的乐器，在音符时值较长时用柔和的弱奏可表现出颤音的效果；铃鼓用于少数民族舞曲中可起到加强特色、烘托气氛的作用等。

二是，应帮助幼儿分析音乐作品的内容、形式、节奏、节拍和旋律的特点，找出有呼应、对比或变化的地方，选用适当的乐器。如：找出乐曲中的强、弱拍，用不同音色的乐器来演奏，体现乐曲的强弱对比；根据乐句、乐段的结构，在呼应和重复的乐句及不同的乐段中更换不同的乐器音色，丰富和加强音乐的新鲜感和表现力；对节奏型的选配，可以采用某种固定的节奏型，也可以根据乐曲中的节奏变化来变换节奏型或突出某个节奏型。总之，配器要根据乐曲的具体情况而定，既要体现丰富多样，又要贯彻对比统一的原则。

（4）看指挥

在打击乐演奏活动中，要奏出和谐、美好的整体音响效果，必须学习如何看指挥。根据指挥的要求进行协作演奏，也是幼儿要掌握的一个基本技能。它包括：① 了解"准备""开始"和"结束"的手势动作，以使自己的演奏符合指挥的手势含义；② 知道用眼睛注视指挥者，在演奏过程中学习以恰当的身体姿势（微微前倾)与指挥者沟通、合作和交流;③ 能够看懂指挥者表示节奏和音色变化的动作,使自己的演奏与集体的音响协调一致。

(二) 演奏活动材料的选择与分析

1. 音乐

为幼儿选择打击乐演奏的音乐,要节奏鲜明,旋律优美,结构工整。打击乐作品无论是歌曲或乐曲,都必须有鲜明而清晰的节奏及优美的旋律,并且为幼儿所喜爱。一般可以选进行曲、舞曲或其他富有情趣性和艺术性的幼儿乐曲等。对于小班幼儿,可以选他们熟悉的歌曲或结构短小、节奏简单的乐曲;为中、大班幼儿选择的音乐可以适当复杂一些,结构是二段体或三段体,且段落的旋律带有明显的对比性,适合启发幼儿用不同音色、音量的乐器和节奏型变化来加以表现。

2. 乐器

为幼儿选择打击乐演奏的乐器时,应注意以下三点:第一,乐器的音色要好。如:铃鼓的选择,鼓面皮制的要比塑料或铁制的音色好。第二,乐器的大小要适中,便于幼儿演奏。考虑到幼儿的年龄,还应注意乐器的大小和重量。例如:铃鼓一般以直径12～15厘米为宜;沙球不宜选用大号的;三角铁钢条的直径最好为0.5厘米左右等。第三,乐器的演奏方法要适合幼儿的不同发展水平。不同年龄阶段的幼儿,其动作发展的水平存在一定的差异,因而在乐器的选择和演奏方法上应有所区别。如:小班幼儿可用手掌敲击铃鼓鼓面演奏,中、大班幼儿则可以用敲奏、摇奏等方法;小、中班幼儿宜用右手掌击左手心的方法敲击响板,大班幼儿则可以学习捏奏的方法;双响筒和三角铁的演奏需要能均匀地用力及手眼协调,对于小、中班幼儿来说存在一定的困难,而大班幼儿则相对可以胜任。

3. 配器方案的选择

在选择打击乐演奏的配器方案时,需要考虑以下两点:第一,适合幼儿的能力,即适合幼儿使用乐器的能力和适应变化的能力。在配器方案的选择上,乐器及演奏方法必须为该年龄阶段幼儿所胜任;同时,其节奏、音色变化,变化的频率和复杂程度也必须为该年龄阶段幼儿所接受。如:小班一般可在乐段之间变化音色;中班可在乐句之间变化音色;大班可在乐句之中变化音色。第二,有一定的艺术性。配器产生的音响效果既要与音乐的情绪、风格、结构相一致,又要有整体统一的美感。

配器的步骤:

第一步:分析音乐的节奏和结构特点。结构复杂乐曲进行分段。

第二步:选择合适的乐器。

第三步:编配节奏型。幼儿演奏活动常用的节奏型为二、四、八分音符组成的节奏型。

第四步:试奏并调整、确定配器。

(三) 确定演奏活动的主要目标

1. 确定演奏活动目标应考虑的方面

① 能够初步认识常见打击乐器并辨别其音色。

② 能够运用简单的节奏型,比较自如地根据指挥的手势进行打击乐演奏。

③ 喜欢探究乐器的演奏方法和音色变化的关系,喜欢运用不同的节奏进行带有创造性的表现。

④ 能够在集体奏乐活动中有意识地控制、调节自己奏出的声音,使自己的演奏与集体相协调,与音乐相协调。

⑤ 能够在发放、使用、收取乐器时遵守必要的常规,并自觉爱护乐器。

2. 小、中、大班幼儿演奏活动的主要目标

(1) 小班幼儿演奏活动的主要目标

① 学习几种打击乐器的基本奏法(如串铃、铃鼓、有手柄的碰铃、鼓等可用臂的大肌肉动作演奏的乐器),学会用适中的力量演奏;

② 了解乐器的名称并初步学习辨别其音色特征,在教师指导下初步体会创造性变化演奏方案的乐趣;

③ 能独立随熟悉的歌曲或乐曲有节奏地演奏,能在集体中合拍地随简单歌曲或乐曲齐奏;

④ 喜欢演奏打击乐器,喜欢参与集体的演奏活动;

⑤ 了解打击乐器演奏活动中必须遵守的基本规则——如何取放乐器,如何根据指挥的要求进行演奏,活动过程中不得随便玩弄乐器等;

⑥ 在教师指导下集体发放、收取和分类收藏乐器,了解爱护乐器的一般知识。

(2) 中班幼儿演奏活动的主要目标

① 进一步学习一些打击乐器的基本奏法(如小钹、圆弧响板、吊钹、沙球等),探索和熟悉乐器的不同奏法,学会追求适中的音量和美好的音色;

② 了解乐器的名称并基本学会辨别其音色特征,初步体会各种演奏方案中音色配置的对比性规律,在教师指导下初步尝试集体设计演奏方案;

③ 能独立使用某一种固定节奏型随熟悉的歌曲或乐曲演奏,能在集体的齐奏或合奏中始终保持自己的演奏速度和节奏型;

④ 喜欢随音乐演奏打击乐器,积极参与集体讨论演奏方案的活动;

⑤ 能比较自觉地遵守打击乐器演奏活动的基本规则,初步养成集中注意力看指挥和对指挥的要求做出积极反应的习惯;能较熟练地按照已有规则发放、收取和分类收藏乐器,养成爱护乐器的态度和习惯。

(3) 大班幼儿演奏活动的主要目标

① 进一步学习更多种类的打击乐器的基本演奏方法(如木鱼、双响筒、三角铁等需用腕、指等小肌肉动作演奏的乐器),进一步学习探索同一种乐器的不同奏法;

② 学会追求音色、音量的表现力;

③ 了解乐器名称并能辨别其音色特征,学会探索音色的分类并在教师指导下学习制作简单打击乐器,初步体会各种演奏方案中音色、音量和节奏型配置的表现规律,初步学会独立地设计演奏方案;

④ 能独立使用一种以上固定节奏型随熟悉歌曲或乐曲演奏,能在集体齐奏或合奏中始终保持自己的声部,并能有意识地努力在音色、音量和表情上与集体形成默契;

⑤ 喜欢随音乐演奏打击乐器,积极参与展示自己设计的演奏方案的活动;

⑥ 初步形成积极追求和维护有秩序的集体演奏活动的意识,能按指挥的手势比较迅速、正确地做出反应,形成乐器发放、收取、分类收藏的值日生制度,养成对集体和乐器负责的积极情感。

(四) 变通总谱的设计

变通总谱是针对传统的通用总谱来讲的。由于通用总谱的认知方式和过程都比较复杂,人为地增加幼儿认知负担,影响幼儿感知音乐的乐趣。但若不用总谱,幼儿在演奏活动过程中记忆负担又太重。"变通总谱"正是为了解决上述矛盾而被创造出来的。目前,在幼儿园已经普遍使用的"变通总谱"主要有三种形式:动作总谱、图形总谱、语音总谱。

动作总谱是用身体动作来表现配器方案。身体动作可以表现节奏、音色、速度、力度的变化及其结构。可用节奏动作、模仿动作、舞蹈动作、滑稽动作来作为创造总谱的材料。身体动作不宜太难,要避免动作给幼儿掌握总谱内容造成不必要的困难。

图形总谱是用形状和色彩来表现配器方案。形状、色彩可以表现节奏、音色、速度、力度的变化及其结构。可用表现音乐内容和情绪的图形、几何图形、乐器音色的象征图、乐器形象简图来作乐谱的材料。

语音总谱是用嗓音来表现配器方案。嗓音可以表现节奏、音色、速度、力度的变化及其结构。可用有意义的字、词、句、象声词、衬词和无意义音节来作乐谱材料,尽量注意使创造出的语音总谱有趣、易记、上口。

制作变通总谱的步骤:

第一步:记录打击乐配器节奏。

第二步:选择动作、图形或语音。

第三步:书写配器建议。

第四步:整理、制作供幼儿使用的图形总谱。

(五) 演奏活动活动过程的设计

1. 感受练习模式

(1) 导入。引入主题,激发幼儿兴趣。

(2) 欣赏音乐,感受音乐的情绪、内容与形式要素。

(3) 结合变通总谱,练习节奏型。

(4) 分声部进行徒手演奏。

(5) 随音乐手持乐器进行演奏。

感受练习模式是目前幼儿园最常用的打击乐活动设计模式,对于年龄较小,打击乐演奏经验较少的幼儿较为适用。

案例   **演奏活动"木瓜恰恰恰"(大班)**

活动目标

1. 熟悉乐曲的旋律和结构,探索铃鼓的多种演奏方式,在演奏时注意自己声部在整体中的协调。
2. 学习看图谱合作演奏,体验集体演奏的乐趣。

活动准备

经验准备:幼儿事先了解有关印尼的风俗民情,重点了解印尼盛产木瓜、菠萝、樱桃等热带水果。

物质准备:音乐《木瓜恰恰恰》;演奏图谱一张;铃鼓、碰铃、圆舞板若干。

活动过程

1. 完整欣赏乐曲,感受富有浓郁印尼色彩的民歌风格。
2. 听音乐看图谱,感知乐曲结构与演奏方案的关系。

(1) 师:"恰恰恰"出现在音乐的什么地方?你能用身体发出的声音把它表现出来吗?

(2) 教师操作图谱,强调切分音时的动作,重点帮助幼儿学习切分音节奏,引导幼儿再次倾听乐曲,并随着音乐拍节奏。

3. 学习看图谱演奏。

(1) 探索铃鼓的演奏方法。

师:铃鼓可以拍身体的哪里?你能拍出图谱上的铃鼓节奏吗?

(2) 探索碰铃的演奏方法。教师指图,幼儿听音乐先徒手练习,再持碰铃练习。提醒幼儿演奏时眼睛要看碰铃的演奏图谱。

(3) 探索圆舞板的演奏方法。

(4) 随乐看图谱徒手演奏。

4. 幼儿随乐看图谱用乐器进行演奏。

5. 幼儿看教师指挥,按设计的配器方案进行演奏并倾听整体效果。

活动延伸

将图谱(见图2-23-3、图2-23-4)和乐器放入音乐区,幼儿可以在自主活动时进行演奏体验。

供幼儿使用的图谱: 配器建议:

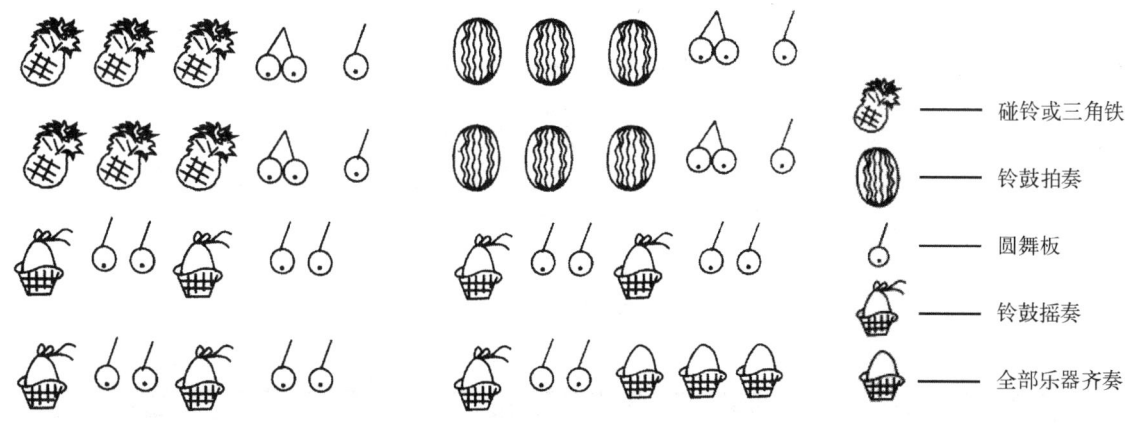

图2-23-3 《木瓜恰恰恰》图谱   图2-23-4 配器建议

(本活动设计选于程英老师的《幼儿园音乐教育》,图谱选于许卓娅老师的《打击乐器演奏活动》)

---

2. 创编学习模式

(1) 导入。引入主题,激发幼儿兴趣。

(2) 欣赏音乐,感受音乐的情绪、内容与形式要素。

(3) 通过各种方式(语言、肢体动作等)深入感知音乐。
(4) 集体或分组探索配器方案，教师指导。
(5) 分享、提升配器方案。
(6) 确定配器方案随乐演奏。

创编学习模式适用于已经具备一定的打击乐演奏基础，并对打击乐器和配器有初步的知识经验的幼儿。

二、幼儿演奏活动的指导要点

（一）从小培养幼儿演奏的良好常规

在演奏活动中，常规是十分重要的。集体性的演奏活动的常规一般包括活动开始与结束的常规以及活动进行的常规。

活动开始与结束的常规，包括幼儿根据指挥的信号整齐地取出或者放回乐器；乐器拿出后，尚未演奏时须将乐器贴放在大腿上，不发出任何音响；开始演奏时，按指挥的提示整齐拿起乐器，做好演奏的预备姿势；演奏结束后，按指挥的提示将乐器放回大腿上或者座位底下；活动结束后，自己收拾乐器、整理场地。

活动进行的常规，包括演奏时幼儿身体略倾向指挥者，眼睛注视指挥者，积极与指挥者交流；自己演奏时注意倾听音乐与他人的演奏；不做与演奏无关的事情；交换乐器时，先将自己的乐器轻放在座位上，再迅速找到适宜的地方轻轻坐下，不与同伴以及椅子相撞。

（二）以游戏的方式进行学习与探索，避免单纯枯燥的演奏训练

一些教师将打击乐器等同于成人的乐器，组织活动时过于正规、刻板，虽然最终获得一定的演奏效果，但是幼儿对打击乐器的兴趣却日渐消失。因此，教师应根据幼儿的年龄特点，多采用游戏的方式组织活动，如用"我们听听圆舞板是怎样说话的"等语言激发幼儿玩弄乐器的欲望，让幼儿在愉快地玩乐器过程中，初步学习乐器的演奏方法。教师可以带领幼儿玩"听听找找""听听做做"等听辨游戏，如玩大鼓和小铃游戏中，敲小铃时，他们就做小鸟飞、小兔跳等灵巧的动作；而听到大鼓时，他们做大象、老虎、熊等笨重凶猛动物的动作。这样更有利于引发幼儿对乐器的兴趣，在此基础上进行学习与探索。

（三）全面开放打击乐器

为便于幼儿全面认识与操作各类打击乐器，教师应努力创设、提供相应的机会和条件，让幼儿有更多机会接触到各类打击乐器，如在集体性的演奏活动中，教师可以提供机会让幼儿自由选择、交换乐器；在活动室音乐区中摆放一些幼儿喜爱的打击乐器，供幼儿区域以及日常活动中自由使用等。

> **思考与练习**
>
> 1. 简述幼儿园音乐欣赏活动、歌唱活动、韵律活动和演奏活动的内容。
> 2. 对比分析不同年龄阶段幼儿音乐欣赏活动、歌唱活动、韵律活动和演奏活动的目标。
> 3. 节选音乐的主要方法有哪些？举例说明这些方法的应用。
> 4. 简述幼儿园演奏活动使用变通总谱的作用。
> 5. 简述歌唱活动幼儿学习新歌的主要方法。
> 6. 简述韵律材料的选择要求。

> **赛证真题**
>
>  国赛幼儿教育技能赛题1
>  国赛幼儿教育技能赛题2

实训任务

1. 为欣赏活动设计语言辅助材料、动作辅助材料和视觉辅助材料。
2. 分组创编一个集体舞,年龄班自选。要求:动作选择恰当,能够运用基本队形变化。
3. 为音乐设计配器方案并编配变通总谱,分组讨论后将小组最佳方案绘制成供幼儿使用的图形总谱。
4. 观摩一个幼儿园音乐活动,分组讨论,书写活动设计和评价。
5. 小组合作,创编一个音乐游戏,并根据这一游戏内容进行活动设计,讨论修改后进行试教与评价。

第二十四单元
幼儿美术活动设计与指导

第一课　幼儿美术欣赏活动的设计与指导

一、幼儿美术欣赏活动的设计

幼儿美术欣赏活动设计的基本流程：选择与分析欣赏内容—确定活动目标—选择活动组织形式和教学方法—设计活动过程—整理活动准备。

（一）美术欣赏活动的内容

1. 感受自然景物、周围环境和美术作品的美

自然景物：如花草、树木、山川、河流、星空、雨雪、霞光等。

周围环境：如幼儿活动室、室外活动场地、幼儿园墙面与空间环境、小区、广场等。

美术作品：主要有绘画、雕塑、建筑、工艺美术、民间美术等。

2. 美术欣赏知识和技能

美术作品的形式分析，如色彩、造型、构图等；美术作品主题的分析；对作品的联想和表达；作品的背景知识，如艺术家的简介，作品的创作背景等。

（二）美术欣赏活动作品的选择

审美性：作品具有较强的艺术性。

教育性：作品内容积极向上。

适宜性：符合幼儿年龄特点，易于幼儿感受和理解。

多样性：形式与内容丰富多样。

（三）确定美术欣赏活动的主要目标

1. 小班幼儿美术欣赏的主要目标

- 知道从自然景物、艺术作品中能享受到视觉艺术的美。
- 喜欢观看、欣赏艺术作品；对美术作品、图书中的各种形象艺术感兴趣。
- 初步体验作品中具有不同"性格"的线条。
- 通过欣赏老师及同伴的作品培养对欣赏的兴趣。
- 初步学会运用线条表现力度感、节奏感。
- 初步运用动作、表情等表达自己欣赏后的感受。

2. 中班幼儿美术欣赏的主要目标

- 通过欣赏作品，了解作品的主题和基本内容。
- 能体验作品中线条、形状、色彩、质地等。
- 通过欣赏产生与作品相一致的感受。
- 感受作品的色彩变化及相互关系。
- 感受作品中形象的鲜明性和象征性，并体验其情感。
- 感受作品的构成，体验作品的对称、均衡、节奏。
- 通过欣赏，说出自己喜爱或不喜爱作品的理由，并对作品作简单评价。

3. 大班幼儿美术欣赏的主要目标

- 通过欣赏，了解作品的形状、色彩、结构等美术要素。

- 了解作品的表现手法、艺术风格和创作意图。
- 喜欢各种不同风格的美术作品。
- 能感受作品的色调、色彩之间的变化。
- 能感受作品中形象的象征性、寓意性。
- 能感受作品中的形式美;在欣赏和评价他人的作品时,能讲述自己独特的观点。

(四) 美术欣赏活动活动过程的设计

(1) 初步感知作品。(感受写实作品的内容、抽象作品的色彩和运动趋向)
(2) 分析作品形式。(造型、色彩、构图及其所表现的对称、均衡、节奏、变化等)
(3) 理解作品内涵。
(4) 形成审美判断。
(5) 创作与表现。

美术欣赏活动"星月夜"(大班)

案例

美术欣赏活动"年画"(大班)

设计意图

大班幼儿已有一定的美术欣赏基础,已初步理解对称、均衡等形式美的初步概念,他们对美术作品的表层意义能够初步理解,但对作品的更深层意义还不能理解。春节前后,市场上出现了许多年画性质的挂历,引起了幼儿的兴趣,幼儿春节时去农村走亲访友也会接触到许多年画。同时,年画以其鲜艳的色彩、饱满的构图、喜庆的氛围得到了幼儿的普遍喜爱。因此,本次活动选择了《年年有余》这幅具有典型年画风格的画供幼儿欣赏,以进一步提高幼儿的美术欣赏能力。

活动目标

1. 欣赏年画鲜艳的色彩和饱满的构图,初步理解年画所表达的含义。
2. 用语言和姿态表达自己的感受,体验年画欢乐祥和的气氛和人们的美好愿望。

活动准备

经验准备:幼儿回家向父母了解他们小时候看到过的年画内容,并观赏过各种挂历、年画。

物质准备:《年年有余》挂图1幅,音乐《喜洋洋》《金蛇狂舞》《二泉映月》,五角星挂件若干。师幼共同收集年画,将活动室布置成年画展览厅。

活动过程

一、初步感知年画的特点

1. 在《喜洋洋》的背景音乐中,教师和幼儿自由地欣赏活动室里的年画展览,自由地交谈、讨论。
2. 教师让幼儿在活动室中间找个位置坐下,再介绍:今天欣赏的这些画是过年时张贴的,这种画叫年画,是我国独有的一种画。
3. 提问:看了这些年画你有什么感觉?

二、欣赏《年年有余》年画的内容

1. 出示年画《年年有余》,提问:这幅画上有些什么?幼儿自由议论后再发言。
2. 教师小结:画面上画了一个可爱的小男孩,手里抱着一条大鲤鱼,笑嘻嘻地盘腿坐在莲花座上,旁边还有大大的荷叶和结着桃子的桃树。

三、欣赏《年年有余》的构图和色彩,感受其快乐祥和的气氛

1. 提问:这幅画主要画的是什么?画家把它画在画面的什么地方?
2. 用白纸挡住旁边的荷叶和桃树,引导幼儿体会画面的饱满感。再分别露出左边的荷叶和右边的桃树,引导幼儿体会画面的均衡感。
3. 提问:你看了这幅画有什么感觉?为什么你看了这幅画会感到心情很愉快呢?启发幼儿从小男孩笑嘻嘻的表情及红、黄、绿鲜艳明快的色彩上感受喜庆热闹的气氛。
4. 欣赏《金蛇狂舞》和《二泉映月》两段音乐(片段)。

提问:你觉得哪一段音乐与这幅画相配?

5. 播放音乐《金蛇狂舞》，让幼儿学一学画中小男孩的姿态，或让幼儿合作用自己的动作来表现这幅画。

四、举行"智多星"擂台赛进行有奖竞猜，理解年画的含义

1. 提问：为什么人们在过春节时要贴这幅有鱼的年画？贴了这幅有鱼的画，是希望家里怎样？
2. 画中的莲花座，又表达了人们什么样的心愿？
3. 画中的桃子又有什么意思？

教师小结：今天，我们欣赏了年画，知道了年画色彩鲜艳、画面饱满，有一种欢乐祥和的气氛，表达了人们的美好愿望。请小朋友们到美工区欣赏更多的年画，还可以到表演区演一演年画里的故事。

活动延伸

1. 在表演区表演年画中的故事。
2. 组织美术创作活动"年画"。

二、幼儿美术欣赏活动的指导要点

（一）关注自然界和环境中美的事物，并鼓励幼儿进行表现

大自然和周围环境中蕴藏着无穷的美。幼儿经常欣赏自然与环境中的美景和美好事物，可以使他们开阔视野，增长知识，发展想象力，激发创造性思维。例如，让幼儿多接触大自然，感受和欣赏美丽的景色；经常带幼儿参观园林、名胜古迹等人文景观，讲讲有关的历史故事、传说，与幼儿一起讨论和交流对美的感受。在欣赏自然景物和环境时，还应鼓励幼儿用语言描绘它们美的方面，并用动作模仿、表现各种优美的姿态，如飞舞的蝴蝶、随风摇曳的柳枝、争艳的花朵、飘洒的雪花等。

（二）重视民间美术欣赏活动的价值

我国的民间美术根深叶茂，源远流长，有着悠久的传统。它具有独特的风格和鲜明的个性，思想质朴率真，造型不拘一格，表现出劳动人民的多才多艺和创造性。对幼儿进行民间美术教育，有利于提高幼儿的鉴赏能力和审美情趣，激发他们的民族自豪感。而为了更好地开展民间美术教学活动，必须让幼儿充分感受民间美术的美，激发活动的兴趣。因此，我们要重视幼儿民间美术的欣赏教育。

通过民间美术欣赏可以激发幼儿对民间美术的兴趣和爱好。在欣赏那些美不胜收、目不暇接、乡土味极浓的民间美术作品的同时，幼儿开阔眼界、丰富审美经验和认知；促进想象力和创造力的发展；了解民族文化，传承民族艺术。美的作品能够深深地吸引每一个幼儿，使之在羡慕、赞叹之余，产生强烈的学习欲望，在充分感受美的过程中萌发表现美的愿望。

（三）采用多种方法进行美术欣赏①

幼儿美术欣赏教学，不是单纯地让幼儿看一看欣赏对象，而是要运用灵活多样的方法让幼儿体验美感，在知识面、感受力、领悟力、想象力、创造力、语言表达能力等方面获得良好的发展。

1. 对话法

对话法是指在幼儿美术欣赏活动中，教师和幼儿针对美术作品展开讨论、交流的一种方法。对话法是指导幼儿美术欣赏的基本方法，它包含有三种形式：

人际对话——教师与幼儿袒露自己的感受和体验，尊重相互的观点和想法，在相互激活和交流中获得快乐；

幼儿与艺术作品的对话——让幼儿打开感官和心灵，直接面对人类历史优秀的艺术作品或大自然，真切地感受和体验，并学习用各种方式来表达；

自我对话——对内心的感受进行表述、反省。

在对话法的实施中，教师要明确对话双方的关系是平等的，教师不要强求幼儿接受某一权威的结论或自己对美术作品的看法，而应尊重幼儿对美术作品的感受与反映，倡导幼儿有自己的探索、思考。运用对话法指导幼儿进行欣赏时，教师自己首先学会与美术作品对话，找出作品的特点、欣赏的要点，然后将其转

---

① 唐艳.幼儿园教育活动设计与实施[M].上海：华东师范大学出版社，2013：345.

化为开放性的问题,如:

这幅画上画着什么?——引导幼儿欣赏内容;

你看了这幅画有什么感受?——引导幼儿进行主动的审美体验;

你为什么会有这种感受?——引导幼儿从内容美和形式美(色彩和构图)两方面进行体验;

你喜欢这幅画吗?为什么?——引导幼儿理解作者的思想、感情和深刻内涵。少提一些"是不是""是什么""漂亮吗"等问题。

在幼儿与美术作品展开对话时,教师应当注意给幼儿充分的独立欣赏时间,尽可能让幼儿充分地感知,畅所欲言,自由、独立地发表自己的看法与体会。

2. 体验法

体验法是指教师为幼儿精心选择和设计与作品有关的环境、情景,让幼儿在动手、动脑、动口的操作活动中,丰富自身感性经验,激发幼儿审美主动性的一种方法。体验法可用在欣赏活动之前、欣赏活动之中,也可用在每次欣赏活动结束后。例如,欣赏吴作人的《熊猫竹石图》前,可带领幼儿到动物园仔细观察熊猫的外形特征及它们的简单动作,为欣赏活动积累感性经验;欣赏完《熊猫竹石图》后,可设计延伸活动,幼儿通过自己的创作来感受作品的线条、色彩和造型,尝试用简单的色、线、形表达自己的情感。

3. 讲解法

讲解法是教师用生动而具有启发性的语言对欣赏内容进行讲解。教师的讲解应具体形象,激发幼儿欣赏的兴趣,提高幼儿欣赏的积极性,并有助于结合幼儿自己已有的知识经验,对作品展开丰富的联想。例如,在欣赏齐白石的《群虾图》《桃》《蔬菜》等作品时,教师可根据画面内容,具体、生动地讲解或讲述一则关于画家的小故事,以引起幼儿欣赏的积极性。

4. 比较法

进行美术作品欣赏时,还可以就同一主题的不同表现手法、同一画家不同的绘画作品、画家不同时期的作品等,引导幼儿仔细观赏,认真比较,找出差异,加深理解。例如,同样是画马,徐悲鸿的水墨画《奔马》和马克的油画《蓝马》,在造型、设色、构图、表现手法等方面截然不同,给人以不同的视觉感受。使幼儿在一系列具体直观的观察比较中找出正确结论,并使幼儿能够积极参与,主动去理解、体会、感知艺术作品的审美特色,逐步提高审美的能力。

(四) 选择合适的组织形式开展欣赏

欣赏活动的组织形式可分为专题专课欣赏和结合其他课业随堂欣赏两类。前者可用组织欣赏游戏、举办小型幼儿画展或运用幻灯、录像等现代化教育活动手段组织幼儿观赏;后者可结合绘画或手工活动穿插一些相关内容(如民间工艺品、幼儿美术作品等)进行欣赏。

第二课　幼儿美术创作活动的设计与指导

一、幼儿美术创作活动的设计

幼儿美术创作活动设计的基本流程:选择与分析美术创作内容—确定活动目标—选择活动组织形式和教学方法—设计活动过程—整理活动准备。

幼儿美术创作活动是幼儿运用自己的眼、脑、手,用自己喜欢的方式对外界事物进行视觉操作、心理操作和动手操作,从而提高自己的视觉思维能力、视觉创作能力和操作能力的美术活动。幼儿美术创作活动一般包括绘画和手工两个方面。

(一) 美术创作活动的内容

1. 绘画活动的主要内容

(1) 绘画工具和材料

幼儿园常用绘画工具和材料分为:笔类——油画棒、水彩笔、记号笔、水粉笔、毛笔;颜料类——水彩颜料、水粉颜料、丙烯颜料;纸类——铅画纸、卡纸、宣纸、刮画纸等。在初步认识和了解了各种绘画工具和材料的基础上,使用这些材料和工具可以引导幼儿创作出不同的作品,如彩笔画、水粉画、线描画、棉签画、水墨画、拓印画、刮印画、吹画、滚珠画、版画、拼贴画等。

(2) 绘画的形式要素

幼儿绘画的形式要素包括线条、色彩、形状、空间构图等,是绘画的表现手段,是幼儿进行美术创作的前提。

(3) 绘画的题材

幼儿绘画的题材往往来源于幼儿的生活,可分为物体画(动物、植物、人物、自然景物、日常用品、建筑物等)、情节画、想象画和装饰画。以上绘画题材在幼儿园美术创作活动中根据主题是教师还是幼儿提出又分为命题画和意愿画。

2. 手工活动的主要内容

(1) 手工工具和材料

幼儿常用的手工工具有剪刀、泥工板、胶水、胶带、刻刀等。常用的手工材料有点状材料,如谷物、石子、纽扣等;线状材料,如毛线、树枝、毛毛根等;面状材料,如各种纸、布、树叶等;块状材料,如黏土、橡皮泥、纸盒、瓶子等。

(2) 手工活动的基本制作技法

泥工的基本制作技法:搓、团、压、捏、拉、嵌等。

纸工的基本制作技法:折、剪、撕、贴、连接、编制等。

(3) 手工的题材

幼儿手工题材主要有以下种类:玩具,如折纸玩具、泥塑等;节日装饰物,如拉花、窗花等;游戏头饰,如面具、纸花等;日常布置用品,如剪纸、染纸、贺卡等。

(二) 美术创作活动的内容选择[①]

1. 绘画活动的内容选择

表 2-24-1　各年龄班绘画活动内容

小　班	中　班	大　班
1. 认识与使用绘画工具和材料 2. 养成正确的绘画习惯 3. 多采用涂染、添画等方式开展活动 4. 绘画基本技能:掌握直线、弧线、斜线、交叉线等基本线条;从画圆开始,学习三角形、方形等基本造型;辨认常见基本色,如红、黄、蓝、绿、黑、白等	1. 在几何形体的基础上,表现物体的基本形象和主要特征 2. 选择与实物相似的颜色作画,并逐步做到涂色均匀 3. 学习简单的装饰技能,能运用多种材料作画 4. 构图以散点式、并列式构图为主 5. 掌握物体画,学习简单的情节画、想象画	1. 组合造型表现物体的主要特征和细节,学习写生人物和动物 2. 根据画面内容使用颜色,运用多种绘画工具和手段,并借此表现认识与情感 3. 能够利用多种材料和方法进行装饰(如综合利用点状、线状、面状材料对瓶子进行装饰) 4. 构图以并列式、遮挡式构图为主 5. 能根据故事情节和自我想象绘画,并能妥当排布画面(如绘画故事连环画、自由想象绘画等)

2. 手工活动的内容选择

表 2-24-2　各年龄班手工活动内容

	小　班	中　班	大　班
泥工	1. 认识泥工材料和工具 2. 玩泥、分泥 3. 掌握搓、团圆、压扁、黏合等基本技能 4. 通过简单变形、添加、组合,塑造一些简单的物体形象	1. 在搓长、团圆、压扁的基础上压坑、捏 2. 在泥工板、塑料板等平面上泥贴 3. 学做较为复杂的造型(如小鸡、小鸭、日常用品等) 4. 探索泥工制作变化的基本规律(如依据圆形、萝卜形等基本形体,通过拉押、组合、添加等方法,塑造出不同物体)	1. 综合运用搓长、团圆、压扁、压坑、黏合、捏的技能,进行捏塑 2. 学习在整块泥中捏出物体的各部分,并会使用简单的工具和辅助材料塑造某些细节部分 3. 在平面泥贴的基础上进行立体造型(杯、瓶等)的表面的泥贴装饰 4. 能够表现简单的情节

[①] 丁华,周燕.美术与幼儿美术创作[M].长春:东北师范大学出版社,2014:45.

续 表

	小 班	中 班	大 班
纸工	1. 自由撕纸。简单的撕纸游戏（如撕出圆洞代表眼睛），对称折叠撕简单的对称图形（四角花、三角形、蝴蝶等） 2. 折纸习惯（对齐、压平），基本折法（对边折、对角折等） 3. 学习正确使用剪刀，练习沿轮廓线剪	1. 练习目测撕的基本要领，学会撕纸的几种方法（自由撕、直撕、转撕等），对称折叠撕纸（拉花等） 2. 折叠方法（集中一角折、双正方形折、双三角形折）。学习简单的折叠符号，学会看图折纸。运用各种形状（如正方形、长方形、三角形等）的纸进行折纸 3. 掌握按轮廓剪。学习目测剪（窗花、拉花等），尝试自由剪（简单形状、动物形象等）	1. 单幅撕纸，连环撕纸，撕纸与剪纸、拼贴相结合 2. 三角形折及变化，双正方形折及变化，四角向中心折及变化 3. 绘制轮廓线并按轮廓剪。目测剪（两方连续折叠剪、四方连续折叠剪、团花、拉花、花边等），自由剪
废旧材料制作	1. 制作活动常规（如胶水的取用、纸屑的处理等） 2. 利用材料原形，简单剪贴，制作出简单的玩具和物品（如在纸杯、塑料瓶等物体上进行简单剪贴变成玩偶，或装入豆子、石子变成乐器等）	1. 对生活中的废旧材料和自然材料进行收集、分类 2. 对材料进行组合、变形，并加以装饰，制作物体及玩具	1. 组合造型（纸盒、蔬菜等组合造型） 2. 改装变形（瓶盖、厚纸、绳子等制作） 3. 装饰技巧（纹样、色彩、粘贴等）

（三） 确定美术创作活动的主要目标

1. 小班幼儿美术创作活动的主要目标

- 喜欢涂涂画画、玩颜色游戏、玩泥、撕纸等活动，初步体验创作活动的快乐。
- 初步熟悉美术创作的工具和材料。
- 自由地表现日常生活中所熟悉的物体的粗略特征并作简单想象。
- 了解泥的可塑性质，了解各种纸的性质；初步学会用自然材料（石子、豆子、树叶等）拼贴造型。

2. 中班幼儿美术创作活动的主要目标

- 能够主动尝试运用各种绘画工具、材料，用自己独特的绘画语言，表达自己的想法和感觉。
- 学会运用图形组合的方法表现物体的基本部分和主要特征，能够用多种颜色大胆作画。
- 初步学会围绕主题布置画面，能表现出物体的上下、左右位置，乐于向别人介绍自己的绘画的想法。
- 进一步熟悉泥工、纸工及制作活动的工具和材料，喜欢运用这些材料进行手工活动；会折出简单的玩具。
- 能撕出简单的物体轮廓；会用泥塑造出物体的基本部分和主要特征；能大胆地运用泥按意愿进行塑造，并乐于与别人分享；初步能够在集体合作下完成一件作品。

3. 大班幼儿美术创作活动的主要目标

- 在安排画面过程中逐步体会均衡、对称、变化等形式美。
- 增强色彩搭配的意识，注意色彩的整体感与内容的联系。
- 能够综合运用不同的绘画工具、材料进行简单的绘画创作。
- 能够有目的地安排画面并表现一定的情节。
- 体验综合运用不同手工材料制作手工作品的快乐。
- 用泥塑造人物、动物等较复杂结构的形体，能表现出物体主要特征和细节；了解各种纸张的不同性质，知道不同性质的纸张具有不同的视觉表现效果；能用各种纸张制作立体玩具；能使用无毒、安全的废旧材料制作玩具并加以装饰；能集体分工合作塑造群像，表现某一主题或场面；能综合运用剪、折、撕、粘、连接等技能，独立设计制作玩具。

（四） 美术创作活动活动过程的设计

1. 绘画活动的设计

(1) 导入活动。

(2) 观察认知（注意观察顺序、语言引导）。

(3) 想象加工（宽松的环境、充分的尊重）。

(4) 表现表达(游戏化练习、方法指导、构思引导)。

(5) 分享评价(分享充分、评价正确且具体)。

案例1

美术活动"下雨天真有趣"(大班)

活动目标

1. 欣赏下雨天的视频,感受不同的雨水造型及形态变化。

2. 通过观察、讨论等过程了解下雨天的人和事,尝试用线描的手法创造性地表现出下雨天的场景。

3. 能够感受大自然的美,愿意亲近大自然;敢于向同伴介绍自己的作品,发现并欣赏同伴优秀的作品,体验绘画的乐趣。

活动准备

经验准备:有下雨天出行的体验和经历。

物质准备:PPT课件、纸、黑色勾线笔、油彩笔。

活动过程

一、播放雨天情景视频,激发兴趣

师:小朋友们,老师给你们带来了一段视频,请你们看一下你在这段视频中都看到了什么?

二、出示图片,了解下雨天的主要特征

1. 呈现不同类型"雨"的照片,欣赏大雨、中雨、小雨的特征。

师:你能看出这几张图片分别下的是什么雨吗?从哪里看出来的?

教师小结:雨有很多种,有淅淅沥沥的小雨,被吹成斜线的大雨,还有大而急的暴雨,雨点很大,下得一片白。

2. 呈现雨中的行人,欣赏在雨中的人的特征。

师:你看到雨中的行人都是什么样子的呢?

师:人们在不同的雨中状态有什么不同呢?

三、回忆生活经验,分享下雨天的感受

师:你喜欢下雨吗?为什么?

师:说一说你经历过的下雨天的故事吧。

欣赏画作《六月的雨》,讨论如何表现雨。

师:这幅作品,画家表现的是绵绵细雨中的乡村。你从哪里能看出画家画的是下雨天?

师:这幅画里还画了什么景色?

四、幼儿创作,教师指导

师:今天,我们也一起画一画下雨天的场景吧。

创作过程中,重点引导幼儿回想下雨天有趣的事情,并鼓励幼儿大胆表现。

五、展示作品,欣赏评价

1. 鼓励幼儿大胆介绍自己的作品。

师:我们一起来看看自己的作品,也看看同伴的作品,看看你最喜欢哪一幅?谁愿意来介绍一下自己的作品?你的作品是哪一幅?

2. 欣赏同伴的优秀作品。

师:你最喜欢谁的作品呢?

师:在我们的生活中,除了下雨天,还有什么其他的自然现象呢?(下雪天、刮大风、下冰雹……)小朋友们也可以尝试着描绘这些自然现象。

2. 手工活动的设计

(1) 导入活动。

---

① 郑州市中原区滨河花园幼儿园教师孙佳一执教。

(2) 产生意图(创设充分接触材料的环境；在欣赏和游戏中激发创作意图)。
(3) 构思设计(构思分为三步：确定形象、思考方案、选择材料)。
(4) 制作装饰(游戏化练习、方法指导、养成良好常规)。
(5) 分享评价(分享充分、评价正确且具体)。

案例 2

美术创作活动"有趣的橘子皮"(大班)

活动目标

1. 观察橘子皮，并在其外形基础上进行大胆想象。
2. 选择合适的工具和材料进行美术创意活动，感受创作的快乐。
3. 能够主动介绍自己的作品，体验成就感。

活动准备

材料准备：橘子、剪刀、双面胶、水彩笔、作业纸、小棍棒等。

活动过程

一、引导幼儿观察自己手中剥下来的橘子皮

师：孩子们，看一看自己剥下来的橘子皮像什么呢？

二、创意活动

1. 引导幼儿想出各种办法用橘子皮进行创意。

师：你们想得非常好，说得也很棒，那我们怎么让爸爸妈妈和小朋友也能看到或听到呢？

2. 幼儿讨论创作橘子皮画所需要的物品：剪刀、彩笔、背景纸、小棍等。
3. 鼓励幼儿根据自己的想象大胆创作，启发幼儿使用多种材料，采用不同的表现手法。

三、橘子皮画展览。

1. 指导幼儿根据所选材料的不同，分类张贴或摆放作品，提醒幼儿注意摆放的位置要适合参观者观看。
2. 幼儿先向伙伴介绍自己的作品，再邀请其他班级的小朋友参观展览。(幼儿自己当小小讲解员，向参观者介绍自己的创意作品)

活动延伸

让幼儿在家中和爸爸妈妈一起创作更多、更好的不同的橘子皮作品，带来和大家分享。

(设计者：河北省省直机关第四幼儿园张青)

二、幼儿美术创作活动的指导要点

(一) 绘画活动的指导

1. 物体画的指导

① 了解幼儿特殊画法——拟人画法、透明画法、展开画法、夸张画法。② 通过多种方式(感受自然、参观人文景观、欣赏民间艺术、观看文艺表演和艺术展览)丰富幼儿视觉经验。在观察时遵循从整体到部分再到整体的观察顺序，并关注事物的形式美。如欣赏青花瓷时应关注青花瓷的线条、色彩和造型。同时用语言引导幼儿进行审美感知。③ 引导幼儿学习表现物体形象的基本技法——涂染法和线描法。

2. 情节画的指导

① 了解幼儿构图特点——凌乱式构图、并列式构图、散点式构图、遮挡式构图。② 引导幼儿在生活和学习中观察各种事物的空间关系，从大小、高矮到上下、左右，再到内外、前后、远近、遮挡等。③ 开展丰富多样的构图练习，如图片联想、合成、连画、游戏等。

3. 想象画的指导

① 欣赏抽象作品，发展幼儿想象力和创造力。② 引导幼儿进行借形想象，如手印画中，幼儿对手印进

行再定义,把它变成大象、公鸡、孔雀等。③ 运用变形法、接龙法、拼接法、假想法等多样化的方法开展想象画创作。

4. 装饰画的指导

① 在日常生活中和学习中欣赏丰富的装饰作品,感受装饰美,认知装饰的规律。② 循序渐进地学习装饰画技巧。花纹的学习:点—线—几何图形—自然界的事物—民族特色花纹。纹样的组织:独立—二方连续—四方连续。色彩搭配:喜欢的颜色—对比色—同种色—渐变色。③ 采取多样化的方法练习装饰画,如结合节日、结合游戏、开展竞赛等。

（二）手工活动的指导

1. 泥工活动的指导

教师要运用多种有趣的方法,激发幼儿对泥工活动的兴趣,使他们喜欢参与泥工活动。如:掌握泥工中团圆、搓长、压扁等基本技能。教师在教育活动中,应经常鼓励幼儿充分发挥想象力,大胆进行自由表达,塑造出生动有趣的作品。同时,要引导他们运用多种辅助材料,丰富泥工创作语言,更有趣、更直观地表现对象。(如:用大头针塑造刺猬身上的刺,用棉花表现老爷爷的胡须,用玉米须代替小姑娘的头发等)在教育活动中,教师还要引导幼儿对自己的作品进行艺术处理,涂上装饰色彩,使其变为美丽多姿的彩塑作品。在活动中,教师还要注意引导幼儿正确使用泥工工具,掌握操作方法和要领,体验其性能特点。

2. 纸工活动的指导

教师在指导过程中,应为幼儿创设多种主题,引导幼儿进行讨论,使他们能从多种渠道展开艺术想象,进行艺术思维,构思出丰富多彩的艺术形象。逐步使幼儿掌握构思、构图的基本思路和方法。教师一方面要具体细致地演示纸工制作的方法与步骤,另一方面要用简洁准确的语言加以讲解,做好耐心、细致的示范和辅导,引导幼儿逐步掌握纸工的技能和技巧。如学习撕纸、粘贴,初步撕出简单形状并粘贴成画;能正确使用剪刀剪出方形、圆形、三角形等多种几何图形,并能进行简单拼贴。

3. 自制玩具活动的指导

进行活动前,教师应发动幼儿和家长,广泛收集当地易取的自然物和废旧物品(如:贝壳、竹片、羽毛、叶片、花瓣、秸秆、小石头、废瓶、纸盒、塑料条片、废旧花纸等),洗净并分类储存起来,为幼儿的制作玩具提供充足的原材料。突出幼儿美术学习的游戏性。教师在制作示范的过程中,要用通俗易懂的语言讲清设计和制作的方法;还应邀请幼儿积极参与,和老师一起进行设计、粘贴、刻画,或在老师指导下把半成品组装完整等,以提高他们的参与意识和创新意识。对于幼儿制作的玩具,教师要进行积极的评价和鼓励,使幼儿能够感受到劳动的自豪感和成就感。

思考与练习

1. 简述幼儿美术欣赏活动和美术创作活动的内容。
2. 对比分析不同年龄阶段幼儿美术欣赏和创作活动的目标。
3. 简述幼儿美术欣赏活动常用的教学方法。
4. 结合活动案例说一说如何指导幼儿美术创作。

赛证真题

一、单项选择题

1. 下列有关幼儿美术教育的做法中,不正确的是(　　)。

A. 支持幼儿表达自己对美术作品的独特感受

B. 出示范画让幼儿模仿

C. 鼓励幼儿用自己的方式表现美

D. 为幼儿的美术创作提供丰富的材料

2. 在幼儿绘画活动中,教师最应该强调的是(　　)。
A. 画面干净、美观　　　　　　　B. 画得和教师的一样
C. 按照自己的意愿大胆表达　　　D. 画得越像越好
3. 通过分析幼儿手工成果来了解其心理的方法是(　　)。
A. 调查法　　　B. 自然观察法　　　C. 实验法　　　D. 作品分析法

二、材料分析题

材料：幼儿园修剪树木,各种各样的树枝引起了幼儿的注意,激发了他们的探究兴趣和表现欲望,两个大班准备组织开展相应的活动。

大一班的老师鼓励幼儿用自己的方式表现树木,有的幼儿用铅笔,有的用水粉,有的用积塑,表现出各种形态的树木(图2-24-1中的图1至图3)。教师肯定了幼儿的表现,特别表扬了幼儿的不同表现方式,同时建议幼儿把自己的作品展示出来,相互介绍。

大二班的老师组织了一次美术教学活动。老师教幼儿画树并进行示范：比如先画树干,再画树冠,最后涂色。结果全班幼儿都画出了差不多形状的树(图2-24-1中的图4至图6)。

问题：请分析上述案例中大一班教师和大二班教师对待幼儿的方式及对幼儿行为的影响。

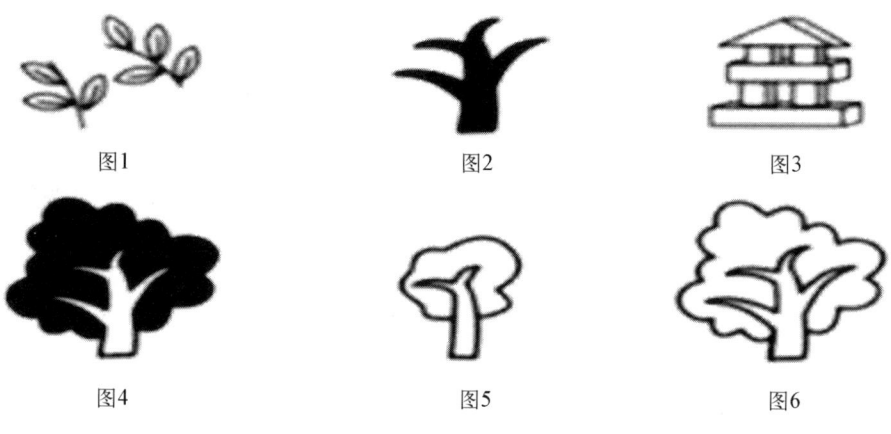

图 2-24-1　幼儿美术作品《树》

实训任务

1. 收集并分析三幅幼儿美术作品。
2. 观摩一个幼儿园美术活动,分组讨论,书写活动设计和评价。
3. 小组合作,选择一个幼儿园美术活动内容进行活动设计,讨论修改后进行试教与评价。

幼儿园综合教育活动设计与指导

学习目标

① **素质目标**：感受幼儿园教育活动的时代性、社会性、人文性，树立正确的儿童观、教育观。

② **能力目标**：会区分主题活动和项目活动，能选择和设计主题活动以及项目活动。

③ **知识目标**：了解幼儿园主题活动和项目活动的内涵与价值，掌握主题活动和项目活动设计的内容与要求。

内容框架

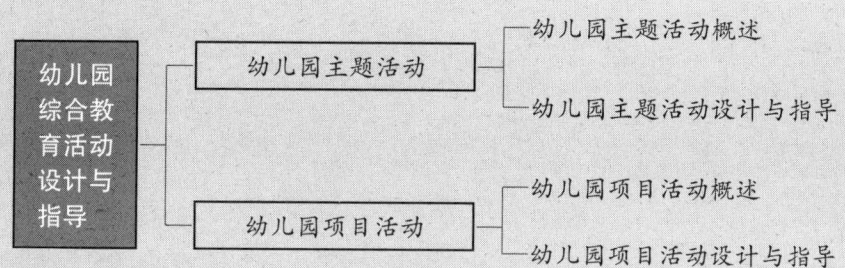

第一单元
幼儿园主题活动

第一课 幼儿园主题活动概述

《纲要》指出,幼儿园教育活动的组织应注重综合性、生活性和趣味性,围绕幼儿的生活而开展的主题活动成为当前幼儿园教育活动的形式之一。

一、幼儿园主题活动的内涵

幼儿园主题活动是指在一段时间内围绕贴近幼儿生活的一个中心内容(即主题)作为组织课程内容的主线来组织教育教学的活动。

主题活动是幼儿园综合课程的表现形式之一。主题活动打破学科之间的界限,根据主题的中心内容确定主题展开的基本线索,依据这些基本线索确定主题的基本内容,并创设相应的教育环境,组织开展一系列教育教学活动,让幼儿通过对主题的学习,获得与主题有关的较为完整的知识和经验。

二、幼儿园主题活动的特征

1. 学习内容之间的有机关联

主题活动强调从幼儿的认知水平、经验和兴趣出发,加强学科、领域之间的横向联系。例如,"秋天到了"的主题,就是以秋天为中心,然后扩展到秋天的天气、衣服、果实、树叶等。"秋天的果实"这个二级主题中,涉及果实分类(数学),采摘果实(科学),摘果子(音乐),捡麦穗(运动、数学),秋天的歌(语言)。

主题活动中的学科、领域的横向联系,表现为一种有机联系下的内容的有机渗透(见图3-1-1),而不是一些学科内容机械地等分与组合。

2. 各种教育资源的整合

幼儿园主题活动的开展,需要充分开发和利用幼儿身边的一切有利资源支持活动的开展,如人力资源、环境资源、人文资源等。人力资源包括教师、幼儿、家长等。环境资源包括幼儿园内与主题相关的区域环境、主题墙墙饰,还包括自然环境及社会环境资源,如社区的一些公共设施、场所。在人文资源方面,包括本地区的人文风俗、文化古迹等。

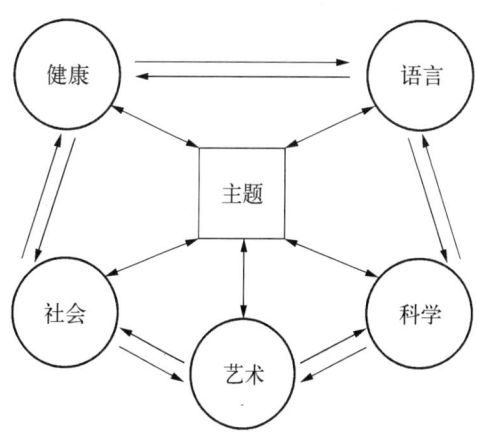

图 3-1-1 主题中各领域联系示意

3. 活动具有动态生成性

从主题活动的目标及内容看,有教师预设的目标与内容,也有随活动的开展生成的目标与内容。不断动态生成的主题活动目标与不断丰富的活动内容赋予了主题活动动态生成的特性。

4. 多种活动形式的运用

主题活动的活动形式丰富多样,有集体教学、区域活动、生活活动、游戏活动、亲子活动、参观游览、表演、汇报等。

三、主题活动对促进幼儿发展的意义

1. 充分满足幼儿的好奇心和求知欲

主题活动内容贴近幼儿生活,幼儿往往表现出浓厚的兴趣。主题活动中探究式的学习方式满足了幼儿的好奇心和求知欲。教师在活动中激励幼儿自主发现问题、提出问题,并循着问题线索自主地进行探究,主动通过各种方法解决问题,自由地表达表现经验。主题活动中动态的环境和丰富的材料,也极大满足了幼儿的好奇心和求知欲。

2. 有助于幼儿主动学习、学会学习

主题活动中,幼儿有机会去实践不同的学习方式。如实践式学习,幼儿在社会实践中亲身经历,亲自操作,从而使幼儿获得深刻的学习体验。又如合作式学习,合作式学习是一种小团体式的学习方式,要求团队里的每个成员都能在合作中完成共同的目标任务。

3. 发展幼儿多方面的能力

主题活动可以发展幼儿多方面的能力。如合作与沟通能力,初步的逻辑思维和统计归纳能力,语言表达及动手能力,解决问题的能力及创造能力。

4. 促进幼儿个性化发展

主题活动有助于促进幼儿个性化发展。在主题活动中,幼儿具有更多的自主权、选择权。如活动中需要探究什么问题常由幼儿决定,教师也会根据幼儿的兴趣需要生成新的主题内容。又如在活动中,教师支持幼儿富有个性地表达、表现。此外,主题活动的评价关注"幼儿是否主动学习和富有个性地发展",教师往往采用记录式评价、档案袋评价、成果展示式评价,这些评价方式促进了幼儿个性化发展。

第二课　幼儿园主题活动的设计与指导

一、幼儿园主题活动的设计

一般来说,主题活动的设计,包括选择与确立主题(主题的来源)、制定主题目标、构建主题网络、设计主题系列活动、设计主题环境及家长工作等方面的内容。

(一) 选择与确定主题

1. 主题的来源

主题活动需要从一个适宜的主题开始,下面阐述主题来源的部分思路。

(1)来源于课程目标

课程目标的实现需要相应的教育活动加以支持,因此,可从确定的课程目标出发,寻找相应的活动主题。如根据《纲要》科学领域提出的"对周围的事物、现象感兴趣,有好奇心和求知欲"这一目标,可以设计"我发现""奇妙的水世界"等主题。

(2)来源于幼儿的兴趣和需要

幼儿感兴趣的事物中可能包含丰富的教育价值。例如,在一次玩具分享日中,有几个大班幼儿带来恐龙玩具,接连几天,幼儿一直在谈论恐龙的话题。有的幼儿又从家里带来关于恐龙的画册。区角活动时,幼儿在建构区给恐龙搭居住的地方。教师发现了幼儿的兴趣点,就设计了"恐龙"为主题的活动。

(3)来源于身边的事物和现象

当教师视角从书本教材转向生活时,就会发现生活的丰富多彩性。许多在成人看来很平常的事物,但对幼儿来说,都可以成为有价值的主题。如"车""城市立交桥"等主题。自然环境中可探讨的主题也十分丰富,如"水世界""神奇的风""春天"等主题。

(4)来源于社会生活

幼儿的社会生活中可探讨的主要是各种人际关系。随着其生活圈的逐渐扩大,这种关系越来越扩展为对社会机构、社会角色、不同地域的人、不同文化等更大范围的社会环境的关注。如"我和我的朋友""超

市"等主题。社会生活中的节日、纪念日也是主题的来源之一。如植树节、端午节、父亲节等,都具有教育价值。另外,社会生活中发生的一些重大事件,也可成为探究的主题。如2008年在北京举办奥运会,像"为奥运加油"之类的主题会吸引幼儿以极大的热情投入到活动中。

(5) 来源于偶发事件

一些偶发事件,如蝴蝶飞进教室了、洗手时水停了、散步时发现了毛毛虫,都有可能成为幼儿活动的主题。

2. 确定主题的依据

了解了主题的来源,教师在确定某个"主题"时,还需从以下方面对主题进行审视。

(1) 主题是否符合幼儿的兴趣需要

这个主题幼儿喜欢吗?能引起幼儿的兴趣吗?一个幼儿喜欢的或能够调动起幼儿的参与积极性的主题,应该是幼儿当前关心的、与他们的生活相关的问题或事物。或者尽管目前幼儿没有直接表现出对该主题的关注,但由于它与幼儿的发展关系密切,符合幼儿的基本需要和心理特点,因而也会比较容易地引起幼儿的兴趣和学习热情。

(2) 主题所蕴含的教育价值及可能达成的教育目标

一个有意义的主题应该蕴含着多种教育价值,有助于促进幼儿身体、心理、情感、社会性等方面的发展。如"我是中国人"这一主题涉及民族情感问题,幼儿在活动中了解国家的文化特色、风土人情、习俗风貌,为自己是中国人感到自豪。因此,这一主题具有深远的教育价值。

(3) 主题所能涵盖的教育内容是否广泛

主题能够涵盖哪些教育内容?可以提供给幼儿什么样的学习经验?涵盖课程领域较广的主题,有利于幼儿获得均衡的学习经验,也有利于安排各种不同类型的活动。例如,主题活动"纸",涵盖的教育内容比较广泛,涉及科学、社会、艺术、健康等领域内容。

(4) 主题的可行性

主题是否有可利用的丰富的资源,所需要的材料是否容易获得,是否有利于转化为幼儿的具体活动,这些都需要考虑。例如,某大班幼儿在本市少儿戏剧大赛中获得了一等奖,这成为班上的一个热门话题。该园是一个以艺术课程为特色的幼儿园,本地的一个剧团就在这个幼儿园附近,园内很多孩子的家长是戏剧演员,而这个大班的班主任很喜欢戏剧。在分析了这些可利用的资源后,该班教师决定开展以"戏剧"为主题的活动。

(5) 主题与其他主题之间有无相关经验的衔接与连贯

选择主题时,还应尽量考虑主题之间的连续性。主题与主题之间的联系不在于主题内容本身,而体现在幼儿前后学习经验和能力的衔接性和连贯性上,即后面的主题活动应考虑幼儿在前一个活动中所获得的经验和能力,后面的活动是前面经验的延续和提高。

3. 主题的命名

适宜的主题产生后,主题名称的确定也非常重要,要起一个能够突出主题教育活动的目的与中心的名字。名称应是幼儿喜欢、熟悉、易记的,而且容易引发幼儿探索与体验。

(二) 制定主题活动目标

主题活动的目标按主题活动的进程,由三个层次构成:主题活动总目标、主题活动各阶段目标(大的主题下的小主题目标)、具体活动的目标。

1. 主题活动的总目标

总目标统领主题活动探索的方向,有助于教师清晰地选择、合理地设计有助于达成目标的各种活动,形成基本的活动框架。

制定总目标时,首先,需要分析主题潜在的多种价值,包括教育价值和发展价值。如"美丽的春天"这个主题,至少包含艺术、语言、科学等方面的教育价值。春天这个季节与动植物、人类的关系,关于春天的各类艺术作品(诗歌、散文、歌曲)等。另外,制定主题活动总目标时还要考虑幼儿园总目标、幼儿身心发展状况、主题的内容等。主题活动目标应涵盖认知目标、情感态度、动作技能发展目标。如主题活动"美丽的春天",总目标从认知、情感与态度、能力等方面提出,突出了语言、艺术领域的目标。

主题活动"美丽的春天"目标(中班)
1. 能运用各种感官和途径认识、了解春天的特征,知道春天是一个播种的季节。
2. 能用说、朗诵、唱、跳、绘画、制作、剪贴等各种方式表征春天,感受春天的美丽。
3. 在欣赏与春天有关的文学作品中体验文字的优美,学习创编与春天有关的故事或儿歌。
4. 愿意把自己的研究发现与同伴交流分享,体会彼此分享的快乐。

2. 具体活动目标

一个个具体的活动是构成主题活动的要素,如教学活动、参观活动等。在一段时间内,通过多个活动的相互作用达成总目标。需要注意的是,具体活动都有重点领域,也有每个领域的重点发展目标。如下面是"美丽的春天"主题中的一个活动,重点领域是科学。

"春天在哪里"活动目标
1. 观察春天的草、树的变化,感知春天的特征。
2. 能用多种方式表达交流自己的发现。
3. 感受春天的美丽,萌发对大自然的热爱之情。

(三) 构建主题网络

主题网络是通过对一个主题的展开形成课程进展,以主题线索的方式呈现课程的结构,体现课程结构是立体的、综合性的,是活动过程的展示,是主题结构的体现。主题网络的建构能够帮助教师把握课程的框架,有利于教师对主题活动范围和内容做出初步思考,对后续活动的框架和幼儿可以获得哪些有益经验做到心中有数。①

1. 主题网络的结构

主题网络是由中心主题及与之相关的次级主题、系列探索活动构成的放射状图。其中,中心主题是一级主题,一级主题下可以分解为二级主题或三级主题。下一级主题由上一级主题衍生而来,能够支撑上一级主题。二级主题及三级主题往往留有空白处(如用虚线表示),给生成主题留下空间。

2. 构建主题网络的方式

(1) 教师预设与师幼共同建构

构建主题网络的方式有两种:一是教师预设;二是教师和幼儿共同构建。如"恐龙"这一主题网络的构建,教师让幼儿讨论"关于恐龙,你想知道什么?"根据幼儿讨论的情况,初建框架,然后调整修改。

(2) 主题网络的制作

教师要充分调动自身和主题相关的知识经验,运用"头脑风暴"的方法,写下与主题相关的、自己能想到的与主题相关的任何一个词语,然后分类并设计一个标题(即次级主题),如一类中包含的内容太多,再划分为二、三类。教师之间要相互交流,对各次级主题及其内容进行充实,最后,绘制出主题网络图(见图3-1-2、图3-1-3)。

(四) 设计主题系列活动

围绕主题设计主题下的系列活动。如"我们都是好朋友"的主题活动,教师设计了"快乐的一天""我和朋友比高矮""采访朋友"等20个活动。

(五) 设计主题活动的环境及家长工作

为了使主题活动顺利开展,教师要考虑在主题活动中,需要设置哪些相应的区域,活动室内外环境需要进行怎样的设计,需要家长做哪些工作及园外有哪些可利用的资源等问题,并要将这些内容写在计划中。(详见主题活动"我们都是好朋友")

---

① 王小英,蔡珂馨.主题活动与幼儿成长[M].长春:东北师范大学出版社,2008:66.

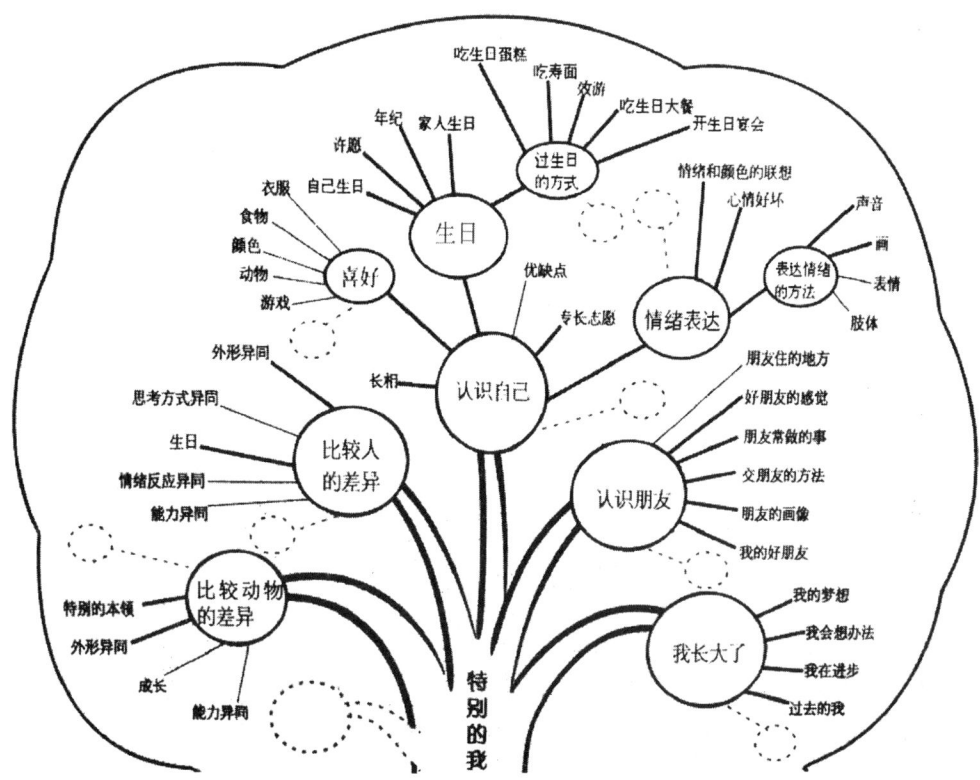

图 3-1-2 "特别的我"主体网络图

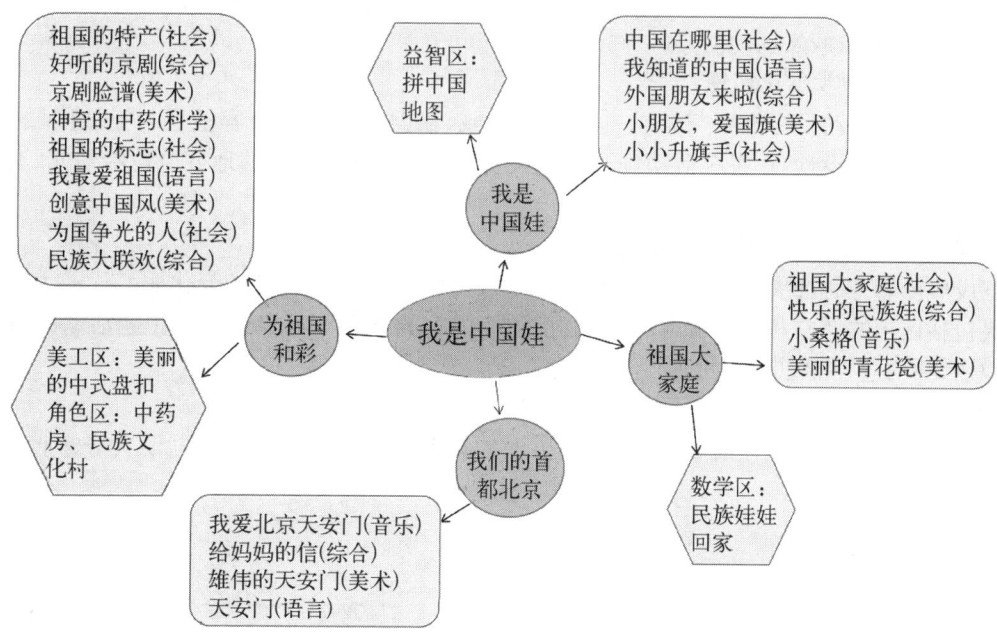

图 3-1-3 "我是中国娃"主体网络图

二、幼儿园主题活动的组织与指导

主题活动设计好之后,如何组织与指导主题活动,需要教师掌握相应的方法和策略。下面,从主题活动的开展流程及环境创设两方面谈一谈如何组织和指导主题活动。

(一)主题活动的流程及组织指导

一个主题活动包括主题活动的切入、主题活动的展开、主题活动的分享交流三个部分。

1. 主题活动的切入

怎样引领幼儿进入一个主题活动,是老师首先要考虑的问题。切入主题的方式有很多种,如创设情境切入、搜集资料切入、由材料切入等。如主题活动"伞"的切入是这样的:教师将几把漂亮的伞摆在活动室门口,引起了幼儿的注意,幼儿议论纷纷,"这是谁的伞,我家也有伞,没下雨,怎么会有伞?"……顺着幼儿的话题,老师引领幼儿进入了"伞"的主题活动中。

2. 主题活动的展开

主题活动的展开过程,是一个幼儿表现自己已有经验和获取新经验的过程,是一个教师适时、适宜、适度介入的过程,是一个多向积极互动的过程。[①]

首先,教师要做到既不控制幼儿的行动,又要善于给予幼儿支持和帮助。这就需要教师在活动中多观察、多倾听、多鼓励幼儿。

其次,要关注主题活动中的生成内容,对其进行教育价值判断。在主题活动中,幼儿往往会出现新的兴趣点。教师要依据预设和生成相结合的原则,生成新的有价值的活动。例如在环保活动进行到电池污染这一环节时,午后的一个起床时间,教师听到了这样的一段对话:"乱扔电池的人真坏""也许他们不知道电池危害有多大呢?""那我们去告诉他们吧!""我们怎么去告诉他们呀?"教师顺势作了思路调整,下午与幼儿继续讨论电池一事,按照幼儿的思路生成了"电池娃娃的家""回收废旧电池"两个和主题有关的活动。

最后,要适时、恰当地结束主题活动。主题的结束,一般按照预设主题计划的安排进行,也可以根据主题的进展情况做恰当调整。如大部分幼儿对该主题活动仍有兴趣,也可以适当延长。

3. 主题活动的分享和交流

主题活动的分享和交流阶段是幼儿向他人展示已有的经验性成果的阶段,是主题活动的一部分。经常采用的方式有作品展示、亲子制作、戏剧表演、社会宣传、制作主题书等。通过分享与交流,促进幼儿相互学习,使幼儿体验到成功的快乐。

(二) 主题活动环境的创设及要求

幼儿的认知、情感和社会化的发展始终离不开与环境的相互作用,幼儿与环境的互动方式直接影响到幼儿的发展和教育活动的质量。所以主题活动需要环境的支持才能更深入更具体地展开,通过环境的创设满足幼儿自主活动、自我发展的需要。

1. 结合主题内容初步创设环境

教师应依据主题活动目标规划与布置主题活动区域,依据主题活动内容呈现与投放区域操作材料。教师对主题墙进行初步设计,在主题活动刚开始,主题墙是"留白"的,大块的地方应留给幼儿,展现他们的活动进程及作品。

2. 主题活动开展过程中环境要动态跟进

环境创设应随着主题的展开而创设,随着主题的深入而丰富,随着主题的变化而变化。主题活动环境的跟进主要包括区角的调整和操作材料的增减,主题墙内容的逐渐丰富。通过对主题活动的每一个环节中幼儿兴趣点、活动过程的记录来创设、完善环境。

3. 创设良好的精神环境

教师要创设积极愉悦的主题活动氛围,尊重幼儿在主题活动中的主体地位,创设从情感上真诚地关注幼儿的活动。

三、主题活动案例

找个朋友一起玩

主题:我们都是好朋友[②](中班)

主题活动来源

朋友是幼儿成长历程中不可缺少的一个社会构成部分,他们需要朋友,喜欢朋友。中班幼儿随着年龄的增长,自我意识正在逐步形成,交往范围也发生着变化,他们开始关注和观察起周围的伙伴,产生了交往的动机和愿望。但由于能力和经验的欠缺,在交往的过程中常常会出现一些障碍,难以获得成功的体验,会产生自己没有朋友的孤独感。因此,他们是非常需要支持和帮助的。我们将引领孩子们走进亲切、温馨的氛围,使其在和同伴一起分享食物、玩具、活动的快乐与亲密的互动

---

① 王小英,蔡珂馨.主题活动与幼儿成长[M].长春:东北师范大学出版社,2008:125.
② 曲新陵,章丽.幼儿园综合教育课程.主题活动.中班.上[M].南京:江苏凤凰教育出版社,2013:129.

过程中,体验自己和他人的情感,分享着自己和他人的快乐,习得交往的方法,逐步建构起和谐的伙伴关系,感到原来有好朋友是件非常美妙的事情。本主题建议 3~4 周完成。

主题活动的目标

1. 有主动与人交往的意识,尝试运用多种方法了解、关心朋友,学习与人交往的正确方法。
2. 和同伴相处时能尽量做到谦让、分享、合作、友好、有同情心。
3. 能运用合适的语言表达自己对同伴的认识和喜爱,并会用较完整的语言描述自己与同伴交往中的趣事。
4. 会用动作、歌声表现歌曲轻松、愉快的情趣,能按歌词内容自编简单的表演动作并协调地跳邀请舞。
5. 能为好朋友画像,尝试从五官、服饰等方面绘画表现出人物的基本特征。
6. 能将数量为 7 以内的物体按高矮顺序排列;学习 5 以内的相邻数。
7. 有独立自主的意识,在遇到困难时能与同伴互相帮助,并想办法解决。
8. 学做器械操,并能与同伴合作跳双圈舞,情绪愉快。

主题活动网络图

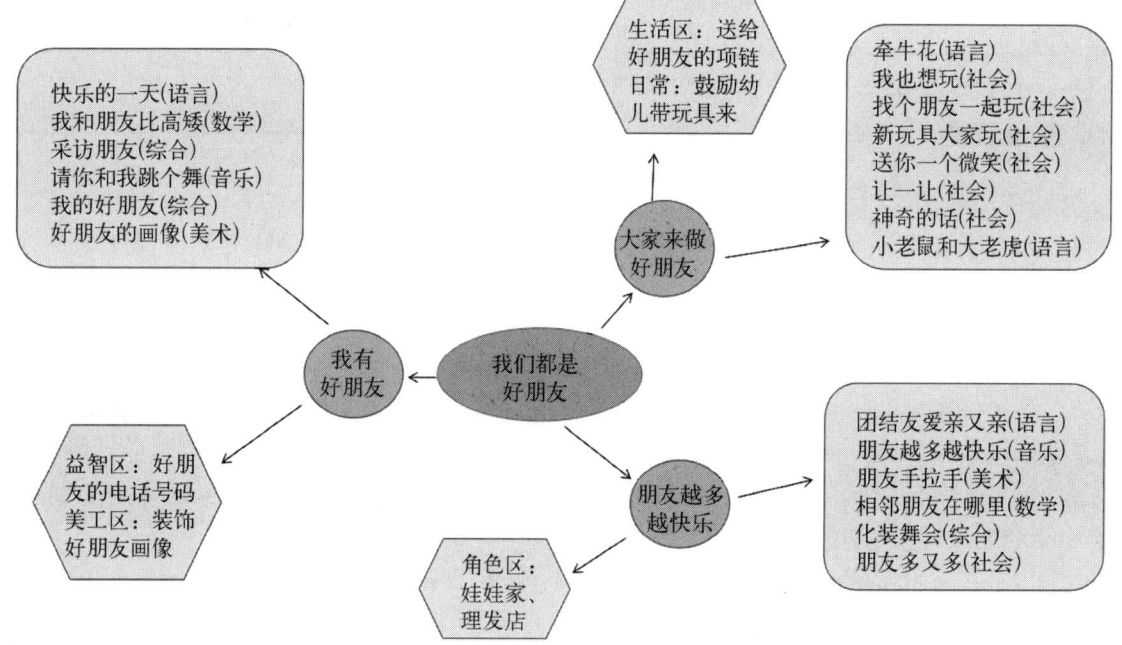

图 3-1-4 "我们都是好朋友"活动网络图

环境创设

1. 布置墙饰"好朋友"。注重幼儿的参与,内容可与幼儿共同讨论,如朋友间的相互帮助、朋友间的愉快合作等相关经历。运用绘画、纸盘制作、撕纸等表现手法进行装饰。
2. 班内设立"小不点聊天室",创设条件让幼儿与好朋友讲悄悄话,增进朋友间的情感。创设"玩具之家",鼓励幼儿将自己喜欢的玩具、图书带入幼儿园放置其中,介绍给朋友并且和别人交换玩,体验与同伴分享的快乐。
3. 利用废旧材料制作"朋友树",将朋友的祝福语记录下来,挂贴在朋友树上。

家长工作设计

1. 和孩子讲述关于朋友的故事,感受和朋友交往的美好,并鼓励孩子邀请朋友到家里来玩。
2. 和孩子共同制作小玩具赠送给好朋友,并让孩子把玩具带到幼儿园,放在"玩具之家"和大家一起分享。

3. 创造条件让幼儿与年龄相仿的小伙伴交往,关注交往的情况并进行必要的指导,培养孩子从小乐于与他人交往的开朗性格,帮助其学习与他人正常交往的技能。建议家长在休息日经常带孩子与同伴一起游戏、活动,鼓励孩子多交朋友。

教育活动安排

1. 快乐的一天(语言);2. 我和朋友比高矮(数学);3. 采访朋友(综合);4. 请你和我跳个舞(音乐);5. 我的好朋友(综合);6. 好朋友的画像(美术);7. 牵牛花(语言);8. 我也想玩(社会);9. 找个朋友一起玩(社会);10. 新玩具大家玩(社会);11. 送你一个微笑(社会);12. 让一让(社会);13. 神奇的话(社会);14. 小老鼠和大老虎(语言);15. 团结友爱亲又亲(语言);16. 朋友越多越快乐(音乐);17. 朋友手拉手(美术);18. 相邻朋友在哪里(数学);19. 化装舞会(综合);20. 朋友多又多(社会)。

 思考与练习

1. 什么是主题活动?
2. 简述主题活动对幼儿发展的价值。

 赛证真题

活动设计题:

1. 最近,大三班许多小朋友用大大小小的纸盒制作小汽车等物品。马老师发现,制作的汽车装饰不太一样,但结构差不多,往往只有车厢、车轮、车灯等。马老师认为可以根据这种情况生成一个"汽车"主题活动,引发幼儿深度学习。请帮助马老师设计"汽车主题活动"。

要求:(1)写出主题活动的总目标。

(2)围绕主题设计三个子活动。写出其中一个子活动的具体活动方案,包括活动名称、目标、准备和主要环节。写出另外两个子活动的名称、目标。

2. 为了帮助小班新入园幼儿尽快适应集体生活,余老师准备开展"高高兴兴上幼儿园"系列主题活动。请围绕该主题为余老师设计三个子活动。

要求:(1)写出主题活动的总目标。

(2)写出其中一个子活动的具体活动方案,包括活动名称、目标、准备和主要环节。写出另外两个子活动的名称、目标。

 实训任务

1. 为某个年龄班选择和确定一个主题,并围绕该主题设计主题活动方案。
2. 搜集3张幼儿园主题墙饰图片,分析该墙饰的优点和存在的不足。

第二单元
幼儿园项目活动

第一课　幼儿园项目活动概述

幼儿园项目活动倡导的"幼儿的学习以直接经验为主,在游戏和日常生活中进行学习"因符合当下学前教育发展的理念而备受关注。

一、幼儿园项目活动的内涵

项目活动,也称为项目教学,是幼儿园活动组织的一种形式,指的是幼儿在教师的支持、帮助和引导下,围绕大家感兴趣的某个生活中的课题(主题或题目),或者认识中的问题(论题),进行深入研究,在合作研究的过程中发现知识、理解意义、建构认识。其本质强调师生共同建构、生成和合作研究式教学。

项目活动由英文"project work"翻译而来,早期曾译为"方案教学""计划教学",因易使人理解为"预成活动"或"按预定计划开展的活动"而改为项目活动,在意大利的瑞吉欧教育中,其课程组织形式采用的就是项目活动。开展项目活动,意味着对某一值得学习的话题进行深入的探究,探究的成员通常以小组为单位,有时包括全班,有时也可能是单独一个幼儿。焦点在于寻找相关问题的答案,而这些问题有可能是幼儿、教师或者双方共同提出的问题。

项目活动的精神符合我国《指南》所倡导的理念。项目活动强调幼儿在真实情境中发现与解决问题,进而增强探索周围环境的信心,与《指南》中强调最大限度地支持和满足幼儿通过直接感知、实际操作和亲身体验获取经验的需要相一致;在项目活动中强调幼儿的学习以直接经验为主,在游戏和日常生活中进行学习,这也契合了《指南》中"在活动过程中帮助幼儿养成积极主动、乐于创造等良好的学习品质"的理念。

二、幼儿园项目活动的特点

项目活动重在探索,所以它是孩子们针对自己或者师幼共同提出的问题,或者调查过程中出现的问题寻找答案的一次研究。

(一) 教师的角色

教师是活动的"参与者""观察者""支持者""引导者"。项目活动是师生共同参与建构、在互动中不断展开和生成的,师幼在参与的过程中,教师观察了解幼儿与主题相关的经验基础和对有关问题的理解,在此基础上,通过试探性的提问或者追问引出他们对有关问题或者事物的认识极限,从而使幼儿意识到自己的问题,并能提出解决问题的设想。教师不会因双方经验的不对等而试图去控制、限制幼儿的行为,代替幼儿的研究探索。同时,教师还需要在活动的持续开展中提供支持,向幼儿提供新的直接经验以及搜集相关资源。

(二) 幼儿的主体性

在项目活动中,幼儿是主动的学习者与建构者。项目的主题是根据幼儿的兴趣和需求来选择的,幼儿通过充分地回忆、表达、分享和主题相关的已有经验,来逐渐意识到自己经验中的问题,并利用自己的想象对各种可能性做出自己的假设,通过实地考察、收集大量信息和资料来解决验证,最后与他人进行总结分享和交流。所以,整个过程体现了幼儿积极主动地参与他们自己的研究,幼儿是活动的主体。

(三) 活动的动态性和生成性

项目活动更加强调"教"与"学"是一个互动的过程,项目活动没有预先设计好的教材或蓝本,它是师生共同创设下的弹性活动。当然"机会留给有准备的人",所以教师可能先会有一个大概的"蓝图",但在教学互动中,会根据幼儿的兴趣、经验、问题、意见或建议等不同反应做出调整和修订,甚至完全改变预先的"蓝图",生成新的项目。所以,从这个角度来说,教学互动的过程既是设计的过程,也是展开和生成的过程。这个过程所持续的时间很大程度上由幼儿学习的进展情况来决定,而不是老师或者"课程表"。

(四) 以问题为导向,注重与环境的互动

项目活动的过程其实就是围绕具体"问题",在不同活动形式中,师-幼、幼-幼、师-师、幼儿-环境之间不断沟通、交流、探究来进行解决的过程。在此过程中幼儿的独立思考与合作探究能力得到提高,知识经验得到积累。特别是与环境的互动,在幼儿知识建构中起到非常重要的作用,瑞吉欧教育工作者把环境称为幼儿的"第三位教师"。幼儿园项目活动要充分调动幼儿园内外可以利用的一切资源,可以是物质的,也可以是文化的,丰富幼儿的经验,并以幼儿经验的增加来促进实际问题的解决。

(五) 五种结构性活动形式

在项目活动中,活动的展开通常有以下五种形式。

1. 团体讨论

团体讨论通常是针对幼儿的兴趣和需要所产生的议题进行讨论,分享自己的想法和已有的经验。通过团体讨论,教师可以了解幼儿相关的经验基础,也能更容易地协作、指导幼儿思考、梳理自己的思想。团体讨论一般是全班或者分小组讨论,年龄越小的幼儿越适合采用小组讨论的方式,在小组讨论中幼儿更愿意交谈。

2. 实地考察

为了获得第一手资料,一般会采用实地考察。通常不会去太远的地方实地考察,较多是到教室外进行现场参观、访问、调查。比如,对幼儿园的建筑、户外场地、幼儿园服务人员,或者附近社区的商店、建筑、服务设施和工作人员等进行考察。通过实地考察,幼儿能够直接感受、了解新的资料,并在已有经验基础上建构新的知识。

3. 发表

发表是指幼儿向大家表达自己收集整理到的资料,发表自己的想法。幼儿可以用语言谈论,也可以用画图、符号、扮演、模型制作等不同方式表达和解释自己的认识。发表的过程,能够促使幼儿对新资料有更加全面的了解。

4. 探究

项目活动非常重视幼儿的主动探究。幼儿可以通过参观访问来寻找问题的答案,比如访问父母、朋友、专家,也可以通过实际接触或者试验等来探讨分析。年龄大的幼儿,可以借助书籍来研究。

5. 展示

利用布告栏或者墙上的"档案"来展示分享个人或者小组的工作和资源,可以使幼儿非常清楚地了解研究工作的进展情况,也可以让家长加强对幼儿园教育活动的了解。

三、项目活动与主题活动的区别

项目活动和主题活动有一些相似之处,比如都强调以儿童为中心,围绕儿童的兴趣和经验;都主张活动要生活化;围绕一个"中心"展开。但两者还是有不同的,主题活动是在一段时间内围绕一个中心内容(即主题)来组织的教育教学活动;项目活动则是儿童在兴趣的驱动下围绕某个问题所进行的自主性的深入探究活动,主题活动是在打破各学科之间相互割裂的状态下,将多种学习内容有机结合在一起,让学习者通过该单元的活动,获得与主题相关的完整经验;项目活动是重在探究,即孩子们就自己或与教师共同提出的问题,或就调查过程中出现的问题寻求答案的一次活动。两类活动的比较具体如表3-2-1所示。

表3-2-1 主题活动与项目活动的比较[①]

比 较	主 题 活 动	项 目 活 动
不同点	教师预先计划好的	透过形成性的评估,慢慢有组织地发展出来的
	教师事先设定好目标	目标是经由孩子和教师的商议发展出来的

---

① 冯晓霞.幼儿园课程[M].北京:北京师范大学出版社,2000:221.

续 表

比 较	主 题 活 动	项 目 活 动
不同点	教室中所有的孩子都从事相同或相似的工作	孩子从富有变化的课程组织中自由选择活动
	课程持续时间较短	课程持续时间较长
	"设计"与"实施"的界限分明	"设计"与"实施"没有严格的界限
相同点	1. 都强调儿童的兴趣和经验,以儿童为中心 2. 都主张课程要生活化,要以完整的学习促进整理的发展 3. 都围绕一个"中心"展开	

四、幼儿园项目活动的价值

（一）激发幼儿的学习兴趣和积极性，提高其思维能力和创造力

在项目活动中，幼儿不是被动地接受知识，而是积极参与其中。幼儿从感兴趣的问题出发，通过主动探究来获得认知能力等方面的发展。这种以问题驱动的方式进行的学习，有助于激发幼儿学习的兴趣和积极性，激发其内在动机，从而提高学习效果。同时，项目活动注重幼儿的动手操作、勇于思考，让幼儿在探索和发现的过程中学到更多知识，提高思维能力和创造力。

（二）培养幼儿的团队合作能力和沟通能力

在项目活动中，通过小组合作可以培养幼儿的团队合作能力和沟通能力，让他们学会与他人合作完成任务。项目活动通常采用小组讨论的形式，幼儿需通过小组交谈分享自己对问题的看法或经验，并在考察基础上进一步分享、解释自己的想法。将自己的认识和体会与他人分享、交流本身就是一种挑战，需要幼儿对新资讯有更加全面了解的同时，还要能将新知识与旧知识链接在一起，这需要幼儿有很好的沟通和表达能力。而且在项目探究的过程中，强调活动中的合作，以及幼儿之间、师幼之间形成"学习共同体"，这就有助于发展其在团队中的合作、分工和协调能力。

第二课　幼儿园项目活动的设计与指导

一、幼儿园项目活动的设计与组织实施

项目活动的设计与组织实施之间没有明显的界线，所以在这里直接将设计与组织实施放在一起介绍。项目活动的开展，一般分为三个阶段。

（一）活动的开始与启动阶段

这一阶段的目的是确定主题，汇集幼儿已有的相关经验，通过多种方式进行表征与展示。活动的开始，即确定项目活动的主题。由于项目活动是对一个问题所进行的深入研究，所以项目活动研究的对象我们也称为主题，主题可以是与日常生活相联系的具体事物或者现象，比如"人群""雨中的城市""光与影""医院""广场上的雕像"等，这种幼儿熟悉的主题，更能激发幼儿去探索、去发现、去尝试；主题也可以是抽象的论题，如"营养""滚动""植物的生长"等。但不论哪种，项目主题的产生通常来源于幼儿，是由幼儿引发的问题。当然，也可以来源于教师，是由教师在观察幼儿的基础上提出的问题。这就需要教师有敏锐的观察力，善于从幼儿的活动和反应中看到蕴涵其中的学习价值。最终，我们看到的是每一个项目的主题由教师和幼儿一起生成。

> **项目活动主题产生案例**
>
> 汽车有尾巴吗？[1]
>
> 翼翼："快看开过去的车都有尾巴。"

---

[1] 苏敏,朱立萍.幼儿园课程设计与组织[M].上海：华东师范大学出版社,2016:91.

> 文文:"在哪儿?"
> 翼翼:"每一辆车都有,在汽车的后面,像管子一样的东西。"
> 文文:"我也看见了,它'尾巴'里还吐白色的气。"
> 翼翼:"小动物都有尾巴,不会吐气,为什么汽车的尾巴会吐气?我们去问老师。"
> "汽车有尾巴"是幼儿们在观察中的发现,幼儿由于对汽车的结构不明确,于是借助以往的知识经验进行迁移,但他们还是发现了这样的提法不确切,于是向教师求助。教师没有想到中班的幼儿会提出如此"奇怪"的问题,面对幼儿的提问教师没有把答案直接告诉幼儿,而是鼓励幼儿自己去寻找资料,让他们通过自己的探究找到答案。由此,关于"汽车的尾巴"的主题活动便产生了。

教师可以对主题做一些经验上的准备,利用自身的经验、知识和构想做"脑力激荡",结合对幼儿的了解,设想幼儿在活动中可能出现的想法,并将这些设想用"主题网"或者"概念网"的方式呈现,作为活动开展时的参照。

这一阶段还有一个核心任务就是充分地了解、收集幼儿与主题相关的经验,包括孩子已经有的相关经验是什么、孩子的疑问是什么等。教师组织幼儿进行初步的讨论,幼儿回忆自身的经验,讨论比较相同或不同的经验,表达自己的意见。除了用语言表达,幼儿还可以用绘画、象征性游戏等方式来表征或展示他们对主题的认识和疑问。例如,当幼儿谈论周末和家长去超市购物的话题时,教师抓住幼儿对"超市"的兴趣,组织幼儿自由讨论,引导他们用多种形式表达对超市的认识和理解。教师根据幼儿的经验基础追问其认知上的缺口或者错误,如"大人买东西的钱从哪里来?""营业员收钱后如何处理?"等,这些也可能是幼儿在讨论中自己发现的问题,都为幼儿下一阶段的探索和验证提供了"任务"。

(二) 活动的进行与发展阶段

这一阶段主要是通过研究和探索丰富幼儿的已有经验,提升其兴趣。幼儿主要通过室内外的实际操作、研究和探索,来了解事件本身或者发现其背后的规律,并在其中验证自己的假设,探讨问题和事实的真相。实地考察或者调查研究是幼儿获得第一手新经验的重要形式,幼儿还可以通过查阅资料、拜访专家等方式,收集资料,寻找答案。在这个过程中,可以鼓励幼儿采用绘画、照相、录音等自己喜欢的方式进行"记录"。

在这一阶段,教师需要提供丰富而适宜的资源,可以是材料,也可以是一些暗示或者建议,以帮助幼儿获得新的直接经验。比如幼儿需要对"超市"实地考察时,教师需要考虑考察前的准备,考察中的组织以及考察后的讨论,并全程围绕幼儿要探究的问题做好"支持"。

(三) 活动的总结与反思阶段

最后一个阶段是幼儿以各种方式分享交流所获得的新的知识、经验和能力,这是对活动全程、系统的总结和反思,也是项目的高潮。总结和反思的方式,可以是幼儿个人,也可以是小组向家长、老师、本班其他幼儿讲述整个活动的历程,或者结合活动探究过程中的材料、照片、绘画、手工作品等讲述所获得的发现,还可以由全班幼儿集体通过作品展示或者戏剧表演等来进行。

此阶段是幼儿展示和表现自己的新知识、新能力的时机,幼儿需要用别人感兴趣或者能够理解的方式来表达自己的经验和观点,所以此阶段也是为幼儿提供了分享、交流、相互学习的机会。教师在这一阶段关注的重点是幼儿学习上的沟通和互动。

二、幼儿园项目活动案例及分析

(一) 项目活动案例

人 群[①]

期终临近,教师们准备着夏季的长假。虽然假期是学校生活的中断,但是为了保持儿童生活经验的延续性,使他们在假期里仍然保持学习的兴趣,教师便同孩子们讨论怎样为假期经历留下一些

[①] 冯晓霞.幼儿园课程[M].北京:北京师范大学出版社,2000:196-199.

纪念。大家商量出一个主意并向家长提出了建议。每个家庭外出度假时都随行带上一个有许多隔板的小箱子,以便孩子收藏此期积累的"宝贝",如贝壳、小石头、叶片等。

假期结束了,孩子们回到学校。教师和孩子分组交谈,提出了一些类似的问题:"假期中,你看到了什么?听到了什么?"教师或许期望听到孩子们在海边的趣闻,希望了解有关船只、海浪、日落的情况。但孩子独到的眼光及生动的表达,以及教师适当的引导,一个有趣的学习历程就不期而至。

一个孩子说:"我们有时候去码头。我们走过一段长长窄窄的街道,就是那条名叫'肠子'的;那里的商店一个挨着一个,人们来来往往,什么都看不见,到处(crowd)是大腿、胳膊和脑袋。"

教师立即抓住"crowd"这个词并问其他孩子这是什么意思,于是一个项目活动就在这里开始了。

"它是一个装满了许多人的袋子""它是一捆彼此紧紧地贴在一起的人""有人从你前面挤过去并且推你""他们往前走,往右走,往左走,如果忘了什么东西还会拐过弯来往后走""像许多人去看足球赛……他们要去看比赛,他们都是男人""一群女生走过去,你会闻到很香的味儿"……

孩子们纷纷发表了对"crowd"这个词的理解。此时这个词变得意义丰富而有趣。教师因此也认识到这一类的学习所具有的不寻常的潜力和激动人心的力量。小组讨论之后,教师要求孩子们画出他们的"人群"。教师发现,孩子们象征性图画所表达的"人群"与他们口头的描述不一样。这一活动持续进行了两天,教师同时也在不断地进行反思:为什么会出现这种状况?怎样帮助孩子将他们不同的象征语言(言语、视觉、声音)结合起来,使其达到一致和谐?怎样使孩子们意识到他们自己的学习过程?于是,教师决定让孩子们重新听一听他们先前的讨论(听先前小组讨论的录音,或由教师将其文字记录读给孩子听),然后再让孩子们看看他们所画的画。

孩子们看着画彼此评论着。在孩子们的描述中,教师注意到他们关于"crowd"的概念进一步发展了,为第二次绘画而准备起来的形象也更加准确细致。

例如,一个孩子在回忆对"crowd"的描述时说:"它向左走,向右走,向前走,当他们忘了什么东西时,就向后走。"很快,她发现她说的与她画的不一致:"她的画中的人都是向前的。"她显得有些不安,但她为自己找到了一个巧妙的理由:"我只画了那些没有忘记什么的人。"

一个孩子画的是大家手拉手向前走,他解释说:"他们是朋友,手拉着手。"这一观点立刻遭到其他孩子的反对:"一群人他们不一定是朋友,他们有可能都不认识。"另一个孩子也遇到了一个困难:"他画的人都在往前走,而有只狗却是侧面的。"在其他孩子的追问下,他承认他只会这样画狗。

还有一个孩子谈到自己的画时说:"如果人们像我所画的那样一直朝前走的话,那他们一定会撞墙的。""我们得画一些背面的、侧面的人,不能全画正面的人。""我不会画人的背面。""我也不会。""我们得学习如何画。"

至此,孩子们都表现出一种一致且强烈的愿望:想更多地学习如何从背后和侧面画人像。教师全力支持着这一过程,他们让一个孩子站在教室的中间,其他孩子在不同的角度对她进行观察,画出她的位置和体态,并且从前后左右四个不同的角度进行描绘。在这一过程中,孩子们学习了从不同的角度去考察和把握事物的基本方法。为了巩固孩子的学习,教师让孩子们在一段时间内,从不同的场合和背景中研究人的姿态,尤其集中于从背面和侧面角度上进行观察、研究,鼓励孩子们用铁丝、黏土和绘画等各种方式展现他们所看到的人的背面和侧面。

教师还把孩子们带到学校外面。在市镇中心,孩子们观察和拍摄繁忙街道上熙熙攘攘的人群;他们混在行人中,一起汇成"人群"。教师还带着他们从高处、远处、近处等各个不同的角度去观察、去感受。

几天后,活动的幻灯片制作出来了,并投射到墙上,教室的墙壁变成了一个城镇广场的背景。孩子们也扮演起各种不同角色,玩起进入广场和墙上的人群相互交往、交流的游戏来。教师不断地鼓励孩子们做各种有关"人群"的游戏,以各种方式重复、加深其对"人群"这一概念的认识。一些孩子又想出了新花样:把剪下来的人物贴到先前的画中,重新组合成"人群"。而另一些孩子则用流水作业的方式分工合作,制作黏土人物模型,并组合成了一个立体的、规模庞大的团体——人群。

(二) 活动分析

这个活动是瑞吉欧教育中的项目活动"人群",非常生动地体现了项目活动的开展过程。活动开展前,教师依据自己对幼儿细致的观察,从他们的反应中敏锐地捕捉蕴含其中的学习价值。围绕着"人群",幼儿开启了不断的探索。活动中,教师引导幼儿用语言讨论、绘画等形式表现自己对"人群"的认识,教师在此过程中记录幼儿的表现,了解幼儿的已有经验。当发现幼儿的讲述和绘画不一致时,教师通过追问、播放录音等让幼儿发现问题,形成"人群不同姿态"任务。然后带领幼儿在班里扮演人群,到户外去体验从高处、远处、近处等不同角度去观察、感受人群,用绘画、剪贴、黏土制作等方式表现人群等,使幼儿对"人群"的认识不断提升。最后幼儿用不同的方式表达了他们对人群的认识,这也是幼儿的"摆钟语言"。

三、幼儿园项目活动中应注意的问题

在项目活动中,随着调查的开展,选择的研究方向会是多种多样的,是否研究某些题目,最终取决于承担项目的特定幼儿群体的兴趣和想法。

教师在活动之前并不是毫无准备,需要充分地了解幼儿,设想为活动的展开和生成提供哪些支持。所以,这对教师的要求非常高,如果教师的专业素养、物质条件或者环境无法保证,则很难产生较好的教育效果。

项目活动是以幼儿的主体性活动经验为中心来设计课程的,所以,要关注幼儿的兴趣和需要,注重激发幼儿在活动中的内在动力,注重动手操作和勇于思考的主动学习的习惯。

 思考与练习

1. 简述项目活动与主题活动的区别。
2. 简述项目活动开展的三个阶段。

 实训任务

1. 以小组为单位,查找一篇幼儿园项目活动,对其开展情况进行评价。
2. 记录一个幼儿园项目活动并评析。

主要参考文献

［1］ 高英杰.幼儿园教育活动设计与指导[M].保定：河北大学出版社，2012.
［2］ 马娥，闫悦.幼儿园教育活动设计与实践[M].西安：陕西师范大学出版总社有限公司，2012.
［3］ 王晖晖，宋洁.幼儿园教育活动设计与实践[M].北京：北京理工大学出版社，2010.
［4］ 樊小娟.幼儿园教育活动设计与指导[M].南京：江苏教育出版社，2014.
［5］ 张岩莉.学前儿童社会教育[M].上海：复旦大学出版社，2012.
［6］ 王栋材，彭越.幼儿园教育活动设计与指导(第三版)[M].长沙：湖南大学出版社，2014.
［7］ 中华人民共和国教育部.3～6岁儿童学习与发展指南[M].北京：首都师范大学出版社，2012.
［8］ 霍力岩.学前教育评价(第3版)[M].北京：北京师范大学出版社，2015.
［9］ 庄虹，陈瑶.新编幼儿园教育活动设计与指导[M].北京：北京师范大学出版社，2011.
［10］ 朱家雄.幼儿园教育活动设计与实施[M].北京：高等教育出版社，2008.
［11］ 刘占兰，等.中国幼儿园教育质量评价——十一省市幼儿园教育质量调查[M].北京：教育科学出版社，2011.
［12］ 王坚红.学前教育评价[M].北京：人民教育出版社，2010.
［13］ 王娟.学前儿童健康教育[M].上海：复旦大学出版社，2012.
［14］ 麦少美，孙树珍.学前儿童健康教育活动指导[M].上海：复旦大学出版社，2005.
［15］ 庞建萍，柳倩.学前儿童健康教育[M].上海：华东师范大学出版社，2008.
［16］ 方富熹，方格，林佩芬.幼儿认知发展与教育[M].北京：北京师范大学出版社，2003.
［17］ 顾荣芳.学前儿童健康教育论[M].南京：江苏教育出版社，2009.
［18］ 高庆春，梁周全.学前儿童健康教育[M].北京：高等教育出版社，2011.
［19］ 单敏月.学前儿童健康教育与活动指导[M].上海：华东师范大学出版社，2014.
［20］ 李君.学前儿童心理健康教育[M].北京：科学出版社，2008.
［21］ 郑雪，刘学兰，王玲.幼儿心理健康教育[M].广州：暨南大学出版社，2006.
［22］ 张劲松.学前儿童心理健康指导[M].上海：复旦大学出版社，2013.
［23］ 刘云艳.给幼儿园教师的101条建议·幼儿心理健康教育[M].南京：南京师范大学出版社，2014.
［24］ 李姗泽.学前儿童健康教育[M].北京：中央广播电视大学出版社，2009.
［25］ 张明红.幼儿语言教育[M].上海：上海教育出版社，2000.
［26］ 周兢.学前儿童语言教育[M].南京：南京师范大学出版社，2001.
［27］ 廖晓青，丛敏.语言活动新设计[M].桂林：广西师范大学出版社，2001.
［28］ 袁爱玲.学前全语言创造教育活动设计[M].北京：教育科学出版社，2001.
［29］ 赵惠玲.幼儿教师教育技能[M].北京：团结出版社，2001.
［30］ 张加蓉，卢伟.学前儿童语言教育活动指导(第二版)[M].上海：复旦大学出版社，2009.
［31］ 朱海琳.学前儿童语言教育[M].北京：科学出版社，2009.
［32］ 梁旭东.学前儿童语言教育[M].北京：中央广播电视大学出版社，2007.
［33］ 周兢.早期阅读发展与教育研究[M].北京：教育科学出版社，2007.
［34］ 张明红.给幼儿园教师的101条建议·语言教育[M].南京：南京师范大学出版社，2007.
［35］ 姜晓燕，郭咏梅.学前儿童语言教育[M].北京：高等教育出版社，2011.
［36］ 郭咏梅，高晓敏.幼儿语言教育[M].北京：北京师范大学出版社，2012.

[37] 舒阳花,李振江.幼儿语言活动指导[M].北京:北京师范大学出版社,2013.
[38] 陈宴.幼儿语言教育与活动指导[M].南京:江苏教育出版社,2013.
[39] 郭咏梅.幼儿园语言活动创新设计[M].北京:中国轻工业出版社,2013.
[40] 甘剑梅.学前儿童社会教育[M].北京:中央广播电视大学出版社,2007.
[41] 但菲.幼儿社会性发展与教育活动设计[M].北京:高等教育出版社,2008.
[42] 裘指挥.幼儿社会教育与活动指导[M].北京:高等教育出版社,2014.
[43] 刘晓红.学前儿童社会教育[M].郑州:郑州大学出版社,2014.
[44] 李贵希.幼儿社会教育与活动指导[M].北京:北京师范大学出版社,2013.
[45] 李焕稳.幼儿社会教育[M].北京:北京大学出版社,2012.
[46] 教育部教育管理信息中心组.全国优秀幼儿社会教育活动课例评析[M].重庆:西南师范大学出版社,2011.
[47] 刘占兰.学前儿童科学教育(第二版)[M].北京:北京师范大学出版社,2008.
[48] 张俊.幼儿园科学教育活动指导[M].北京:人民教育出版社,2011.
[49] 王志明.学前儿童科学教育[M].南京:南京师范大学出版社,2001.
[50] 夏力.学前儿童科学教育活动指导(第二版)[M].上海:复旦大学出版社,2009.
[51] 贾洪亮.学前儿童科学教育[M].上海:复旦大学出版社,2012.
[52] [美]大卫·杰纳·马丁.建构儿童的科学——探究过程导向的科学教育[M].杨彩霞,等译.北京:北京师范大学出版社,2006.
[53] 李维金.学前儿童科学教育(第二版)[M].北京:科学出版社,2012.
[54] 郦燕君.学前儿童科学教育[M].北京:高等教育出版社,2011.
[55] 张慧和,张俊.幼儿园数学教育[M].北京:人民教育出版社,2014.
[56] 黄瑾.幼儿园数学教育与活动设计[M].北京:高等教育出版社,2010.
[57] 李文静,幼儿思维数学[M].上海:华东师范大学出版社,2009.
[58] 徐青,刘昕.学前儿童数学教育(第二版)[M].北京:高等教育出版社,2014.
[59] 孙汀兰.学前儿童数学教育理论与实践[M].北京:科学出版社,2009.
[60] 中华人民共和国教育部.幼儿园教育指导纲要(试行)[M].北京:北京师范大学出版社,2001.
[61] 李季湄,冯晓霞.《3—6岁儿童学习与发展指南》解读[M].北京:人民教育出版社,2013.
[62] 管旅华.《3—6岁儿童学习与发展指南》案例式解读[M].上海:华东师范大学出版社,2013.
[63] 郭声健.艺术教育论[M].上海:上海教育出版社,1999.
[64] 唐燕.幼儿园教育活动设计与实施[M].上海:华东师范大学出版社,2013.
[65] 高敬.幼儿园教育活动设计与指导[M].上海:华东师范大学出版社,2014.
[66] 张晗,王萍.幼儿园教育活动设计与指导[M].北京:科学出版社,2015.
[67] 郭亦勤.学前儿童艺术教育活动指导(第二版)[M].上海:复旦大学出版社,2009.
[68] 许卓娅.学前儿童音乐教育[M].北京:人民教育出版社,2010.
[69] 吕耀坚,孙科京.幼儿艺术教育与活动指导[M].北京:北京师范大学出版社,2014.
[70] 黄瑾,林琳.幼儿艺术教育与活动指导[M].上海:华东师范大学出版社,2015.
[71] 程英.幼儿园音乐教育[M].福州:福建人民出版社,2013.
[72] 王懿颖.学前儿童音乐教育(第二版)[M].北京:北京师范大学出版社,2010.
[73] 徐春艳.学前儿童音乐教育[M].上海:复旦大学出版社,2012.
[74] 丁华,周燕.美术与幼儿美术创作[M].长春:东北师范大学出版社,2014.
[75] 张念芸.学前儿童美术教育[M].北京:北京师范大学出版社,2014.
[76] 王彩凤.学前儿童美术教育[M].上海:复旦大学出版社,2012.
[77] 王小英,蔡珂馨.主题活动与幼儿成长[M].长春:东北师范大学出版社,2008.

图书在版编目(CIP)数据

新编幼儿园教育活动设计与指导/梅纳新主编.—2版.—上海:复旦大学出版社,2024.8
(2025.8重印)
ISBN 978-7-309-17402-1

Ⅰ.①新… Ⅱ.①梅… Ⅲ.①幼儿园-教学活动-教学设计 Ⅳ.①G612

中国国家版本馆CIP数据核字(2024)第086879号

新编幼儿园教育活动设计与指导(第二版)
梅纳新　主编
责任编辑/赵连光

复旦大学出版社有限公司出版发行
上海市国权路579号　邮编:200433
网址:fupnet@fudanpress.com　http://www.fudanpress.com
门市零售:86-21-65102580　　团体订购:86-21-65104505
出版部电话:86-21-65642845
上海四维数字图文有限公司

开本890毫米×1240毫米　1/16　印张19.5　字数646千字
2025年8月第2版第3次印刷

ISBN 978-7-309-17402-1/G·2592
定价:58.00元

如有印装质量问题,请向复旦大学出版社有限公司出版部调换。
版权所有　　侵权必究